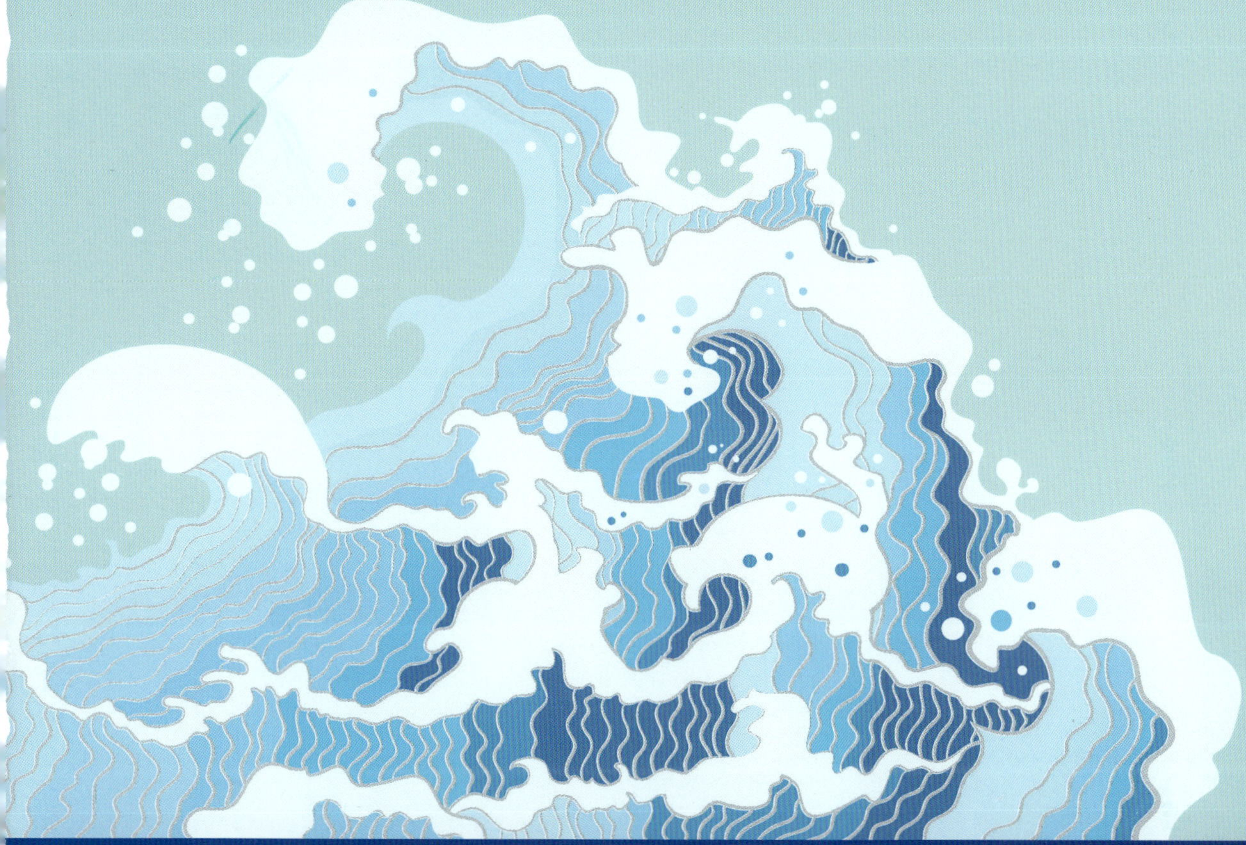

治水治污　为城为民

深圳市广汇源环境水务有限公司志（1980—2020）

本书编纂委员会　编

·北京·

图书在版编目（CIP）数据

治水治污　为城为民　：深圳市广汇源环境水务有限公司志：1980—2020 / 《治水治污，为城为民，深圳市广汇源环境水务有限公司志（1980—2020）》编纂委员会编. -- 北京：中国水利水电出版社，2020.7（2021.11 重印）
ISBN 978-7-5170-8712-0

Ⅰ. ①治… Ⅱ. ①治… ②为… ③深… Ⅲ. ①城市用水一工业企业一概况一深圳一1980-2020 Ⅳ. ①F426.9

中国版本图书馆CIP数据核字(2020)第128060号

书　　名	治水治污　为城为民　深圳市广汇源环境水务有限公司志（1980—2020） ZHISHUI ZHIWU WEICHENG WEIMIN SHENZHEN SHI GUANGHUIYUAN HUANJING SHUIWU YOUXIAN GONGSI ZHI (1980—2020)
作　　者	本书编纂委员会　编
出版发行	中国水利水电出版社 （北京市海淀区玉渊潭南路 1 号 D 座　100038） 网址：www.waterpub.com.cn E-mail：sales@waterpub.com.cn 电话：(010) 68367658（营销中心）
经　　售	北京科水图书销售中心（零售） 电话：(010) 88383994、63202643、68545874 全国各地新华书店和相关出版物销售网点
排　　版	中国水利水电出版社微机排版中心
印　　刷	北京印匠彩色印刷有限公司
规　　格	184mm×260mm　16 开本　21 印张　364 千字　24 插页
版　　次	2020 年 7 月第 1 版　2021 年 11 月第 2 次印刷
定　　价	158.00 元

本书编纂委员会

主任委员　张　敏

副主任委员　刘灼华　张德高　詹达美　雒　翠

成　　员　陈　誉　李　娜　阳秀春　邹国胜　郭丽莎
刘凤茹　关　旭　樊仕宝　何造胜　卢观彬
孙光逊　黄文稻　陈　新　李继民　涂　晖
刘　欣　廖文苑　刘姗姗　邓超联　刘燕芳
罗　锋　刘秋敏　雷保栋　王晖文　李方源
张茂林　黄薇颖　钟振亮　黄　坚　周刚平
陈仁举　徐　涛　卢　斌　艾　侠　陈伟强
尹　娟　李小江　黄　振　刘思佳　蒋　伟
许新鹏　刘训平　付　强　徐贵来　曾振雄
莫俊余　邓志平　李　灿　陈大鹏　张　岚

顾　　问　廖秀珍　邓　平　冯　安　刘　沅　张宇明
黄明华　林佩斌　彭东升　马　安　张宏滨
田守成　龚玉锋

主　　编　张　敏　刘灼华

副 主 编　张德高　詹达美　雒　翠　张宇明

执行副主编　郑　斌

编　　辑　陈　誉　李泽华　向　飞　程　茜　高天扬

祝公司在河流综合治理领域形成特色，切实解决黑臭水体治理的关键技术瓶颈，创造一流成果。

王超 2018.7.27.

王超院士寄语

担当、精诚、创新、实效

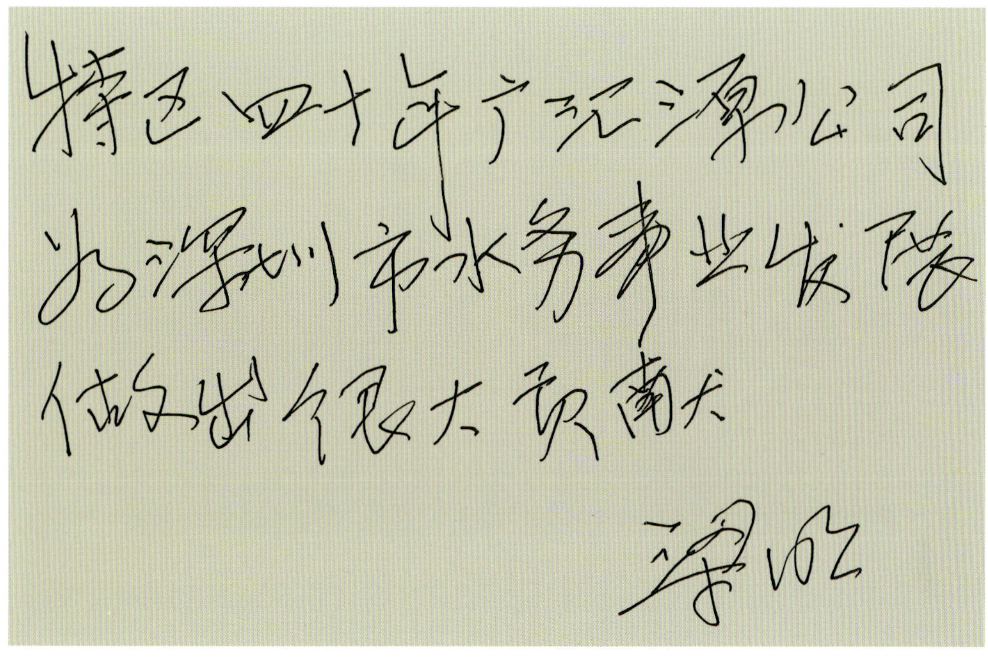
特区四十年广汇源公司
为深圳市水务事业发展
做出了很大贡献
梁明

原深圳市水务局局长梁明寄语

40 年不忘初心

水电大厦（1987—2018 年）

瑞思大厦办公环境

瑞思大厦（2018—）

深圳河：深、港联合治理深圳河一期工程的实施为后续的二期、三期、四期奠定了坚实的基础。同时，为福田口岸、西部通道、莲塘香园围口岸乃至港珠澳大桥等项目的建设提供了可借鉴的模式和宝贵的经验

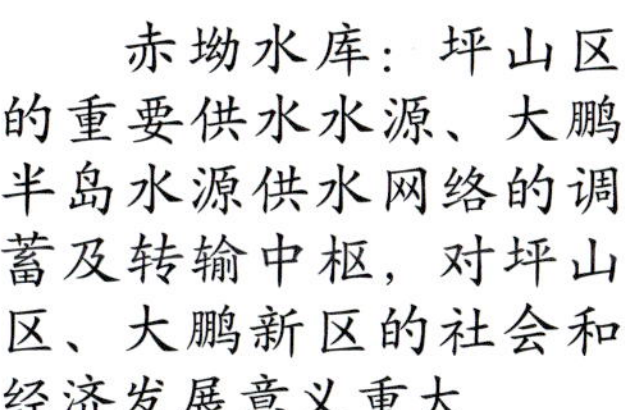

赤坳水库：坪山区的重要供水水源、大鹏半岛水源供水网络的调蓄及转输中枢，对坪山区、大鹏新区的社会和经济发展意义重大

金山河：惠州城市新名片，大胆、超前的设计方案，巧妙的设计手法，结合建设区域的限制条件将防洪、截污、生态、景观、交通等建设内容有机结合

东部海堤：深圳的民生工程和明星工程，曾经受多次强台风的考验，保证人们安全的同时也与大海、沙滩相互映衬，成为一道美丽的风景线

龙潭公园：构建水下“森林”，打造了一个虫控藻、鱼食虫、草净化的完整系统，恢复水体生态平衡。龙潭公园现已成为龙岗市民休闲、娱乐的胜地

观澜河：拥有“深圳最美河道”之称的观澜河，因用心的维护、细致的管理而变得更加悦目

沙井泵站：运行维护制度结合BIM技术，将管理数据电子化、管理过程规范化、对内流程完善化有效结合，工作高效且高质

深圳河原貌

刚完工的深圳河

郭世芬、廖秀珍参与的深圳市供水水源规划通过评审

深圳市副市长李广镇同志（左一）视察观澜河引水工程水闸

观澜河引水工程施工中的泵站

观澜河引水工程泵站远眺

观澜河引水工程水闸

龙口水库 L1 坝施工现场

龙口水库前坡

深港联合治理深圳河三十周年纪念

黄龙湖水库奠基仪式

中国饮食文化城人工湖开工典礼

铁岗水库

石岩水库

龙口水库

清林径水库

西丽水库

茜坑水库

径心水库

三洲田水库

长岭皮水库

长岭皮水库加固扩容工程奠基

深圳市小型水库除险加固工程

长西引水渠改造一期工程开工仪式

马田河、上下村泵站启用仪式

公明片区排涝工程——上下村泵站

深圳特區報 多媒体数字版

版面导航　标题导航　深圳报业集团系列报刊

2014年04月04日 星期五　上一期 下一期　放大 缩小 默认

光明新区何以能告别逢雨必涝

这场强降雨中，光明新区重点民生项目三大泵站作用明显

■深圳特区报记者 王奋强

从3月30日傍晚截至4月3日中午12时，深圳连降暴雨，光明新区也迎来今年以来最强降雨，雨势凶猛，最大小时雨量达56毫米，平均降雨达258毫米，公明地区局部达到296毫米。据媒体报道，当晚暴雨造成全市180多个地点遇涝或水浸，其中光明新区仅5处，在全市各区遇涝和水浸点统计中排名倒数第二。

“过去每逢下雨，我们住在公明的[illegible]，特别是马山片区的群众。让所有公明人记忆犹新的，就是2008年6月间的两次大雨，我住的茨田埔福庄花园陷入一片汪洋，住户的几十台车全部被水淹了，我邻居刚花了30多万元买的一台凯美瑞，也难幸免，愁得肠子都青了。”昨天上午，家住公明茨田埔的陈永洪告诉记者。

公明片区排涝工程媒体报道

金山河——桥通水畅

全国政协原副主席、农工党中央常务副主席陈宗兴一行考察金山河

观澜河大和水闸

西乡河综合整治工程

大山陂河水环境综合整治工程

白花河综合整治工程

丁山河综合整治工程

罗田水综合整治工程

金龟河小流域综合整治工程

东部海堤

宝安区西海堤沙井段

深圳市水土保持科技示范园一期修缮工程之渗透塘

深圳市水土保持科技示范园一期修缮工程之木栈道

桂庙路快速改造（一期）工程水土保持方案

大亚湾生态湿地

观澜河流域河流水质提升及污水处理提质增效工程

龙潭公园水体治理前

龙潭公园水体治理后

珠江口流域——固戍污水处理厂

深圳河流域——丹竹头应急污水处理站

珠海市金湾航空城中心湖堤岸工程及滨水景观工程

兴宁市福岭水库灌区、和山岩水库灌区、石壁水库灌区、麻岭水库联合灌区加固改造工程

广东省省委书记李希调研沙井泵站

深圳市政协主席戴北方、副主席陈倩雯、副市长黄敏、水务局局长张礼卫一行莅临沙井泵站调研

深圳市副市长黄敏、水务局局长张礼卫、副局长钟伟民一行莅临沙井泵站视察工作

沙井河口泵站枢纽工程及潭头水闸运维

沙井泵站严阵以待，抗击“山竹”台风

公明片区排涝工程运行维护

深圳市小型水库管理前

深圳市小型水库管理后

西丽水库管理处颁发锦旗

深圳市东部水源管理中心大鹏水源管理所赠予锦旗

观澜河干流管养开工仪式

坪山河河道管养

坪山河河道管养

大沙河管养

东部海堤管养

东部海堤管养前

东部海堤管养后

前海河湖及海岸线管养

龙华河、观澜河调蓄池运维

排水管网运营

深圳市基本农田第三方监管

龙岗区河长制培训工作会议

龙华区河长制宣传

全市东片区水土保持监督检查技术服务

海边测量

公路测量

智能无人测量船

倾斜摄影

无人机

乔迁庆典

员工运动会

年会

乐跑团启动仪式

员工沙龙

公益活动

党建活动

企业文化

为深圳版“小汤山”提供技术支持

捐赠抗疫物资

董事长张敏当选罗湖区第八届人大代表

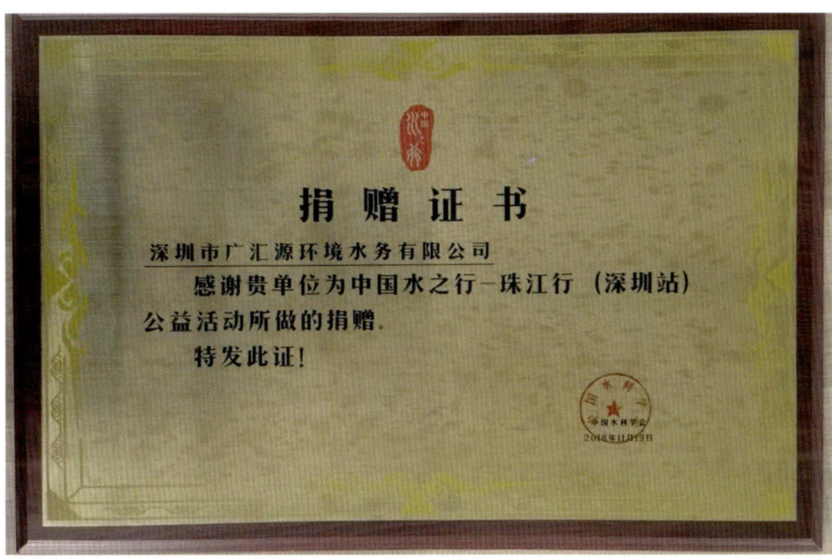
捐赠证书

深圳市广汇源环境水务有限公司

感谢贵单位为中国水之行–珠江行（深圳站）公益活动所做的捐赠。

特发此证！

中国水利学会

2018年11月19日

为公益活动捐赠

深圳市关爱行动公益基金会
Shenzhen Project Care Foundation

深圳市广汇源环境水务有限公司

关爱之星

深圳市关爱行动公益基金会

二〇二一年九月

关爱行动

院士工作站揭牌仪式

博士后创新实践基地

河长智库（北京）与广汇源环境水务战略合作协议签约仪式

广东省城市水环境与水务信息化工程技术研究中心

高新技术企业证书

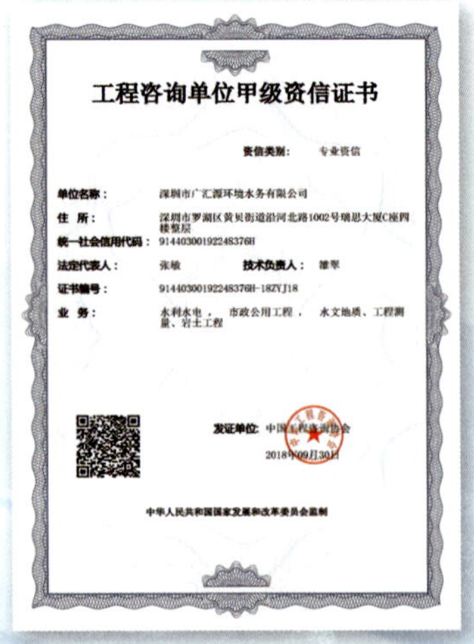
工程咨询单位甲级资信证书

资信类别：专业资信

单位名称：深圳市广汇源环境水务有限公司
住所：深圳市罗湖区黄贝街道沿河北路1002号瑞思大厦C座四楼整层
统一社会信用代码：914403001922483768
法定代表人：[illegible]　技术负责人：[illegible]
证书编号：914403001922483768-18ZYJ18
业务：水利水电，市政公用工程，水文地质、工程测量、岩土工程

发证单位：中国工程咨询协会
2018年09月30日

中华人民共和国国家发展和改革委员会监制

工程咨询单位甲级资信证书

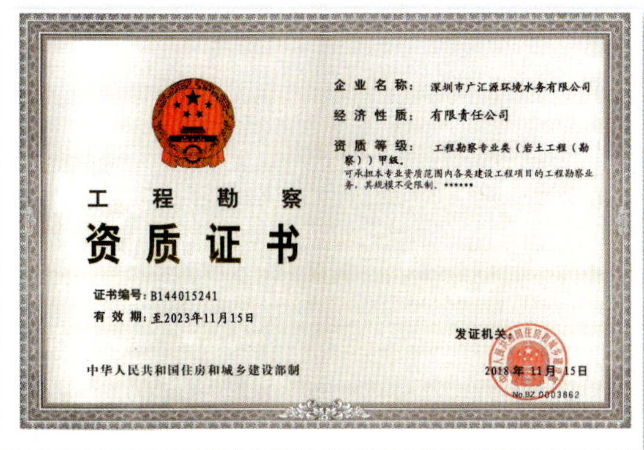

工程勘察
资质证书

企业名称：深圳市广汇源环境水务有限公司
经济性质：有限责任公司
资质等级：工程勘察专业类（岩土工程（勘察））甲级。
可承担本专业资质范围内各类建设工程项目的工程勘察业务，其规模不受限制。******

证书编号：B144015241
有效期：至2023年11月15日

发证机关：
2018年11月15日
No.BZ 0003862

中华人民共和国住房和城乡建设部制

工程勘察专业类（岩土工程（勘察））甲级

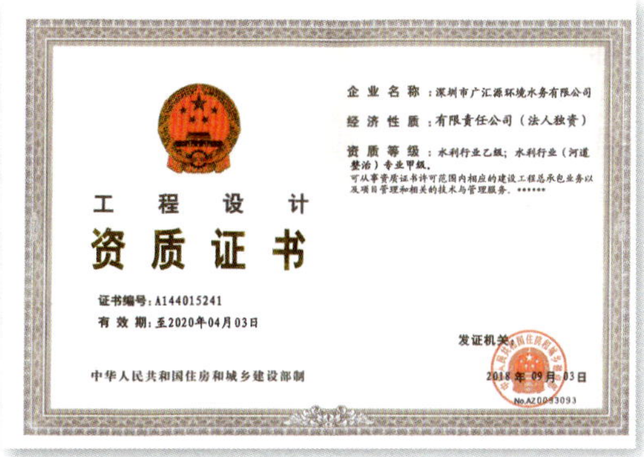

工程设计
资质证书

企业名称：深圳市广汇源环境水务有限公司
经济性质：有限责任公司（法人独资）
资质等级：水利行业乙级；水利行业（河道整治）专业甲级。
可从事资质证书许可范围内相应的建设工程总承包业务以及项目管理和相关的技术与管理服务。******

证书编号：A144015241
有效期：至2020年04月03日

发证机关：
2018年09月03日
No.AZ0093093

中华人民共和国住房和城乡建设部制

工程设计水利行业乙级；水利行业（河道整治）专业甲级

工程设计资质证书

证书编号：A244015248

企业名称：深圳市广汇源环境水务有限公司
统一社会信用代码：91440300192248376H
法定代表人：张敏
注册地址：
有效期：至2025年01月22日
资质等级：市政行业桥梁工程乙级
市政行业道路工程乙级
市政行业排水工程乙级
市政行业给水工程乙级

发证机关：广东省住房和城乡建设厅
发证日期：2020年01月22日

市政行业（给水工程、排水工程、道路工程、桥梁工程）专业乙级

工程勘察资质证书

证书编号：B244015248

企业名称：深圳市广汇源环境水务有限公司
统一社会信用代码：91440300192248376H
法定代表人：张敏
注册地址：
有效期：至2025年02月28日
资质等级：工程勘察专业类岩土工程设计乙级
工程勘察专业类工程测量乙级

发证机关：广东省住房和城乡建设厅
发证日期：2020年05月06日

工程勘察专业类岩土工程设计乙级、工程测量乙级

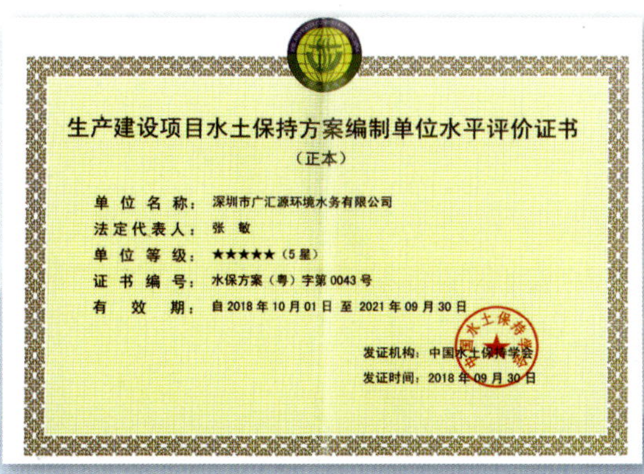

生产建设项目水土保持方案编制单位水平评价证书
（正本）

单位名称：深圳市广汇源环境水务有限公司
法定代表人：张敏
单位等级：★★★★★（5星）
证书编号：水保方案（粤）字第0043号
有效期：自2018年10月01日至2021年09月30日

发证机构：中国水土保持学会
发证时间：2018年09月30日

生产建设项目水土保持方案编制单位水平评价证书5星

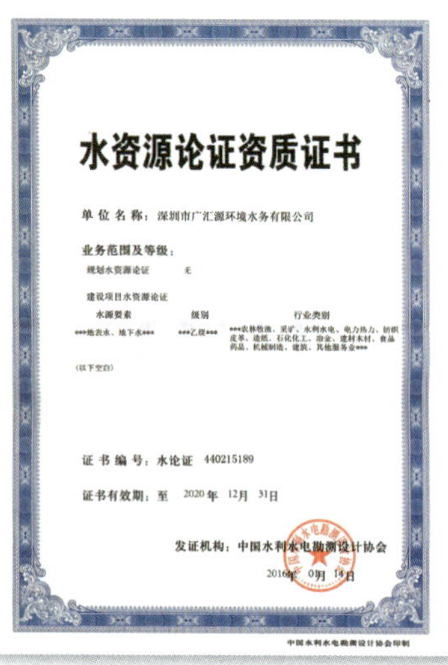
水资源论证资质证书

单位名称：深圳市广汇源环境水务有限公司

业务范围及等级：

证书编号：水论证 440215189

证书有效期：至 2020年 12月 31日

发证机构：中国水利水电勘测设计协会

水资源论证资质乙级证书

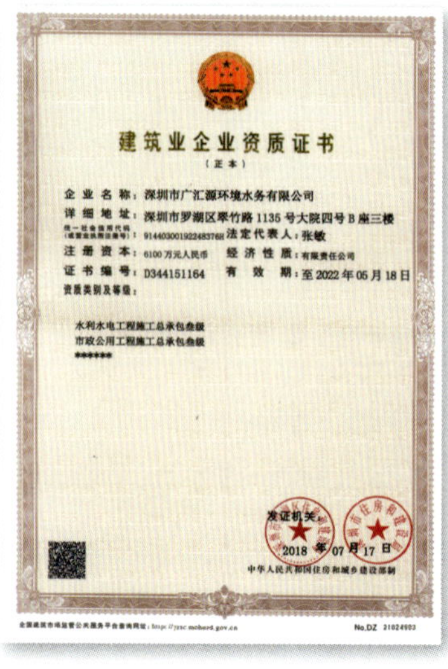
建筑业企业资质证书

（正本）

企业名称：深圳市广汇源环境水务有限公司

详细地址：深圳市罗湖区翠竹路1135号大院四号B座三楼

统一社会信用代码：914403001922483768　法定代表人：张敏

注册资本：6100万元人民币　经济性质：有限责任公司

证书编号：D344151164　有效期：至2022年05月18日

资质类别及等级：

水利水电工程施工总承包叁级

市政公用工程施工总承包叁级

发证机关：2018年07月17日

中华人民共和国住房和城乡建设部制

水利水电施工总承包叁级、市政公用工程施工总承包叁级

中国环境服务认证证书

证书编号：CCAEPI-ES-SS-2019-058

单位名称：深圳市广汇源环境水务有限公司

法定代表人：张敏

服务项目：城镇集中式污水处理设施运营服务

服务等级：一级

认证依据：城镇集中式污水处理设施运营服务认证实施规则（CCAEPI-RG-ES-004）

认证模式：现场审查+认证后监督

发证日期：2019年4月9日

有效期至：2022年4月8日

发证机构：中环协（北京）认证中心

城镇集中式污水处理设施运营服务一级

深圳市信息系统运维技术服务等级证书

经评审，核定深圳市广汇源环境水务有限公司的信息系统运维技术服务等级为壹级，特发此证书。

证书编号：SZYW2004090

证书有效期：二〇二四年四月 止

监督检查时间：二〇二二年四月

发证机构：（公章）

二〇二〇年四月 核发

深圳市信息系统运维技术服务等级证书（壹级）

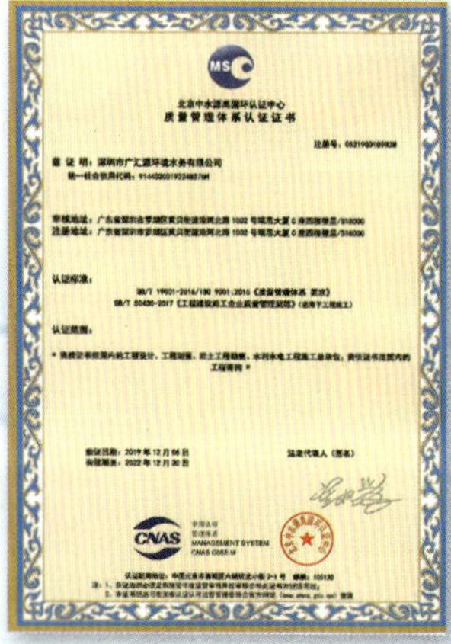
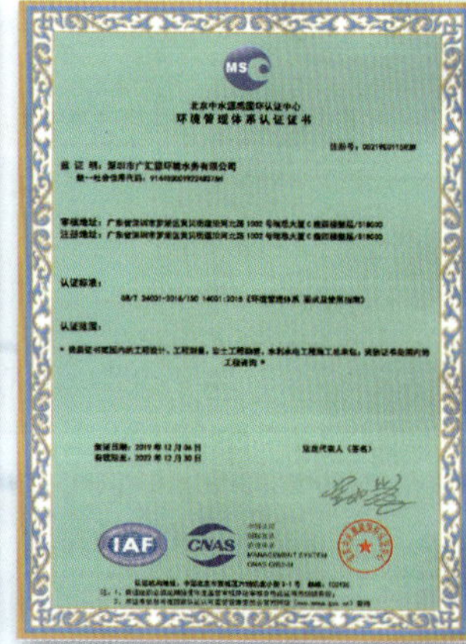
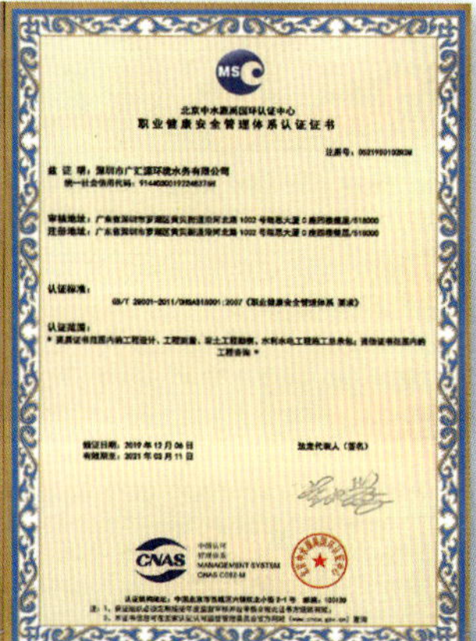

质量、环境、职业健康安全管理体系认证证书

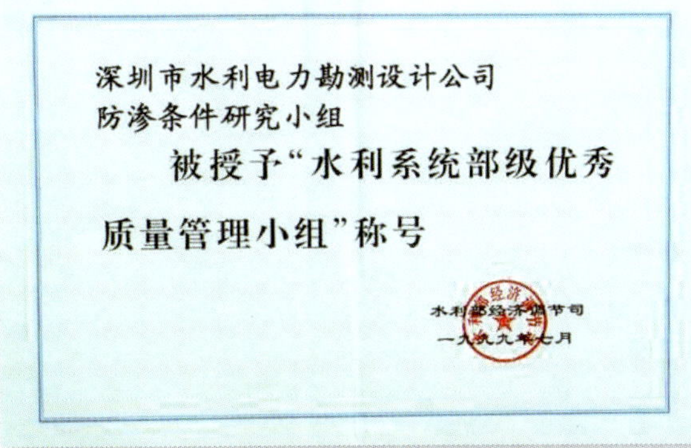

深圳市水利电力勘测设计公司
防渗条件研究小组
被授予"水利系统部级优秀质量管理小组"称号

水利部经济[illegible]节司
一九九九年七月

水利系统部级优秀质量管理小组

奖状

深圳市水利电力勘察设计公司：

"深圳市龙岗区龙口水库工程"项目在深圳市第九届优秀工程勘察设计评选中荣获市政设计三等奖。

深圳市建设局
二〇〇〇年十二月

深圳市优秀工程勘察设计——市政设计三等奖

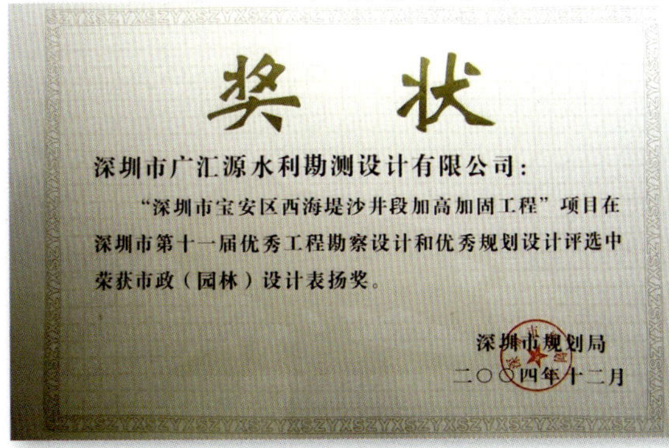

奖　状

深圳市广汇源水利勘测设计有限公司：

"深圳市宝安区西海堤沙井段加高加固工程"项目在深圳市第十一届优秀工程勘察设计和优秀规划设计评选中荣获市政（园林）设计表扬奖。

深圳市规划局
二〇〇四年十二月

深圳市优秀工程勘察设计和优秀规划设计——市政（园林）设计表扬奖

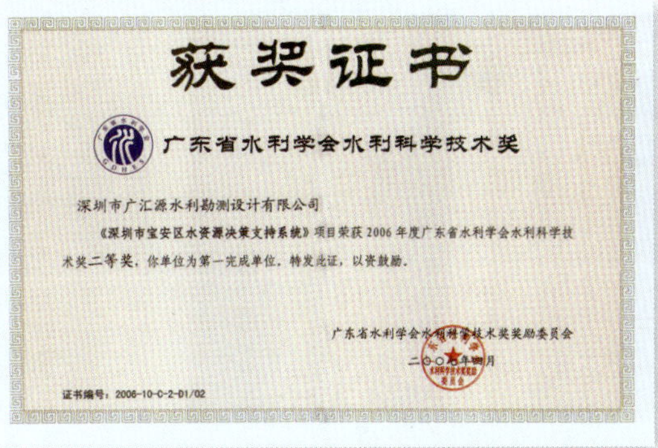

获奖证书

广东省水利学会水利科学技术奖

深圳市广汇源水利勘测设计有限公司

《深圳市宝安区水资源决策支持系统》项目荣获2006年度广东省水利学会水利科学技术奖二等奖，你单位为第一完成单位，特发此证，以资鼓励。

广东省水利学会水利科学技术奖奖励委员会
二〇〇[illegible]年[illegible]月

证书编号：2006-10-C-2-01/02

广东省水利学会水利科学技术奖二等奖

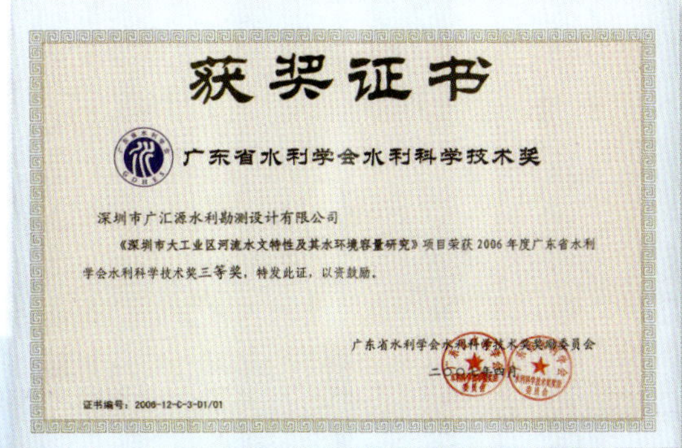

获奖证书

广东省水利学会水利科学技术奖

深圳市广汇源水利勘测设计有限公司

《深圳市大工业区河流水文特性及其水环境容量研究》项目荣获2006年度广东省水利学会水利科学技术奖三等奖，特发此证，以资鼓励。

广东省水利学会水利科学技术奖奖励委员会

证书编号：2006-12-C-3-01/01

广东省水利学会水利科学技术奖三等奖

证　书

CREDENTIAL

深圳广汇源水利勘测设计有限公司：

你单位龙岗河干流防洪整治工程（低山段）工程项目被评为深圳市2006年优质测绘产品（工程）三等奖。

特发此证。

二〇〇七年六月

优质测绘产品（工程）三等奖

实力之本

荣誉证书

中建联证字（2011）467

深圳市广汇源水利勘测设计有限公司：

你单位设计的“深圳市长岭皮水库加固扩容工程”，被评为“2011 年度中国设计行业优秀设计奖”。

特发此证，以资鼓励。

二〇一一年十一月

中国设计行业优秀设计奖

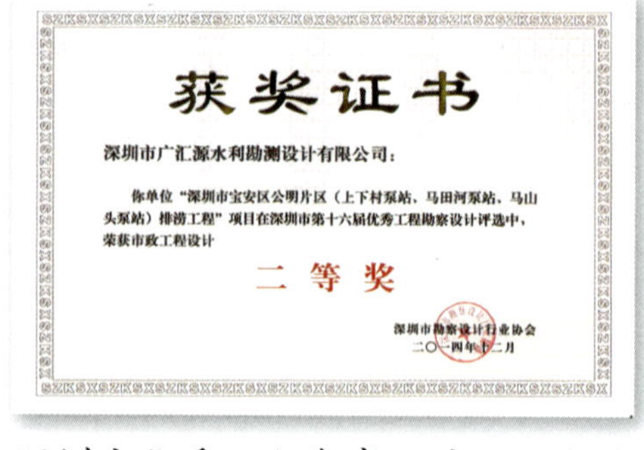

获奖证书

深圳市广汇源水利勘测设计有限公司：

你单位“深圳市宝安区公明片区（上下村泵站、马田河泵站、马山头泵站）排涝工程”项目在深圳市第十六届优秀工程勘察设计评选中，荣获市政工程设计

二 等 奖

深圳市勘察设计行业协会
二〇一四年十二月

深圳市优秀工程勘察设计——市政工程设计二等奖

深圳市二〇一五年度

优质工程奖

工程名称：深圳市东部海堤重建工程一期
设计单位：深圳市广汇源水利勘测设计有限公司

深圳建筑业协会
二〇一五年二月

深圳市优质工程奖

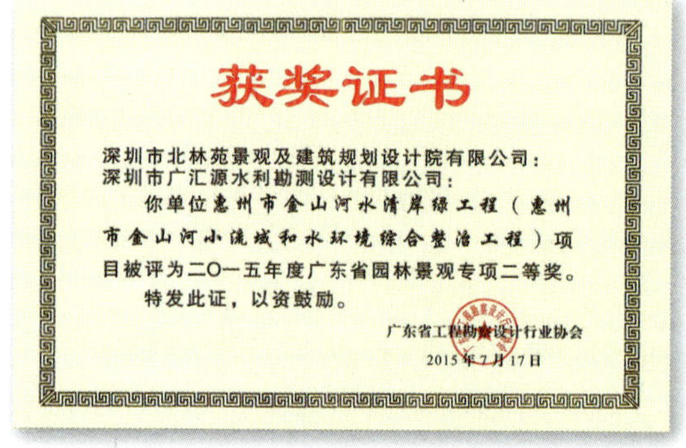

获奖证书

深圳市北林苑景观及建筑规划设计院有限公司：
深圳市广汇源水利勘测设计有限公司：

你单位惠州市金山河水清岸绿工程（惠州市金山河小流域和水环境综合整治工程）项目被评为二〇一五年度广东省园林景观专项二等奖。

特发此证，以资鼓励。

广东省工程勘察设计行业协会
2015 年 7 月 17 日

广东省园林景观专项二等奖

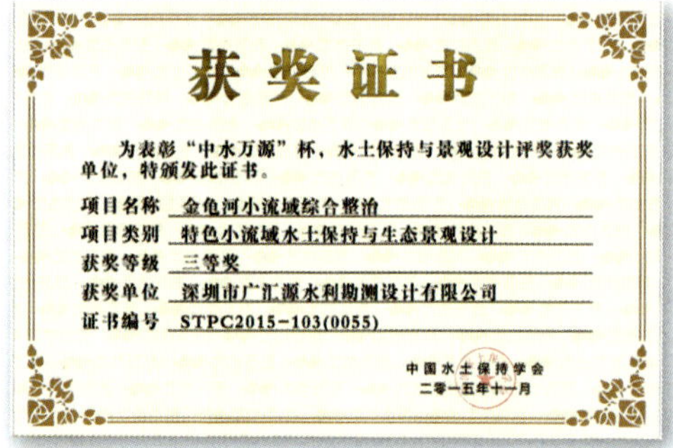

获奖证书

为表彰“中水万源”杯，水土保持与景观设计评奖获奖单位，特颁发此证书。

项目名称　金龟河小流域综合整治
项目类别　特色小流域水土保持与生态景观设计
获奖等级　三等奖
获奖单位　深圳市广汇源水利勘测设计有限公司
证书编号　STPC2015-103(0055)

中国水土保持学会
二零一五年十一月

“中水万源”杯水土保持与景观设计三等奖

荣誉证书

HONORARY CREDENTIAL

深圳市广汇源水利勘测设计有限公司：

你单位设计的深圳市东部海堤重建工程（一期），荣获2014-2015年度广东优秀水利工程设计奖三等奖。

特发此证，以资奖励。

主要完成人：1.何造胜 2.龚春娟 3.庄光钦 4.李艺德 5.胡亮 6.徐伟 7.艾侠 8.谢艳玲 9.彭玉萍 10.林碧波

证书编号：201415SJC11-R/10

广东省水利水电行业协会
2016年2月

广东优秀水利工程设计奖三等奖

荣誉证书

HONORARY CREDENTIAL

深圳市广汇源水利勘测设计有限公司：

你单位设计的深圳市宝安区公明片区（上下村泵站、马田河泵站、马山头泵站）排涝工程，荣获2014-2015年度广东优秀水利工程设计奖三等奖。

特发此证，以资奖励。

主要完成人：1.陈瞀 2.龚艳光 3.潘志军 4.阳秀春 5.邓平 6.庄光钦 7.彭玉萍 8.郑志敏 9.刘欣 10.余汝林

证书编号：201415SJC12-R/10

广东省水利水电行业协会
2016年2月

广东优秀水利工程设计奖三等奖

荣誉证书

HONORARY CREDENTIAL

深圳市广汇源水利勘测设计有限公司：

你单位设计的惠州金山河小流域和水环境综合整治工程，荣获2014-2015年度广东优秀水利工程奖设计奖二等奖。

特发此证，以资奖励。

广东省水利水电行业协会

2016年2月

广东优秀水利工程设计二等奖

获奖证书

获奖单位：深圳市广汇源水利勘测设计有限公司

获奖项目：深圳市水务工程建设规划（2016-2020）

获奖等次：2014-2015 年度广东省优秀工程咨询成果一等奖

编　　号：2016-1-17

广东省工程咨询协会

二〇一六年九月

广东省优秀工程咨询成果一等奖

获奖证书

获奖单位：深圳市广汇源水利勘测设计有限公司

获奖项目：惠州市金山河小流域和水环境综合整治工程可行性研究报告

获奖等次：2014-2015 年度广东省优秀工程咨询成果三等奖

编　　号：2016-3-95

广东省工程咨询协会

二〇一六年九月

广东省优秀工程咨询成果三等奖

获奖证书

深圳市广汇源水利勘测设计有限公司：

你单位“西乡河综合整治工程（三期）”项目在第十七届深圳市优秀工程勘察设计评选中，荣获市政工程设计

三等奖

深圳市勘察设计行业协会

二〇一六年十二月

深圳市优秀工程勘察设计——市政工程设计三等奖

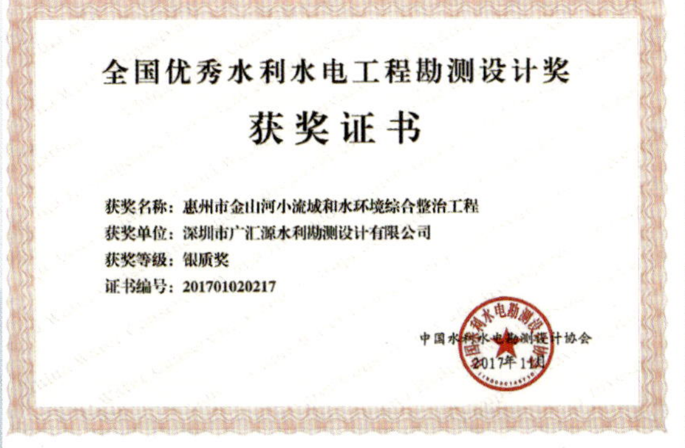

全国优秀水利水电工程勘测设计奖

获奖证书

获奖名称：惠州市金山河小流域和水环境综合整治工程

获奖单位：深圳市广汇源水利勘测设计有限公司

获奖等级：银质奖

证书编号：201701020217

中国水利水电勘测设计协会

2017年1月

全国优秀水利水电工程勘测设计奖银质奖

获奖证书

苏敏贤：

你所著论文《海堤地基加固处理方案比选及设计》，荣获二〇一七年度深圳市勘察设计行业优秀论文三等奖。特发此证，以资鼓励。

深圳市勘察设计行业协会

二〇一七年十一月

深圳市勘察设计行业优秀论文三等奖

广东优秀水利工程勘测奖
荣誉证书
深圳市广汇源水利勘测设计有限公司：
你单位勘测的深圳市东部海堤重建工程，荣获2016～2017年度广东优秀水利工程勘测奖三等奖。
特发此证。
证书编号：201617KCC06
广东省水利水电行业协会
二〇一七年十二月

广东优秀水利工程勘测奖三等奖

广东优秀水利工程勘测奖
荣誉证书
深圳市广汇源水利勘测设计有限公司：
你单位勘测的惠州市金山河小流域和水环境综合整治工程，荣获2016～2017年度广东优秀水利工程勘测奖三等奖。
特发此证。
证书编号：201617KCC05
广东省水利水电行业协会
二〇一七年十二月

广东优秀水利工程勘测奖三等奖

广东优秀水利工程勘测奖
荣誉证书
深圳市广汇源水利勘测设计有限公司：
你单位勘测的长西引水渠改造一期工程，荣获2016～2017年度广东优秀水利工程勘测奖三等奖。
特发此证。
证书编号：201617KCC04
广东省水利水电行业协会
二〇一七年十二月

广东优秀水利工程勘测奖三等奖

荣誉证书
四联河地面坍塌隐患治理及水环境综合整治工程
2015~2016年度全国水利建设工程
文明工地
水利部精神文明建设指导委员会
2018年6月

全国水利建设工程文明工地

证　书
获奖单位：深圳市广汇源环境水务有限公司
获奖项目：罗湖区海绵城市建设规划及实施研究
获奖等级：2016-2017年度广东省优秀工程咨询成果三等奖
编　　号：2018-03-160
广东省工程咨询协会
二〇一八年八月三十一日

广东省优秀工程咨询成果三等奖

深圳市广汇源环境水务有限公司
获得深圳市河道管理中心
2018 年应急演练
优胜奖
特此表彰，以资鼓励！
2018 年 12 月 6 日

应急演练优胜奖

证书

获奖单位：深圳市广汇源环境水务有限公司
获奖项目：《坪山水污染源调查项目》
获奖等级：2016-2017年度广东省优秀工程咨询成果三等奖
编　　号：2018-03-128

广东省工程咨询协会
二〇一八年八月三十一日

广东省优秀工程咨询成果三等奖

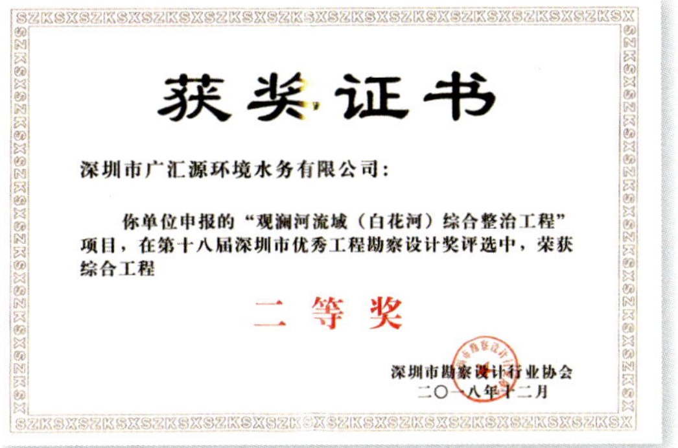

获奖证书

深圳市广汇源环境水务有限公司：

你单位申报的“观澜河流域（白花河）综合整治工程”项目，在第十八届深圳市优秀工程勘察设计奖评选中，荣获综合工程

二等奖

深圳市勘察设计行业协会
二〇一八年十二月

深圳市优秀工程勘察设计——综合工程二等奖

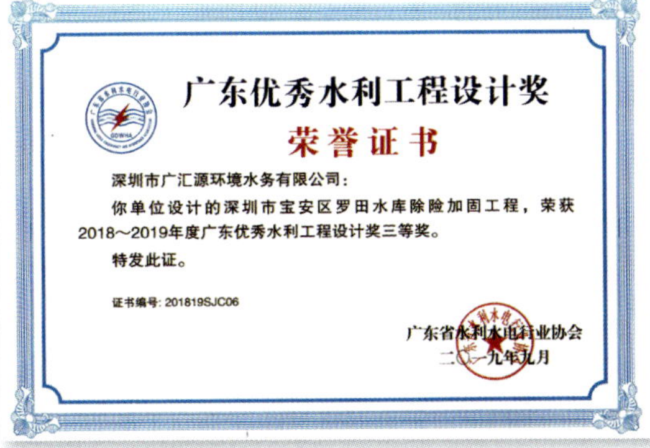

广东优秀水利工程设计奖

荣誉证书

深圳市广汇源环境水务有限公司：

你单位设计的深圳市宝安区罗田水库除险加固工程，荣获2018～2019年度广东优秀水利工程设计奖三等奖。

特发此证。

证书编号：201819SJC06

广东省水利水电行业协会
二〇一九年九月

广东优秀水利工程设计奖三等奖

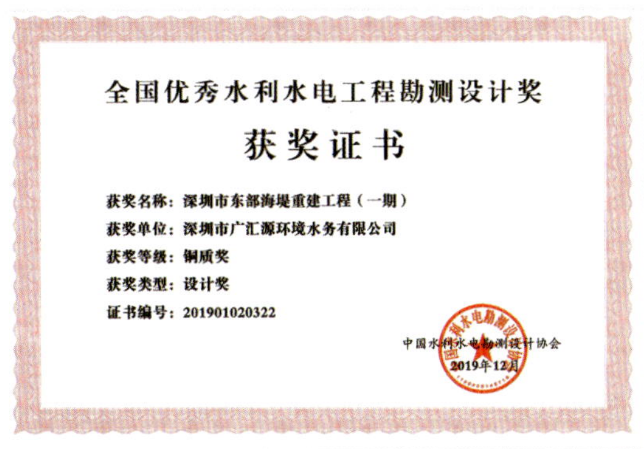

全国优秀水利水电工程勘测设计奖

获奖证书

获奖名称：深圳市东部海堤重建工程（一期）
获奖单位：深圳市广汇源环境水务有限公司
获奖等级：铜质奖
获奖类型：设计奖
证书编号：201901020322

中国水利水电勘测设计协会
2019年12月

全国优秀水利水电工程勘测设计奖铜质奖

获奖证书

深圳市水务工程建设规划（2016-2020）

荣获2018年度全国优秀工程咨询成果奖　优秀奖

申报单位：深圳市广汇源环境水务有限公司

主要完成人：张　敏　詹达美　雒　翠　江燕瑜　黄薇颖

中国工程咨询协会
2019年12月

全国优秀工程咨询成果奖优秀奖

证书

深圳市广汇源环境水务有限公司

贵单位承建的龙岗中心城龙潭水体生态修复及水质提升工程评为二〇一九年度广东省环境保护优秀示范工程。

特发此证。

广东省环境保护产业协会
二〇二〇年五月

广东省环境保护优秀示范工程

证书号第2651332号

发明专利证书

发 明 名 称：一种用于建筑工程排水管道预留洞封堵的混凝土

发　明　人：关旭；雒翠；詹达美

专　利　号：ZL 2015 1 0417764.5

专利申请日：2015年07月16日

专 利 权 人：深圳市广汇源水利勘测设计有限公司

授权公告日：2017年10月10日

本发明经过本局依照中华人民共和国专利法进行审查，决定授予专利权，颁发本证书并在专利登记簿上予以登记。专利权自授权公告之日起生效。

本专利的专利权期限为二十年，自申请日起算。专利权人应当依照专利法及其实施细则规定缴纳年费。本专利的年费应当在每年07月16日前缴纳。未按照规定缴纳年费的，专利权自应当缴纳年费期满之日起终止。

专利证书记载专利权登记时的法律状况。专利权的转移、质押、无效、终止、恢复和专利权人的姓名或名称、国籍、地址变更等事项记载在专利登记簿上。

局长
申长雨

2017年10月10日

第1页（共1页）

发明专利—— 一种用于建筑工程排水管道预留洞封堵的混凝土

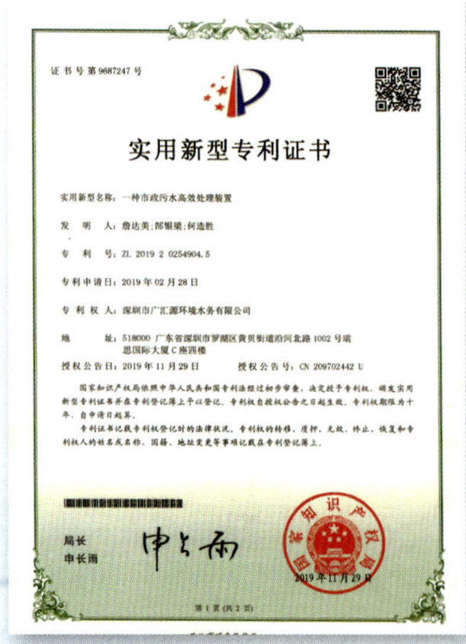
证书号第9687247号

实用新型专利证书

实用新型名称：一种市政污水高效处理装置

发　明　人：詹达美；郜银渠；何造胜

专　利　号：ZL 2019 2 0254904.5

专利申请日：2019年02月28日

专 利 权 人：深圳市广汇源环境水务有限公司

地　　　址：518000 广东省深圳市罗湖区黄贝街道沿河北路1002号瑞思国际大厦C座四楼

授权公告日：2019年11月29日　　授权公告号：CN 209702442 U

国家知识产权局依照中华人民共和国专利法经过初步审查，决定授予专利权，颁发实用新型专利证书并在专利登记簿上予以登记。专利权自授权公告之日起生效。专利权期限为十年，自申请日起算。

专利证书记载专利权登记时的法律状况。专利权的转移、质押、无效、终止、恢复和专利权人的姓名或名称、国籍、地址变更等事项记载在专利登记簿上。

局长
申长雨

2019年11月29日

第1页（共2页）

实用新型专利—— 一种市政污水高效处理装置

证书号第9991238号

实用新型专利证书

实用新型名称：一种水利工程闸门垃圾过滤收集装置

发　明　人：黄明华；龚玉峰；孙光逊

专　利　号：ZL 2019 2 0254908.3

专利申请日：2019年02月28日

专 利 权 人：深圳市广汇源环境水务有限公司

地　　　址：518000 广东省深圳市罗湖区黄贝街道沿河北路1002号瑞思国际大厦C座四楼

授权公告日：2020年01月31日　　授权公告号：CN 210002354 U

国家知识产权局依照中华人民共和国专利法经过初步审查，决定授予专利权，颁发实用新型专利证书并在专利登记簿上予以登记。专利权自授权公告之日起生效。专利权期限为十年，自申请日起算。

专利证书记载专利权登记时的法律状况。专利权的转移、质押、无效、终止、恢复和专利权人的姓名或名称、国籍、地址变更等事项记载在专利登记簿上。

局长
申长雨

2020年01月31日

第1页（共2页）

实用新型专利—— 一种水利工程闸门垃圾过滤收集装置

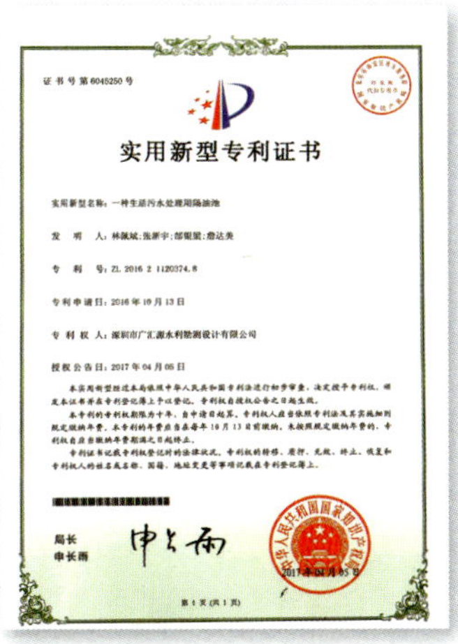

证书号第6045250号

实用新型专利证书

实用新型名称：一种生活污水处理用隔油池

发　明　人：林飙斌;张湃宇;郜银梁;詹达美

专　利　号：ZL 2016 2 1120374.8

专利申请日：2016年10月13日

专 利 权 人：深圳市广汇源水利勘测设计有限公司

授权公告日：2017年04月05日

本实用新型经过本局依照中华人民共和国专利法进行初步审查，决定授予专利权，颁发本证书并在专利登记簿上予以登记。专利权自授权公告之日起生效。

本专利的专利权期限为十年，自申请日起算。专利权人应当依照专利法及其实施细则规定缴纳年费。本专利的年费应当在每年10月13日前缴纳。未按照规定缴纳年费的，专利权自应当缴纳年费期满之日起终止。

专利证书记载专利权登记时的法律状况。专利权的转移、质押、无效、终止、恢复和专利权人的姓名或名称、国籍、地址变更等事项记载在专利登记簿上。

局长
申长雨

2017年04月05日

第1页（共1页）

实用新型专利——一种生活污水处理用隔油池

证书号第9714282号

实用新型专利证书

实用新型名称：一种闸门净水装置

发　明　人：刘凤茹;关旭;樊仕宝

专　利　号：ZL 2019 2 0255625.0

专利申请日：2019年02月28日

专 利 权 人：深圳市广汇源环境水务有限公司

地　　　址：518000 广东省深圳市罗湖区黄贝街道沿河北路1002号瑞思国际大厦C座西楼

授权公告日：2019年12月03日　　授权公告号：CN 209721755 U

国家知识产权局依照中华人民共和国专利法经过初步审查，决定授予专利权，颁发实用新型专利证书并在专利登记簿上予以登记。专利权自授权公告之日起生效。专利权期限为十年，自申请日起算。

专利证书记载专利权登记时的法律状况。专利权的转移、质押、无效、终止、恢复和专利权人的姓名或名称、国籍、地址变更等事项记载在专利登记簿上。

局长
申长雨

2019年12月03日

第1页（共2页）

实用新型专利——一种闸门净水装置

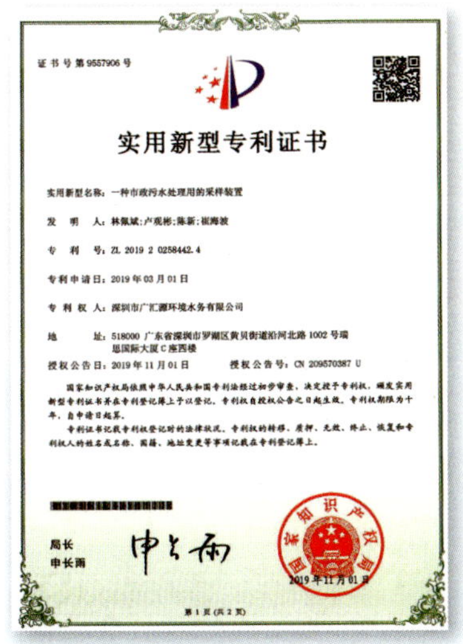

证书号第9557906号

实用新型专利证书

实用新型名称：一种市政污水处理用的采样装置

发　明　人：林飙斌;卢观彬;陈新;崔海波

专　利　号：ZL 2019 2 0258442.4

专利申请日：2019年03月01日

专 利 权 人：深圳市广汇源环境水务有限公司

地　　　址：518000 广东省深圳市罗湖区黄贝街道沿河北路1002号瑞思国际大厦C座西楼

授权公告日：2019年11月01日　　授权公告号：CN 209570387 U

国家知识产权局依照中华人民共和国专利法经过初步审查，决定授予专利权，颁发实用新型专利证书并在专利登记簿上予以登记。专利权自授权公告之日起生效。专利权期限为十年，自申请日起算。

专利证书记载专利权登记时的法律状况。专利权的转移、质押、无效、终止、恢复和专利权人的姓名或名称、国籍、地址变更等事项记载在专利登记簿上。

局长
申长雨

2019年11月01日

第1页（共2页）

实用新型专利——一种市政污水处理用的采样装置

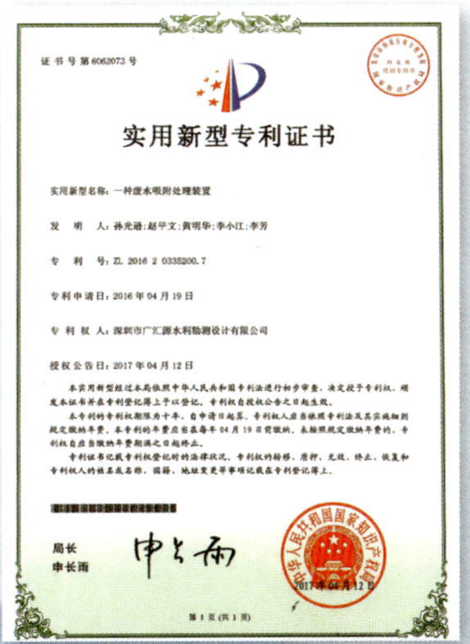

证书号第6062073号

实用新型专利证书

实用新型名称：一种废水吸附处理装置

发　明　人：孙光遒;赵平文;黄明华;李小江;李芳

专　利　号：ZL 2016 2 0335200.7

专利申请日：2016年04月19日

专 利 权 人：深圳市广汇源水利勘测设计有限公司

授权公告日：2017年04月12日

本实用新型经过本局依照中华人民共和国专利法进行初步审查，决定授予专利权，颁发本证书并在专利登记簿上予以登记。专利权自授权公告之日起生效。

本专利的专利权期限为十年，自申请日起算。专利权人应当依照专利法及其实施细则规定缴纳年费。本专利的年费应当在每年04月19日前缴纳。未按照规定缴纳年费的，专利权自应当缴纳年费期满之日起终止。

专利证书记载专利权登记时的法律状况。专利权的转移、质押、无效、终止、恢复和专利权人的姓名或名称、国籍、地址变更等事项记载在专利登记簿上。

局长
申长雨

2017年04月12日

第1页（共1页）

实用新型专利——一种废水吸附处理装置

科研硕果

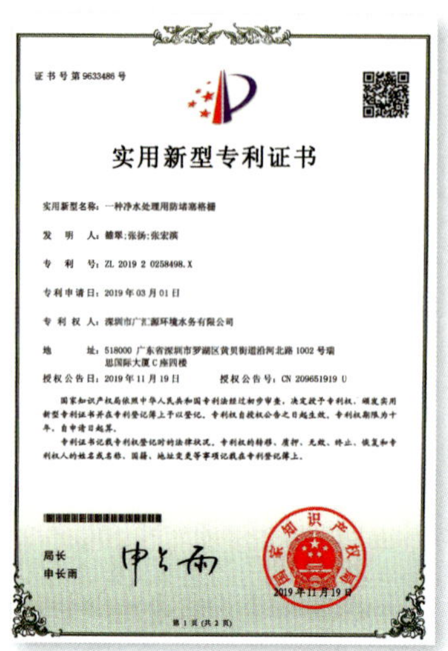

证书号第9633486号

实用新型专利证书

实用新型名称：一种净水处理用防堵塞格栅

发　明　人：赣翠;张扬;张宏滨

专　利　号：ZL 2019 2 0258498.X

专利申请日：2019年03月01日

专利权人：深圳市广汇源环境水务有限公司

地　　址：518000 广东省深圳市罗湖区黄贝街道沿河北路1002号瑞思国际大厦C座四楼

授权公告日：2019年11月19日　　授权公告号：CN 209651919 U

国家知识产权局依照中华人民共和国专利法经过初步审查，决定授予专利权，颁发实用新型专利证书并在专利登记簿上予以登记。专利权自授权公告之日起生效。专利权期限为十年，自申请日起算。

专利证书记载专利权登记时的法律状况。专利权的转移、质押、无效、终止、恢复和专利权人的姓名或名称、国籍、地址变更等事项记载在专利登记簿上。

局长
申长雨

2019年11月19日

第1页（共2页）

实用新型专利—— 一种净水处理用防堵塞格栅

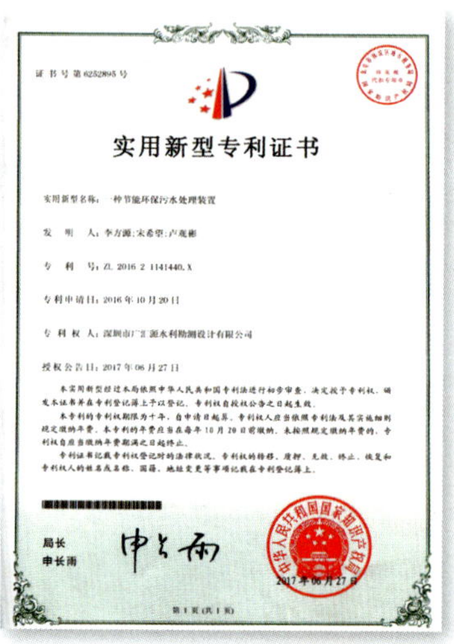

证书号第6252895号

实用新型专利证书

实用新型名称：一种节能环保污水处理装置

发　明　人：李方源;宋希望;卢苑彬

专　利　号：ZL 2016 2 1141440.X

专利申请日：2016年10月20日

专利权人：深圳市广汇源水利勘测设计有限公司

授权公告日：2017年06月27日

本实用新型经过本局依照中华人民共和国专利法进行初步审查，决定授予专利权，颁发本证书并在专利登记簿上予以登记。专利权自授权公告之日起生效。

本专利的专利权期限为十年，自申请日起算。专利权人应当依照专利法及其实施细则规定缴纳年费。本专利的年费应当在每年10月20日前缴纳。未按照规定缴纳年费的，专利权自应当缴纳年费期满之日起终止。

专利证书记载专利权登记时的法律状况。专利权的转移、质押、无效、终止、恢复和专利权人的姓名或名称、国籍、地址变更等事项记载在专利登记簿上。

局长
申长雨

2017年06月27日

第1页（共1页）

实用新型专利—— 一种节能环保污水处理装置

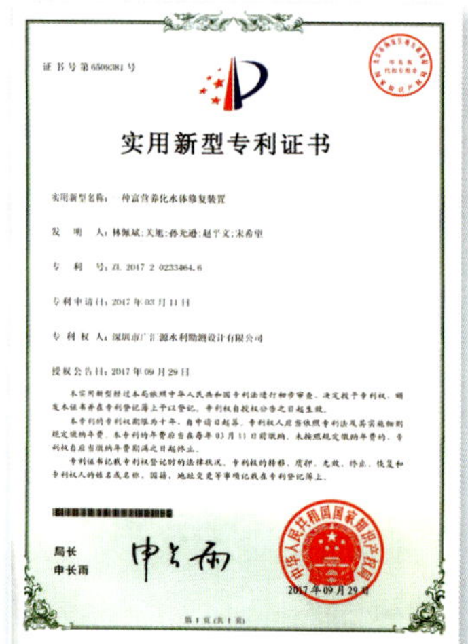

证书号第6506381号

实用新型专利证书

实用新型名称：一种富营养化水体修复装置

发　明　人：林佩斌;关旭;孙光进;赵宇文;宋希望

专　利　号：ZL 2017 2 0233464.6

专利申请日：2017年03月11日

专利权人：深圳市广汇源水利勘测设计有限公司

授权公告日：2017年09月29日

本实用新型经过本局依照中华人民共和国专利法进行初步审查，决定授予专利权，颁发本证书并在专利登记簿上予以登记。专利权自授权公告之日起生效。

本专利的专利权期限为十年，自申请日起算。专利权人应当依照专利法及其实施细则规定缴纳年费。本专利的年费应当在每年03月11日前缴纳。未按照规定缴纳年费的，专利权自应当缴纳年费期满之日起终止。

专利证书记载专利权登记时的法律状况。专利权的转移、质押、无效、终止、恢复和专利权人的姓名或名称、国籍、地址变更等事项记载在专利登记簿上。

局长
申长雨

2017年09月29日

第1页（共1页）

实用新型专利—— 一种富营养化水体修复装置

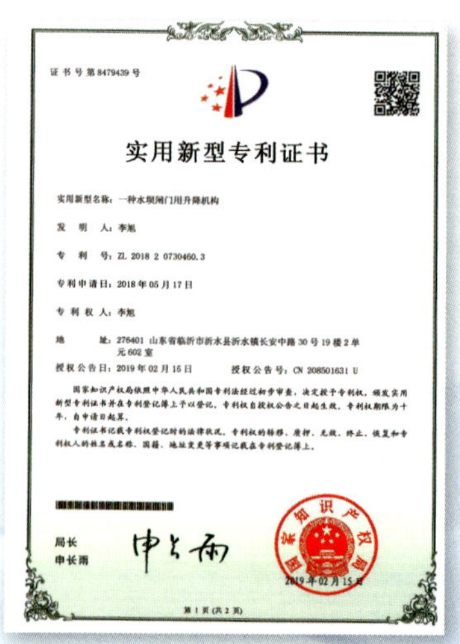

证书号第8479439号

实用新型专利证书

实用新型名称：一种水坝闸门用升降机构

发　明　人：李旭

专　利　号：ZL 2018 2 0730460.3

专利申请日：2018年05月17日

专利权人：李旭

地　　址：276401 山东省临沂市沂水县沂水镇长安中路30号19楼2单元602室

授权公告日：2019年02月15日　　授权公告号：CN 208501631 U

国家知识产权局依照中华人民共和国专利法经过初步审查，决定授予专利权，颁发实用新型专利证书并在专利登记簿上予以登记。专利权自授权公告之日起生效。专利权期限为十年，自申请日起算。

专利证书记载专利权登记时的法律状况。专利权的转移、质押、无效、终止、恢复和专利权人的姓名或名称、国籍、地址变更等事项记载在专利登记簿上。

局长
申长雨

2019年02月15日

第1页（共2页）

实用新型专利——一种水坝闸门用升降机构

修志启动会

修志中期研讨会

编纂委员会主要成员留影

GHY 广汇源环境水务
GHY 广汇源环境水务
GHY 40th Anniversary 广汇源四十周年
廣源流長 継往開来
《深圳市广汇源环境水务有限公司志》发布仪式
暨深圳市广汇源环境水务有限公司40周年庆典

GHY 广汇源环境水务
GHY 广汇源环境水务
GHY 40th Anniversary 广汇源四十周年
治水治污 为城为民
深圳市广汇源环境水务有限公司

志书发布暨40周年庆

序一

修志作为我国的优良文化传统，有着“留存历史，以资借鉴”的作用，其“功在当代，利在千秋”。

深圳市作为中国改革开放的排头兵，经济发展的示范区，却存在水资源匮乏、台风暴雨频繁、水环境容量偏小等的区域特点。作为特区，深圳速度不仅是经济发展速度，在基础设施建设中，特别是水资源调配、供水、防洪排涝、水环境治理等必须跟上经济、人口发展步伐。

深圳市广汇源环境水务有限公司（以下简称为“广汇源环境水务”）作为深圳市较早成立的市属三家设计单位（建筑、市政、水利水电）之一，服务于自中华人民共和国成立以来深圳市水利工程的规划咨询、勘测设计等，与深圳经济特区同成长、共发展，《治水治污　为城为民　深圳市广汇源环境水务有限公司志（1980—2020）》（以下简称为“志书”）虽然是企业志，却从水利视角见证了改革开放40年来深圳经济特区翻天覆地的变化。

志书是一部新型企业专志，它运用新方志的体例，遵循“突出重点、突出特色”的原则设置章节。志书共分六章，第一章创立与发展，主要记述广汇源环境水务有限公司（前身为深圳市水利水电勘测设计室）从1980年成立至2020年6月30日这段时期的沿革与发展；第二至四章分别记述广汇源环境水务在规划咨询、勘测设计、信息化、管养运维等各方面的业绩；第五、第六章则对企业组织建设、企业文化和人物、单位资质、荣誉和表彰进行了记录。

志书在编纂中，力求横不漏项，纵不断线，既突出时代特点，又突出企业特色，融历史性、行业性、资料性于一体，全面、客观、真实、科学地记述广汇源环境水务的发展、成果和现状，做到结构合理、内容详略得当、重点突出、去伪存真、准确记述，不溢美、不诿过。

志书编纂历时一年，在广汇源环境水务的大力支持和编纂人员的艰苦努力下，完成志书的总纂、定稿工作。它的编纂出版，对于不了解广汇源环境水务和深圳水利历史的青年职工，可以从中得到教益和启迪；对现在仍继续投身于广汇源环境水务事业的同事，更可抚今追昔，倍感肩上负有重任；对于曾经把毕生精力和心血贡献给广汇源环境水务发展的前辈和老职工，也可得到慰藉。

中国工程院院士

2020 年 6 月

深圳市水库建设的起步与发展演变

（代序）

深圳市广汇源环境水务有限公司（曾用名：深圳市水利水电勘测设计室、深圳市水利电力勘测设计室、深圳市水利电力勘测设计公司、深圳市广汇源水利勘测设计有限公司），成立于1980年6月，前身是原宝安县水利电力局和深圳市水利局工程科，是深圳市较早成立的市属三家设计单位之一。我当时担任局负责人，一手促成了广汇源环境水务的成立。转眼40年过去了，广汇源环境水务的同志们决定编纂一部公司志，这是一项非常有意义的工作。他们约我写篇序，我想，近40年来的故事很多人都还记忆犹新，会写得很好。我从1953年来到宝安从事水利工作，已快70年了。作为一个水利老人，讲一讲老故事，也许大家会更喜欢。传统水利工作绝大部分都是围绕着水库工程，我就讲一讲深圳市水库建设的起步与发展演变吧！

我是1953年来深圳工作的，当时的宝安县全县仅有一宗水库，人民生活用水主要是靠打井用地下水，农田灌溉靠山坑水，沙田盐渍土靠两季地表径流淡化，农业生产处于“靠天吃饭”的状态。在风调雨顺的年头，还能得到较好的收成，一遇洪旱灾害则束手无策。水利设施方面，虽有零星水陂水圳，但工程规模甚小，抗旱能力差。无蓄水工程，河道无力整治，防洪防潮能力差，山区村民利用水力推磨，多数农户备有龙骨水车，以便车水抗旱。县里没有专职水利工作者，小型陂头水利的修造主要靠当地乡村头人和有经验老农，泥水石匠议而决之。水利资金来源主要靠派款、纳粮，水利劳力以派工方式从农户中抽调。

深圳市第一座水库

1952年冬粤中行署派戴良生、关定一、陈枫等同志到宝安负责技术指导，开始对水库进行规划、勘测、设计。1953年4月宝安县第一宗蓄水工程——笔架山水库，开始动工兴建。当时宝安县整个二区(现在的罗湖区、福田区各一部分)，东起黄贝岭、湖贝，西至沙头、沙尾，南从蔡屋围、上步、福田、皇岗，北至泥岗、笋岗等十几个乡村的农民、数千民工，在县委、区委的直接领导下，有组织地开进笔架山，安营扎寨。工地上红旗招展，万众欢腾，山岭上炸石声隆隆，人声鼎沸，背着行装，荷锄、挑担，前来支援。这是宝安县解放后，自力更生，发动群众建水库，创水利先河，建第一宗水库的伟大状举。水库工程总指挥、县长黄幹，副指挥二区区委书记张子修等领导和干部、民工一起共同劳动，融成一片，团结战斗，没有机械，全是土办法，挥锄，铲土，展现了誓要高山低头、河水让路的英雄气概。1954年春耕前，水库工程经过一年的紧张施工，终于胜利竣工了，库容62万立方米，土坝高14.5米，受益农田4 600多亩。水足渠通，随后年年获得丰收。

一石激起千重浪，一水带来万家欢。水库的建成，体现了人民群众在党的领导下，改造自然的伟大力量，也为宝安县大搞水库建设，打下了良好基础和提供了丰富的经验，更是培养了大批工程技术骨干。记得在1958年夏季一个下着暴雨的晚上，当时的县委书记罗章友带着我从县委出发，步行2个多小时到达笔架山水库大坝。天黑雨大，笔架山水库大排洪，我们在坝顶观察，发现排洪道下游由于消力池不够长，不够深，加上采用浆砌石，质量不好，被冲刷得一塌糊涂。这给我们今后对排洪消能的设计，警示了深刻的教训。

继笔架山水库建设成功后，公明的阿婆髻水库、红坳水库，梅林的马泻水库，观澜的布狗垅水库，布吉的甘坑水库等都先后建成并发挥防洪灌溉作用。随着改革开放，深圳特区的建设发展，笔架山水库已演变成为深圳市第一宗对外开放的旅游胜地，景点独特、风景优美、接待国内外贵宾和游客的“银湖度假村”，谁还知道它过去对农业所作的贡献呢！

掀起水库建设高潮

1958年11月以前的宝安县，县界范围，南以深圳河为界，北至观澜、平湖、布吉，西到松岗、公明，东至盐田，面积只有1 240.5平方千米，耕地面积39.064 1万亩，人口十几万，当时是地少人多的县，也是广东省有名的鱼米之乡。和平大队、翻身大队每年上交国家的公余粮比山区和平县、连平县一个县还要多。

1958年11月以后惠阳县划三个大公社到宝安县，即是横岗、龙岗、坪地、坪山、葵冲、大鹏一带，也即是现在深圳市的东部，到那时宝安县的面积才达到了2 020.5平方千米，耕地554.319万亩，人口33.36万人，也就是现在深圳市的范围。

我与铁岗水库的缘分

1956年，春节刚过，《南方日报》刊登着省委书记陶铸同志的讲话，建议宝安县要大力搞好农业生产，首先要注意解决好西部滨海40万亩沙地的淡水问题，要建设防咸蓄淡工程，改善现有沙田5万亩的灌溉用水，有利于改翻耕，转双造，并抓紧已经围田的滩涂投入耕种及筑塘打窦，放鱼养虾，扩大面积5万亩，实现10万亩大沙田的战略目标。增产粮食，提高农民的生产、生活水平，为国家多作贡献。当时宝安县人民，积级响应省委的号召，1956年2月，宝安县人民代表联名向省人代会，提交兴建茅洲河水利工程的提案。1956年4月，省水利厅根据提案的精神，派姚启志、陈天湘等工程师10多人，前来进行茅洲河工程的勘测规划工作。在考虑的若干方案中，经过充分的比较论证，最后确定以修建铁岗水库、罗田水库的方案取代了茅洲河下游防咸蓄淡建水闸的方案。接着，把水库全面的测绘地形图、大坝设计的任务交水利部广州勘测设计院负责。

回忆过去最难忘的是，当时身为宝安县副县长的张子修同志，肩负发展农业生产的重任，积极配合设计院，组织带领调研组亲赴实地，深入调研，走遍东起南头、西乡，西到茅洲河口的沙井、民主等村，沿茅洲河至松岗，长达50多千米的沿海岸线，住进农村，深入群众。访问居住在几十个乡村，千家万户的农民，进行调查研究，了解茅洲河的水源来龙去脉及西乡河上游羊台山下的铁岗水流情况，东西两大水源汇合贯通，对滨海沙田灌溉是否可以起到有效作用，倾听基围群众的意见，及当地基围家民的用水情况。逐村调查沿海农田滩涂号称10万亩沙田的分布状况。根据和平村群众的反映，农民饮用水都是到河涌口汲取淡水回来，然后用明矾沉淀成清水再饮用。民主村更是要用船到东莞大光山去载水回来使用，三围村则要到黄田山取山坑水及挖井取水。农田灌溉更谈不上用淡水了，只能利用夏季雨水、海水潮涨时的潮水来进行灌溉，单耕一造，谷质差，产量低，无可奈何。经过几十天的艰苦深入调查，掌握了农村、基围人群、牲畜的生活用水及农田耕作生产灌溉等情况。

张子修副县长同时还要紧密配合勘测设计院技术专家小组，和他们一起生活、一起工作，为他们工作生活提供方便。和他们一起深入高山、河谷、田坑、溪流，走遍羊台山下坑坑洼洼，进行实地勘察规划，代表地方政府参与研究，并到测量工地探访员工，了解水库水位淹浸情况，又到钻探地层取土样的筑坝现场了解地质实际情况，听取建库的可行性。同时还更加深入到居住在羊台山下的石岩、塘头、新旧下步、更鼓岭、公爵薮、铁岗、凤凰岗等村庄，就利用铁岗水水源对库区内的影响及利害关系，详细倾听群众的反应和征求他们的意见，研究他们的现状，掌握切合实际的可靠资料，衡量利弊，提供县委与专家组作决定的依据。

1956年，秋收开始，县委就决定建设铁岗水库，并报省批准。当时，铁岗水库是全省十大重点工程之一，县委派副县长张子修负责筹建水库工作。张子修副县长带领县水利科的干部、技术人员，进驻西乡铁岗村，借住黄氏祠堂，开展筹建工作。

首先抽调了县石油公司、西乡供销社、信用社、财管所和乡村共20多个干部组成工作组。分工秘书组负责管理日常工作；财会组负责管理经费收支；工程组负责施工准备、开路修桥、清基挖坑、搭棚炸石等工作。总务组负责日常生活供应工作。各工作组由张子修副县长安排统管。

1956年冬，成立了工程建设指挥部，分设办公室、工程科、政工科、四材供应等管理机构，全县调动上万个劳动力分成四大民工工区，铁岗水库正式投入大规模动工兴建。几十个团队投入施工，各团队办起集体饭堂，过着集体生活。县委副书记朱德全任总指挥，县委宣传部长陈仁、县财政局长龚锡贤、省水利厅工程师区冠雄任副指挥，区冠雄工程师兼任工程科科长，当时我被委任为工程科副科长，协助区冠雄管理工地技术工作。铁岗水库坝址位于西乡铁岗村三合水，西乡河中游，水库集水面积64平方千米，库容多次改变，初期正常库容2 600万立方米，灌溉面积4.9万亩，水库由主坝、副坝、溢洪道、放水涵管组成，主坝为黏土斜墙沙壳坝，最大坝高18.1米，坝顶宽4米，溢洪道宽40米，最大泄洪流量200立方米每秒，水库库区淹没土地6 110亩，迁移人口599人，拆迁房屋6 810平方米，水库总干渠长4.05千米，支渠38.8千米，分布于西乡、福永和沙井。1957年4月，铁岗水库主体工程竣工，是当时宝安县最大的一宗中型水库。接着开展渠道的勘测、规划、设计。1959年3月，铁岗水库灌溉工程指挥所正式成立，邓兆荣任渠道工程指挥所指挥长，我负责渠道工程的设计并参与施工，苦战一年，铁岗水库开始发挥效益，整个沙田地区发生了巨大的变化。深刻地体会到，水利是农业的命脉。有了水，10万亩盐渍沙田变为良田；有了水，水稻单造变为双造；有了水，水稻产量由亩产不足200斤，跃升到400多斤；有了水，百业兴旺。

铁岗水库建设的成功，也为宝安县培养锻炼了一大批技术人才和领导骨干，培训了施工员队伍，筹建了女子测量队，为此后全面铺开水库建设打下坚实基础，有力量自己勘测、设计和施工，不再请求地区和省水利厅派技术队伍来支持。1959 年冬，宝安县“十大水库”工程开工，就证实了这一点，当时全省掀起了建国以来规模最大的水利建设高潮。农村各社队除了老人和小孩，几乎所有劳动力都上了水利工地，山沟河旁，“千军万马”安营扎寨，到处都出现水利大会战的壮观场景。当时的“十大水库”是深圳水库、石岩水库、西沥水库、清林径水库、七沥水库、高峰水库、三洲田水库、马泻水库二库、樟坑径水库和五指耙水库。除深圳水库兼有对香港供水任务，由省派技术队伍协助设计施工外，其余 3 宗中型水库和 6 宗小（1）型水库，全都是靠县自己的技术力量，组织勘测、设计和施工，同时每宗水库都达到了建设目标，发挥了效益，改变了宝安县干旱的面貌。

铁岗水库，我可以说是与它结上了缘，从参与到建设、到主管、到直接指挥，先后 4 次的扩容、加坝、改建排洪道，从 1956 年至 1998 年，前后 43 个年头，我都有缘参加，和它结上了深厚的感情，人生有多少个 43 年呢！

随看形势的发展，社会的需求，人口的增多，1961 年，铁岗水库第一次扩容。铁岗水库溢洪道改建加上了闸门，成立改建指挥部，县委委任我当指挥，铁岗水库林场场长余克物任副指挥，郭世芬负责工程设计和施工。改建加闸后水库正常库容从 2 600 万立方米增加到 4 900万立方米，大幅度提高了水库效益。

1986 年，铁岗水库第二次扩容。为了满足蛇口工业区的供水，深圳市委决定加高铁岗水库扩大蓄水库容，当时主要工程内容有：铁岗水库加高 3 米；新建右岸副坝 1 宗；改建溢洪道及启闭室；铺设坝脚至蛇口输水管道 16 千米。当时随着体制的变化，工程改为承包制，供水工程指挥部由深圳水利水电综合发展公司承办。我任指挥，廖均副任副指挥，刘灼华负责设计，黄文强主持现场施工。这次扩容，虽然正常库容仍然保持 4 900 万立方米，但水库提高了防洪标准，校核洪水标准提高到了洪水重现期2 000年一遇。水库总库容提高到了8 300万立方米。

铁岗水库第三次的扩建，酝酿时间比较长，1991年，深圳市人民政府下通知：为加强对我市宝安西部供水的管理，市政府同意成立深圳市供水管理委员会。管理委员会由下列人员组成：我担任主任，袁汝稳（时任宝安县副县长）担任副主任；成员：林桂禄（市水利局处长），陈鉴波（宝安县农林水利局局长），张成香（宝安县西部水源工程供水公司经理）。当时着重考虑西部引水、铁岗水库再次扩容和调查研究，最复杂的是上游迁安移民问题。

1992年12月，经与宝安区及有关镇的领导研究，决定成立“西部供水水源网络工程建设指挥部”，我任指挥长，黄奕辉（时任宝安区副区长）、张成香（深圳宝安西部供水公司经理）、李毓林（市水利局高级工程师）担任副指挥长；成员：张广松（市治河办负责人、工程师）、廖均福（市水利局计财处负责人、工程师）、王若兵（市三防办技术负责人、工程师）、曾马娣（市水利工贸公司副经理）、曾汉良（新安镇镇长）、莫汉帮（石岩镇镇长）、文惠祥（松岗镇副镇长）、麦达通（公明镇副镇长）、黄银（铁岗水库管理处主任）、霍博文（石岩水库管理处主任）、黄盛辉（西沥水库管理处主任）。下设办公室，主任：李毓林（兼），副主任：赵金虎（深圳宝安西部供水公司副经理），办公地点：深圳宝安西部供水公司。

当时，机构相当庞大。后来由于多种原因，西部引水方案变了，我们只抓了铁岗水库第三次扩建，提高铁岗水库蓄水位，改建溢洪闸，安置迁移上游移民。1996年全面动工，将原灌溉用的总干渠和三支渠改建为水库排洪渠，减轻西乡镇防洪压力，减少了西乡河的排洪流量，改建溢洪道闸门，取消原多孔平面闸门，改建为二孔弧形闸门，加高部分防浪堤，增加水库调节能力。

深圳市的水库建设，1953年从零开始，到2000年我离开水务部门止，共拥有中小型水库240多宗，其中中型水库9宗，过去的功能，主要是以农业灌溉为主，1979 年，深圳建市以后，水库开始“转轨变形”，从单一的为农业服务转变到为国民经济全面服务；从以农业灌溉为主转变为以城市供水为主。随着城市人口的增加，水库水源已不能满足发展的需要了，到境外提引东江水逐步成为了主要的任务，水库变成了水缸，库容要求是越大越好。

1997 年，铁岗水库进行第四次的扩容，大坝再提高 3.5 米，正常蓄水库容达到 9 400 万立方米，总库容达到 9 950 万立方米。我虽然退休多年，但对铁岗水库的变革念念不忘，2020 年，我又到铁岗水库实地观察了两次，每去一次，回来以后，我都会有一阵很深很深的思考，60 多年了，铁岗水库和全市大大小小的 100 多座水库，为宝安、深圳的发展起到了非常关键的作用。今后还将继续发挥重要作用，我们应当倍加珍惜和爱护啊！

古人云：史重在鉴，志重在用。在广汇源环境水务发展和壮大的过程中，吸取过往的经验，开拓未来的道路。作为广汇源环境水务曾经的一名“开荒牛”，我衷心希望广汇源环境水务能够以建立 40 周年作为新的起点，成为深圳特区建设的时代先锋。

原深圳市水务局副局长： 林辉煌

2020 年 6 月

序二

风貌之缘，礼制之根，承志留痕；文化之脉，历史之源，蒙志延醇。所谓“一邑之典章文物，皆系于志”，企业亦是如此。

今年适逢广汇源环境水务 40 周年，《深圳市广汇源环境水务有限公司志》，是我们诚挚的献礼。之所以要以修志的方式记录广汇源环境水务的 40 年历程，一是为了纪念雄关漫道上那些不该被遗忘的人和事、不该被封存的感动、不该被埋没的奉献；二是为了给广汇源的年轻一代们预先留有一份深厚的寄望——当他们读起这本公司志，会从前辈们的故事里汲取勇气、拾取经验，而后亦以此为志，立意将自己在广汇源环境水务做出的事业，有朝一日能续入志中。这，便是我们的初心。

“修志问道、直笔著史”，但修志的过程可谓“道阻且长”。许多资料由于年代久远，已很难考据，只能靠老一辈人口述笔录，再用仅有的文件、票据和其他纸质资料核对其年份、人名、数据等——在数字化办公的今天，虽然经历了前所未有的挑战，但我们很庆幸，也很感恩——每一次的考据和校对，都好像重回了风雨飘摇的创业年代、亲历着困知勉行的沧桑道路、触碰到饱经沧桑的川流河海，耳旁似乎能听见，那是谁的汗水从脸颊滴落到指尖，又从指尖滴落、汇于脚下涓涓水流的声音——每逢此时，不觉盈眶。

在这里特别要感谢在编志这个过程中，我们的刘灼华、廖秀珍、刘沅、邓平、郭丽莎，感谢老领导林辉煌、梁明，广汇源水利实业林谭素、黄文强、张仕元，他们不辞辛劳提供了翔实的数据，使这本志书能顺利完成。

广源流长，继往开来。《深圳市广汇源环境水务有限公司志》凝聚了广汇源环境水务的过去，也蕴含了我们对她最诚挚的祝愿。翻开《公司志》，细读行间字里透露出的精神与思想，任何人都会被蕴藉、任何人都会被鼓舞。它讲述着，一种历久弥坚的志向，一种天高海阔的胸怀——也曾行路难，却恢弘志士之气，从未妄自菲薄；也曾峰回转，更一日三省，一寸光阴不可轻；也曾攀高顶，仍不忘博观而取约，厚积而薄发。

大厦之成，非一木之材也；大海之阔，非一流之归也。四十年岁月洗礼，春华秋实，有多少师长、前辈将一生投入其中；又有多少先行、知交曾雪中送炭，慷慨扶持。伫立于40年的时间节点上的我们，手捧过往为序，眼见未来成篇，又怎能忘怀这些名字。终有一日，更年轻的一代广汇源人也终将把自己的名字烙印在广汇源名人堂的卷册中。

凡是过往，皆为序章。四十周年，正值壮年。在这个重要的时间节点，我面对各位老领导、老前辈和跟随我们的新辈才俊，深深感受到这副承前启后的担子沉甸甸的。近几年，广汇源环境水务体制变革、名称更迭、体量扩增，尤其是目前，广汇源环境水务正处在一个国际、国内大格局空前变化的年代，新时代、双循环，是机遇，也是严峻的挑战。

面向未来，在绿水青山就是金山银山理念的引领支持下，在粤港澳大湾区、先行示范区“双区”驱动的时代背景下，广汇源环境水务要继续发扬开拓进取、再攀高峰的精神，积极拓展智慧水务、土壤和地下水修复、固废处置、全过程咨询、碳中和碳达峰等新领域，找准定位，多出精品，不负时代所托；展望未来，广汇源环境水务将始终秉承“治水治污、为城为民”的企业宗旨，继续尽最大努力，福泽民生，服务社会！

董事长：

2020年8月

凡例

一、深圳市广汇源环境水务有限公司原隶属于深圳市广汇源水利实业有限公司，深圳市广汇源水利实业有限公司由行政单位改制而来，前身是宝安县水电局、深圳市水电局、宝安县水利局、宝安县水利水电综合发展公司、龙岗区水利水电综合发展公司。下属有深圳市广汇源水利勘测设计有限公司、深圳市广汇源水利建筑工程有限公司、深圳市润源有限公司、深圳市稳展有限公司，以及公司下属的坪山、石岩和丹竹头等工业区。

二、本志仅对深圳市广汇源环境水务有限公司的历史进行记述，深圳市广汇源水利实业有限公司及其下属的各子公司、各部门的历史另行记述。

三、本志所记述的深圳市广汇源环境水务有限公司主体，自1980年以来，名称曾数次改变，即1980年6月至1993年2月，深圳市水利电力勘测设计室；1993年3月至2000年6月，深圳市水利电力勘测设计公司；2000年7月至2018年4月，深圳市广汇源水利勘测设计有限公司；2018年5月至今，深圳市广汇源环境水务有限公司。

四、本志是一部新型企业专志，它运用新方志的体例，既突出时代特点，又突出企业特色，以规划咨询、勘测设计、管养运维为主要章节，全面、客观、科学地记述深圳市广汇源环境水务有限公司的发展和成就。

五、本志以志为主体，辅以述、记、图、表、照片等。志首设概述、大事记。概述为全志之纲，述中有议；大事记为全志之经，采用了编年体与纪事本末体相结合的方法，以时间为主线，以大事为主体，同时记述首尾。

六、本志的篇目，采取横排门类，纵述始末的编排，设章、节，节以下的层次，用数字序号表示。

七、本志记事时间，上自1980年，下讫2021年10月。在大事记中对深圳市广汇源环境水务有限公司的前身“宝安县水电局工程科”仅作了简要追溯。

八、本志首次出现的名称均用全称，名称过长需简化者，第一次出现时加注简称，再次出现时可使用简称。

九、本志按照“广询博采，直书实录”的原则，在编写过程中所使用的资料，主要来源为档案、正式出版物、国家机关正式文件、向现场或当事人采录。所有使用的资料都经过审查核实，力求翔实可靠。

目录

概　述

深圳市广汇源环境水务有限公司（原名深圳市广汇源水利勘测设计有限公司，以下简称为“广汇源环境水务”）成立于1980年6月，前身是原宝安县水利电力局和深圳市水利局工程科，是深圳市较早成立的市属三家设计单位之一。

随着深圳改革开放和经济体制改革，广汇源环境水务逐步完成了体制转变，不断发展壮大。广汇源环境水务具有工程咨询甲级、水利行业（河道整治）专业甲级、水利行业乙级以及市政、工程勘察测量、水文水资源调查评价、水资源论证、废水污染修复、生活污水处理、建筑、水利水电工程施工总承包、信息系统集成等资质，提供工程勘察、前期规划咨询与研究、设计、施工、运营等全产业链服务，实现了项目前期规划咨询至后期运行管理的一条龙服务。与此同时，广汇源环境水务创建院士工作站、广东省水环境与水利信息化工程技术中心、联合培养研究生基地、博士后创新实践基地，全力服务深圳水污染治理、水环境保护等领域，为深圳水环境治理工作创立新平台。

广汇源环境水务是深圳第一个水务设施社会化运营管理单位，也是综合整治和全流域治理的倡导者。抚今追昔，广汇源环境水务的发展大致分为四个时期。

一

1949—1990年默默耕耘。深圳市的前身是宝安县。这一时期，经济不发达，洪潮涝灾害所造成的损失相对来说并不严重。所以，发展农田灌溉是当时宝安县水利工作的主要内容。宝安县水利局在当地进行的水利工程建设以小型为主。1979 年深圳建市后，经济结构发生重大变化，农田减少，代之以工业厂房，防洪防潮和城市供水便成了水利工作的重要内容。1980 年深圳市水利电力勘测设计室（以下简称为“设计室”）成立，拉开了广汇源环境水务 40 年发展的大幕。这一时期，相继完成铁岗水库、石岩水库、深圳河、观澜河等项目的勘测设计。水库项目对于促进农业生产的发展，为城市供水，改善投资环境，提高人民物质和文化生活，都发挥了重大的作用。值得一提的是铁岗水库，它的建成很好地解决了宝安西片农田灌溉和农村饮用水问题，是蛇口及南头工业区的供水水源，具有明显的社会效益和经济效益。深圳河、观澜河经过精心设计，河道疏浚，低矮堤段加高培厚，提高了防洪防潮标准，增强抗御洪潮灾害能力，保障了人民生命财产安全。

1982 年，设计室承担深圳市区防洪工程笋岗滞洪区洪湖东堤和洪湖西堤排洪涵的设计，1984 年完成项目。该项目是深圳市区防洪工程一期工程的一部分，也是广汇源环境水务第一个收款设计项目。在市场化的浪潮中，广汇源环境水务勇于探索，敢于承担，为日后的高速发展打下了良好的基础。

1983 年，深圳市水利系统技术职称评定会议召开，会议审定同意首批晋升林辉煌等八人为水利工程师，次年 9 月又批准晋升罗育英为水利工程师。而这一批工程师，正是当时设计室的技术骨干。

1984 年，完成深圳市河流流域规划复查工作设计及报告编制。规划复查不仅为农业服务，而且考虑了经济特区发展需要，对特区供水问题、农业结构改制动向对规划的影响和变化都进行了初步探讨，为将来特区建设提出了有参考价值的科学依据。

正因为有了优秀的工程师、出色的工程业绩、前沿的勘测设计能力，设计室不断发展，茁壮成长。

二

1990—1999 年砥砺前行。1990 年重新成立了深圳市水利局。1993 年，深圳水利从组织机构到行政职能都发生了历史性变化。深圳市政府为改革城市供水管理体制，撤销了深圳市水利局。同年，深圳市水利电力勘测设计室更名为深圳市水利电力勘测设计公司（以下简称为“设计公司”）。公司制度的建立，表明以营利为目标、从事大规模生产经营活动的市场主体已经形成。从过去的“铁饭碗”到如今自负盈亏，设计公司在市场化的道路上不断探寻，不断前进。

这一时期，设计公司完成了龙岗河防洪治河工程、观澜河防洪治河工程及坪山河防洪治河工程初步设计，这些项目的实施，提高了流域干支流防洪排涝标准，治理了水土流失，有利于流域内沿河两岸国家和人民的财产及生命安全保障、社会稳定与经济繁荣，进而改善投资环境，有利于流域的持续发展。

三

2000—2009 年初露峥嵘。2000 年，深圳市广汇源水利勘测设计有限公司成立。有限公司制度的建立，有利于在行业竞争中逐步提升广汇源环境水务品牌的价值，有效地利用社会人力资源创造更大效益。

这一时期，承担了深圳市宝安区公明片区（上下村泵站、马田河泵站、马山头泵站）排涝工程的可行性研究、初步设计及施工图勘测设计任务，尤其是设计的计算机监控系统，从可靠性、经济性、合理性角度出发，与全市防汛信息系统相衔接，做到资源、信息共享，优势互补，使城市防洪工程的泵站（闸）群个体实现了“无人值班，少人值守”的建设要求。出色的设计，使该项目荣获数个行业奖项。

2004—2007 年，完成了长岭皮水库加固及扩容工程可研及相关设计，工程被列为深圳市 2007 年重大建设项目。长岭皮水库在承担供水水源调蓄任务的同时，还担负着繁重的城市防洪任务，其防洪对象包括平南铁路、广深高速、北环大道、深南大道、滨海大道等横贯深圳的交通干线及下游大沙河东西两岸深圳大学城、深圳科技工业园、深圳市高新技术工业区、世界之窗、锦绣中华、白石洲、华侨城等校区、工业区、商业区、旅游区和居民区。工程在防洪、供水两大保障体系中发挥了重要作用，为保护人民生命财产安全、促进特区经济发展做出了贡献。

2009年承担的深圳市东部海堤重建工程（含可研、勘测、初步设计及施工图设计）为民生工程，将海堤设计与城市景观规划相结合，重建了防潮屏障，为大鹏新区建成国际旅游度假胜地提供了重要保障。

四

2010—2019年高速发展。2018年，深圳市广汇源环境水务有限公司成立，致力于成为“中国南方具备完整能力综合解决环境水务领域系统问题的科技公司”。有了更加清晰的目标，明确的业务范围，广汇源环境水务正在高速发展的道路上奋进。

这一时期，随着深圳海绵城市建设和治水提质的推进，为更好地服务于深圳的环境水务事业，广汇源环境水务不断采用先进技术，逐步扩展新业务如海绵城市、水生态修复、黑臭水体、土壤修复、智慧水务等。

2011年作为牵头单位，承担惠州市金山河小流域和水环境综合整治工程的防洪排涝及水环境治理工作。该项目具有防洪、截污、补水、暗渠清淤设计等主要亮点。工程实施后，通过整治堤岸、完善截污管网、清理河道、绿化环境，使河道达到设防标准，减免洪涝灾害，两岸居民是最直接的受益者，有利于构建和谐社区、和谐社会。项目获得数项行业大奖，被媒体列入中国十大城市治河成功案例。该项目既是广汇源环境水务完成大型综合性项目勘察设计的开山之作，又是广汇源环境水务第一次牵头管理其他甲级院开展设计的探索，也是广汇源环境水务第一次开拓外地市场战略成功的证明。

作为水务系统首个EPC试点承接单位，承接了深圳水利首批EPC项目——长西引水渠改造一期工程、观澜河大和水闸扩建工程等设计采购施工总承包项目。长西引水渠改造一期工程是深圳市水务工程设计采购施工总承包EPC试点，采用EPC模式后，工程在前期设计过程中，特别是施工组织方案能充分与施工方进行沟通，减少后期工程的变更，有利于投资和工期的控制，为深圳市后续水务工程 EPC 实施模式积累了宝贵经验。

40 年完美蜕变，40 年砥砺前行。秉承“以人为本，安全环保；优质生产，高效运营；业主满意，精准服务；管控风险，持续创新”的理念，广汇源环境水务将不断改革创新，持续加大黑臭水体治理、海绵城市建设及土壤调查的投入，朝着治水与治城相融合以及水务环境问题解决方案的科技化、专业化的目标大步向前，矢志为市民提供美好的水环境，为深圳市水环境建设事业做出更大贡献。

大事记

一、默默耕耘（1949—1990 年）

◆ 1956 年

[56・1]　**铁岗水库兴建**　12 月，由宝安县水利局设计的铁岗水库动工兴建，次年 4 月建成。铁岗水库是西乡河上的一座中型水库，每天向深圳西乡、蛇口等地供水，是深圳市重要的水源地。

◆ 1958 年

[58・1]　**西沥水库兴建**　12 月，由宝安县水利局设计的西沥水库动工兴建。坝址位于珠江三角洲水系的大沙河上游河段右岸支流西丽水上。设计以防洪、灌溉为主，结合发电。

◆ 1959 年

[59・1]　**清林径水库兴建**　10 月，由宝安县水利局设计的清林径水库动工兴建。位于龙岗区西北部，次年 10 月竣工。后期通过扩容，清林径水库成为战略储备水库。

◆ 1960 年

[60・1]　**石岩水库建成**　3 月，由宝安县水利局设计的石岩水库建成。石岩水库位于宝安区石岩街道西北部，是深圳饮用水的重要水源基地之一。

◆ 1961 年

［61・1］ **铁岗水库溢洪道泄洪闸工程设计** 5 月，完成铁岗水库溢洪道泄洪闸工程设计。10 月，铁岗水库溢洪道改建加闸。林辉煌任改建工程的指挥，郭世芬负责工程设计和施工。改建加闸后水库正常库容从 2600 万立方米增到 4900 万立方米，提高了水库效益。

◆ 1962 年

［62・1］ **三洲田水库蓄水** 6 月，由宝安县水利局设计的三洲田水库建成蓄水。三洲田水库始建于 1958 年，位于深圳市龙岗区坪山街道三洲田村，属东江中下游区，海拔 330 米，有“深圳天湖”之称。水库是一座以供水为主兼顾防洪、发电和灌溉综合效益的小（1）型水利枢纽工程。其设计洪水标准为 30 年一遇，校核洪水标准为 500 年一遇。

◆ 1963 年

［63・1］ **洋冲河水闸兴建** 10 月，位于茅洲河中游的洋冲河水闸动工兴建。郭世芬负责设计，蔡灶德、林兴谋负责施工。水闸于 1964 年建成，功能是防咸蓄淡，过闸设计流量 147 立方米每秒，闸孔数 9 个，总净宽 36 米。

◆ 1964 年

［64・1］ **东江—深圳供水工程动工** 2 月 20 日，东江—深圳供水工程动工。林辉煌担任宝安施工段专职副主任。

［64・2］ **罗田水库大坝加固（扩建）工程** 10 月，完成罗田水库大坝加固（扩建）工程的设计任务书。该工程于次年开工建设，进行主坝加高培厚，同时开辟了溢洪道，1968 年建成。行政负责人：林辉煌；技术负责人：蔡灶德；校核：廖秀珍；设计：郭世芬。工程完工后，可满足当时下游 2 万亩农田达到旱涝保收的标准，另外，水库加高扩建后，可解决当时存在的防洪安全与抗旱蓄水之间的矛盾，充分保障水库的防洪安全。

◆ 1978 年

［78・1］ **赤坳水库设计** 1 月，由宝安县水电局规划、设计和施工的赤坳水库正式开工。宝安县革委会副主任黄冰担任指挥，林辉煌、黄日新、张学龚先后担任副指挥。邓镜容任技术顾问，郭世芬主管设计，林兴谋主

管施工。

◆ 1979 年

［79·1］ **深圳市水利电力局工程科成立** 3 月 5 日，经国务院同意，撤销宝安县建制，成立深圳市。宝安县水利电力局升格为深圳市水利电力局。深圳市水利电力局工程科成立（深圳市水利水电勘测设计室前身）。郭世芬任工程科科长。

◆ 1980 年

［80·1］ **深圳市水利水电勘测设计室成立** 11 月，深圳市水利水电勘测设计室成立。郭世芬为第一任主任。

◆ 1981 年

［81·2］ **林辉煌等人晋升为水利工程师** 6 月，深圳市科学技术委员会组织召开深圳市水利系统技术职称晋升评定会议，林辉煌、张学彝、郭世芬、廖秀珍、林兴谋、廖均福、王若兵、肖建武共八人晋升为水利工程师，次年 9 月，晋升罗育英为水利工程师。

◆ 1982 年

［82·1］ **承担笋岗滞洪区桥闸工程施工及滞洪区洪湖东、西堤排洪涵设计** 1 月，以设计室工程技术力量为主，承担了深圳市市区防洪工程笋岗滞洪区桥闸工程施工任务，同时完成了洪湖东堤排洪涵的设计及施工。林辉煌任深圳市市区防洪工程指挥部副总指挥，郭世芬为笋岗滞洪区桥闸工程施工技术负责人，梁信福、曾水裕、刘灼华、邓平、温润等为工程施工主要参与者。该项目是深圳市区防洪工程一期工程的一部分，也是广汇源环境水务第一个收款项目。1984 年 3 月完成所有项目内容。

［82·2］ **深圳市河流流域规划复查及报告编制** 2 月，由深圳市水利电力局协调组织，深圳市水利电力勘测设计室承担河流流域规划复查具体工作及报告编制。1984 年 7 月完成设计。规划复查不仅为农业服务，而且考虑了经济特区发展需要，对特区供水问题、农业结构改制动向对规划的影响和变化都进行了初步探讨，为将来特区建设提出了有参考价值的科学依据。项目审定人员：邓镜容、郭世芬；项目审查人员：林辉煌；项目校

核人员：张学彝；编写人员：廖均福。

［82·3］　**防洪工作小组成立**　3月，根据深圳市政府代表团同香港政府代表团双边会谈结果，成立“深圳/香港联合小组”，讨论和研究深圳河的污染和防洪问题。4月2日，“深圳/香港联合小组”召开第一次全体会议，决定成立专门的“防洪工作小组”。廖秀珍是小组成员。

［82·4］　**撤销深圳市水利电力局，恢复宝安县水利电力局**　4月，深圳市政府决定撤销深圳市水利电力局，并将其“原班人马”成建制划归宝安县（1981年10月恢复县制），成立宝安县水利电力局。林辉煌任局长，陈宇宙、张学彝任副局长。

［82·5］　**省级设计资质证书**　5月9日，收到了广东省基本建设委员会《颁发〈勘察设计证书〉通知书》（粤府建函〔1982〕2号），得到了第一张省级设计资质证书（编号：粤设证字082号），准予承担中型水利、小型水电工程及有关道路、桥涵、房建勘察设计任务。

7月27日，广东省基本建设委员会发文《关于补充印发批准发给勘察设计证书单位一览表的通知》（粤府建〔1982〕173号），再次明确深圳市水利电力勘测设计室的资质和业务范围。

［82·6］　**《深圳市勘察设计注册证书》**　6月9日，深圳经济特区建设公司发文，第三批批准发给深圳市水利水电勘察设计室等7个单位勘察设计注册证书，承担业务范围为中型水利、小型水电及有关的工程勘察设计。有效期为1982年6月9日至1984年6月9日。

◆ 1984年

［84·1］　**治理深圳河一期工程**　3月23日，深圳河（深圳/香港）防洪工作小组举行会议，并决定成立“联合技术小组”。它的职能是：审查整治深圳河工程的可行性；负责工程规划和初步设计；编制工程概算。“联合技术小组”深圳方面组成人员有：刘伟常、熊熙超、邓镜容、廖秀珍、郭世芬、盛定生和刘佳胜。一期工程中香港方负责初期规模和方案讨论、英文标注及设计图文审核，深圳方由深圳市水利水电勘测设计室（广汇源的前身）负责规划设计全过程。

次年4月深圳河防洪联合小组完成了《深圳河防洪计划报告书》。1986

年，治理深圳河一期工程设计全面展开。1987年冬，公司派刘灼华、邓平及陈德和驻港完成治理深圳河一期工程施工图设计，1992年，复查修改完成施工图最终设计。参与者：郭世芬、廖秀珍、刘灼华、邓平、陈德和。1995年5月，一期工程开工。

深圳河是深圳和香港的界河，深港联合治理深圳河工程报国务院港澳办批准，政治意义深远。技术设计文件报水利部审查，水利部委托珠江水利委员会组成专家组，对数万字的技术文件进行全方位的审查。专家组对由深圳市水利电力勘测设计室为主完成的设计文件给予高度评价。

深圳河治理第一期工程不仅为保障深圳河两岸人民生命财产安全做出了重要贡献，更是两种不同社会制度、不同法律观念的两个政府共同治理一条界河的成功范例。作为深港合作的第一个大型基建工程，一期的实施为后续的二期、三期、四期奠定了坚实的基础，同时为福田口岸、西部通道、莲塘香园围口岸乃至港珠澳大桥等项目的建设提供了可借鉴的模式和宝贵的经验。

[84・2]　**笋岗滞洪区铁路西堤排洪涵**　3月，完成深圳市区防洪工程笋岗滞洪区铁路西堤排洪涵的设计工作。笋岗滞洪区位于深圳市布吉河中游，它的功能是保护布吉河下游繁华的罗湖商业区，使其不致遭受洪水的威胁。

[84・3]　**大坑水库工程开工**　9月，由宝安县水电局（企业名称为深圳水利水电发展公司）总包施工的大坑水库工程开工，林辉煌任水库工程指挥部指挥。次年6月竣工。经过蓄水运行及工程技术鉴定，水库工程施工质量良好。以深圳市水利电力勘测设计室的工程技术人员为施工技术骨干参与施工。林谭素主持工地施工。

[84・4]　**承接南头麻雀岭工业区房建工程**　承接南头麻雀岭工业区房建工程施工，刘灼华主持工地技术工作。

[84・5]　设计室从成立开始就服务基层，为镇、村建设了不少的镇、村供水工程。由设计室副主任林兴某、文才根带领，注册了深圳市宝利建筑工程，这一分支后来发展成深圳市广汇源水利建筑工程公司。

◆ 1985年

[85・1]　**宝安县水电综合发展公司成立**　6月，宝安县水电局更名为

宝安县水电综合发展公司，行使宝安县水电局部分职能，林辉煌任总经理、张学彝任副总经理。深圳市水利电力勘测设计室隶属于宝安县水电综合发展公司，郭世芬任设计室主任。同时，在宝安县农委设水利科，由原宝安县水电局副局长林谭素任科长兼三防办主任。

◆ 1986 年

［86・1］ **铁岗水库加固工程设计** 4 月，完成铁岗水库加固工程设计报告书，并于当年 8 月 2 日收到广东省水利电力厅同意批复。铁岗水库加固工程于 1987 年完工后，一直承担着对下游的防洪任务，保护着一方安澜。林辉煌任铁岗水库加固工程总指挥、廖均福为副总指挥、刘灼华负责设计、黄文强负责现场施工管理。

［86・2］ **保留勘测设计资质证** 5 月，广东省对水利机构进行重新审查发证，深圳市水利电力勘测设计室保留了勘测设计资质证，证书号不变。

［86・3］ **《关于西水源开发的报告》** 6 月 22 日，深圳市城市规划局发函给宝安县水电局设计室（即广汇源环境水务前身），请设计室对《关于西水源开发的报告》提出意见，以便修改后正式上报给市政府。

［86・4］ **铁岗水库—蛇口工业区供水工程动工兴建** 9 月 1 日，为满足蛇口工业区供水需要，铁岗水库—蛇口工业区供水工程全面动工。该工程由深圳水利水电发展公司（即宝安县水电发展公司）总承包，法人代表为林辉煌，施工主管为廖均福。设计负责人：刘灼华；现场施工负责人：黄文强。

◆ 1987 年

［87・1］ **宝安西海堤工程规划设计及加高加固工程** 8 月，宝安县政府成立宝安县西海堤建设指挥部，县委副书记陈京阳任总指挥，副县长袁汝稳、县人大副主任林剑峰、县水电综合发展公司经理林辉煌任副总指挥，王若兵、邓新伟负责西海堤工程规划设计。宝安县水电综合发展公司承担西海堤西乡试验段的工程施工任务。

2001 年 9 月至 2003 年 3 月期间，成立了深圳市宝安区西海堤加高加固工程勘测设计组，按宝安区水务局的设计任务委托书和设计合同的要求，展开勘测设计工作，主要成果包括：设计报告、技施设计图、设计概算书和工程地质报告。项目负责人：吴国诚。

［87・2］ **关于深圳市西部近期供水水源规划报告** 8月15日，根据深圳市《关于开展深圳市西部近期供水建设前期工作的通知》（社经委〔1987〕145号文）的要求，提交“关于深圳市西部近期供水水源规划报告”给深圳市社经委。项目审定人：林辉煌；审核人：郭世芬、张学粦；参编人：罗国强、罗育英、罗亮传。

［87・3］ **宝安县西部水源开发工程** 9月，深圳水利水电综合发展公司正式承接“宝安西部水源向深圳特区供水规划报告”的编制任务，并组成以罗育英工程师为主设的规划设计小组。12月5日，完成宝安县西部水源开发工程规划报告。初步设计图于1990年4月完成。技术施工图于1991年完成。

二、砥砺前行（1990—1999年）

◆ 1990年

［90・1］ **观澜河至石岩水库引水工程可行性研究** 12月，深圳市水利局委托深圳市水利电力勘测设计室（广汇源环境水务前身）对观澜河水资源开发利用进行可行性研究。先后完成了闸址、2个抽水电站站址及6000多米输水渠的地形测量及地质钻探工作，并同时进行径流计算、引水量分析、洪水计算、水质评价、污染源调查、工程措施及方案的初拟与比较等项工作。确定推荐一级提引的输水方案：在观澜河中游河段修建大和拦河闸，将观澜河水提到石岩水库和茜坑水库（在具体实施时，根据变化了的边界条件，取消了向石岩水库输水的任务，观澜河提引水量全部输送至茜坑水库）。次年6月，完成“观澜河至石岩水库引水工程可行性研究”报告。报告由刘沅编写，刘灼华、林兴谋校核，廖秀珍审查，郭世芬审定。1992年12月19日，工程破土动工；1994年9月，工程基本建成。

◆ 1992年

［92・1］ **宝安西部引水工程竣工投入运行** 4月初，宝安西部引水工程经过3年施工，全面完成规划设计各项工程任务，正式投入运行，发挥了工程效益。

［92・2］ **深圳市供水水源规划通过验收** 6月25—27日，深圳市供

水水源规划验收会议召开。验收小组听取了规划主持人的汇报后，进行了认真讨论，同意验收。

◆ **1993年**

［93・1］　**更名为深圳市水利电力勘测设计公司**　3月25日，深圳市水利电力勘测设计室更名为深圳市水利电力勘测设计公司。

［93・2］　**《深圳市龙岗区〈水库大坝安全管理条例〉实施细则》**　5月4日，深圳市龙岗区人民政府发文（深龙府〔1993〕74号），在《深圳市龙岗区〈水库大坝安全管理条例〉实施细则》（同年4月1日颁布）第八条中明确提到水库大坝的工程设计必须委托“深圳市水利水电勘测设计室”或“深圳市龙岗区水电发展总公司”。

◆ **1994年**

［94・1］　**龙口水库工程完成扩大初步设计**　3月，完成龙口水库工程扩大初步设计。该工程3月20日动工，1996年12月全面竣工。

［94・2］　**关于设计公司设计部正副主任任职的报告的批复**　4月12日，收到深圳市龙岗区水利电力发展总公司批复（深龙水电〔1994〕08号），明确深圳市水利电力勘测设计公司作为其二级公司，内设机构负责人均由其自行任命，并报总公司办公室备案。

◆ **1995年**

［95・1］　**深圳市观澜河流域水土流失调查和水土流失治理规划**　8月，完成深圳市观澜河流域水土流失调查和水土流失治理规划工作设计。利用深圳市1994年土地详查资料，在土地利用状况，土壤侵蚀原因、类型、强度、面积及其水土保持现状等全面调查的基础上，根据土地利用特点并结合当地实际情况进行。

◆ **1997年**

［97・1］　**坪山河流域水利（防洪）规划**　1月，“坪山河流域水利（防洪）规划”项目启动，5月基本完成野外工作，9月底向龙岗区水务局提交了规划报告的最终成果。规划以防洪、治涝为主，结合水土保持的水利规划，既有工程措施，又含非工程措施和管理措施。规划实施后，使坪

山河的防洪标准达到100年一遇（干流）和50年一遇（支流）。

［97·2］　**深圳市东山三高水产养殖基地海堤工程**　2月，完成深圳市东山三高水产养殖基地海堤工程设计工作。东山三高水产养殖基地位于深圳市南澳东山海滨，是深圳市重点菜篮子工程。

［97·3］　**清林径水库扩容方案**　4月，对清林径水库进行了安全鉴定，发现存在坝体渗漏量较大、坝体下游坡安全度不足等问题。深圳市水利局考虑对清林径水库进行扩容。接到项目后，在调查研究的基础上，拟定了扩容方案。清林径水库扩容后成为龙岗区供水中心水源，可解决龙岗区中心城、龙岗镇、坪地镇及周边地区用水。

［97·4］　**龙岗区龙岗河流域防洪治河规划**　6月，受龙岗区政府、水务局的"龙岗区龙岗河流域防洪治河规划"任务委托，成立规划工作小组，项目负责人：林景祥。1999年2月，完成《龙岗河流域防洪治河规划报告》。项目实施提高了流域干支流防洪排涝标准，有利于流域内沿河两岸国家和人民的财产及生命安全保障、社会稳定与经济繁荣，进而改善投资环境，有利于流域的持续发展。

［97·5］　**观澜河防洪治河工程初步设计**　10月，签订观澜河防洪治河工程初步设计工程合同书，次年6月完成《观澜河防洪治河工程初步设计报告》。工程的主要任务是防洪、治涝和水土流失治理。项目负责人：刘沅、陆文中。

◆ 1998年

［98·1］　**更名深圳市广汇源水利实业有限公司**　深圳市龙岗区水利电力发展总公司更名为深圳市广汇源水利实业有限公司，由全资国有企业改制为国有控股企业，林谭素任董事长兼总经理、党委书记，张武劝任副总经理。深圳市水利电力勘测设计公司为深圳市广汇源水利实业有限公司下属子公司，刘灼华任设计公司经理，温润、邓平任设计公司副经理。

◆ 1999年

［99·1］　**龙岗河防洪治河工程设计**　2月，受龙岗区水务局委托，完成龙岗河（龙岗大桥—油坑口段）防洪治河工程设计项目，采取以排为主的方法治理，增大了河道行洪能力，防洪标准提高到100年一遇，减轻流域日益增加的洪涝灾害，为龙岗区经济社会的持续发展打下了良好的安全基

础。主要成果包括初步设计报告、初步设计附图、设计概算书和工程地质报告。项目负责人：邓平。

[99・2] **深圳机场外围排水工程** 6月，完成深圳机场外围排水工程设计工作。

[99・3] **龙口水库工程获奖** 7月，龙口水库防渗条件研究小组被水利部经济调节司评为水利系统部级优秀质量管理小组。组长：刘灼华。次年12月，深圳市龙岗区龙口水库工程在深圳市建设局组织的深圳市第九届优秀工程勘察设计奖评选中，荣获市政设计三等奖。

三、初露峥嵘（2000—2009年）

◆ 2000年

[00・1] 更名为深圳市广汇源水利勘测设计有限公司 6月30日，深圳市水利电力勘测设计公司更名为深圳市广汇源水利勘测设计有限公司，隶属于深圳市广汇源水利实业有限公司。

◆ 2001年

[01・1] **龙岗河干流防洪整治工程（低山段）** 1月8日，对龙岗河干流进行了现场踏勘，根据第一手资料，编写成本龙岗河干流防洪整治工程（低山段）《技术施测纲要》，用以指导本测区的测绘工作顺利、高质、高效、低耗地完成。龙岗河干流防洪整治工程（低山段）由广汇源独立完成。项目负责人：刘灼华。

2007年6月，“龙岗河干流防洪整治工程（低山段）”荣获深圳市测绘学会颁发的2006年优质测绘产品（工程）三等奖。

[01・2] **深圳市宝安区西海堤加高加固工程** 9月，成立了深圳市宝安区西海堤加高加固工程勘测设计组，按设计任务委托书和设计合同的要求，展开勘测设计工作；2003年3月完成勘测设计，主要成果包括：设计报告、技施设计图、设计概算书和工程地质报告。项目负责人：吴国诚。

2004年12月，深圳市宝安区西海堤沙井段加高加固工程在深圳市规划局组织的深圳市第十一届优秀工程勘察设计和优秀规划设计奖评选中，荣获市政（园林）设计表扬奖。

◆ 2002 年

［02·1］ **工程设计水利行业资质证书** 11 月 6 日，经期满复审，获得工程设计水利行业乙级资质证书（编号：191108—sy），可承担本行业中、小型建设工程项目的主体工程及其配套工程的设计业务。

◆ 2003 年

［03·1］ **深圳市供水水源修编规划** 3 月，廖秀珍代表公司参与深圳市供水水源修编规划工作。规划修编现状基准年为 2002 年，近期规划水平年为 2010 年，远期规划水平年为 2020 年。修编范围包括特区、龙岗区及宝安区。

［03·2］ **水利行业（河道整治）工程咨询资格甲级证书** 7 月 18 日，获得工程咨询水利工程（河道整治）专业资格甲级证书（编号：工资甲 1032525001）。

［03·3］ **西乡河综合整治工程** 12 月，中标西乡河综合整治工程（一期）。工程起点为临近西乡河出海口新挡潮水闸，终点为宝安大道桥，全长约 1.6 千米。设计防洪标准为百年一遇，设计洪峰流量为 119.9 立方米每秒。河道治理全长 1531.01 米。工程分为河道工程、截污工程、河巡堤路工程三部分。

二期工程为西乡河的上游段，从 107 国道至铁岗水库溢流堰，全长约 3.2 千米，2007 年 7 月 23 日完成设计。设计防洪标准为百年一遇，设计洪峰流量为 86.9 立方米每秒。

三期工程为西乡河的中游段，从 107 国道至宝安大道，全长约 1.3 千米。设计防洪标准为百年一遇，设计洪峰流量为 96.7 立方米每秒。2011 年 7 月，设计的宝安区西乡河综合整治工程（三期）完工，并顺利通过竣工验收。2016 年 12 月，“西乡河综合整治工程（三期）”荣获深圳市勘察设计行业协会颁发的市政工程设计三等奖。

［03·4］ **编制开发建设项目水土保持方案资格乙级证书** 12 月 23 日，获得编制开发建设项目水土保持方案资格乙级证书（编号：水保资证乙字第 012 号）。

［03·5］ **取得质量管理体系认证证书** 12 月 15 日，通过认证审核获得北京中水源禹国环认证中心颁发的质量管理体系认证证书。证书的获得

有助于强化管理，提高人员素质，提升企业形象和市场份额。

◆ **2004 年**

［04・1］ **深圳市大工业区河流水文特性及其水环境容量研究** 3月，承担的“深圳市大工业区河流水文特性及其水环境容量研究”项目启动，次年12月完成。项目于2006年10月17日被评为深圳市科技和信息局科技成果（证书编号：2006331）。项目主要完成人：鲁南、朱春龙、刘云华、樊仕宝、栾建国、郭世芬等。

［04・2］ **深圳市宝安区水资源决策支持系统** 4月，承担的深圳市科技和信息局“深圳市宝安区水资源决策支持系统”项目启动，次年9月完成技术报告。项目于2006年10月18日被评为深圳市科技和信息局科技成果（证书编号：2006332）。项目主要完成人：刘灼华、董增川、雒翠、张敏、王德智、张文明、丁胜翔、邓平。

◆ **2005 年**

［05・1］ **编制龙岗区水务发展“十一五”规划建议书** 3月，受龙岗区政府的委托，展开龙岗区水务发展“十一五”规划建议书的编制工作。在广泛收集资料并认真听取了有关领导和各方面专家的意见后，组织骨干力量对龙岗区的水务发展情况、城市建设情况以及城市规划方向进行了分析和研究，并借鉴了国内外的成功案例，根据中国的国情及深圳市龙岗区的具体情况编制成本建议书。项目负责人：邓平。

［05・2］ **建设项目水资源论证资质乙级证书** 11月10日，获得广东省水利厅颁发的建设项目水资源论证资质乙级证书（编号：水论证乙字第14405023号）。企业可在全国范围内承担地表水日取水规模4万立方米以下或地下水日取水规模1万立方米以下的各类建设项目水资源论证工作。

◆ **2006 年**

［06・1］ **鹅颈水库扩容工程** 4月，受深圳市宝安区水务局委托，广汇源展开鹅颈水库可行性研究报告的编制工作。9月，深圳市水务局组织专家对《鹅颈水库扩容工程可行性研究报告》进行了专业评审。11月，深圳市发展和改革局下发了《关于宝安区鹅颈水库扩容工程可行性研究报告的批复》。次年11月，受深圳市观澜河引水工程管理处委托，在鹅颈水库可行

性研究报告及批复的基础上，广汇源编制鹅颈水库初步设计报告及图册。项目负责人：李文珍。

［06·2］　**长岭皮水库加固及扩容工程**　7月，召开“长岭皮水库加固及扩容工程”初步设计评审会，对初步设计报告进行了技术评审。项目负责人为邓平，主要设计人为雒翠。2004—2007年，先后完成了项目建议书、可研、初步设计和施工图设计，并配合施工招标。在项目实施的过程中派驻工程师在现场，配合设计变更以及施工期度汛方案和完工后蓄水方案、调度方案的编写工作。次年8月28日，被列为深圳市2007年重大建设项目的长岭皮水库加固及扩容工程正式开工。经加固及扩容后，长岭皮水库总库容达到1753万立方米，属中型水库。长岭皮水库在承担供水水源调蓄任务的同时，还担负着繁重的城市防洪任务，其防洪对象包括平南铁路、广深高速、北环大道、深南大道、滨海大道等横贯深圳的交通干线及下游大沙河东西两岸深圳大学城、深圳科技工业园、深圳市高新技术工业区、世界之窗、锦绣中华、华侨城等校区、工业区、商业区、旅游区和居民区。

2011年11月，“深圳市长岭皮水库加固扩建工程”荣获中国建筑业联合会颁发的2011年中国设计行业优秀设计奖。

［06·3］　**衙边涌泵站排涝工程施工图设计**　8月，受深圳市水务局委托，开展《深圳市宝安区沙井街道衙边涌排涝泵站工程项目建议书》编制工作。2008年11月，完成项目施工图设计工作，图纸提交深圳市水务局，进行施工招标。衙边涌泵站排涝工程于2009年1月15日正式开工，2010年4月15日完工抽水运行。2011年4月，深圳市宝安区沙井街道衙边涌泵站排涝工程正式竣工验收。

［06·4］　**工程勘察岩土工程、工程测量乙级资质证书**　10月12日，获得工程勘察专业类岩土工程、工程测量乙级资质证书，编号分别为191108－ky。可承担本专业资质范围内各类建设工程项目乙级及以下规模的工程勘察业务。

◆ 2007年

［07·1］　**改制为民营企业**　9月，深圳市广汇源水利实业有限公司进一步改制，国有资本全部退出，改制为民营企业，领导班子不变。深圳市广

汇源水利勘测设计有限公司仍为深圳市广汇源水利实业有限公司下属子公司。

［07·2］　**两个研究项目同时获奖**　4月，“深圳市宝安区水资源决策支持系统”“深圳市大工业区河流水文特性及其水环境容量研究”项目分别荣获广东省水利学会颁发的2006年度广东省水利学会水利科学技术奖二等奖、三等奖（粤水学会奖字〔2007〕3号）。

◆ 2008年

［08·1］　**管理层人事聘任**　1月，聘任刘灼华为深圳市广汇源勘测设计有限公司法人代表、总经理；聘任邓平为深圳市广汇源勘测设计有限公司经理；聘任温润为深圳市广汇源勘测设计有限公司副经理；聘任张敏为深圳市广汇源勘测设计有限公司副经理；聘任吴红军为深圳市广汇源勘测设计有限公司副经理兼任水保室主任；聘任詹达美为深圳市广汇源勘测设计有限公司经理助理兼任勘察部主任；聘任雒翠为深圳市广汇源勘测设计有限公司经理助理兼任质量管理办公室主任；聘任冯安为深圳市广汇源勘测设计有限公司经理助理；聘任庄光钦为深圳市广汇源勘测设计有限公司总工程师；聘任郭汉玲同志为深圳市广汇源勘测设计有限公司副总工程师。

［08·2］　**深圳市饮用水源水库一级水源保护区管理服务项目**　3月1日，深圳市水务局委托广汇源进行社会化管理服务，通过具有水利工程管理、水源保护、土地管理、森林防火等方面知识和技术的人员保障一级水源保护区的安全。

［08·3］　**深圳市小型水库管理服务项目**　7月，签订了深圳市小型水库管理服务项目合同，后期通过多次公开招投标及续签合同，截至2019年12月仍管理服务该项目。此项目是广汇源的第一个水利工程社会化运营服务项目，为后期河道、泵站、管网、海堤等项目运维服务打下基础，积累了经验。

［08·4］　**深圳市宝安区公明片区（上下村泵站、马田河泵站、马山头泵站）排涝工程项目**　承担了深圳市宝安区公明片区（上下村泵站、马田河泵站、马山头泵站）排涝工程的可行性研究、初步设计及施工图勘测设计任务。三个排涝泵站装机分别为5×450千瓦、5×450千瓦、2×450千瓦。可研阶段负责人为张建华，初设和施工图阶段负责人为陈誉。

2011 年 11 月，荣获中国建筑业联合会颁发的 2011 年中国设计行业优秀设计奖。2014 年 12 月，在 2014 年深圳市第十六届优秀工程勘察设计评选中，获得深圳市勘察设计行业协会颁发的市政工程设计二等奖。在 2014—2015 年度广东优秀水利工程奖评选中，荣获广东省水利水电行业协会颁发的设计奖三等奖。2016 年 2 月，荣获广东省水利水电行业协会颁发的 2014—2015 年度广东优秀水利工程奖设计奖三等奖。

［08・5］　**取得三项甲级资格证书**　10 月 23 日，取得市政公用工程（给排水）甲级，水利工程（除河道整治以外）甲级，水文地质、工程测量、岩土工程甲级的工程咨询单位资格证书。

［08・6］　**观澜河流域（白花河）综合整治工程项目**　10 月，宝安区水务局委托广汇源环境水务编制“深圳市观澜河流域（白花河）综合整治工程”可行性研究报告，次年 4 月完成。次年 11 月，中标该项目的初步设计和施工图设计，承担了白花河综合整治的初步设计和施工图设计任务。2011 年 3 月，完成了施工图阶段设计。2013 年 1 月 18 日，项目正式开工。2017 年 12 月工程完成。项目负责人：张敏。

2018 年 12 月，“观澜河流域（白花河）综合整治工程”荣获深圳市勘察设计行业协会颁发的深圳市第十八届优秀工程勘察设计奖市政设计奖二等奖。

◆ 2009 年

［09・1］　**宝安区小型水库大坝安全监测**　2 月，“宝安区小型水库大坝安全监测”项目合同开始执行，2017 年 4 月结束。对已建大坝进行安全监测并处理异常及危险信号是保障大坝安全的关键。

［09・2］　**深圳市一级水源保护区管理服务项目**　3 月 1 日，承接了深圳市水务局委托的深圳市一级水源保护区管理服务项目。9 月 30 日结束。此后该项目不断延续，至 2017 年 12 月 31 日结束。

［09・3］　**深圳市东部海堤重建工程（一期、二期）**　9 月，中标深圳市东部海堤重建工程（含可研、勘测、初步设计及施工图设计），随后开始设计及勘测工作。一期工程于 2012 年 5 月完成施工图设计，2014 年年底，该工程顺利建成完工。二期工程于 2015 年 8 月完成施工图设计，2016 年开工建设，2019 年 10 月完工。项目可行性研究报告编制、初步设计及施工图

由设计六室负责，项目负责人为何造胜；勘测工作由勘察室负责，负责人为黄伟明。

该工程荣获深圳市2014年度优质工程奖，2016年2月获得广东省水利水电行业协会颁发的2014—2015年度广东优秀水利工程奖设计三等奖。“深圳市东部海堤重建工程”于2017年12月荣获广东省水利水电行业学会2016—2017年度广东优秀水利工程勘测奖。2019年12月，“深圳市东部海堤重建工程（一期）”荣获中国水利水电勘测设计协会颁发的2019年度全国优秀水利水电工程勘测设计奖铜质奖。

［09·4］　**罗湖区小型水库大坝安全监测**　10月，罗湖区小型水库大坝安全监测项目合同开始执行，2016年12月结束。

四、高速发展（2010—2019年）

◆ 2010年

［10·1］　**取得两项资质证书、三项工程设计资质证书**　4月16日，获得工程设计市政行业给水工程、排水工程专业资质乙级证书、建筑行业建筑工程丙级证书（编号：A244015248）。

［10·2］　**深圳市龙岗区大鹏街道办辖区河道管养**　9月，受龙岗区大鹏街道委托，承担了深圳市龙岗区大鹏街道辖区河道管养。

［10·3］　**龙岗河干流河道管养Ⅱ标段合同**　9月，受龙岗区环境保护和水务局委托，负责龙岗河干流河道管养Ⅱ标段，开始时间为当年6月28日，次年2月28日结束。

［10·4］　**惠州分公司成立**　9月，成立了第一家分公司——惠州分公司，负责人：雷保栋。

［10·5］　**建设项目水资源论证资质乙级证书**　1月11日，经期满复审，获得广东省水利学会颁发的建设项目水资源论证资质乙级证书（编号：水论证乙字第14405023号）。

［10·6］　**坪山河滩湿地公园及坪山河干流坪山新区段维护管养**　12月，受坪山区水务局委托，负责坪山河滩湿地公园及坪山河干流坪山新区段维护管养。

2008年9月25日，坪山河滩湿地公园一期工程正式开工，该工程是深圳市2008年度重大建设项目，也是深圳市一项重要的治污保洁工程，是坪山河流域水环境改善和大工业区竞争力提升的重要项目。

［10·7］ **观澜河大和水闸扩建工程设计** 受深圳市水务局委托，12月至次年8月完成项目建议书的编制工作，分别通过了深圳市水务局和深圳市政府投资项目评审中心的专家评审，并取得深圳市发改委的立项批复（深发改〔2011〕1369号）。2012年11月，中标观澜河大和水闸扩建工程（设计采购施工总承包EPC试点）。2013年1月30日提交工程初步设计成果。取得概算批复后开展施工图设计，2013年10月底完成施工图设计及施工图审查。2013年12月2日正式开工建设，2014年12月17日顺利通过完工验收。

［10·8］ **取得环境、职业健康管理体系认证证书** 9月，通过认证审核获得北京中水源禹国环认证中心颁发的环境、职业健康管理体系认证证书，是深圳通过QES三体系认证为数不多的单位之一。

◆ 2011年

［11·1］ **龙西河、回龙河河道保洁清淤工程** 1月，受深圳市龙岗区水务局委托，承担了龙西河、回龙河河道保洁清淤工程。

［11·2］ **观澜河干流管养** 4月，受深圳市水务局委托，负责观澜河干流管养。管养范围为干流龙华新区民治街道油松河及坂田河汇合口至深圳与东莞交接企坪断面14.19千米河道范围的水域陆域和河岸25米蓝线范围内的堤防以及巡河路、岸边绿化、水域等，含《观澜河一河两岸景观提升工程》中属于河道蓝线范围内的绿化和设施。后期通过公开招投标及续签合同，管理服务该项目至2019年5月14日。

［11·3］ **深圳市横岗街道大康河、四联河、梧桐河管养** 4月，受龙岗区横岗街道办事处委托，负责深圳市横岗街道大康河、四联河、梧桐河管养服务。

［11·4］ **东莞分公司成立** 5月，深圳市广汇源水利勘测设计有限公司东莞分公司成立，负责人：巫志立。

［11·5］ **坪山河河道管理与养护** 6月，受深圳市坪山新区城市建设局委托，中标承担坪山河河道管理与养护项目。2019年4月第2次中标。

［11·6］ **深圳市龙岗区南澳街道辖区河道管养** 7月，受深圳市龙岗区南澳街道委托，承担深圳市龙岗区南澳街道辖区河道管养。

［11·7］ **兴宁市一项工程EPC总承包** 8月，受兴宁市水务局委托，承担了兴宁市和山岩、石壁、麻岭3个水库灌区改造工程可行性研究报告编制的任务。12月完成了兴宁市和山岩等3个水库灌区改造工程可行性研究报告。

次年8月与广东省水利电力勘测设计研究院、广东省源大水电集团有限公司组成联合体中标兴宁市福岭水库灌区、和山岩水库灌区、石壁水库灌区、麻岭水库联合灌区加固改造工程EPC总承包，其中广汇源环境水务承担和山岩水库、石壁水库、麻岭水库3个灌区加固改造的设计任务。次年12月，完成了广东省兴宁市和山岩等3个水库灌区改造工程初步设计报告。2013年3月、10月分别将渠道部分、建筑物所有施工图交付施工。项目负责人：周刚平。

［11·8］ **长流陂水库除险加固工程竣工** 9月，设计的长流陂水库除险加固工程竣工，总库容710万立方米，小（1）型水库。长流陂水库位于深圳市沙井镇新桥乡，是引、蓄、提相结合的水库工程，属于深圳市西部水源供水工程项目。

［11·9］ **梅州分公司成立** 9月，深圳市广汇源水利勘测设计有限公司梅州分公司成立，负责人：周刚平。

［11·10］ **制定员工考核制度** 11月，制定员工考核制度。通过系统的原理和科学的方法来评定和测量员工在职务上的工作行为和工作效果。

［11·11］ **深圳市基本农田改造灌、排水工程规划方案报告** 11月至次年6月，完成深圳市基本农田改造灌、排水工程规划方案报告的初稿。次年7月12日，完成报批稿。邓平担任项目总工。

［11·12］ **惠州市金山河小流域和水环境综合整治工程** 11月，和深圳市北林苑景观及建筑规划设计院有限公司组成联合体中标“惠州市金山河小流域和水环境综合整治工程”的勘测设计工作。广汇源环境水务为牵头单位，并负责该项目的防洪排涝及水环境治理部分。次年8月15日，提交全套金山河小流域和水环境综合整治工程施工图设计成果。项目负责人：雷保栋。

2013年12月，“惠州市金山河水清岸绿工程”荣获广东省住房和城乡建设厅颁发的2013年度广东省宜居环境范例奖。2015年1月，“广东省惠州市金山河水清岸绿工程”荣获住房和城乡建设部颁发的中国人居环境范例奖。2015年7月，“惠州市金山河水清岸绿工程（惠州市金山河小流域和水环境综合整治工程）”荣获广东省工程勘察设计行业协会颁发的2015年广东省园林景观专项二等奖。2015年7月，“惠州市金山河水清岸绿工程”荣获惠州市勘察设计协会颁发的惠州市2015年度优秀勘察设计一等奖。2016年2月，“惠州金山河小流域和水环境综合整治”荣获广东省水利水电行业协会颁发的2014—2015年度广东优秀水利工程奖设计奖二等奖（证书编号：201415SJB04-R/10）。2016年9月，“惠州市金山河小流域和水环境综合整治工程可行性研究报告”荣获广东省工程咨询协会颁发的2014—2015年度广东省优秀工程咨询成果三等奖（编号：2016-3-95）。2017年10月，该报告再次荣获中国工程咨询协会颁发的2016年度全国优秀工程咨询成果优秀奖。2017年11月24日，“惠州市金山河小流域和水环境综合整治工程”荣获中国水利水电勘测设计协会颁发的银质奖，次月，荣获广东省水利水电行业协会颁发的2016—2017年度广东优秀水利工程勘测奖三等奖。

［11·13］　**公明片区排涝工程运行维护管理**　12月28日，中标承担了公明片区排涝工程运行维护管理。3月，签订了深圳市公明排涝工程运行维护管理合同，合同期自2012年4月1日至2015年3月31日。后期通过续签合同，管理服务该项目至2018年9月30日。公明片区排涝工程曾于2008年列为深圳市“6·13”特大暴雨抢险救灾重点工程。

◆ 2012年

［12·1］　**五华县棉洋河小流域综合治理工程设计**　4月，承担了梅州市五华县棉洋河小流域综合治理工程设计工作，可行性研究报告于8月通过梅州市水务局审查并获得梅州市发展和改革局批复。11月，与广东省源天工程有限公司、中水珠江勘测设计有限公司组成联合体在五华县棉洋河小流域综合治理工程EPC总承包招标中中标，承担了梅州市五华县棉洋河小流域综合治理工程初步设计和施工图设计、施工服务任务，次年3月完成了初步设计阶段全部工作，次年5月通过梅州市水务局组织的专家审查。次年

10月底完成施工图设计。项目负责人：周刚平。

该项目是以水土保持生态建设、防洪减灾为主要任务的公益性工程。工程完成后，使项目区由原来基本无防洪能力河道提高到抵御10年一遇洪水标准，捍卫该流域内人民群众生命财产安全；同时，改善了生态环境，改善流域生态环境，提升沿岸人民生活质量。

［12·2］ **签订一项河段管养合同** 5月，受坪山新区城市建设局委托，承担碧岭水至马峦山河段管养。

［12·3］ **中标光明新区2012年基本农田建设和改造工程** 6月，中标光明新区2012年基本农田建设和改造工程（光明北片区）项目。基本农田建设和改造内容主要包括农田基础设施建设项目、生产设施和附属设施建设项目。8月完成相关设计，8月22日进行设计审查。次年1月光明新区经济服务局组织召开了光明新区基本农田改造（三期工程）区级验收会。

［12·4］ **长西引水渠改造一期工程合同签订** 11月30日，签订首个设计采购施工总承包（EPC）试点项目——长西引水渠改造一期工程项目合同。次年8月完成施工图设计，并经施工图审查及图纸会审后交付业主使用。次年9月9号，长西引水渠改造一期工程项目奠基开工典礼在南山区西丽长岭皮举行。2014年7月28日完工。

2017年12月，项目荣获广东省水利水电行业协会颁发的2016—2017年度广东优秀水利工程勘测奖。

［12·5］ **田坑水等六条支流河道管养** 12月，受深圳市坪山新区城市建设局委托，承担了田坑水等六条支流河道管养。

［12·6］ **取得生产建设项目水土保持监测乙级资质** 12月12日，获得水利部颁发的生产建设项目水土保持监测乙级资质证书（编号：水保监资证乙字第343号），可以承担由县级以上地方人民政府水行政主管部门审批水土保持方案的生产建设项目的水土保持监测工作。

［12·7］ **评为深圳市龙岗区小型建设工程预选承包商** 12月15日，被深圳市龙岗区住房和建设局评为勘察类工程测量组“深圳市龙岗区小型建设工程预选承包商（2013—2014年度）”（证书编号：LGKC022）。

◆ 2013年

［13·1］ **中标《深圳市河道管养消耗量标准》编制项目** 1月，中标

深圳市水务局《深圳市河道管养消耗量标准》编制项目。次年12月，深圳市河道管养消耗量标准（2014，试行）发布。

［13·2］ **签订一项管养合同** 2月，与龙岗区平湖街道办事处签订了平湖街道河道管养服务合同。

［13·3］ **签订一项管养合同** 4月，签订了深圳市宝安区观澜日技城制造二厂污水处理厂运行管养服务合同。

［13·4］ **规划设计方案获奖** 5月，设计的“深圳市大鹏下沙整体搬迁王母安置区水土保持景观规划设计方案”在2013年“中水万源杯”水土保持与生态景观设计大赛获得优秀奖。

［13·5］ **取得测绘资质丙级证书** 测绘资质丙级证书 6月5日，获得规划国土部门颁发的测绘资质丙级证书（证书编号：丙测资字4421502）。

［13·6］ **龙华新区五座小型水库管理** 6月，中标承担了龙华新区五座小型水库管理项目。

［13·7］ **大鹏新区大鹏街道、南澳街道2013年河道管养和保洁等合同** 7月，与深圳市龙岗区河道流域管理中心签订了大鹏新区大鹏街道、南澳街道2013年河道管养和保洁项目合同。

［13·8］ **深圳市龙岗区小型建设工程预选承包商（第二批）（2013—2014年度）** 7月1日，被深圳市龙岗区住房和建设局评为服务类工程咨询组“深圳市龙岗区小型建设工程预选承包商（第二批）（2013—2014年度）”（证书编号：LGFW001）。

［13·9］ **龙华新区观澜河支流河道管养** 7月，中标承担了龙华新区观澜河支流河道管养项目。

［13·10］ **龙岗区8条河道管养承包服务** 7月，中标承担了龙华新区境内观澜河支流丹坑水、大布巷水、樟坑径河、横坑水、白花河、大水坑水、牛湖水、君子布河8条河道管养服务工作。后期管理服务至2018年6月30日结束此服务项目。

［13·11］ **获得环境污染治理设施运营资质证书** 10月8日，获得广东省环境保护厅颁发的环境污染治理设施运营生活污水乙级资质证书（证书编号：粤乙1-037）。

［13·12］　**布吉污水处理厂进水口维护管养**　10月，与深圳市水务局签订了布吉污水处理厂进水口维护管养合同。

2013年1月10日，布吉污水处理厂主体及附属工程获中国鲁班奖，成为深圳水务工程中第一个获此殊荣的项目，也是继获评广东省市政优良样板工程后的又一重大奖项。

［13·13］　**第一届员工运动会**　10月，举办第一届员工运动会。既活跃了员工业余文化生活，又增强了企业的团队凝聚力。

［13·14］　**成立EPC领导小组**　12月，成立“工程设计、采购、施工总承包”（简称EPC）领导小组。该领导小组在董事长、总经理领导下开展工作，主要负责统筹公司内设计、施工的专业技术资源，协调设计、施工的关系，统一组织对外联络、项目的筹划、承接和实施等事宜。EPC领导小组组长由刘灼华兼任，副组长为邱建安（兼）、张敏（兼）。其日常工作办公室主任由刘灼华兼任，副主任为吴红军（兼）、雒翠（兼）、李文珍。

◆ 2014年

［14·1］　**污水泵站运营维护**　1月，与深圳市龙华新区发展和财政局签订了污水泵站运营维护项目合同。

［14·2］　**水库水面保洁**　1月，受深圳市清林径引水调蓄工程管理处委托，承担了水库水面保洁服务。

［14·3］　**龙岗区平湖街道办事处市政排水管网管养**　3月，承担了龙岗区平湖街道办事处市政排水管网管养服务。

［14·4］　**中标四联河地面坍塌隐患治理及水环境综合整治工程**　4月15日，广汇源环境水务（责任单位）与深圳市广汇源水利建筑工程有限公司中标四联河地面坍塌隐患治理及水环境综合整治工程。EPC总承包项目投资总概算为46 547万元，建筑安装工程费为40 528万元，整治河道全长约为8.4千米。其中，地面坍塌隐患治理总长度约5.19千米，主要内容包括新建分流箱涵（493米）及隧洞（942米）、拆除重建箱涵（1 921米）、内衬箱涵内衬加固（1 834米）等工程；河道整治总长度约3.21千米，主要内容包括拆除重建明渠、岸坡改造等工程。

2018年6月，该工程被水利部精神文明建设指导委员会评为“2015—

2016年度全国水利建设工程文明工地”。

［14·5］ **赤坳水库除险加固工程设计项目** 5月，中标深圳市大鹏半岛水源工程管理处的赤坳水库除险加固工程设计项目。2017年底完成施工图阶段设计。2018年6月8日，项目举行正式开工典礼。赤坳水库除险加固工程新增了供水功能，主要给坪山区、大鹏新区供水。工程完成后，赤坳水库成为一座结合防洪、供水等综合利用的中型水利枢纽工程。

赤坳水库的兴建和除险加固均由广汇源独立完成，在水库大坝尤其是重力坝和浆砌石大坝设计、建设方面积累了理论和实践经验。

［14·6］ **金山河日常管养运行维护** 6月，与惠州市市区河涌管理所签订了金山河日常管养运行维护合同。

［14·7］ **罗田水综合整治工程** 7月，“罗田水综合整治工程”设计项目中标，包含可研、初步设计、施工图设计3个阶段。次年3月完成可行性研究阶段设计成果。次年10月取得深圳市发展和改革委员会可研批复（〔2015〕1401号文件）。2016年8月完成施工图阶段设计。2016年9月，项目举行正式开工典礼。广汇源环境水务独立完成全过程设计工作。次年，该工程被深圳市治污保洁工程领导小组办公室评为2017年度深圳市治污保洁工程“优秀项目奖”。

［14·8］ **金龟河小流域综合整治工程项目** 8月14日，“金龟河小流域综合整治工程”项目中标。项目以“一个理念、三个分区、六大系统”为治理思路，工程整治范围包括干流、4条支流。2016年10月17日通过了由深圳市水务局主持召开的《金龟河小流域综合整治工程可行性研究报告》技术评审，2019年1月10日通过了由深圳市政府投资项目评审中心主持召开的《金龟河小流域综合整治工程可行性研究报告》专家评审。项目负责人：钟振亮。

次年11月，“金龟河小流域综合整治”荣获中国水土保持协会颁发的“中水万源”杯水土保持与景观设计三等奖。

［14·9］ **南澳河等9条河涌综合整治工程水土保持方案设计** 9月，中标“南澳河等9条河涌综合整治工程水土保持方案设计（编制）”服务。2016年10月，该项目分别通过第三方技术审查单位组织的7位专家组成的

评审组评审，报告质量得到专家高度认可，顺利通过专家评审；会后根据专家意见修改完善后获得深圳市水务局行政许可决定书。

［14·10］ **签订一项城中村排水管网委托运营项目** 10月，与深圳市排水管理处签订了深圳市龙岗区布吉、南湾、坂田片区城中村排水管网委托运营项目合同。

［14·11］ **签订观澜河流域沉砂池等设施维护管养合同** 10月，与深圳市排水管理处签订了观澜河流域沉砂池等设施维护管养合同。主要工作包括：①对现有观澜河截流箱涵至观澜污水处理厂一期、二期管道进行清淤；②对白花河污水提升泵站进行管理维护方案，并提出运行管理费用；③对即将建成的沉砂池提出运行管理方案，并提出运行管理费用。

［14·12］ **设计科室调整** 10月，对设计科室调整，原设计一室与原设计二室合并，命名为设计一室，原设计五室命名为设计二室，原设计六室命名为设计三室。

［14·13］ **大山陂等五条支流日常管养** 11月，与坪山新区城市建设局签订了大山陂等五条支流日常管养项目合同。

［14·14］ **中标西丽水库大坝安全评价项目** 12月，“西丽水库大坝安全评价”项目中标，庄光钦担任总工。深圳市水务局水资源处于次年9月1日在西丽水库管理处组织召开《评价报告》专家评审会。次年10月，依据专家评审意见对《评价报告》进行修改完善，并形成《评价报告》终稿。

［14·15］ **《深圳市河道管养消耗量标准》（2014，试行）发布** 12月，《深圳市河道管养消耗量标准》（2014，试行）发布，深圳市广汇源水利勘测设计有限公司为主要起草单位之一。

◆ 2015年

［15·1］ **宝安区水务设施运行维护服务A包、B包合同** 1月，与深圳市宝安区环境保护和水务局签订了宝安区水务设施运行维护服务A包（西乡街道）合同、宝安区水务设施运行维护服务B包（松岗街道）合同。

［15·2］ **光明新区水库大坝安全监测咨询服务** 1月，光明新区水库大坝安全监测咨询服务项目合同开始执行，次年12月结束。

［15·3］ **修订《员工考勤和假期管理办法》** 3月，修订《员工考勤

和假期管理办法》（2015 版）。

[15・4]　**深圳市东部海堤重建工程管养**　4 月，中标深圳市东部海堤重建工程管养项目。自 2015 年 4 月 1 日起开始社会化管养，2016 年 3 月，顺利完成海堤管养项目（2015 年度）管养工作内容，并进行了海堤完工验收。为做好海堤管养工作连续性，2016—2019 年连续 4 年中标深圳市东部海堤管养项目。

[15・5]　**签订一项调蓄池运行维护管理服务合同**　5 月 14 日，与深圳市防洪设施管理处签订了深圳市观澜河干流污染治理工程调蓄池运行维护管理（2015 年度）B 包服务合同。2018 年 5 月 14 日，继续中标该项目，合同期自 2018 年 5 月 15 日至 2019 年 5 月 14 日。

[15・6]　**申请一项发明专利**　5 月 27 日，“一种污水处理设备”申请发明专利，2017 年 7 月 28 日获得授权，证书号：第 2570396 号。发明人：刘亚湘。

[15・6]　**工程设计水利行业河道整治专业甲级资质证书**　5 月 28 日，获得住房和城乡建设部颁发的工程设计水利行业河道整治专业甲级资质证书（证书编号：A144015241）。此为广汇源环境水务获得的第一项工程设计甲级资质，实现了历史性突破，既是对公司实力的肯定，也为广汇源环境水务业务的拓展创造更加广阔的空间。

[15・7]　**九围河泵站运行维护服务**　6 月，与深圳市铁岗石岩水库管理处签订九围河泵站运行维护服务合同。

[15・8]　**制定光明新区水务发展“十三五”规划**　6 月 1 日，“光明新区水务发展‘十三五’规划”项目启动，7 月 6 日进行了中期汇报，8 月 6 日给新区城建局领导汇报，并听取相关单位对报告的修改意见，在书面征集各单位意见后于 9 月 21 日形成评审版本，12 月 10 日由光明新区水务局组织开展成果审查会。项目负责人：郜银梁。

[15・9]　**签订深圳市龙岗河、茅洲河干流管养设计报告合同**　7 月，与深圳市防洪设施管理处签订了深圳市龙岗河干流管养设计报告合同、深圳市茅洲河干流管养设计报告合同。

[15・10]　**申请一项发明专利**　7 月 16 日，“一种用于建筑工程排水

管道预留洞封堵的混凝土”（发明人：关旭、雒翠、詹达美）申请了发明专利，2017 年 10 月 10 日获得授权。

［15・11］ **龙岗区河道管养一标段** 8 月，与深圳市龙岗区河道流域管理中心签订龙岗区河道管养一标段合同。

［15・12］ **深圳市水务工程建设规划（2016—2020）** 8 月，受深圳市发展和改革委员会、市水务局委托，编制“深圳市水务工程建设规划（2016—2020）”，次年 11 月完成终稿。《规划》对 800 余项工程在明确其投资来源、责任主体的基础上，对其必要性、实施条件及制约性因素等均进行了详细分析；明确了各工程项目 2016—2020 年逐年投资，为建设主管部门下达年度投资计划、跟进工程进度提供了强有力的基础数据支撑。

次年 9 月，项目荣获广东省工程咨询协会颁发的 2014—2015 年度广东省优秀工程咨询成果一等奖。

［15・13］ **宝安区雨水泵站管养维护服务** 9 月，受深圳市宝安区环境保护和水务局委托，承担了宝安区雨水泵站管养维护服务。

［15・14］ **人事聘任** 9 月，聘任张宏滨为深圳市广汇源勘测设计有限公司副总工程师。

［15・15］ **龙华办事处华联片区雨污分流管网工程** 9 月，完成“龙华办事处华联片区雨污分流管网工程”可行性研究阶段设计。10 月 19 日，取得可行性研究阶段发改批复（深发改〔2015〕1414 号）。次年 3 月完成初步设计。次年 9 月完成施工图阶段设计。次年 12 月取得施工图审查合格证。

［15・16］ **《河道管养技术标准》发布** 12 月 28 日，SZDB/Z 155—2015《河道管养技术标准》发布，深圳市广汇源水利勘测设计有限公司为主要起草单位之一。该文件规定了河道管理范围内的河床、堤防护岸、河道保洁、绿化和景观、附属设施管养与维护等技术要求。庄光钦、关旭、黄华中、江锦燕等参与起草。

［15・17］ **取得深圳市白蚁防治服务丙级资格** 11 月 13 日，取得深圳市有害生物防治协会颁发的深圳市白蚁防治服务丙级资格证书（证书编号：深害协证字 192 号）。

［15・18］ **签订一项设施运维合同和一项泵站运维合同** 11 月，与深

圳市防洪设施管理处签订小沙河出海口段截污泵闸设施运维合同，与深圳市龙华新区城市建设局签订牛湖水补水泵站运营维护管养项目服务合同。

［15·19］ **签订了水政政管服务合同** 12月，签订了水政政管服务合同。

［15·20］ **中标大鹏新区社区城中村（大鹏、南澳）排水管网运营** 12月，中标大鹏新区社区城中村（城中村）排水管网运营项目，与深圳市大鹏新区城市管理和水务局签订了合同，合同期为2016年1月1日至2016年12月31日。后期通过2次续签合同，管理服务该项目至2018年12月31日。运营长度为278.558千米。通过应急救灾理论与大鹏新区排水管网现状相结合编制对应的应急抢修、抢险救灾预案，建立成熟的安全保障体系，成立一支专业的急抢修队伍。

◆ 2016年

［16·1］ **签订一项河道管养合同** 1月，与深圳市龙华新区民治办事处签订了龙华新区民治办事处河道管养（清淤）服务采购项目B包合同。

［16·2］ **取得企业信用水利水电咨询等三项证书** 3月，取得水利部颁发的企业信用水利水电咨询AAA、水利水电勘察AA、水利水电设计AAA等级证书（证书编号：201504801100064）。

［16·3］ **白花河截污泵站运行维护管养** 3月，与深圳市排水管理处签订了白花河截污泵站运行维护管养合同。

［16·4］ **申请一项实用新型专利** 4月19日，“一种废水吸附处理装置”（发明人：孙光逊、赵平文、黄明华、李小江、李芳）申请了实用新型专利，2017年4月12日得到授权。

［16·5］ **签订两项服务合同** 5月，与深圳市防洪设施管理处签订了2016年原特区内河道管养B包合同，与深圳市坪山新区城市建设局签订坪山新区37条河道管养项目服务合同。

［16·6］ **罗湖区海绵城市建设规划及实施研究** 5月，受深圳市罗湖区环境保护和水务局委托，编制《罗湖区海绵城市建设规划与实施方案》，11月完成终稿。项目负责人：林佩斌。该项目当时为深圳市先例，主要从规划层面解决了以往海绵城市建设过程中碎片化、无序化的困境，不仅从技术而且从管理层面对建设管理单位提供决策参考。

2018年8月31日，项目荣获广东省工程咨询协会颁发的2016—2017年度广东省优秀工程咨询成果三等奖。

［16·7］ **中标深圳市东片区水土保持监督监测项目** 5月，中标深圳市水务局“水土保持监督监测资格标”项目，承担深圳市水土保持监督监测项目服务，主要负责深圳市东片区（盐田区、龙岗区、坪山区、大鹏新区）水土流失动态监测、水土保持监督检查、水土保持设施验收现场核查、水土保持简报的组稿和编辑。2019年5月底，圆满完成任务，并通过专家评审。同年5月，再次成为“水土保持监督监测资格标项目B包”的中标单位。

［16·8］ **工程设计市政行业道路工程、桥梁工程乙级资质证书** 6月6日，获得工程设计市政行业道路工程、桥梁工程专业乙级资质证书（证书编号：A244015248）。

［16·9］ **中标一项设施监管技术服务项目** 6月，中标“南山区建设项目排水及水土保持设施监管技术服务”项目。2017年2月至2018年1月，初步设计阶段。2018年5月完成施工图阶段设计，于2018年5月17日取得施工图审查合格证。

［16·10］ **成立深圳市广汇源环保水务服务有限公司** 7月，成立深圳市广汇源环保水务服务有限公司。聘任关旭为深圳市广汇源勘测设计有限公司副经理，兼任深圳市广汇源环保水务服务有限公司经理；聘任刘凤茹为深圳市广汇源勘测设计有限公司副经理；聘任林佩斌为深圳市广汇源勘测设计有限公司副经理，兼任公司副总工；聘任何造胜为深圳市广汇源勘测设计有限公司经理助理，兼任设计三室主任；聘任雷保栋为深圳市广汇源勘测设计有限公司经理助理，兼任惠州分公司经理。同年11月，聘任黄明华为深圳市广汇源勘测设计有限公司常务副总工程师。

［16·11］ **中标南山区水土保持预防监测监督服务采购项目** 7月，中标南山区环境保护和水务局“南山区水土保持预防监测监督服务采购”项目，与南山区水务局签订服务合同，主要负责深圳市南山区（不含前海自贸区）监督监测相关工作。2019年7月完成合同期任务，并通过南山区水务局考核认定。

［16·12］ **中标深圳市水土保持科技示范园项目** 8月，中标深圳市

水务局“深圳市水土保持科技示范园一期修缮工程初步设计及施工图阶段”项目，经过现场踏勘和测量后，开始进行修缮设计。2017 年，完成施工图设计。2018 年，项目开工建设。该修缮工程融入最新“海绵城市”理念、技术，结合深圳城市水土保持的地方特色，使水保园成为广东省乃至中国首个突出“海绵城市”城市水土保持特色的花园式科技示范园区。

［16·13］ **申请两项实用新型专利** 10 月 13 日，“一种生活污水处理用隔油池”（发明人：林佩斌、张新宇、郜银梁、詹达美）申请了实用新型专利，次年 4 月 5 日得到授权。10 月 20 日，“一种节能环保污水处理装置”（发明人：李方源、宋希望、卢观彬）申请了实用新型专利，次年 6 月 27 日得到授权。

［16·14］ **获承装类、承修类、承试类承装（修、试）电力设施许可证** 11 月 1 日，获得承装类、承修类、承试类承装（修、试）电力设施许可证五级（编号：6－1－00123－2016）。

［16·15］ **水文、水资源调查评价乙级资质证书** 11 月 15 日，获得水文、水资源调查评价乙级资质证书（证书编号：水文证 44216068 号）。

［16·16］ **《河道标识牌设置指引》发布** 12 月 28 日，《河道标识牌设置指引》（SZDB/Z 216—2016）发布，深圳市广汇源水利勘测设计有限公司为主要起草单位之一。该文件规定了深圳市河道标识类别，河道标识牌设计、河道标识牌设置的要求。何造胜、颜寅杰等参与起草。

◆ 2017 年

［17·1］ **成立规划研究中心** 1 月，成立规划研究中心，主要承担研究性和创新性为主的项目。

［17·2］水资源论证、水土保持方案编制企业信用 AAA 等级证书 1 月，获得水资源论证、水土保持方案编制企业信用 AAA 等级证书（证书编号：201604811100137）。

［17·3］ **深圳市除虫灭鼠服务资格丙级等级证书** 1 月 23 日，获得深圳市有害生物防治协会颁发的深圳市除虫灭鼠服务资格丙级等级证书。

［17·4］ **签订牛湖、1 号污水泵站运营维护服务项目合同** 1 月，与深圳市龙华新区城市建设局签订了牛湖、1 号污水泵站运营维护服务项目合同。

［17·5］　**中标坪山区水污染源调查项目**　1月，中标坪山区水污染源调查项目。4月，完成坪山区水污染源调查方案编制；5月底制定《坪山区水污染源调查工作方案》；5—11月，完成坪山区水污染源调查工作。项目调查历时6个月，调查对象数量多，难度大，技术强。项目负责人：李小江。

次年8月31日，项目荣获广东省工程咨询协会颁发的2016—2017年度广东省优秀工程咨询成果三等奖。

［17·6］　**中标一项阳春市项目**　1月，中标阳春市生活污水处理设施全市打包PPP模式建设项目设计，与阳春市住房和城乡规划建设局签订合同。项目主要包含初步设计、施工图设计以及施工服务配合等工作。次年5月完成施工图阶段设计，5月17日取得施工图审查合格证。项目于11月开工建设。

［17·7］　**深圳市信息系统集成资质叁级证书**　2月，获得深圳市信息系统集成资质叁级证书（证书编号：2017062）。本叁级资质证书的取得，标志着广汇源环境水务具有了独立承担中、小型企业级或合作承担大型企业级（或相当规模）的信息系统集成及服务建设的资格；该资质的取得，有利于增强广汇源环境水务信息系统集成及服务业务的承揽能力，促进信息系统集成及服务业务的快速发展。

［17·8］　**Ⅵ系统升级**　3月，公司Ⅵ系统升级，全新的Ⅵ系统规范了品牌形象，使品牌再度升级。

［17·9］　**观澜河智慧管理云平台**　3月，“观澜河智慧管理云平台”项目立项，广汇源环境水务是建设单位。2017年12月，系统定版，正式投入运行。观澜河智慧管理云平台建设完成后可达到实现所有动态业务数据统一集中管理，实现所有业务数据的实时上传及高效处理，保证观澜河道设计、施工、运维资料全数字化移交，提升资料查找及使用效率，保证所有数据随时随地随查随用。项目负责人：郜银梁。

［17·10］　**宝安区优质饮用水入户工程（五期）**　3月，“宝安区优质饮用水入户工程（五期）（设计）”中标，与深圳市深水宝安水务集团有限公司签订项目合同。5月11日，宝安区环境保护和水务局主持召开了《宝安区优质饮用水入户工程（五期）》初步设计专家评审会，形成专家评审意

见。8 月 10 日取得初步设计阶段宝安区发展与改革局的批复。2017 年 8 月，完成施工图设计。9 月，完成施工图审查。12 月开工建设。2019 年 9 月竣工验收。

［17·11］ **申请一项实用新型专利** 3 月 11 日，“一种富营养化水体修复装置”（发明人：林佩斌、关旭、孙光逊、赵平文、宋希望）申请实用新型专利，9 月 29 日得到授权。

［17·12］ **布吉河流域综合治理工程“EPC＋O”项目** 3 月 30 日，协助龙岗区环境保护和水务局在项目指挥部会议室组织召开了布吉河流域综合治理工程“EPC＋O”项目第一次会议，张敏董事长出席。广汇源环境水务作为工程顾问单位，代表建设单位（龙岗区水务局）对项目进行全过程管理，主要体现在技术和管理层面。工作内容包括在前期工作阶段，对可行性研究、初步设计阶段的进行技术管理；在项目实施阶段对参加各方进行合同管理、成本管理、质量管理、进度管理、风险管理、文明施工管理、安全施工管理、项目验收、收尾、移交管理等。

［17·13］ **污染治理设施运行服务能力评价生活污水处理一级证书** 4 月 17 日，获得中国环境保护产业协会颁发的污染治理设施运行服务能力评价生活污水处理一级证书（证书编号：国运评 1－1－058）。

［17·14］ **环卫作业清洁服务资格等级证书** 5 月 9 日，获得深圳市环卫清洁行业协会颁发的深圳市环卫清洁服务企业环卫作业清洁服务丁级资格等级证书（证书编号：8570）。

［17·15］ **建筑业企业水利水电工程施工总承包叁级资质证书** 5 月 18 日，获得深圳市住房和建设局颁发的建筑业企业水利水电工程施工总承包叁级资质证书（证书编号：D344151164）。

［17·16］ **签订四项合同** 5 月，与深圳市盐田区水利设施管理中心签订了深圳市盐田区小型水库管理技术服务项目合同，与深圳市龙岗区水务局签订了龙岗区小型水库专业化、社会化管养服务项目合同，与坪山区环境保护和水务局签订了水库运营管理项目 B 包合同，与大鹏新区管委员会签订了大鹏办事处小型水库管理维护项目服务合同。

［17·17］ **签订两项合同** 6 月，与深圳市大鹏新区水务局签订大鹏

新区河道管养项目（B包）合同，与龙华区环境保护和水务局签订龙华区小型水库运行管理技术支持服务项目合同。

［17·18］　**中标一项水土保持监测项目**　6月，中标深圳市城市轨道交通4号线三期工程水土保持监测4376标段项目，与港铁技术咨询（深圳）有限公司签订项目合同。随后开始参与本项目水土保持监测。2019年8月，各参建单位根据公司提出的相关建议，完成了相关的水土保持设计，并抓紧落实到施工现场，水土流失得到了相应的控制。

［17·19］　**深圳河流域防洪潮调度体系研究**　6月30日，与深圳市治理深圳河办公室签订深圳河流域防洪潮调度体系研究项目合同，项目开题。次年3月6日，召开项目开题暨中期报告专家咨询会。次年6月，提交初稿，并根据各方征求意见对报告修改完善，提交最终成果。次年7月5日，通过项目终期报告专家验收会。项目负责人：詹达美。

［17·20］　**信息系统集成及服务肆级资质证书**　7月1日，获得中国电子信息行业联合会颁发的信息系统集成及服务肆级资质证书（证书编号：XZ4440320170724）。证书的获得，为企业扩大系统集成类项目市场打下了良好的基础。

［17·21］　**光明新区小型水库社会化管养服务**　7月，与深圳市光明新区环境保护和水务局签订了光明新区小型水库社会化管养服务合同。

［17·22］　**沙井河口泵站枢纽工程及潭头水闸运维项目**　7月10日，中标承担了沙井河口泵站枢纽工程及潭头水闸运维项目，与深圳市河道管理中心签订的合同期自2017年8月1日至2018年7月31日。后期通过续签，项目持续到2020年7月31日。

［17·23］　**广汇源独立及管理层人事聘任**　8月，进一步深化改革，深圳市广汇源水利勘测设计有限公司改制成为管理层持股的独立公司。经公司董事会选举通过，张敏同志任公司董事长；张德高同志任公司副董事长；詹达美同志任公司总经理；聘任雒翠同志为深圳市广汇源勘测设计有限公司副总经理；聘任刘凤茹同志为深圳市广汇源勘测设计有限公司副总经理；聘任关旭同志为深圳市广汇源勘测设计有限公司副总经理；聘任林佩斌同志为深圳市广汇源勘测设计有限公司副总经理；聘任冯安同志为深

圳市广汇源勘测设计有限公司副总经理；聘任黄明华同志为深圳市广汇源勘测设计有限公司总工程师；聘任何造胜同志为深圳市广汇源勘测设计有限公司总经理助理，兼设计三室主任；聘任雷保栋同志为深圳市广汇源勘测设计有限公司经理助理，兼惠州分公司负责人；聘任马安同志为深圳市广汇源勘测设计有限公司经理助理，兼分公司管理中心主任；聘任樊仕宝同志为深圳市广汇源勘测设计有限公司经理助理，兼设计一室主任；聘任卢观彬同志为深圳市广汇源勘测设计有限公司经理助理。

[17·24]　**广西分公司成立**　8月，于广西南宁成立了广西分公司，全名为深圳市广汇源水利勘测设计有限公司广西分公司。广西分公司全面负责广西地区的市场业务拓展和项目管理工作，其成立为公司进入广西市场奠定了基础。负责人：李景才。

[17·25]　**环境保护产业企业信用AAA等级证书**　8月21日，获得广东省环境保护产业协会颁布的环境保护产业企业信用AAA等级证书（证书编号：2017004）。这标志着广汇源环境水务在环境保护领域建设获得社会信用评价方面取得了实质性的成果，是对公司诚信经营行为的肯定。

[17·26]　**白盆珠水库调度规程编制项目**　9月，中标白盆珠水库工程管理局“白盆珠水库调度规程编制”项目，项目负责人：陈仁举。白盆珠水库调度规程送审稿于2018年3月通过专家评审，2019年6月取得惠州市水利局批复。该调度规程为惠州市完成的第一宗水库调度规程，带动了全惠州市其他水库的调度规程编制工作，起到了引导和示范作用。

[17·27]　**评为深圳市高新技术企业**　10月31日，获得深圳市高新技术企业证书（证书编号：GR201744201969）。这说明广汇源环境水务在创新研发方面得到政府层面的认可，是广汇源环境水务发展史上的一个里程碑。

[17·28]　**签订龙岗区河道管养二标段服务合同**　10月，与深圳市龙岗区河道流域管理中心签订了龙岗区河道管养二标段服务合同。

[17·29]　**河源分公司、长沙分公司成立**　10月，于广东省河源市成立了河源分公司，全名为深圳市广汇源水利勘测设计有限公司河源分公司，负责人：江锦燕。同月，于湖南省长沙市成立了长沙分公司，全名为深圳市广汇源水利勘测设计有限公司长沙分公司，负责人：余汝林。

［17・30］ **广汇源河长制智慧管理办公室成立** 10月，成立了“广汇源河长制智慧管理办公室”，抽调多名专业人员专职河长制技术咨询工作。全面推行河长制是落实绿色发展理念、推进生态文明建设的内在要求，是解决中国复杂水问题、维护河湖健康生命的有效举措，是完善水治理体系、保障国家水安全的制度创新。广汇源积极响应中央省市区要求，迎合市场需求，不断提高认识，积极作为，在河长制试点的地区，建立了市、区、街道、社区四级河长组织体系，深入贯彻中央决策部署、推广、普及河长制。

［17・31］ **龙岗中心城龙潭水体生态修复与水质提升工程** 11月，中标深圳市龙岗区环境保护和水务局的“龙岗中心城龙潭水体生态修复与水质提升工程”项目。项目为水体生态修复设施服务项目，含工艺施工图设计、设施、设备提供及安装调试、运行维护以及配套工程等内容。该工程由广汇源独立完成，完善了广汇源黑臭水体治理技术体系，可将该项目作为技术示范应用于广汇源其他黑臭水体项目。项目负责人：林佩斌。

［17・32］ **测绘乙级资质证书** 11月14日，获得广东省国土资源厅颁发的测绘乙级资质证书（证书编号：乙测资字4411112)。

［17・33］ **建筑施工安全生产许可证** 11月24日，获得广东省住房和城乡建设厅颁发的建筑施工安全生产许可证［证书编号：（粤）JZ安许证字〔2017〕023099］。

［17・34］ **论文获奖** 11月，苏敏贤所著论文《海堤地基加固处理方案比选及设计》在深圳市勘察设计行业组织的2017年度深圳市勘察设计行业优秀论文评选中荣获三等奖。

［17・35］ **龙清泵站运行维护服务项目** 11月29日，中标龙清泵站运行维护服务项目。龙清泵站属于清林径引水调蓄工程第十标段部分。与深圳市清林径引水调蓄工程管理处签订的合同自2018年1月1日至2018年12月31日止。通过续签，龙清泵站2019年度运行维护服务项目继续由广汇源管养，2019年12月结束。

［17・36］ **环境污染治理能力评价废水、污染修复乙级证书** 12月11日，获得广东省环境保护产业协会颁发的广东省环境污染治理能力评价废

水、污染修复乙级证书（证书编号：粤环协证586号）。

［17·37］　**签订三项管理服务合同**　12月，与深圳市西丽水库管理处签订了西丽水库及长岭皮水库一级水源保护区管理合同，与深圳市北部水源工程管理处签订了北部水源一级水源保护区管理服务合同，与深圳市梅林水库管理处签订了梅林水库一级水源保护区管理服务项目合同。

［17·38］　**员工获奖**　12月，员工陈运能同志的作品《关于充分利用好本地水源的建议》在龙岗区“治水提质”金点子征集评选活动中，荣获金点子奖“二等奖”；黄娜媚同志的作品《治水有道，久久有功；节水是德，滴滴珍贵》荣获口号（标语）奖“二等奖”。

［17·39］　**长岭皮水库水资源论证报告**　12月，受深圳市西丽水库管理处委托，完成《长岭皮水库水资源论证报告书》初稿，次年4月12日，深圳市水务局组织召开《长岭皮水库水资源论证报告书》专家评审会，形成专家评审意见。评审后，广汇源环境水务根据专家意见进行了修改和完善，提交最终成果。项目负责人：许新鹏。

［17·40］　**中标一项土壤环境质量详细调查项目**　12月，与吉林大学联合申报的“市管集中式饮用水水源地一级保护区土壤环境质量详细调查”项目中标，此为广汇源环境水务承接的第一个土壤调查类项目。2018年11月移交结题报告与成果。此项目奠定了广汇源环境水务土壤调查领域的专业性基础。项目负责人：卢观彬。

［17·41］　**全市饮用水源水库流域水土保持生态修复工程可行性研究报告编制**　12月，“全市饮用水源水库流域水土保持生态修复工程”可行性研究报告编制中标，2019年6月设计中标。

◆ 2018年

［18·1］　**签订铁岗水库—石岩水库一级保护区管理合同**　1月16日，签订了铁岗水库—石岩水库一级保护区管理合同，次年1月15日结束。

［18·2］　**签订西丽水库及长岭皮水库一级水源保护区管理合同**　1月1日，西丽水库及长岭皮水库一级水源保护区管理合同开始执行，12月31日结束。

［18·3］　**签订北部水源一级保护区管理服务合同**　1月1日，北部水

源一级保护区管理服务合同开始执行，12 月 31 日结束。

［18・4］ **中标一项水土保持方案设计** 1 月 30 日，中标“公常路中山大学深圳校区段下穿改造工程水土保持方案设计（编制）”，5 月 26 日向深圳市水务局报送送审稿，5 月 31 日通过专家评审，7 月 10 日获得深圳市水务局行政许可决定书。2018 年 9 月，工程正式动工，施工单位依据广汇源编制的水土保持方案积极落实施工过程中的各项水土保持防护措施，有效地避免了施工过程中水土流失对周边生产生活带来的负面影响，产生积极的生态效益。

［18・5］ **成立九江分公司** 2 月，于江西省九江市成立了九江分公司，全名为深圳市广汇源水利勘测设计有限公司九江分公司，负责人：张文灿。

［18・6］ **签订 3 项服务合同** 2 月 1 日，与深圳市宝安区罗田水库管理站签订了罗田水库一级水源保护区管理服务合同，与深圳市东部水源管理中心签订了洞梓水库及东涌水库四标日常维护合同、排污泵站运行维护服务合同。

［18・7］ **与河长智库（北京）科技有限公司签署战略合作协议** 3 月，与河长智库（北京）科技有限公司正式签署战略合作协议。河长智库（北京）科技有限公司是在国家全面推行河长制背景下，成立的国内首家水环境领域高端智库市场化平台。双方将在流域治理、水利水电、河道整治、环境保护、市政设施建设、生态景观、海绵城市开发、河长制研究等项目技术咨询、总体规划、勘察设计和采购施工及投融资等领域建立全面战略合作关系。

［18・8］ **中标深圳河湾片区城市洪涝模型研究与应用项目** 3 月，与中国水利水电科学研究院联合投标的“深圳河湾片区城市洪涝模型研究与应用”项目中标。6 月签订合同，次年 7 月完成项目初期成果审查工作。截至 2019 年 12 月，是全国最大的洪水风险图项目。

［18・9］ **整合水工设计科室** 3 月，对现有水工设计科室进行整合，撤销原设计二室，以原一室为新设计一室，设计三室调整为新设计二室，原二室人员分流到新的设计一室、设计二室。一室负责人为樊仕宝，二室负责人为何造胜。

［18·10］ **签订一项水闸运行维护服务项目合同** 3月，签订了2018年大和水闸运行维护服务项目合同。

［18·11］ **黑臭水体治理智能水质净化装备的应用示范** 3月2日，受深圳市科技创新委员会委托，承担“黑臭水体治理智能水质净化装备的应用示范”项目，计划2020年3月完成试验和远程管理系统的开发工作，2020年4月完成项目验收。项目针对城市黑臭水体的生态系统结构严重失衡问题，旨在研制一套碳素纤维智能水质净化装备，为深圳市黑臭水体治理和水环境改善进行技术探索并提供科学技术支撑。项目负责人：郜银梁。

［18·12］ **成立广州分公司** 4月，于广州市成立了广州分公司，全名为深圳市广汇源水利勘测设计有限公司广州分公司。负责人：李艺德。

［18·13］ **签订平湖街道一项管养服务合同** 4月，与深圳市龙岗区平湖街道市政服务中心签订了平湖街道鹅公岭等垃圾填麦场维护及管养服务合同。

［18·14］ **人事聘任** 4月，聘任黄文稻同志为深圳市广汇源水利勘测设计有限公司总经理助理；聘任关旭同志为深圳市广汇源环保水务服务有限公司总经理；聘任黄文稻同志为深圳市广汇源环保水务服务有限公司副总经理；聘任李方源同志为深圳市广汇源环保水务服务有限公司副总经理；聘任田守成同志为深圳市广汇源环保水务服务有限公司总工程师。

［18·15］ **变更公司名称** 5月，广汇源环境水务名称由“深圳市广汇源水利勘测设计有限公司”变更为“深圳市广汇源环境水务有限公司”。公司名称的变化，体现了广汇源环境水务正朝着治水与治城相融合以及水务环境问题解决方案的科技化、专业化的方向大步迈进。

［18·16］ **签订3项合同** 5月，与大鹏新区大鹏办事处签订了大鹏办事处曼湾等18条排水渠外包管养项目合同，与深圳市前海深港现代服务业合作区管理局签订了前海合作区河道日常管养维护项目合同，与深圳市铁岗·石岩水库管理处签订了铁岗水库入库小流域河口治理工程九围河泵站合同。

［18·17］ **参与社会活动** 5月，作为协办单位参与“河未来·益起行”龙岗区河长制宣传活动暨志愿服务助力治水提质圆桌论坛。本次活动室内和户外同步进行，室内活动“河未来·益起行”圆桌论坛将实时在户

外大屏幕上同步直播，以及在深圳市河长制微信、龙岗区环境保护和水务局微信公众号上网络直播，户外公众也可以参与线上提问。户外社会公众与室内治水专家双向交流，让社会专业力量及公众深入参与“河长制”工作，并在参与过程中建立长效沟通反馈机制，提升市民治水提质意识，实现龙岗河道环境治理，全民共建共治共享。

［18·18］ **中标观澜河及龙华河调蓄池运行维护** 5月14日，中标观澜河及龙华河调蓄池运行维护。2018年5月14日，继续中标该项目，合同期自2018年5月15日至2019年5月14日。根据合同要求，项目服务期满后，甲方可根据乙方履约情况确定合同期限是否延长，但最长不超过3年，第一年为本次招标的中标服务期限，合同一年一签，2019年度为第一年续签。

2014年8月，观澜河干流污染治理工程（截污工程部分）观澜河口调蓄池土建一标通过部分工程投入使用验收。该调蓄池投入运行使用后，对改善观澜河水质、提供运行管理经验具有较大意义。

［18·19］ **申请一项实用新型专利** 5月17日，“一种水坝闸门用升降机构”（发明人：李旭）申请了实用新型专利，次年2月15日获得授权。

［18·20］ **签订两项服务项目合同** 6月，分别与深圳市治理深圳河办公室、深圳市罗湖区环境保护和水务局签订了大沙河上游段运行管理维护合同、罗湖区小型河流及沟渠专业化管养服务项目合同。

［18·21］ **丰顺县2018年度村村通自来水工程** 6月，与广东威华集团组成联合体中标丰顺县2018年度村村通自来水工程（村级）第1标段设计采购施工（EPC）总承包项目的初步设计、施工图和施工阶段，承担了工程设计任务。8月完成丰顺县村村通自来水工程初步设计报告。9月在丰顺县水务局召开了项目初步设计评审会议。10月将5个镇（留隍、丰良、建桥、潘田、潭江）所有工程点施工图交付施工，至2019年12月工程还未完工。项目负责人：周刚平。

［18·22］ **龙岗河干流综合治理二期工程湿地公园及水质改善工程管养项目** 6月27日，中标龙岗河干流综合治理二期工程湿地公园及水质改善工程管养项目。该项目是广汇源的第一个湿地公园及人工湿地社会化运

营服务项目，为后期湿地公园及人工湿地项目运维服务打下基础，积累了经验。

［18·23］　**环境保护工程技术资格丙级证书**　7月4日，获得深圳市环境保护产业协会颁发的深圳市环境保护工程技术资格废水、废气、固废、污染修复丙级证书（证书编号：505）。

［18·24］　**中标长岭皮水库已污染底泥量调查项目**　7月20日，“长岭皮水库已污染底泥量调查项目”中标，9月6日与深圳市西丽水库管理处签订项目合同，次年7月16日通过专家评审和项目验收。长岭皮水库已污染底泥量调查项目测量部分由广汇源独立完成，为广汇源环境水务留下长岭皮水库的测量基础资料，同时在水库水下地形测绘方面积累了理论和实践经验。

［18·25］　**两项作业证书**　7月25日，获得中国城市规划协会颁发的排水管道非开挖修复作业企业作业Ⅲ级证书（证书编号：XF－Ⅲ－04）、排水管道检测与评估作业企业作业证书Ⅱ级证书（证书编号：JC－Ⅱ－16）。

［18·26］　**成立广汇源深汕特别合作区项目部**　7月，广汇源环境水务深汕特别合作区项目部正式揭牌成立。2011年2月18日广东省委、省政府批复《深汕（尾）特别合作区基本框架方案》，正式设立深汕特别合作区（以下简称合作区）。2011年5月21日，广东省委、省政府将“中共深汕特别合作区工作委员会”“深汕特别合作区管理委员会”牌子授予深圳、汕尾两市，合作区正式运作。

［18·27］　**承办论坛**　7月，承办的“新时代城市水务与生态环境发展论坛”于深圳绿景锦江酒店举行。以“智慧水务”“黑臭水体治理”“生态环境修复”为主题，邀请了中国科学院院士倪晋仁等学者和行业精英齐聚深圳，分享他们关于城市水务和生态环境发展路径以及未来发展趋势的独到思考，解析优秀案例实践经验，为深圳治水提质提供参考。

［18·28］　**总部迁址**　7月18日，广汇源环境水务总部办公地址迁至深圳市罗湖区黄贝街道沿河北路1002号瑞思大厦C座四楼。广汇源环境水务经过多年发展，已逐步成为一家水务、市政及环境行业集咨询、设计、施工和运维为一体的环境水务公司。此次总部迁址，将在广汇源环境水务

发展史上写下浓墨重彩的一笔。

[18·29] **成立河长制管理办公室** 7月，成立深圳市广汇源环境水务有限公司河长制管理办公室，承担河长制实施相关工作，负责人：吴晓娟。

[18·30] **变更部分科室名称** 7月，对部分科室的名称进行变更，“设计一室”更名为“规划设计一所”；“设计二室”更名为“规划设计二所”；“给排水室”更名为“市政环境所”；“水保室”更名为“水保生态所”；“勘测室”更名为“勘察所”；“综合办公室”更名为“办公室”。

[18·31] **签订两项服务合同** 7月，签订了2018年上下村排洪渠自排闸门运行维护服务项目合同、龙岗河干流综合治理二期工程湿地公园工程管理服务合同（2018年度）。

[18·32] **参与社会活动** 8月，副董事长张德高出席“河长长治·律动坪山”坪山区河长制宣传活动。活动通过成果展示、视频播放、发放册页、河长倡议等形式，向广大市民普及水生态环境保护常识，倡导爱护河流，节约用水，不乱排乱放，爱护水利设施，同护江河水，共享坪山美。

[18·33] **取得建筑业企业资质市政公用工程施工总承包叁级证书** 8月10日，取得深圳市住房和建设局颁发的建筑业企业资质市政公用工程施工总承包叁级证书（证书编号：D344151164）。

[18·34] **签订大望泵站运行维护服务合同** 8月，与深圳市东深水源保护办公室签订了大望泵站运行维护服务合同。

[18·35] **咨询甲级资信证书** 9月30日，获得中国工程咨询协会颁发的工程咨询水利水电，市政公共工程，水文地质、工程测量、岩土工程专业甲级资信证书（证书编号：9144030019228376H－18ZYJ18）。

[18·36] **取得一项甲级资信证书** 9月30日，取得中国工程咨询协会颁发的水利水电、市政公共工程、水文地质、工程测量、岩土工程工程咨询甲级资信证书（证书编号：9144030019228376H－18ZYJ18）。

[18·37] **取得两项证书** 10月1日，取得生产建设项目水土保持方案编制单位水平评价5星证书[证书编号：水保方案（粤）字第0043号]、生产建设项目水土保持监测单位水平评价3星证书[证书编号：水保监测

（粤）字第 0016 号]。

[18·38] **中标国家清单内重点行业企业用地初步采样调查项目** 10 月，由深圳市广汇源环境水务有限公司、深圳深态环境科技有限公司与吉林大学联合投标的“国家清单内重点行业企业用地初步采样调查”项目中标，计划 2020 年 5 月前，完成报送国家数据库的 82 个地块相关施工采样工作。广汇源主要负责现场施工、样品采集、上传数据库以及这三个部分的内部质控部分。

[18·39] **工程勘察专业类岩土工程（勘察）甲级证书** 11 月 15 日，获得住房和城乡建设部颁发的工程勘察专业类岩土工程（勘察）甲级证书（证书编号：B144015241）。此次甲级资质的取得标志着广汇源环境水务勘察业务领域的重大突破，同时提高了广汇源环境水务的竞争实力。

[18·40] **QES 管理体系外审结束** 11 月，QES 管理体系外审圆满结束，北京中水源禹国环认证中心的专家通过资料审核和现场查看、交流的方式，对广汇源环境水务行政部门、设计所、勘测所等各个体系涉及的工作进行了详细、全面的审查，为广汇源的运行健康把脉。

[18·41] **承办中国水之行—珠江行（深圳站）活动** 11 月，承办的中国水之行—珠江行（深圳站）在中航城格兰云天大酒店二楼举行。中国水之行是一项兼具“智库建设、学术交流、科学普及”三大功能的公益活动，自 2016 年启动以来形成了广泛的影响，取得了丰硕的成果。本次深圳站活动旨在针对深圳当前面临的主要水问题开展调研和咨询，面向公众普及水知识、水文化，为深圳市经济社会发展和生态文明建设提供技术支撑和政策建议。

[18·42] **中标一项消除黑臭及河流水质保障工程** 11 月，和中国电建中南勘测设计研究院有限公司联合体中标承担深圳河流域的勘察设计工作。建设单位：龙岗区水务工程建设管理中心。次年 2 月，完成施工图阶段设计。次年 6 月取得可行性研究阶段深圳市龙岗区发展和改革局的批复。次年 8 月，沙湾河干流、布吉河干流正本清源小区基本完工。项目为广汇源在水治理方面，尤其是正本清源、黑臭水体整治设计建设方面积累了理论和实践经验。项目负责人：林佩斌。

[18·43] **中标水处理行业3个项目** 11月，中标深圳市宝安区环境保护和水务局的“福永片区污水应急处理服务项目”“福永片区污水应急处理扩容服务项目”和“固戍片区污水应急处理扩容服务项目”。3个项目的正常稳定运行为后期类似项目运维服务打下基础，积累了经验。

12月，福永片区污水应急处理服务项目通过了竣工环保验收。福永片区污水应急处理扩容服务项目于2018年12月开工建设，由广汇源环境水务以BO方式负责投资、建设和运营，污水处理服务范围为福永、福海街道办全部（深圳机场除外），服务总面积约56平方千米。固戍片区污水应急扩容处理厂项目可用地仅1.4万平方米，建设周期约3个多月，采用RPIR快速生化污水处理技术，达到了吨水占地面积0.11平方米，吨水投资成本2059元，出水水质达一级A标准，受到了宝安区政府的高度赞扬。该厂保障了片区污水不溢流至片区的河涌，不影响河道水体水质考核目标，为珠江口流域的水环境保护做出了贡献。

[18·44] **南京分公司成立** 11月，深圳市广汇源环境水务有限公司南京分公司成立，负责人：雒翠。

[18·45] **参与第一届全国土壤修复大会** 12月4—7日，2018年“世界土壤日”中国活动主题：土壤污染防治暨“第一届全国土壤修复大会”在江苏南京国际博览中心隆重召开。广汇源积极参与土壤污染防治行动计划，并派代表参与了此次盛会。

[18·46] **荣获2018年应急演练优胜奖** 12月6日，荣获深圳市河道管理中心颁发的2018年应急演练优胜奖。

[18·47] **深圳市发改委领导考察** 12月，深圳市发展改革委党组成员、巡视员王庭珠，市发展改革委价格处处长李军，城市发展处副处长李文杰等一行五人考察广汇源环境水务。此次沟通非常有效和务实，市发改委领导听取了企业发展过程中遇到的种种障碍，并表示会支持和帮助民营企业不断发展，让民营经济创新源泉充分涌流。

[18·48] **成立深圳河湾流域管理指挥部** 12月，成立深圳市广汇源环境水务有限公司深圳河湾流域管理指挥部。深圳河发源于深圳市梧桐山牛尾岭，流过繁华的深圳市区。由于污水收集处理设施不完善，流域内的

部分污水直排入河，深圳河一度成了“排污沟”。2015年年底，深圳全面启动治水提质攻坚战，将深圳河湾流域作为治理“示范区”。指挥部的成立，表明广汇源环境水务积极参与到深圳河湾片区的水污染治理中。

[18·49] **广东省城市水环境与水务信息化工程技术研究中心被认定为广东省工程技术研究中心** 12月，依托于广汇源成立的广东省城市水环境与水务信息化工程技术研究中心被广东省科学技术厅认定为广东省工程技术研究中心。这是对广汇源环境水务科研和创新能力的充分肯定。

◆ 2019年

[19·1] **光明区全面消除黑臭水体工程前期工作汇报** 1月，在总部大会议室举行“光明区全面消除黑臭水体工程前期工作汇报”，深圳市光明区委常委、副区长刘德峰，光明区环境保护和水务局局长黄海涛参加会议。

[19·2] **院士工作站成立揭牌** 1月13日，在深圳蛇口希尔顿酒店举行“海绵城市建设关键技术院士论坛暨深圳市广汇源环境水务有限公司院士工作站成立揭牌仪式”。王超院士工作站落户广汇源环境水务，将充分发挥院士专家团队技术优势，结合广汇源环境水务的创新平台及工程实践，科研、设计、创新与实践紧密结合，全力服务深圳水污染治理、水环境保护等领域，为深圳水环境治理工作创立新平台。

[19·3] **参与社会活动** 1月，广汇源环境水务作为协办单位，积极参与以“我爱美丽大鹏河”为主题的河（湖）长制宣传活动。

[19·4] **取得深圳市信息系统集成资质叁级证书** 2月，取得深圳市信息系统集成资质叁级证书（证书编号：2017062）。此次叁级资质证书的取得，标志着广汇源环境水务具有了独立承担中、小型企业级或合作承担大型企业级（或相当规模）的信息系统集成及服务建设的资格；该资质的取得，有利于增强广汇源环境水务信息系统集成及服务业务的承揽能力，促进信息系统集成及服务业务的快速发展。

[19·5] **成立长春分公司** 3月，于吉林省长春市成立了长春分公司，全名为深圳市广汇源环境水务有限公司长春分公司。负责人：孙光逊。

[19·6] **签订一项服务合同** 3月，与深圳市河道管理中心签订了福

田河截污系统运维服务合同。

[19·7] **成立汛期抢险、台风防御指挥部** 4月，成立以张敏董事长为总指挥的深圳市广汇源环境水务有限公司汛期抢险、台风防御指挥部。

[19·8] **王超院士莅临指导湖库藻华防治工作** 4月，中国工程院院士、河海大学教授王超莅临公司指导湖库藻华防治工作，詹达美总经理主持会议，副总经理雒翠、林佩斌、彭东升等领导参加了座谈，规划研究中心水环境团队介绍了相关情况。

[19·9] **与英国UEA水安全研究中心交流** 4月，英国皇家社会科学院院士、东英吉利大学（UEA）关大博教授带领UEA水安全研究中心5名硕士研究生来公司交流参观，UEA交流团实地参观了沙塘布污水处理站和龙潭公园，在沙塘布污水处理站，重点讨论了污水处理站工艺运行条件、处理能力等问题；在龙潭公园，重点讨论了项目实施过程、水体达标情况、生态系统构建方法等问题。

[19·10] **获得三项证书** 4月，获得深圳市住房和建设厅颁发的建筑业企业环保工程专业承包叁级资质证书（证书编号：D344151164）、工程勘察资质工程勘察专业类岩土工程设计乙级证书（证书编号：B244015248），中环协（北京）认证中心颁发的中国环境服务认证城市集中式污水处理设施运营服务一级证书（证书编号：CCAEPI－ES－SS－2019－058）。

[19·11] **签订三项管养合同** 4月，与深圳市福田区环境保护和水务局签订了福田河黑臭河段水质提升工程运营管养服务合同，与深圳市治理深圳河办公室签订了莲塘河北岸日常管理维护（2019年度）合同，与坪山区环境保护和水务局签订了坪山区小型沟渠管养项目合同。

[19·12] **签订一项管养合同** 5月，与深圳市河道管理中心签订了茅洲河、观澜河、龙岗河及坪山河管养C包——龙岗河管养（2019年度）合同。

[19·13] **智慧水务技术交流** 5月，新烽光电公司董事长一行人来访进行智慧水务技术交流。内容包括顶层设计、硬件研发制造、软件及模型开发部署、项目实施运维的一站式解决方案以及水文-水动力-水质耦合模型在不同水务场景的应用。

[19・14]　**与哈工大签订校企就业实习基地协议**　5月，与哈尔滨工业大学（威海）海洋科学与技术学院签订校企《关于建立就业实习基地的协议》。本着资源共享、互惠互利、讲究实效、共同发展的原则，哈尔滨工业大学（威海）与广汇源环境水务将在环境工程、土木工程等专业领域开展全方位的合作和交流。

[19・15]　**党建活动**　5月，广汇源环境水务党委组织党员参与了以"改革开放四十年，我为祖国献青春"为主题的党建活动。活动的开展增强了广汇源环境水务党组织的凝聚力，提高了党员党性修养水平，进一步发挥了党员先锋模范作用。

[19・16]　**中标"深圳市碧道建设总体规划"项目**　5月，与上海同济城市规划设计研究院联合中标"深圳市碧道建设总体规划"项目。该规划是深圳全市碧道建设的纲领性、全局性、总体性规划，是各区（新区、合作区）碧道建设规划与设计的指导性文件，是制定全市碧道建设相关专项规划、建设方案、行动计划、配套政策等的主要依据。项目是广汇源环境水务承担的第一个综合类规划项目，为日后承接其他规划类项目奠定了基础，也为承担深圳市各区碧道规划提供了技术支撑。负责人：黄明华。

[19・17]　**取得一项甲级证书**　6月11日，取得广东省环境保护产业协会颁发的广东省建设项目工程环境监理能力评价甲级证书。共取得5个类别的甲级资格，分别是：建材火电、农林水利、交通运输、社会区域、输变电及广电通信。证书的取得，是广汇源环境水务开展第三方环境监理服务能力的证明，为广汇源环境水务拓展新的业务领域提供了有力的支撑。

[19・18]　**成立工会组织**　7月，成立深圳市广汇源环境水务有限公司工会组织，将在广汇源环境水务的发展中发挥积极的纽带作用，陈誉任工会主席。

[19・19]　**成立土壤环境所**　7月，成立土壤环境所。根据《深圳市土壤污染治理与修复策略规划（2017—2020年）》的相关要求，土壤环境所的成立将有助于广汇源环境水务更加积极参与深圳市土壤环境调查、风险评估和土壤污染治理与修复等工作。

[19・20]　**成为广东省全过程咨询第二批企业**　7月，成为广东省住

房和城乡建设厅确定的广东省全过程咨询第二批企业。既体现了广汇源环境水务的专业水平，也是广汇源环境水务继续提升综合实力的良好契机。

［19·21］ **取得一项行业资格等级证书** 7月8日，取得深圳市环卫清洁行业协会颁发的深圳市环卫清洁服务企业环卫清洁服务行业资格等级丙级证书（证书编号：8717）。

［19·22］ **董事长当选为罗湖区人大代表** 9月，董事长张敏当选为罗湖区第七届人民代表大会代表。

［19·23］ **罗田水库除险加固工程获奖** 9月，“深圳市宝安区罗田水库除险加固工程”荣获广东省水利水电行业协会颁发的2018—2019年度广东优秀水利工程设计奖三等奖。

［19·24］ **成立海南分公司** 10月，深圳市广汇源环境水务有限公司海南分公司成立。负责人：李文珍。

［19·25］ **深圳市东部海堤工程（一期）获奖** 11月，刘灼华作为专家，参加全国水利水电勘测设计奖评审。次月，深圳市东部海堤工程（一期）在中国水利水电勘测设计协会组织的评选中，获得2019年度全国水利水电勘测设计奖（铜质奖）。项目主要完成人：张敏、詹达美、李艺德、何造胜、雒翠、关旭、龚春娟、徐伟、郜银梁、王晖文。

［19·26］ **深圳市水务工程建设规划（2016—2020）获奖** 12月，深圳市水务工程建设规划（2016—2020）荣获2018年度全国优秀工程咨询成果奖（优秀奖）。项目完成人：张敏、詹达美、雒翠、江燕瑜、黄薇颖。

◆ 2020年

［20·1］ **设立博士后创新实践基地** 1月，深圳市人力资源和社会保障局批准广汇源环境水务设立博士后创新实践基地，为打造高级科研人才团队、提升公司竞争力、成为一流科技服务企业奠定了坚实的基础。

［20·2］ **建筑业企业资质证书** 1月6日，获得由深圳市罗湖区住房和建设局颁发的建筑业企业资质证书（证书编号：D344151164）。资质包括水利水电工程施工总承包三级、市政公用工程施工总承包三级、环保工程专业承包三级。

［20·3］ **中标一项管养服务** 1月14日，中标龙岗区小型水库专业

化管养服务采购一标段。

[20·4] **工程设计资质证书** 1月22日，取得广东省住房和城乡建设厅颁发的工程设计资质证书（证书编号：A244015248）。资质包括市政行业桥梁工程乙级、市政行业道路工程乙级、市政行业排水工程乙级、市政行业给水工程乙级。

[20·5] **广东省环境污染治理能力评价证书** 2月11日，获得广东省环境保护产业协会颁发的广东省环境污染治理能力评价证书，编号：粤环协证942号，类别等级：废水甲级。

[20·6] **工程勘察资质证书** 2月28日，取得广东省住房和城乡建设厅颁发的工程勘察资质证书（证书编号：B244015248）。资质包括工程勘察专业类岩土工程设计乙级、工程勘察专业类工程测量乙级。

[20·7] **成立中山分公司** 3月，深圳市广汇源环境水务有限公司中山分公司成立。负责人：何造胜。

[20·8] **中标两项小型勘察项目** 3月31日，中标两项小型勘察项目：沙井街道裕和路（松福大道-福和路）改造工程、宝安区“一河道四走廊”沿线城市建筑风貌提升项目——广深高速新桥段。

[20·9] **中标一项管养项目** 4月1日，中标坪山区小型沟渠管养项目（二期）。

[20·10] **中标一项土壤环境质量调查项目** 4月1日，中标坪山区集中式饮用水水源地一级保护区移交地块土壤环境质量调查项目。

[20·11] **中标一项勘察项目** 4月3日，中标宝安区“一河道四走廊”沿线城市建筑风貌提升项目——茅洲河碧道燕川罗田段。

[20·12] **中标一项技术服务项目** 4月7日，中标深圳市饮用水水源保护区辅助巡查技术服务项目。

[20·13] **中标一项技术咨询和辅助服务项目** 4月17日，中标深圳市水务局水旱灾害防御技术咨询和辅助服务（2020年度）项目。

[20·14] **中标灾害抢险救灾队伍储备库** 4月24日，中标大鹏新区供水、排水、地面坍塌、水旱灾害抢险救灾队伍储备库（设计组）、大鹏新区供水、排水、地面坍塌、水旱灾害抢险救灾队伍储备库（勘察组），服务

期限为两年。

［20・15］ **中标一项咨询服务项目** 4月26日，中标深圳市优质饮用水入户工程及居民小区二次供水改造工程项目第三方咨询服务。

［20・16］ **深圳市信息系统运维技术服务等级证书** 4月，经深圳市信息工程协会评审，核定广汇源的信息系统运维技术服务等级为壹级，证书编号：SZYW2004090。

［20・17］ **2019年度广东省环境保护优秀示范工程** 5月，承建的龙岗中心城龙潭水体生态修复及水质提升工程被广东省环境保护产业协会评为2019年度广东省环境保护优秀示范工程。

［20・18］ **水利安全生产标准化Ⅱ级单位证书** 5月，被广东省水利水电行业协会评为水利安全生产标准化Ⅱ级单位，证书编号：粤水安标ⅡSG20200019。

［20・19］ **中标两项管养服务** 6月16日，中标大鹏办事处小型水库专业化管养服务项目（2020年度）；坪上河干流大工业区裁弯段河段管养维护项目，服务期约5个月。

［20・20］ **牵头中标一项土壤环境质量调查项目** 6月18日，作为牵头单位，与吉林大学组合联合体中标深汕特别合作区集中式饮用水水源地土壤环境质量详细调查项目。

［20・21］ **中标一项水土保持监测项目** 6月19日，中标深圳市城市轨道交通四期及同步实施工程水土保持监测项目B包。

［20・22］ **中标一项设计项目和一项咨询服务** 6月23日，中标大浪河（墩背市场至龙观路桥段）老旧挡墙治理工程（设计）、深圳市生态环境局政府投资项目顾问咨询服务。

［20・23］ **中标一项运维服务** 6月24日，中标龙岗区生态补水设施及再生水管网运维服务采购项目。

［20・24］ **入选设计预选承包商库** 6月24日，入选深水龙华水务有限公司2020—2022年度技术改造类设计预选承包商库。

［20・25］ **副总经理雒翠当选深圳市劳动模范** 7月7日，公司副总经理雒翠当选2020年深圳市劳动模范。

［20·26］ **与重庆大学环境与生态学院签订战略合作协议** 7月20日，公司与重庆大学环境与生态学院签订战略合作协议，标志着公司环境治理事业迈入新台阶。

［20·27］ **40周年庆** 8月17日，《深圳市广汇源环境水务有限公司志》发布仪式暨广汇源环境水务40周年庆典在深圳华夏艺术中心隆重举行，百余位嘉宾、各界合作伙伴、媒体代表以及700余名广汇源环境水务员工共同见证了广东省首部水利行业公司志的发布，回顾了广汇源环境水务与特区同龄的四十年辉煌历史，致敬时代、展望未来。

［20·28］ **第七届员工运动会** 11月12日，广汇源环境水务第七届员工运动会在福田体育公园顺利举行。

◆ **2021年**

［21·1］ **管理层务虚会议** 1月24日，召开2021年管理层务虚会，各部门结合各自领域，谋全局、找出路、集思广益。

［21·2］ **安全生产责任书签约仪式** 3月12日，举行安全生产责任书签约仪式，公司与各部门、子公司签订安全生产责任书。

［21·3］ **再添3名教授级高级工程师** 4月1日，副总经理林佩斌、总工程师黄明华、副总工程师龚玉锋顺利通过正高级（教授级）工程师职称评审。

［21·4］ **深圳市五一劳动奖章** 4月26日，副总工程师龚玉锋荣获2021年深圳市五一劳动奖章。

［21·5］ **庆祝中国共产党成立100周年** 6月19日，公司党委举办“不忘初心一百年、牢记使命再出发”，主体党日活动。

［21·6］ **高质量发展研究会** 8月27日，召开“凝聚嘉彰·共创辉煌”高质量研讨会，促进公司内部交流互动，增强公司向好发展、向高质量进军的信心和决心。

［21·7］ **董事长再次当选罗湖区人大代表** 9月26日，公司董事长张敏当选深圳市罗湖区第八届人大代表。

GHY
广汇源环境水务

第一章

创立与发展

第一节 深圳水利机构沿革

一、深圳水利概况

深圳市的前身是宝安县。中华人民共和国成立后，宝安县进行了土地改革，随着农村各级政权的建立和完善，农业生产有了很大发展，兴修水利成为进一步提高农业生产、战胜水旱灾害的重要措施和迫切任务。

1953 年春，兴建宝安县第一宗蓄水工程——笔架山水库，拉开了水利建设的序幕。此后，梅林的马泻水库、布吉甘坑水库等也先后建成并发挥灌溉作用。

1956 年冬，动工兴建铁岗水库，它的建成对解决宝安西片农田灌溉和农村饮用水发挥了重大的作用。这一阶段，宝安水利建设以兴建蓄水工程为重心蓬勃发展，提高了抗旱能力。

1959 年，宝安十大水库工程上马，这 10 宗水库总库容达 1.68 亿立方米。由于当时缺乏严谨的科学性，忽略了工程质量，致使这些水利工程遗留了许多问题，后经补救才逐步得到解决。

1959 年，乱砍滥伐山林导致许多地方的水土流失加剧，尤其以布吉、观澜、龙华为甚。县水利部门派出一批技术人员先在观澜四和村建立一个水土保持站，指导社队开展水土保持工作，后又在南头珠光和沙河甜水坑建立了水土保持站，逐步开展了水土保持工作，控制和治理严重的水土流失地带。

1963 年春，宝安县遇上罕见旱灾，全县上下动员投入抗旱斗争。在这次抗旱中，宝安人体会到了电力灌溉站灵活机动的特点。1964—1966 年初，宝安县先后建立两宗变电站，为各社队的电力排灌站建设提供了基本条件。1964 年，全县水利工作重点东移。在 1964—1965 年，东片修建了小型骨干水库 11 宗。

1966 年下半年开始，宝安县水利工作因历史原因未有较好的开展。1972 年后，水利水电工作得到一些恢复。从 1972 年起，兴建了一批农村小水电站，总装机容量 1 900 千瓦。这些小水电不仅解决了就近农村照明和农产品加工的用电，而且并入电网后对各地电力排灌也起着促进作用。

1978 年党的十一届三中全会召开，开创了社会主义现代化建设的新阶段。深圳水利的发展方向、服务对象发生深刻的变化，它不单为农业服务，而且为经济各部门服务。新时期水利工作体现在工程管理上，针对一大批水利水电工程日渐老化的实际情况，着重抓了现有的水利工程管理，维修加固，配套挖潜，充分发挥工程效益。在水利规划上，坚持从实际出发，着眼于改善投资环境，提高市区防洪标准，开展了深圳市区防洪防潮工程全面规划。

二、机构沿革

关乎人民生活及发展的水利工程，原则上需人人参与，但“术业有专攻”，专业的事情仍然需要专业的人士去做，水利机构便是负责水利工程的专业部门。

中华人民共和国成立前，宝安县治并无常设的水利机构，这既同本地没有大江大河、历史上没有大规模治水活动有关，也同农业生产落后、耕作技术原始有关。建国前的水利工作及其施工生产活动一般由开明乡绅牵头组织，兴修水利通常在冬闲时期进行，乡村首领从各农户抽调劳力，再推荐能工巧匠做技术指导，便可开展一项小型水利工程的建设。

中华人民共和国成立后，宝安县政府为了组织人民群众兴修水利，抗御洪旱自然灾害，设立了水利机构。县水利机构的规模，名称都随着社会政治、经济条件变化而变化。1954 年以前水利工作由农建科兼管，1954 年设立水利科，这就是宝安县最早的正式水利机构。

水利科工作人员不多，最初只有 4～6 人，后增加到 10～20 人。为适应水利事业发展，1957 年水利科升格为水利局。局机关设有工程、工管、财会、器材及人事管理等股室。

1979 年宝安县水利电力局升格为深圳市水利电力局，局机关分设工程、工管、机电、计财、物资、设计以及人事等科室。

机构沿革见表 1－1。

表 1-1 机构沿革

时间	机构名称
1951—1956 年	宝安县人民政府农建科
1957—1958 年	宝安县水利局
1959 年 1 月	宝安县农林水部水利科
1959 年 12 月	宝安县水利局
1959—1968 年	宝安县水利电力局
1969—1971 年	宝安县革委会生产组水利服务站
1972—1978 年	宝安县水利电力局
1979—1981 年	深圳市水利电力局
1982—1984 年	宝安县水利电力局
1985—1987 年	深圳水利水电综合发展公司；宝安县水电综合发展公司

第二节 创立过程

1979 年 1 月 23 日，经国务院批准，撤销宝安县建制，成立深圳市。同年，宝安县水利电力局升格为深圳市水利电力局。

1980 年 7 月 27—28 日，深圳布吉河上游暴雨连降，24 小时降雨量达到 206 毫米，布吉河下游洪水漫堤，洪水冲向市区，再加上布吉河口的蔡屋围水闸管理不善，无人开启全部闸门，更加剧洪水泛滥，导致整个罗湖区一片汪洋。新上任的深圳市委领导人被洪水困于新园。同年 7 月 30 日，深圳市革委会在新园召开特别会议，专题研究“7·28”洪水事件，分析了洪水泛滥的自然因素和人为因素。

1980 年 8 月，根据全国人大常委会通过和颁发的《广东省经济特区条例》，深圳市划出 327.5 平方千米作为经济特区的范围。为了改善特区投资环境和市区防洪条件，深圳市改革委组织开展市区防洪工程规划设计工作，以广东省水利水电勘测设计院为主，深圳市水电局为辅，合作完成勘测设计任务。

1980 年 11 月，深圳市为解决水利工程规划、设计的技术问题，便由当时的深圳市水利电力局将工程科所有技术人员组合起来，成立了一个设计室，名为深圳市水利水电勘测设计室，这便是深圳市广汇源环境水务公司的前身。

1981年申请设计资质，1982年6月取得第一份资质证书。1983年6月，深圳市水利系统技术职称评定会议召开，会议审定同意首批晋升林辉煌等八人为水利工程师，次年9月又批准晋升罗育英为水利工程师。这一批工程师，正是当时勘测设计室申请资质的技术骨干。正因为有了优秀的工程师、出色的工程业绩、前沿的勘测设计能力，勘测设计室于1982年5月得到了广东省建设委员会的批文，拿到了第一张省级设计资质证书。此后，深圳市水利水电勘测设计室慢慢发展，茁壮成长为一家水务、市政及环境行业集咨询、设计、施工和运维为一体的环境水务公司——深圳市广汇源环境水务有限公司。

第三节　发展历程和历届领导班子

1979年前，宝安县水电局工程科。

1979年，经国务院批准，撤销宝安县建制，成立深圳市。宝安县水电局随之升格为深圳市水电局，属处级机构。林辉煌、叶武任副局长，局长暂缺，副局长林辉煌主持工作；人秘科科长陈胜荣；水电科科长邓兆荣；供管科科长张福全（东纵队员，后定居香港）、副科长梁信福；计财科科长龚锡贤、副科长李维；机电科副科长曾水裕；工程科科长陈宇宙、副科长郭世芬。原宝安县水电局副局长林谭素调宝安县农办任水利科科长兼三防办主任。

1980年，以工程科技术人员为主成立深圳市水利水电勘测设计室，为深圳市水电局下属的事业单位，郭世芬为第一任主任。

1982年，恢复宝安县建制，深圳市水电局成建制划归宝安县，更名为宝安县水电局。林辉煌任水电局局长、张学彝任副局长、陈宇宙任办公室主任。深圳市水利电力勘测设计室为宝安县水电局下属的事业单位，郭世芬任设计室主任。

1983年，宝安县水电局办公室主任陈宇宙提拔为副局长，张武劝任办公室主任。

1984 年，陈宇宙退休，林谭素提拔为宝安县水电局副局长。

1985 年，宝安县水电局更名为宝安县水电综合发展公司，行使宝安县水电局部分职能，林辉煌任总经理、张学粦任副总经理。深圳市水利电力勘测设计室隶属于宝安县水电综合发展公司，郭世芬任设计室主任。

1993 年，撤县设区，宝安县水电综合发展公司更名为深圳市龙岗区水利电力发展总公司，林谭素任董事长兼总经理、党委书记，张武劝任副总经理。深圳市水利电力勘测设计室更名为深圳市水利电力勘测设计公司，隶属于深圳市龙岗区水利电力发展总公司，刘灼华任设计公司经理，温润、邓平任设计公司副经理。

1995 年，黄文强提拔为深圳市龙岗区水利电力发展总公司副总经理。

1998 年，深圳市龙岗区水利电力发展总公司更名为深圳市广汇源水利实业有限公司，由全资国有企业改制为国有控股企业，林谭素任董事长兼总经理、党委书记，张武劝、黄文强任副总经理。深圳市水利电力勘测设计公司为深圳市广汇源水利实业有限公司下属子公司，刘灼华任设计公司经理，温润、邓平任设计公司副经理。

1999 年，刘灼华任深圳市广汇源水利实业有限公司副总经理兼设计公司法人代表，张武劝任党委副书记兼纪委书记。

2000 年，深圳市水利电力勘测设计公司更名为深圳市广汇源水利勘测设计有限公司，仍为深圳市广汇源水利实业有限公司下属子公司，刘灼华兼任设计公司经理。

2003 年，林谭素任董事长兼党委书记，黄文强任深圳市广汇源水利实业有限公司总经理，刘灼华、张仕元任副总经理。

2006 年，深圳市广汇源水利实业有限公司管理层换届，黄文强任董事长、张仕元任总经理、刘灼华任副总经理兼设计公司经理、邓新伟任副总经理兼工程公司经理、王标任副总经理。

2007 年，深圳市广汇源水利实业有限公司进一步改制，国有资本全部退出，改制为民营企业，领导班子不变。深圳市广汇源水利勘测设计有限公司仍为深圳市广汇源水利实业有限公司下属子公司。

2008年，刘灼华任深圳市广汇源水利实业有限公司副总经理，兼任设计公司法人代表；邓平为设计公司经理；温润、张敏为设计公司副经理；吴红军为设计公司副经理兼水保室主任。

2011年，邓平任深圳市广汇源水利实业有限公司总工程师，兼任设计公司经理。

2013年，张敏任设计公司经理。同年，张敏任深圳市广汇源水利实业有限公司总经理助理兼设计公司法定代表人；詹达美任设计公司经理。

2014年，刘灼华任深圳市广汇源水利实业有限公司常务副总经理；王标、林喜光、邱建安、张敏任副总经理。

2016年，张德高任深圳市广汇源水利实业有限公司副总经理兼办公室主任。

2017年，进一步深化改革，深圳市广汇源水利勘测设计有限公司改制成为管理层持股的独立公司，张敏任董事长；张德高任副董事长；詹达美任总经理；雒翠、刘凤茹、关旭、林佩斌、冯安任副总经理；黄明华任总工程师。

2018年，深圳市广汇源水利勘测设计有限公司更名为深圳市广汇源环境水务有限公司，领导班子不变。

2019年，彭东升任深圳市广汇源环境水务有限公司副总经理。

公司名称改革历程图见图1-1。

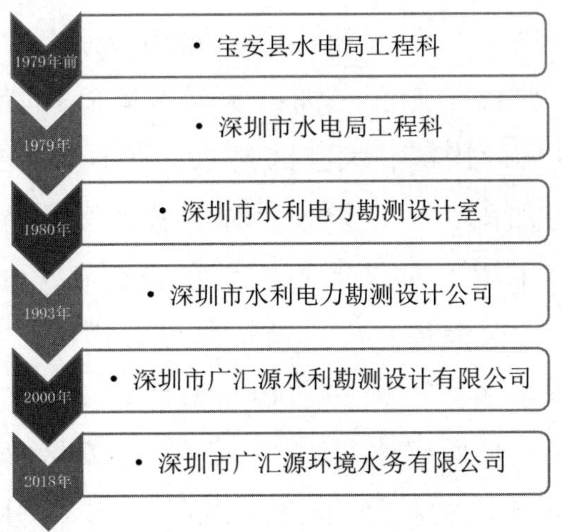

图1-1 公司名称改革历程图

第四节 主 要 成 就

深圳市广汇源环境水务有限公司（以下简称“广汇源环境水务”）始建于1980年，前身为原宝安县水电局和深圳市水电局工程科，是深圳市最早成立的三家设计单位之一，是深圳市高新技术企业。40年风雨历程，广汇源环境水务筑巢引凤，广揽人才，从最初只有20名工程技术人员的小型设计单位，发展到为环境水务领域的一家集咨询、规划、勘察、设计、施工、运营维护和智慧水务于一体的水务全业态综合性企业，成立了12家分公司，业务辐射全国十余个省市，涵盖水利、环境、市政、生态等多个领域；拥有大专以上各专业技术人员660余人，其中，高级工程师79人，中级工程师63人，国家注册工程师91人。凭借雄厚的技术力量，严格的管理规范，优质热情的服务，广汇源环境水务不仅赢得了客户、行业和社会的高度认可和尊重，而且连续六年被评为广东省守合同重信用企业，拥有2018年度广东省诚信示范企业、深圳市罗湖区重点服务“直通车”企业、深圳市水务学会先进工作单位等多项称号，企业信用评价等级为AAA。

一、水务全业态

在蓄水、引水和供水工程方面，广汇源环境水务完成了铁岗水库、石岩水库、赤坳水库、罗田水库、三洲田水库等除险加固工程及深圳市宝安区、龙华区、龙岗区、坪山区、大鹏区共104座小型水库除险加固工程等大量的中小型水库除险加固工程；鹅颈水库、长岭皮水库、径心水库、茜坑水库等一批水库扩容工程；龙口水库、水磨坑水库、红花岭上库、坪地黄竹坑水库、长坑水库、铜锣径水库、苗坑水库、横岗正坑水库、民治水库、铁坑水库等大量的新建水库工程的勘察测量设计工作；深圳市西部水源工程、观澜河引水工程、长西引水渠改造工程、宝安区优质饮用水入户工程（五期）、丰顺县2018年度村村通自来水工程等不少的引水供水工程的勘察、测量、设计工作。值得一提的是，作为水务系统首个EPC试点承接单位，广汇源环境水务承接了深圳水利首批 EPC 项目——长西引水渠改造一期工程、观澜河大和水闸扩建工程等设计采购施工总承包项目，为深圳市后续水务工程 EPC 实施模式积累了宝贵经验。

在河道整治、防洪排涝、水环境综合治理方面，完成了治理深圳河一期工程、龙岗河流域防洪治河工程、观澜河流域防洪治河工程、坪山河流域防洪治河工程、深圳市宝安区公明片区排涝工程、衙边涌排涝工程、西乡河综合整治工程、观澜河流域（白花河、大浪河、樟坑径河、民治河）综合整治工程项目、惠州市金山河小流域和水环境综合整治工程、四联河地面坍塌隐患治理及水环境综合整治工程、罗田水综合整治工程、阳春市生活污水处理设施全市打包 PPP 模式建设项目、龙华办事处华联片区雨污分流管网工程等大量项目的勘察、测量、设计工作。其中，治理深圳河一期工程为深港合作的第一个大型基建工程，是由国务院港澳办批复，水利部进行技术审查的重要项目。

在海堤工程方面，完成了沙头角海堤工程、深圳市宝安区西海堤加高加固工程、深圳市东部海堤重建工程（一期、二期）、东山三高水产养殖基地海堤等深圳市主要的海堤工程勘察、测量、设计工作。

在水土保持方面，完成了深圳市水土保持科技示范园一期修缮工程、南澳河等 9 条河涌综合整治工程（水土保持方案编制）、深圳市东片区水土保持监督监测项目、南山区建设项目排水及水土保持设施监管技术服务项目、公常路中山大学深圳校区段下穿改造工程水土保持方案、深圳市饮用水源水库流域水土保持生态修复工程、五华县棉洋河小流域治理工程、深圳市城市轨道交通 4 号线三期工程水土保持 4376 标段水土保持监测等大量项目的水土保持方案编制、水土保持监督监测、水土保持设施监管、水土保持生态修复、小流域治理工程设计各种相关技术服务工作。

在咨询方面，完成了金龟河小流域综合整治工程、西丽水库大坝安全评价、坪山区水污染源调查项目、布吉河流域综合治理工程“EPC＋O”工程顾问项目、白盆珠水库调度规程编制项目、长岭皮水库水资源论证报告、市管集中式饮用水水源地一级保护区土壤环境质量详细调查、国家清单内重点行业企业用地初步采样调查、深汕特别合作区土壤环境质量初步调查等大量的各种类型的咨询项目。其中，白盆珠水库调度规程为惠州市第一宗水库调度规程，深汕特别合作区土壤环境质量初步调查为深汕特别合作区第一个土壤调查项目。

在规划方面，完成了深圳市河流流域规划复查报告（简称“一查两划”），深圳市西部近期供水水源规划（宝安县西部水源开发工程），坪山河、龙岗河、观澜河流域水利（防洪）规划，观澜河流域水土流失治理规划，龙岗区水务发展“十一五”规划建议书，深圳市基本农田改造灌、排水工程规划方案，光明新区水务发展“十三五”规划，深圳市水务工程建设规划（2016—2020）、罗湖区海绵城市建设规划及实施研究、深圳市碧道建设规划（与同济城市规划设计研究院联合编制）等大量的各种规划项目的编制工作。其中，罗湖区海绵城市建设规划及实施研究为深圳市海绵城市建设规划先例，深圳市水务工程建设规划（2016—2020）为全国首例水务工程建设规划。

在科研及信息化方面，完成了宝安区水资源决策支持系统、深圳河流域防洪潮调度体系研究、观澜河智慧管理云平台、黑臭水体治理智能水质净化装备的应用示范、深圳河湾片区城市洪涝模型研究与应用等项目。

在多种经营方面，广汇源环境水务从单一的传统水利测量设计业务向多种经营方向发展，在深圳市第一个开展经营水利行业的第三方采购服务项目，第一次承接深圳市一级水源保护区管理服务、深圳市小型水库管理服务、小型水库大坝安全监测等全市的水库水源管理服务项目；带头承接了龙岗河干流河道管养服务、观澜河干流河道管养服务、龙华区河道管养服务，坪山区河道管养服务等深圳市较大部分的河道管理养护服务项目。广汇源环境水务还承接了公明片区排涝工程运行维护管理服务、沙井河口泵站枢纽工程及潭头水闸运维服务、龙清泵站运行维护服务等深圳市几座较重要的泵站运行管理服务；深圳市东部海堤重建工程管养、观澜河及龙华河调蓄池运行维护、大鹏新区社区城中村（大鹏、南澳）排水管网运营、龙岗河干流综合治理二期工程湿地公园及水质改善工程管养服务等其他各种类型项目的管养维护服务。其中，深圳市小型水库管理服务为全国首个水利工程社会化运营服务项目。

在河长制工作开展方面，全面推行河长制是落实绿色发展理念、推进生态文明建设的内在要求，广汇源环境水务积极响应中央省市区要求，迎合市场需求，不断提高认识，积极作为，成立了广汇源河长制智慧管理办公室，抽调多名专业人员专职河长制技术咨询工作；与河长智库（北京）科技有限公司签署战略合作协议，深入贯彻中央决策部署，推广、普及河长制。

在市场拓展方面，自 2010 年开始，先后成立了惠州、东莞、梅州、广西、河源、长沙、九江、广州、南京、长春、海南、中山等十几家分公司，不仅便于在全国各地拓展业务，扩大广汇源环境水务的企业规模，还提升了品牌知名度，增强企业的竞争力。

在制度改革方面，1993 年，前身深圳市水利电力勘测设计室更名为深圳市水利电力勘测设计公司，公司制度的建立，表明广汇源环境水务已经成长为以营利为目标、从事大规模生产经营活动的市场主体；2000 年，更名为深圳市广汇源水利勘测设计有限公司，有限公司制度的建立，有利于在行业竞争中逐步提升广汇源环境水务品牌的价值，有效地利用社会人力资源创造更大效益；2007 年，深圳市广汇源水利实业有限公司改制，国有资本全部退出，改制为民营企业，深圳市广汇源水利勘测设计有限公司仍为深圳市广汇源水利实业有限公司下属子公司；2017 年，改革进一步深化，深圳市广汇源水利勘测设计有限公司从深圳市广汇源水利实业有限公司独立出来，改制成为管理层持股的独立公司，更加市场化，并从产权上解决了改革后的所有者缺位问题和委托代理问题，完善了法人治理结构，优化了管理机制，增强了竞争意识与创新能力，便于激活企业，吸引高端人才，提升企业市值。

二、累累硕果

四十年筚路蓝缕、春华秋实，广汇源环境水务见证和伴随深圳经济特区 40 年的发展，在自身业务有了长足进步的同时，也收获了各类荣誉、专利和资质，行业整合能力、深度合作能力不断加强。

在荣誉方面，有 30 个各种类型的项目获得了部、省、市级相关奖励：深圳市水利电力勘测设计公司防渗条件研究小组获得水利系统部级优秀质量管理小组奖；深圳市龙岗区龙口水库工程获得了深圳市第九届优秀工程勘察设计奖市政设计三等奖；深圳市宝安区水资源决策支持系统获得 2006 年度广东省水利学会水利科学技术二等奖；深圳市大工业区河流水文特性及其水环境容量研究获得 2006 年度广东省水利学会水利科学技术三等奖；深圳市宝安区西海堤沙井段加高加固工程获得深圳市第十一届优秀工程勘察设计和优秀规划设计市政（园林）设计表扬奖；深圳市宝安区公明片区（上下村泵站、马田泵站、马山头泵站）排涝工程荣获 2014—2015 年度广东省优秀水利工程奖设计奖三等奖、深圳市第十六届优秀工程勘察设计评选中荣获市政工程设计二等奖、2011 年中国设计行业优秀设计奖；龙岗河干流防洪整治工程（低山段）获得 2006 年优质测绘产品（工程）三等奖；深圳市长岭皮水库加固扩建工程获得 2011 年中国设计行业优秀设计奖；惠州市金山河水清岸绿工程（惠州市金山河小流域和水环境综合整治工程）荣获全国水利设计银质奖、2014—2015 年度广东优秀水利工程奖设计奖二等奖、2016—2017 年度广东优秀水利工程勘测奖三等奖、2015 年广东园林景观专项二等奖、2014—2015 年度广东省优秀工程咨询成果三等奖、2016 年度全国优秀工程咨询成果优秀奖；金龟河小流域综合整治获得国家级“中水万源”杯水土保持与景观设计三等奖；深圳市东部海堤重建工程（一期）获得 2019 年度全国优秀水利水电工程勘测设计奖铜质奖、2014—2015 年度广东优秀水利工程奖设计奖三等奖、2016—2017 年度广东优秀水利工程勘测奖；深圳市水务工程建设规划（2016—2020）获得 2014—2015 年度广东省优秀工程咨询成果一等奖、2018 年度全国优秀工程咨询成果奖（优秀奖）；西乡河综合整治工程（三期）荣获深圳市市政工程设计三等奖；长西引水渠改造一期工程获得 2016—2017 年度广东优秀水利工程勘测奖；坪山水污染源调查项目获得 2016—2017 年度广东省优秀工程咨询成果三等奖；罗湖区海绵城市建设规划及实施研究获得 2016—2017 年度广东省优秀工程咨询成果三等奖；四联河地面坍塌隐患治理及水环境综合整治工程获得 2015—2016 年度全国水利建设工程文明工地奖；观澜河流域（白花河）综合整治工程获得深圳市第十八届优秀工程勘察设计奖市政设计奖二等奖；深圳市宝安区罗田水库除险加固工程获得 2018—2019 年度广东优秀水利工程设计奖三等奖；龙岗中心城龙潭水体生态修复及水质提升工程被评为 2019 年度广东省环境保护优秀示范工程。

在资质方面，广汇源环境水务从只有水利水电工程设计乙级和工程测量乙级两项资质发展到 2019 年 12 月具备了工程设计水利行业河道整治甲级、行业乙级；市政行业设计：给水工程乙级、排水工程乙级、道路工程乙级、桥梁工程乙级；工程勘察：岩土工程乙级、工程测量乙级；工程咨询：市政公用工程（给排水甲级）、水利工程甲级；编制开发建设项目水土保持方案资格乙级；编制项目水资源论证资质乙级；施工总承包：水利水电工程叁级、市政公用工程叁级等 60 项各种资质证书。

在专利方面，广汇源环境水务鼓励工程技术人员广泛开展科学技术研究工作，取得了 10 项实用新型专利：一种废水吸附处理装置、一种富营养化水体修复装置、一种节能环保污水处理装置、一种生活污水处理用隔油池、一种水坝闸门用升降机构等 2 项发明专利：一种用于建筑工程排水管道预留洞封堵的混凝土、一种污水处理设备。

在科研方面，广汇源环境水务在生产中开展科研，用科研成果促进生产。技术人员取得了 35 项由中华人民共和国国家版权局颁发的计算机软件著作权登记证书：河道数据自动化监测系统、河道数据自动化采集系统、河道智慧管理系统、河道实景漫游管理系统、分布式污水处理系统、废水吸附处理系统、节能环保污水处理系统、物联网生态环境监测管理系统、智慧河道管理移动平台、智慧河道巡查移动平台、智慧河道清淤管理移动平台、智慧河道数据管理移动平台、智慧水务应急管理系统、智慧水务清淤管理系统、智慧河道应急管理移动平台、水务水利项目跟踪管理系统、智慧水务巡查管理系统、绿化保洁智慧管理平台、智慧水务工作管理系统、智慧河道绿化保洁移动平台、水利大数据管理云平台、河道数字化平台、河道设施智慧管理平台、坪山区水污染源管理平台、广汇源智慧管理云平台、基于地理信息系统排水设施综合管理平台、广汇源水库智慧管理系统、排水运营信息管理系统平台、排水智能分析决策平台、大坝安全监测预警分析系统、基于排水管网模型的实时监测与预警系统。

在产学研方面，广汇源环境水务致力于促进产学研结合，促进科技成果转化为生产力，推进企业技术创新。设有院士工作站、广东省城市水环境与水务信息化工程技术中心、博士后创新实践基地，是河海大学研究生联合培养基地、清华大学国际学院实践基地、哈尔滨工业大学（威海）就业实习基地，与科研院校挂钩合作开阔了视野，促进了工程技术人员技术水平和产品质量的提高，直接或间接地提升了公司的竞争能力。

值得一提的是，王超院士在国内水环境保护和治理领域是权威专家，院士工作站落户广汇源环境水务，体现了其对广汇源环境水务综合实力和能力的肯定。对广汇源环境水务而言，院士工作站的成立是一个具有战略里程碑意义的历史事件，是未来高水平发展的一个良好开端。

博士后创新实践基地的设立，既体现了政府层面对广汇源环境水务技术实力的肯定，又为广汇源环境水务打造高级科研人才团队、提升竞争力、成为一流科技服务企业奠定了坚实的基础。

广汇源环境水务始终秉承“担当、精诚、创新、实效”的经营理念，发挥企业独有的专业优势，不断创新服务与合作模式，助力智慧水务、城市水体水生态修复和土壤修复治理领域。以集全产业链为一体的一流科技型服务企业为目标；以人民感知为出发点，积极推进粤港澳大湾区跨流域、跨区域、跨专业的事业发展，满足公众日益增长的环境需求，成为粤港澳大湾区建设与深圳建设社会主义先行示范区的时代先锋。

第二章

规划勘测科研信息化业绩

中华人民共和国成立初期，针对水利规划的空白，水利部门强调水利对经济社会发展的支撑和保障作用，把防洪除涝、治盐碱放到优先地位。20世纪六七十年代，根据水旱灾害发生情况，规划强调了防洪、农田灌溉和水资源合理配置。改革开放以来，各项水利规划工作围绕经济建设，把保障防洪安全、供水安全和粮食安全作为水利规划工作目标，把统筹水资源开发与保护、节约与利用作为规划的重点，做到既要保障全面实现小康社会，又要实现水利可持续发展，既要支撑和保障经济社会发展，又要支撑生态文明建设，水利规划地位也逐步提高。

大江大河流域规划及数以万计的水库工程的建成，促使水利勘测、咨询、科研事业迅速发展。水利投资力度加大，水利行业专业细化，工程要求逐步提高，对于工程的专业性和可靠性提出了更高要求，科研能力和咨询成了工程建设中的关键环节。

深圳市广汇源环境水务有限公司在以规划设计为主的基础上，根据市场需求不断调整公司经营策略，在咨询、勘测、科研方面逐步发展，项目类型众多、为公司可持续发展打下坚实基础。

第一节 水利工程规划

一、深圳市河流流域规划复查报告

20世纪80年代中期，广东省推进进行了“一查两化”工作，其中就包括河流流域规划复查。深圳市河流流域规划复查工作，由当时的深圳市水利电力局协调组织，复查具体工作及报告编制则由广汇源公司前身——深圳市水利电力勘测设计室承担。

规划复查的主要内容有灌溉、防洪（潮）、供水、水土保持、小水电、航运、田间整治。务求做到有用可行，因此对基本资料进行了反复调查核实。小（1）型以上水库逐宗进行调节计算，复核设计灌溉能力后，做了全面调整，对比较重要工程及有问题的，作现场调查、研究分析论证后确定。

首先对当时深圳市水利设施布局进行了调查：东、北部丘陵地区仍有易旱面积 4 万多亩，如布吉、观兰、横岗、龙华蓄水工程很少，且无较大引水工程，相当一部分耕地仍是望天田。茅洲河、深圳河、观兰河、龙岗河仍未得到很好整治，尚有易洪面积 0.8 万亩未有治理，且 90%以上江海堤围达不到省定标准，加高培厚，砌石护堤任务繁重。特别是特区建设、工业和城镇用水，深圳市区防洪及旅游业的发展所带来的新任务是规划复查的重点。规划的原则是综合治理和综合开发相结合。布吉河整治在市区内设滞洪区，占用市区土地面积多，日后工程管理也较复杂，还须在深圳河下游另开新河，如在布吉河上游建木棉湾及大陂头水库，可达同样效益且可为深圳市区提供用水和开发旅游区，达到综合治理、综合开发的目的。规划复查的主要内容有：灌溉、防洪（潮）、供水、水土保持、小水电、航运、田间整治。吸取了过去河流规划的教训，始终坚持实事求是、因地制宜的原则。如对 100 平方千米以上主要河流集雨面积进行了反复量算，修正了一些数字。如西乡河原集雨面积为 98 平方千米，曾列入过 100 平方千米以上河流类型，现经量算仅为 84.3 平方千米。石岩、西美两水库原集雨面积分别为 40 平方千米、35 平方千米，后经修正分别改为 44 平方千米、29 平方千米，经复查，证实了后者数据准确可靠。另松子坑水库原列为小（2）型，但复查总库容超过了 100 万立方米，应列入小（1）型。光明畜牧场有 6 宗小（1）型水库，原未统计列入，该场提供资料后经复查应列入小（1）型水库。工程效益也进行了复核。如其中差异较大的石岩水库，原集雨面积 40 平方千米，正常库容 1 650 万立方米，部分补水立新水库，故设计灌溉面积共 4 万亩，有效灌溉 4.7 万亩，其中立新 0.8 万亩，且实际上有部分与铁岗水库效益重复，现按集雨面积 44 平方千米进行复核设计灌溉面积应为 3.31 万亩，有效灌溉 3.96 万亩。项目于 1984 年 7 月完成。

规划在查清现状的基础上，力争用科学方法进行分析论证，使规划成果基本达到如实反映客观实际，亦较系统地反映水利建设成就。总结了过去治水工作经验教训，提出了有理有数的技术措施，使基本达到了查清现状、找出问题、明确方向、落实措施的要求。规划复查不仅为农业服务，而且考虑了经济特区发展需要。对特区供水问题，农业结构改制动向对规划的影响和变化都进行了初步探讨，为将来特区建设提出了有参考价值的科学依据。

项目主要参与人员：审定邓镜容、郭世芬，审查林辉煌、张粦，校核张学粦，编写廖均福。

二、深圳市西部近期供水水源规划修改方案报告

1. 西水规划一阶段

根据深圳市《关于开展深圳市西部近期供水建设前期工作的通知》（社经委〔1987〕145号）的要求，于1987年8月15日完成了《关于深圳市西部近期供水水源规划报告》。根据深圳市政府1987年9月2日至3日在西湖宾馆召开“深圳市西部近期供水水源规划”审评会议中提出：缓建屋山及长流陂二宗新建水库工程和茅洲河提水系统第四波（石岩水库）提水站等工程项目，并减少罗田水库调节水量向城市供水的建议，根据评审会建议做了修改，确定了此“修改方案报告”。在挖掘当时水利工程的潜力和充分开发利用宝安县西部地区的水资源，在保证灌溉的农业用水并在满足本区域稳中有各乡镇发展用水的前提下，辅以必要的工程措施，研究1995年前可调供深圳市的用水量。

规划是在管好、用好原有水利工程的基础上，充分开发已利用茅洲河和当地水资源的原则，经调节计算，在保证率（$P=90\%$）情况下，可以解决原罗田、铁岗、石岩3个水库灌区的农田灌溉。在保证率（$P=95\%$）情况下，石岩—铁岗水库，西沥—长岭皮水库、罗田水库的年调节总水量为11 120万立方米。通过平衡计算得出可供深圳市西部（含宝安县城和蛇口工业区）的水量1995年可达9 000多万立方米，其中西沥水库2 000多万立方米。欲向深圳市西部提供上述水量，必须采取以下的工程措施及所需工程费。工程项目任务有：①茅洲河三级提水站，厂房建筑面积1 200平方米，管理室及宿舍建筑面积1 000平方米，装机容量2 890千瓦，灌溉面积2.325万亩；②渠道扩建，开挖衬砌共15.86千米巩固茅洲河水闸2座，新建玉律（壅水陂）分水闸1座；③新安装一台800千瓦柴油发电机组，为备用电源，厂房建筑面积200平方米；④输变电工程：扩建35千伏松岗变电站1座，增加容量4 000千伏安变压器1台，10千伏输电线路10千米；

⑤加固，扩建水库工程 8 宗，扩大库容 772 万立方米，续建水库工程 2 宗，共计 10 宗。维修新建乡村电灌站的供电设施及灌渠，（新建 5 宗，维修 7 宗），装机容量 1 215 千瓦。灌溉面积 3.175 万亩。

根据任务要求，规划措施是利用罗田水库及各波霸水库多年调节库容能力，充分发挥已建抽水站作用。开发茅洲河水源，提水输入扩建加固后的立新等水库，作为调节，以满足西部农业用水。使铁岗、石岩、西沥 3 个中型水库转变为以供城市用水为主的水库，进行联合调节供水达到供水标准 $P=95\%$，农田灌溉计算拟定保证 $P=90\%$。规划于 1987 年 12 月完成。

项目审定人林辉煌，审核人郭世芬、张学麒，参编人罗国强、罗育英、罗亮传。

2. 西水规划二阶段

随着宝安县农工商各项事业的发展，宝安县正朝着外向创汇新型农业经济的目标前进。毫无疑问，经济腾飞对水利提出了新课题。进行水源开发和水源再分配，不仅是宝安县经济发展的迫切需要，同时也是深圳特区经济发展的紧迫要求。宝安县西部水源开发工程（以下简称西水工程）就是在这样社会经济发展条件下产生的。

西水工程取水于松岗茅洲河，通过三级抽水机站把河水提蓄在沿程各个小型水库或直接灌入农田，从而换出石岩、铁岗水库的优质水源作为城镇工业和居民用水，进行一次新的水源开发和水源再分配。

西水工程的取水过程是：利用茅洲河水闸控制河流水位和流量—开通从水闸至三棵竹的河道—建立三棵竹（第一级）抽水站，将水流提升 5.5 米进入渠道—将原有三棵竹至白马 4.5 千米的输水渠道扩大取顺—建立新的白马（第二级）抽水站，将水流提升 7 米进入上级渠道—新开挖白马至五指耙 2.3 千米的输水渠道—建立五指耙抽水站，将水流提升 18.5 米进入五指耙水库—新开通五指耙水库至玉律输水渠道 5.2 千米—扩建玉律至福永立新水库的石岩水库总干渠 13 千米—扩建立新水库，并作为末端调节水库。取水流程 25 千米，提水总扬程 31 米，输水能力 5 立方米每秒。

西水工程主体工程项目有：三棵竹、白马、五指耙等三级抽水站；长约 25 公里的输水渠道；首端的拦河闸和末端的调节水库（修建茅洲河水闸和扩建立新水库)；输变电系统工程等。此外，为适应灌溉和供水系统工程的需要，扩建和新建沿程小水库等项目共 14 宗。总工程量计有土方 189.3 万立方米，石方 21.6 万立方米，混凝土 3.09 万立方米，总装机组 12 台套，工作容量 3 000 千瓦。总工程投资，概算 1.2 亿元。

规划项目于 1990 年 4 月完成。

三、坪山河流域水利（防洪）规划

坪山河的 7 条主要支流上游已兴建了赤坳、三洲田、上下肚、矿山、大山陂、红花岭等骨干水库和一批小型塘库。控制集水面积约 50 平方千米。坪山河的干支流除在河上建设了一些电站、桥梁、水陂等建筑物和在规划坪山中心城段开挖了一段改线河道外，大都处于冲淤、河床演变，未进行过治理的状态。河道曲折多变，宽窄不齐，纵坡不顺，河堤时高时矮，边坡崩塌、缺损、杂草丛生，河上建筑物大都不能满足行洪要求，致使阻水抬高水位，难以抵御较大洪水，且不利城镇建设和大工业区开发。

坪山河干、支流河道弯曲浅窄，过水断面偏小，堤身单薄，不能满足设计洪水的行洪要求。部分跨河桥梁严重阻水，致使水位抬高，影响上游两岸防洪安全，必须加以改建。河干流中、下游，特别是坪山中心城、龙岗大工业区地段河道弯曲多变，不利城镇发展和大工业区开发用地安排，需因地制宜的改道整治。水土流失是导致河床淤塞，行洪不畅是洪水泛滥的重要因素，防洪治理必须搞好水土流失治理和水土保持。防洪治理仅有工程措施不能保证其效益发挥，还必须有相应的管理措施。目前防洪、河道管理尚不规范，应依法加强管理，加强河道维护方面的法规建设。

坪山河流域防洪治河规划的主要内容是在调查坪山河流域水利工程的现状，根据坪山镇国民经济发展规划要求，结合城镇建设、龙岗大工业区建设，市政工程规划，并按规定的防洪标准，做好坪山河的治理规划，为保障坪山河流域人民生命财产安全，繁荣本地区的经济提供良好的环境。本规划按照《防洪标准》（GB 50201）的规定，《深圳市防洪（潮）规划》的总体规划和《深圳市国民经济和社会发展“九五”计划》的要求，确定坪山河的防洪标准为干流及支流汤坑水 100 年一遇，其他支流 50 年一遇。

规划工作于1997年1月开始，至5月基本完成野外工作，9月底提交规划报告的最终成果。

本规划是以防洪、治涝为主，结合水土保持的水利规划，既有工程措施，又含非工程措施和管理措施。规划实施后，将使坪山河的防洪标准达到100年一遇（干流）和50年一遇（支流），不仅具有减免洪涝灾害损失，减少防洪抢险、河道清淤的人力、物力、财力等直接经济效益，还具有改善自然环境和投资环境，保障生命财产安全，促进经济发展等社会效益。

项目负责人：张开成；校核：刘灼华、王文瑾；审查：梁树清、李仕添；审定：朱季文、郭世芬、廖秀珍担任项目总工。主要参加人员：刘沅、邓平、温润、黄伟明、陆文中、黎恪先、彭政、陈顺元、叶冠南、杨志辉。

四、观澜河流域水土流失治理规划报告

20世纪90年代，深圳市由于开发建设造成的水土流失及其危害已受到人民的普遍关注和市委、市政府的高度重视，开发建设水土流失整治已列入当时的深圳市环境综合治理实施方案之中，该实施方案要求："整治土地开发水土流失，重点是布吉镇、龙华镇、观澜镇及水源保护区。加强土地开发管制，落实土地开发过程的水土保护措施。力争用两年时间基本控制和治理严重的水土流失"。在当时，观澜河流域严重的水土流失不仅对区域生态环境产生了巨大的破坏，还直接危及到人民生命财产安全，继而影响到区域经济的发展。20世纪90年代，由于大面积的土地开发，流域内原有的排水系统遭到破坏，不少二级甚至一级支流被填埋，新的排水系统尚不健全，同时剧烈的水土流失，使河道淤积严重，河床抬高，河道防洪能力降低，新修建的沟渠经常被淤塞，排水不畅，加之土地裸露，汇流速度加快，洪患时有发生，水土流失与洪患两者并存，互为因果。受深圳市水务局委托，广汇源环境水务前身——深圳市水利电力勘测设计公司在电力工业部中南勘测设计研究院的支持和配合下，组成课题工作组，于1994年承担了深圳市观澜河流域水土流失调查和水土流失治理规划工作。

观澜河流域水土流失调查和水土流失治理规划是依据深圳市环境综合治理实施方案的有关精神，利用深圳市1994年土地详查资料，以河流为区

域，以行政村为单位，以开发单位为单元，就土地利用状况，土壤侵蚀原因、类型、强度、面积及其水土保持现状等全面调查的基础上，根据土地利用特点并结合当地实际情况进行。该次调查和规划的总土地面积约218.7平方千米，包括观澜河流域深圳市范围内约202平方千米和观澜镇牛湖、君子布2个行政村约16.7平方千米的范围。规划过程中进行的主要调查工作有、收集资料、野外调查。

1995年8月，深圳市观澜河流域水土流失调查和水土流失治理规划工作完成，形成了相关规划报告。根据规划报告，该项目完成了水土流失和水土保持现状调查，对规划的目的、指导思想和原则、依据、治理目标进行了阐述，并详细规划了水土流失治理措施、水土保持管理措施，最后进行了水土流失治理投资估算：总投资57 933.6万元，其中，水土流失治理措施估算54 549.5万元、水土保持管理投资1 144万元。

本规划的实施使观澜河流域林地、草地面积增加18.5平方千米，流域森林植被覆盖率提高9%左右。森林植被可以对降水再分配，减小减缓地表径流，增加地下水储量，涵养水源。除此之外，森林植被覆盖率的提高，对流域水质、空气的净化、土壤保持等都将产生作用。通过对道路、河道等的建设和整治、大面积的植树、植草等，可使流域基础设施建设进一步完善，洪涝灾害得以控制，生态环境得以改善，从根本上改善投资环境，推动区域社会经济的发展，促进经济腾飞。

项目经理为刘灼华，总工程师为郭世芬、廖秀珍，项目组长为吴美琴，项目副组长为罗育英，设计人员主要有郭世芬、廖秀珍、刘灼华、吴美琴、罗育英、刘思成、冉光兴、戴向荣。

五、龙岗区龙岗河流域防洪治河规划

龙岗镇与坪地镇交界处的“油坑口”河段，严重阻水，虽也曾规划过但未得到实施，致使龙岗镇城区浸水问题未能解决。一些河段的治理，仅限于从各地块自身的安全出发，修建河堤，而未从整条河道的防洪规划考虑，治标不治本，未能彻底解决洪涝灾害，且多处河堤弯折不顺，既不解决防洪，又有碍景观。多数跨河桥梁严重阻水，有的已废弃但未拆除，有的水陂过流宽度不够，导致河段抬水，影响了行洪。必须采取相应措施，该改建的改建，该拆除的拆除，以利防洪安全。水土流失导致河床淤塞，行洪不畅，洪水泛滥。防洪治河必须综合治理，既要有工程措施，又应有管理措施。防洪，河道管理很不规范，应依法加强管理，加强河道维护方面的法规建设。

规划的具体任务是在拟定设计洪水标准（干流100年一遇，支流50年一遇）情况下，与河道安全泄量相适应的河道整治，防洪工程措施、非工程防洪措施和防洪管理规划；提出水土保持规划以达到全面规划、综合治理的目的；规划工程分期实施计划以及分期主要工程量及估算工程投资。

1997年6月接受龙岗区政府、水务局的任务委托后，成立规划工作小组，其中专业技术人员10人（高工4人，工程师4人，助工2人），其他人员8人，共计18人。工作分以下3阶段进行：1997年8—9月，编制工作大纲，现场调查研究、收集资料、河道断面及现有建筑物量测；1997年10—12月，防洪规划设计，编制规划设计报告书；1998年1月，征求相关部门的意见，并进行报告修改、复制、印刷及审查准备。

项目实施提高了流域干支流防洪排涝标准，有利于保障流域两岸财产及生命安全、社会稳定与经济繁荣，进而改善投资环境，有利于流域的持续发展。治理水土流失，增加了林带面积，可提高水源涵养能力，改善流域内空气，改观流域干支流河道落后现状，使河槽平顺规整，改善流域的环境及生态质量。

项目由林景祥作为项目负责人组织实施，刘灼华、王文瑾校核，朱季文审定，郭世芬、廖秀珍担任项目总工。主要参加人员：林景祥、刘灼华、郭世芬、廖秀珍、刘沅、张开成、温润、黄伟明、陆文中、黎恪先、彭政、王文瑾、陈顺元、揭秉辉、余鄂力、钟立华、李新根、伍秋芳、李玉棠、陈运芳、肖锦和、黄桂辉。

六、龙岗区水务发展“十一五”规划建议书

按照市政府《关于印发深圳市国民经济和社会发展第十一个五年规划编制工作方案的通知》（深府〔2004〕46号），龙岗区2005年启动“十一

五”规划的编制工作。《龙岗区水务发展“十一五”规划》为《龙岗区国民经济和社会发展“十一五”规划》的子项目。

2005年3月，受龙岗区政府的委托，展开龙岗区水务发展“十一五”规划建议书的编制工作。在广泛收集基础资料并认真听取了有关领导和各方面专家的意见后，组织骨干力量对龙岗区的水务发展状况、城市建设情况以及城市规划方向进行了分析和研究，并借鉴了国内外的成功案例，根据中国的国情及深圳市龙岗区的具体情况编制建议书。

规划实施能够保证生活用水的供应，水库、河流基本达到相应的防洪标准，使居民免受洪灾之苦；保证供水的水质，确保居民的饮水安全。重视人居环境与生态环境景观的改善，综合整治，发挥河、湖、海、库水体综合功能。

本项目由邓平作为项目负责人组织实施，邓平、李文珍、张建华、樊仕宝、吴红军等人编写，廖秀珍校核，郭世芬审查，刘灼华审定。项目主要参加人员：刘灼华、邓平、樊仕宝、李文珍、张建华、吴红军、郭世芬、廖秀珍、钟立华、黄文稻、郭苑晖、李娜。

七、深圳市基本农田改造灌、排水工程规划方案

1. 项目背景

2010年11月，深圳市政府出台了《关于印发深圳市基本农田建设和改造实施办法的通知》（深府办〔2010〕99号），按照“五统一、四到区”的方式，将基本农田建设和改造职责和任务分解到各辖区政府（管委会），并与辖区政府签订了《深圳市基本农田改造工作责任书》，以进一步推进深圳市基本农田改造工作，加快落实3万亩基本农田改造计划。2010年12月，深圳市规划国土委正式发布市基本农田建设和改造规划范围线，全面铺开基本农田规划和改造工作。为加强和指导深圳市基本农田建设与改造工作，深圳市还相继出台了《深圳市基本农田改造工作实施方案》（深农田办〔2009〕33号）、《关于实施广东省土地开发整理补充耕地项目管理办法的意见》（深府办〔2009〕116号）和《深圳市区级政府耕地保护责任目标考核办法》等一系列政策文件，以切实保障深圳市基本农田建设和改造多项工

作的顺利进行。2011 年 3 月，广东省农业科学院编制完成了《深圳市基本农田改造详细规划（2010—2012 年）》（以下简称为《详规》），在此前提下，深圳市基本农田改造灌、排水工程规划提上日程。

2. 项目内容

本次灌、排水工程规划方案是在《详规》的基础上，对各片区进行水资源平衡，对《详规》中供水源工程规模不足的片区，根据片区实际通过增加蓄水塘规模、从周边水库引水等有关水源工程措施，确保片区水资源平衡；对《详规》中规划的有排过境水功能的排洪沟进行复核，对不满足排洪要求的排洪沟，进行排洪沟断面尺寸设计。《详规》中本次基本农田改造项目区土地总面积 33 844 亩，分布在深圳市宝安区、龙岗区、光明新区和坪山新区，整个项目区在空间上由 27 个片区组成，本次引排水工程规划针对这 27 个片区进行引排水工程复核。

（1）水源工程。《详规》在很多地表水资源匮乏地块采用打井取用地下水作为灌溉水源，没有考虑具体地块的地质条件，本次规划根据各地块具体的地形地貌进行分析，对位于河谷区地下水源开采条件较好的采用地下水作为灌溉水源；对于地下水源开采条件不好的地块，以地表水为主。在采取扩建蓄水塘、新建陂头、河道水库引水等工程措施后，经水量平衡计算，各片区水资源都可以平衡。依据深圳市的水文地质条件，结合水资源平衡分析结果，本次规划在《详规》的基础上共需新增引水陂头 5 座，扩容加深蓄水塘 6 处，新增 24 个抽水泵站。

（2）引水工程。通过本次复核，部分地块《详规》中灌溉用水不满足要求，需新增引水设施。本工程引水管道全部采用 UPVC 管道引水，减少输水损失，提高田间水的利用率，并埋于地下 0.7 米，管道下铺设厚 100 毫米中粗砂垫层。在原《详规》的基础上共需新增 73 条引水管道，引水管道共计长 36 579 米。

（3）排水工程。防洪、排涝标准根据《灌溉排水渠系设计规范》（SDJ 217）的要求，结合本次规划的实际，本项目区内排涝设计标准为 10 年一遇 24 小时降雨产生径流量，24 小时田面无积水；主要排洪沟采用的防洪标准为 20 年一遇洪水。

3. 实施过程

2011年11月至2012年6月，通过解读《详规》、现场踏勘、理论计算等手段，项目组完成本报告的初稿。2012年6月28日，深圳市水务局在石岩水库管理所会议室组织召开了本规划方案的评审会，会议邀请了农业、水务、供水等相关专业的7名专家，组成专家评审组进行了评审。与会专家一致认为：规划方案基本符合有关基本农田建设和改造的政策、文件规定和经市评审通过的《深圳市基本农田改造详细规划（2010—2012年）》的指导思想和设计原则要求；方案所采用的灌溉用水定额是合理的，排涝标准采用10年一遇24小时降雨田面无积水，主要排洪沟采用防洪标准20年一遇的洪水是合适的；灌溉及排水工程布局基本合理，适当修改后可作为下一步工作的依据。本报告根据评审意见对原报告进行了修改完善。2012年7月12日，根据评审意见对原报告进行了修改完善，完成报批稿。

4. 项目意义

规划方案在《详规》的基础上编制。在《详规》的基础上，共有79条排洪沟需扩大设计断面，并需新增1条排洪沟（位于塘头北片区09，2地块），排洪沟设计共分3种典型断面类型。作为《详规》的附件及补充，与《详规》配套使用，进一步落实《详规》中的灌溉和排水工程规划，为后续项目的实施奠定基础。

5. 实施过程关键人物

项目由邓平担任总工，主要负责审定本项目成果，把控项目总体思路；庄光饮为项目副总工；陈誉为项目分管主任，负责项目的校审工作；周琼为项目联系人，工程设计的协调和工作安排，负责各专业之间的协调、具体设计方案的制定、设计成果的统编等。项目组配备有由水工、水文、概预算等多专业协作完成的专业负责人阳秀春、黄坚、钟振亮、林碧波，负责对应专业的报告章节编写工作。

八、光明新区水务发展“十三五”规划

1. 项目背景

《光明新区水务发展“十三五”规划》（以下简称为《规划》）是光明新

区“十三五”规划的重要组成部分，根据中央、省、市的相关政策，对新时期水务工作提出的新要求及光明新区社会经济发展的新特点、新任务，认真分析当前水务发展中面临的战略性、全局性、长远性问题，谋划好阶段的水务发展战略、思路、目标及重点，科学编制和有效实施“十三五”水务规划，对于积极适应经济社会发展新环境，加快建设光明新区现代水务、可持续发展水务的建设目标具有十分重要的意义。

2. 项目内容

本规划主要包括以下十部分内容。

(1) 基本情况。包括自然地理概况和社会经济概况，光明新区的地理位置、地形地貌和气候特征和光明新区城市建设概况和社会经济发展情况。

(2)“十二五”水务发展回顾。主要回顾“十二五”期间水务发展取得的成就，包括供水、节水、流域治理、低冲击雨水综合利用、污水处理、水土保持、防汛应急保障、水务执法能力等几个方面介绍取得的成就。在此基础上评价“十二五”规划目标的完成情况，分析存在的问题。

(3)“十三五”水务发展与改革面临的形势。主要分析光明新区经济社会发展对水务发展与改革的需求，重大机遇和面临的挑战。

(4) 水务发展指导思想与发展目标。确定此次规划的指导思想和原则，发展思路，规划水平年和编制依据，规划的总体目标和主要指标。

(5)“十三五”水务发展主要任务及工程建设。从防洪排涝减灾、供水安全保障、节水型社会建设、水环境治理、“三防”工作及水务信息化、水资源管理与保护、水土保持生态修复、水务能力建设等几个方面规划工程任务。

(6)“十三五”重点推进规划项目。着重以“海绵城市”建设和小流域综合整治作为十三五期间的重点推进项目进行规划。

(7)“十三五”水务管理体制机制创新。主要从最严格水资源管理制度落实，社会管理与公共服务，智慧管网建设及投融资体制改革等方面探索创新机制。

(8) 投资规模与资金筹措。规划提出光明新区“十三五”水务发展总投资规模为 86.83 亿元。总投资结构：防洪排涝减灾投资 40.34 亿元，占

46.46%；城市供水安全保障投资13.99亿元，占16.11%；节水型建设投资8.18亿元，占9.42%；水污染及水环境治理投资23.44亿元，占26.99%；水资源保护及水土保持投资0.79亿元，占0.86%；水务信息化及水务能力建设投资0.14亿元，占0.16%。规划提出“十三五”期间，全区拟安排工程建设投资规模73.7亿元。根据现行水务投资政策、投资水平和投资渠道，“十三五”工程建设投资拟由以下渠道进行筹措：市财政资金投资78.35亿元（占总投资90.23%）；区财政地方资金约4.67亿元（占总投资5.38%）；社会资金（主要为水司）3.81亿元（占总投资4.39%）。

（9）实施效果分析。从经济效益、社会效益和环保效益三个方面分析规划实施的效果。

（10）实施保障措施。从组织领导、资金保障、组织实施、队伍力量，部门联动等方面提出规划实施的保障措施。

3. 项目实施过程

规划报告从2015年6月1日开始工作，7月6日进行了中期汇报，8月6日给新区城建局领导汇报，并听取相关单位对报告的修改意见，在书面征集各单位意见后于9月21日形成评审版本，于12月10日召开评审会。

4. 项目意义

项目是光明新区在新形势下编制的一个中长期规划。《规划》在总结光明新区近年尤其是“十二五”期间水务发展成绩与不足的基础上，紧紧围绕区委的工作部署，突出以水安全水环境建设为重点的总体思路，《规划》是指导“十三五”期间新区水务建设与发展的依据。《规划》结合光明新区低冲击开发国家示范区取得的先进经验，突出“海绵城市”及流域治理作为新区规划独立篇章重点规划，在水务发展规划中是一次尝试。

5. 实施过程关键人物

项目主要负责人为郜银梁，参与人员有郜银梁、黄慧锋、赵瑞东、罗亚葵、陈淑娟。2015年12月10日，由深圳光明新区水务局组织开展成果审查会，参加评审人员有深水水务咨询有限公司刘家珩，深圳水务规划设计有限公司杨虎，中国市政工程西北设计研究院有限公司宁克明，深圳市市政工程咨询中心有限公司王立力，深圳市规划和国土资源委员会光明管理局徐东辉等专家。

九、深圳市水务工程建设规划（2016—2020）

“十二五”期间，深圳市水务工作紧紧围绕“水资源、水安全、水环境”相互融合、协调发展的治水理念，抢抓中央、省相关政策机遇，深入实施防洪安全、优质饮水、宜居环境等水务保障行动，全市水务工程建设取得了明显成效。但仍然存在防洪排涝能力偏低、水污染防治体系不健全等短板和不足。“十三五”时期，是深圳市加快现代化、国际化、创新城市发展的关键期，是开展治水提质行动，迎来环境治理的攻坚期，为此深圳市提出了“一年初见成效，三年消除黑臭”“让碧水和蓝天共同成为深圳亮丽的城市名片”的总体目标。据此编制《深圳市治水提质行动计划（2014—2020年）》涉及项目上千宗，投资金额超800亿元。面对水务工程建设投资巨大、任务繁重的新形势，为顺利实现“十三五”期间水务发展各项约束性目标，需要明确工程安排，统筹工程建设时序。因此，深圳市发展和改革委员会同市水务局委托广汇源环境水务编制了《深圳市水务工程建设规划（2016—2020）》（以下简称为《建设规划》）。

项目研究了建设目标和工程之间的联系，提出了发展规划约束性和预期性目标与工程间的对应关系，按照目标导向，约束性目标涉及的重点领域，民生热点、重点片区工程加大力度推进；预期性指标涉及项目，实施条件先易后难实施；本项目针对逐个水务工程项目，评估了实施难易程度和可能存在的制约因素，包括用地条件、拆迁量估算、与相关规划是否冲突、当地居民的意愿等；根据项目建设的必要性和可实施性，考虑政府投入能力，按照系统建设的原则合理安排建设时序，并征求了各区发展改革局和环境水务局等20余相关单位的意见，作为项目推进的参考。注重可操作性，提高规划实用性；《建设规划》在工程实施过程上，以“续建工程”衔接了“十二五”水务工程建设，明确了“十三五”工程阶段，并以“储备项目及投资”的形式为“十四五”工程安排做了铺垫和过渡。以流域为单元，按照空间—工程领域结合的思路，联系工程建设和发展指标，结合城市发展最新方向和流域水务工程建设特点，有针对性地提出了各个流域及深圳市重点开发片区水务工程建设项目及时序安排。在项目落实上，明确了项目在未来5年内的年度投资。在资金安排上，分析了市区财政投入能力，优化资金配置，落实工程责任主体。

项目组自开展工作以来，一直按优秀咨询成果的要求的开展工作，多次对各区进行调研，收集、反馈项目详情，并多次征求了各区发改、水务等20余部门的意见300余条，对各个项目均进行了必要性和可行性分析，经过深圳市发展和改革委员会统筹考虑，征求各区具体责任单位意见后，形成报告成果。《建设规划》编制工作总体上可分为以下3个阶段。

（1）工作启动阶段（2015年8—12月）。2015年8月通过公开招标方式确定《建设规划》编制单位，随后在深圳市发展与改革委员会配合下展开相关工作，期间与各区（新区）发改部门、市水务局多次沟通研究后，明确《建设规划》的规划定位、编制思路及编制大纲，确定了《建设规划》工作方案。

（2）调研及规划编制阶段（2015年12月至2016年4月）。对深圳市水务建设项目现状及“十三五”期间规划建设项目进行调研，并以此为基础编制规划报告，期间多次与市水务局《深圳市水务发展“十三五”规划》项目组沟通协调。至2016年4月，形成《建设规划》征求意见稿。

（3）咨询及完善阶段（2016年5—11月）。2016年5月，书面征求市水务局、各区政府（新区管委会）及市水务集团意见并修改完善。2016年6月组织召开《建设规划》专家评审会，邀请了七位专家以及市财政委、规划国土委、人居环境委、住建局、市水务局、各区政府（新区管委会）及市水务集团对《建设规划》成果进行审查。2016年7—11月，依据审查意见对《建设规划》进行修改完善，并形成《建设规划》终稿。

《建设规划》编制立足于深圳特殊的水务建设背景下，为全国首例。在全市9个流域提出了810项水务工程，明确完成投资874亿元，预留储备投资174.5亿元，规划以突出流域特点和区域发展方向衔接了深圳市城市总体规划，以规划总体目标衔接《深圳市治水提质行动计划（2015—2020）》等上层规划，以工程和总体投资衔接了深圳市水务发展“十三五”规划，以项目建设必要性分析、实施责任主体、年度建设安排指导具体项目建设，并切实、有针对性地提出了先行先试流域整体项目打包建设经验共享、推进项目建设后评估、开展水环境长效、跟踪性研究等保障措施。《建设规划》明确了各工程项目 2016—2020 年逐年投资，为建设主管部门下达年度投资计划、跟进工程进度提供了强有力的基础数据支撑，以此达到工程建设效率和资金使用效率双提升，为“十三五”水务发展目标的实现奠定基础。

本项荣获 2018 年度全国优秀工程咨询成果奖——优秀奖。

项目由江燕瑜总工全程指导编写，由刘灼华总经理协助指导，项目组由水文、水工、给排水等多专业人员组成。参与人员：江燕瑜、黄薇颖、陈誉、钟振亮、陆文秀。咨询会专家：李长兴、程开宇、孙飞云、徐洪军、张一成、郭雁平、郑道才。

十、罗湖区海绵城市建设规划及实施研究

1. 项目背景

深圳市出台了《关于推进生态文明、建设美丽深圳的决定》（深发〔2014〕4 号），按照改革要继续走在全省全国前列的目标，将生态文明建设作为全市改革的重要内容。结合罗湖实际，中共深圳市罗湖区委、深圳市罗湖区人民政府颁布《关于加强生态文明建设的决定》（罗发〔2014〕4 号），“罗发〔2014〕4 号”文指出加强生态文明建设，对罗湖实现可持续发展、打造“一中心两基地”（国际消费中心、总部基地和服务业基地）、促进经济社会又好又快发展、建设繁荣文明幸福的新罗湖具有重要意义。

罗湖区属于深圳市开发建设最早的区域之一，为了更好地推进生态文明建设，打造“美丽罗湖”，落实国家海绵城市建设理念，探索海绵城市建设经验，深圳市罗湖区环境保护和水务局委托广汇源环境水务编制《罗湖区海绵城市建设规划与实施方案研究》（以下简称为《方案研究》）。《方案研究》编制立足于深圳特殊的水务建设背景下，用于海绵城市建设规划及实施前的一次专题研究。

2. 项目内容

本规划梳理罗湖区海绵城市水务类项目 24 项，统筹防洪达标、水污染

治理和生态景观三大任务；道路类新建项目年径流总量控制率不得低于65%，新建道路广场工程人行道透水铺装率不得低于90%；新建社区公园年径流总量控制率不得低于75%、郊野性公园不得低于85%；建筑与小区类新建项目年径流总量控制率不得低于70%。目前已有项目以本规划为指导，落实海绵城市概念，体现其实用价值。以笋岗滞洪区为典型，在满足防洪排涝的前提下，在河湖水系沿岸适当位置设置滞水塘、调蓄池等雨水径流调蓄措施。道路和隧洞工程中落实海绵城市实用价值，在非机动车道、人行车道使用透水铺装系统。在罗湖体育馆一期工程中，园区内建筑设置绿色屋顶，建设绿地下沉和雨水花园，进一步加大海绵城市力度。

3. 项目实施过程

项目组由水文、给排水、水工等多专业人员组成，自开展工作以来，一直按优秀成果的要求的开展工作，项目组由1名教授级高工总指导，由2名经验丰富的高级工程师具体指挥，各专业分工合作，多次对各区进行调研，收集、反馈项目详情，并多次征求了罗胡区城建局、国土局、工务局等20多个部门的意见100余条，经过罗湖区环境保护与水务局统筹考虑，形成报告成果。

（1）调研及规划编制阶段（2016年5—6月）。对罗湖区海绵城市建设现状、本底条件等进行分析调研。

（2）初步成果阶段（2016年6—9月）。采用模型分析手段对罗湖区全区海绵城市建设进行计算分析，按照汇水分区规划各片区海绵城市建设重要指标等，形成初步成果。

（3）咨询完善阶段（2016年9—11月）。2016年9月，书面征求罗胡区城市更新办、规土、交通等部门意见并修改完善。2016年10月组织召开专家评审会。2016年10—11月，依据审查意见对《方案研究》进行修改完善，并形成《方案研究》终稿。

4. 项目意义

本海绵城市建设规划及实施研究成果可应用于水务类项目、道路类项目、公园与绿地类项目、建筑与小区类项目（含公共设施和城市更新类项目），在确保城市排水防涝安全的前提下，统筹低影响开发雨水系统、雨水管渠系统、超标雨水系统多层利用，实现雨水在城市区域的积存、渗透和净化，积极地解决城市目前面临“水多（涝）、水少（水资源）、水脏（治污）、水混”的困境。海绵城市建设将运用于水务工程、道路与广场工程、公园绿地工程、建筑与小区工程等。本项目当时为深圳市先例，《方案研究》主要创新点：一是从规划层面全局把控，明确各分区建设任务，解决了以往海绵城市建设过程中碎片化，无序化的困境；二是在规划目标的框架下，研究具体实施的可行性及落实办法，对其必要性、实施条件及制约性因素等均进行了详细分析并给出实施方案；三是《方案研究》不仅从技术而且从管理层面对建设管理单位提供决策参考，项目提出组织、机制、资金、技术、监督及宣传等6大保障措施，明确了15个政府职能部门的具体职责，明确海绵建设具体机制形式、资金来源，监督及宣传的落实办法；四是本《方案研究》充分考虑了水资源、水环境、水生态、水安全、水文化体系，因地制宜，注重保持和利用自然属性，做到以自然为先导，以循环为关键，以功能为切入点，做到开源节流，污染物资源化和能源化。

5. 实施过程关键人物

项目总负责人：林佩斌；参与人员：黄薇颖、李小江、李芳、孙光逊；咨询会专家：郑道才、杨海军、任大伟、余露、杨淑芳。

十一、深圳市碧道规划

1. 项目背景

建设生态文明是中华民族永续发展的千年大计、根本大计。2018年10月，习总书记在广东考察时强调：“要深入抓好生态文明建设，统筹山水林田湖草系统治理。”广东省创新性提出要高水平规划建设万里碧道。2018年5月，李希书记首次提出“高水平规划建设广东万里碧水清流的碧道，形成绿道和碧道交相呼应的生态廊道”，李希书记先后10余次在重大场合提及万里碧道，多次研究部署万里碧道规划建设工作。2019年2月，《粤港澳大湾区发展规划纲要》正式发布，提出要加强环境保护与治理，以建设“美丽湾区”为目标，打造宜居宜业宜游的优质生活圈。2019年8月，中共中央、国务院颁布《关于支持深圳建设中国特色社会主义先行示范区的意见》，深圳市将构建城市绿色发展新格局，率先打造人与自然和谐共生的美丽中国典范。积极响应粤港澳大湾区战略，深入把握深圳建设中国特色社会主义先行示范区机遇，以碧道建设为契机，保障河湖水体的安全、健康、畅通、秀美，共建优质滨水生活圈，打造天蓝地绿水清的湾区新名片。

2. 项目内容

本次规划的碧道建设周期分为三个阶段：2022 年力争建成 600 千米碧道（近期)、2025 年力争建成 1000 千米碧道（中期)、2035 年全面推进全市碧道（远期)。2019 年开展试点碧道建设，至 2022 年力争建成约 600 千米碧道。2023—2025 年继续推进碧道建设工作，至 2025 年建成约 1000 千米碧道。2026—2035 年为远期完善阶段，成就广东省碧道建设的“深圳样板”。本规划的总体目标为：以水为中心，打造深圳现代都市示范碧道，推动城市三生空间优化，促进城市高质量综合发展。其中分项目标包括：

(1) 打造河海安澜的安全系统。受气象、地形、海潮、城市发展等因素的综合影响，深圳市范围内极易形成区域性洪涝灾害，长时间以来造成了一定程度的经济损失及人员伤亡。全面提升城市防洪排涝能力，将防洪排涝由被动抵御向主动管理转变，能最大限度地保障市民的生命财产安全和城市安全，同时改变堤顶过高、城水割裂的城市风貌，支撑城市高质量、可持续发展。通过基于河道、湖库、岸线的系统治理，建立综合排洪体系、加强应急减灾及应对体系、构筑城市防洪防潮安全屏障，不断提升深圳在极端天气下的适应能力和韧性。

(2) 培育蓝绿交融的生态系统。深圳市河湖水系密布，河流拥有生物群落，支撑着流域环境，连接了森林、湿地、湖泊、海洋等其他生态系统。从流域水系的系统性和生态的完整性出发，在保护生态要素的基础上，依托河湖水系，打造网络化的生态格局，以茅洲河、观澜河、龙岗河、坪山河、深圳河等为骨干，连接中部森林、湖库等重要生态要素和东西海湾，构建蓝绿交融的生态网络体系。同时至 2035 年，确保河流生态基流保障率不低于 90%；“柔化”“绿化”河道岸线，保证碧道生态岸线比例不低于 75%，构建高质量的生态通廊。构建河流廊道生态系统，涵盖水文自然过程和城市管网排水耦合系统、生物栖息和人类活动的城市生态系统。

(3) 构建公共开放的休闲系统。城市滨水空间为市民提供舒适、方便且宜人的活动场所，提高人们的生活品质，已成为城市滨水空间开发的趋势。深圳市建设“宜居宜业宜游的优质生活圈”，滨水休闲场所的打造和系统完善起到举足轻重的作用。通过休闲资源现状识别，依托河流、湖库、海岸线等多类滨水空间，与城市功能交叉复核、化整为零，实现功能多样性。打通断点、构建特色主题、打造多级碧道驿站体系，至 2035 年，建设慢行贯通河流 47 条，贯通滨海岸线，深圳市范围内建设完成 12 处一级碧道驿站服务节点、30 处二级碧道驿站服务节点，打造全域滨水活力休闲碧道网络体系，同时结合驿站布置市民运动、健康场所。

(4) 形成缤纷荟萃的文化系统。长期以来，河湖水系塑造着深圳的文化历史和文明发展，构建了深圳开放、包容、多元并蓄的文化特征，形成了丰富的文化类型，如海防文化、客家文明、蛇口贸易文化。深圳市各个流域水系由于其地理位置和水情特征，孕育出了独特的水文化，水系沿岸也留下了丰富的文化遗产，是体验历史、展望未来的重要场所。通过识别文化组团，布局水文化展示馆，依托水城文化设置展示节点，构建 24 小时图书馆，美化水工设施等，布局水城文化节点，建设滨水党建服务站。全面激发滨水文化活力，使得全体市民和国内外来宾感受到深圳缤纷荟萃、多元融合的文化氛围。

(5) 实现水城融合的产业系统。河湖水系对于区域产业发展升级具有促进作用，深圳市未来 17 个开发建设重点片区全部布局于滨水区域，应通过系统思维统筹流域内的社会经济与水治理工作，充分实现水产城共治，以治水为先导，以治城提升城市服务功能，从而促进流域土地与空间价值激发。借助未开发的滨水空地导入高新产业和现代服务业；摈弃部分河流沿线地段的低能级产业，实现产业置换；保留部分河流沿线原有产业类型，置入战略性新兴产业实现产业提升，到 2035 年，充分释放流域沿线土地价值。

3. 项目实施过程

2019 年 6 月底至 7 月初，公司与同济城规院展开各区的调研活动，与各区水务局以及前海管理局进行座谈，各区负责人提出了许多宝贵意见，为完善碧道规划奠定基础。

2019年7月，公司与同济城规院进行了与规划和自然资源局、生态环境局、商务局、文化旅游局的座谈活动，市碧道建设项目得到了各局领导的理解与支持。

2019年11月2日，公司举办了深圳市碧道建设总体规划水专题专家研讨会，会议邀请了深圳市水务局河湖处处长陈春浩、日本工程院外籍院士陈飞勇、深圳市城市规划设计研究院有限公司副总工程师刘应明、深圳市水务规划设计院股份有限公司郭雁平、河海大学教授郑大俊、同济大学教授李京生、深圳大学教授刘建、云南大学教授杨海军、黄河勘测规划设计研究院有限公司蔡明、上海同济城市规划设计研究院有限公司副院长肖达、深圳市翰博景观及建筑规划设计有限公司执行董事秦操和广东省水利电力勘测设计研究院黄兆玮。各专家就市碧道总规水相关内容提出了自己宝贵的意见与建议，为规划顺利完成指明了方向。

4. 项目意义

深圳市碧道建设总体规划项目是广汇源承担的第一个综合类规划项目，为广汇源日后承接其他规划类项目奠定了基础，也为广汇源承担深圳市各区碧道规划提供了技术支撑。

5. 实施过程关键人物

本规划项目由公司总工黄明华担任项目负责人；主要参与人员：严士缠（总工）、张扬（副主任）等；规划的编写工作得到了彭东升（副总）、张玉英（总工）的指导和审定审核。

十二、公司完成的其他规划项目

公司完成的其他规划项目，见表2-1。

表2-1　　公司完成的其他规划项目

序号	项　目　名　称	执行时间
1	笋岗滞洪区规划	1981年
2	深圳市区防洪规划	1985年
3	东江引水灌溉工程规划资料	1990年

续表

序号	项　目　名　称	执行时间
4	坪山竹园水库规划方案	1995 年
5	宝安区石岩镇水土流失防洪治理规划书	1995 年
6	宝安区福永镇防洪（潮）规划	1995 年
7	沙井茅洲河反虹涵资料虎沙引水规划书	1995 年
8	观澜河流域水环境影响评价与水污染控制工程规划研究资料	1998 年
9	观澜镇防洪规划	1998 年
10	南山区防洪潮规划工程	1998 年
11	龙华镇防洪规划	1999 年
12	观澜镇新田排洪渠工程规划	1999 年
13	龙岗区南澳镇东山虾场海堤规划	2000 年
14	龙岗新生社区新田排洪渠规划工程	2007 年
15	深圳市小型水库群组合及联网调度规划报告	2009 年
16	深圳市龙岗区大鹏街道防洪排涝规划（2010—2020）	2010 年
17	深圳市龙岗区大鹏街道防洪排涝规划（2010—2020）	2010 年
18	福永街道防洪排涝及水环境整治规划	2013 年
19	麒麟片区非传统水资源利用规划研究	2014 年
20	丰顺县城市排水（雨水）防涝综合规划项目	2014 年
21	宝安区中长期节约用水专项规划	2014 年
22	大亚湾石化区南边灶区域排水规划	2015 年
23	龙岗区水务发展“十三五”规划中期评估工作	2015 年
24	龙岗区水务发展“十三五”规划	2015 年
25	坪山水务发展“十三五”规划	2015 年
26	梅州市梅县区高效节水规划方案（2016—2020）	2016 年
27	梅江区高效节水灌溉规划方案（2016—2020）	2016 年
28	南山区南头街道海绵城市详细规划	2017 年
29	德州市陵城区区级河湖岸线利用管理规划编制	2018 年
30	龙华区碧道规划项目	2019 年
31	大鹏新区碧道建设分区规划项目	2019 年

续表

序号	项 目 名 称	执行时间
32	坪山区碧道规划技术服务合同	2019 年
33	大鹏新区碧道建设分区规划项目	2019 年
34	雁田水库（木古河流域）水质保障工程规划研究	2019 年
35	深圳市防洪潮排涝工程规划（深圳河湾、坪山河、观澜河、东部沿海流域）	2020 年

第二节 咨 询 项 目

一、金龟河小流域综合整治工程

1. 项目背景

保障饮用水安全是促进社会发展、提高人口素质、稳定社会秩序的基本条件，是全面建设小康社会的具体行动，是实现社会经济可持续发展、构建和谐社会的基础。金龟河为赤坳水库主源，现状上游河段沿河两岸除零星分布几栋民房外，基本未开发；中下游河段穿行于金龟村，沿河两岸修建多处餐馆等休闲设施，大量生产、生活污水未经处理直排入河后最终汇入赤坳水库，成为赤坳水库水体污染的主要污染源，严重威胁水库供水安全。因此，金龟河小流域综合整治已刻不容缓。且《深圳市水务发展“十三五”规划》已将“金龟小流域综合治理”列入其建设任务，以“水、土、气、生”系统保护为特色，以源头治理水土流失、控制面源污染为理念，以水土资源保护、河道整治和社区建设为核心，实施水土流失、污水、环境、河道同步治理，构筑生态修复、生态治理、生态保护三道防线，打造“山、水、林、居”和谐小流域示范工程。赤坳水库为坪山新主要供水水源地，保障赤坳水库水质达标是确保坪山新区 60 万居民饮用水安全的前提和基础条件。金龟河为赤坳水库的主源，河流流域面积占水库集雨面积的近 50%，开展金龟河小流域综合整治工程，提高河道行洪安全、控制入河污染、保证入库水质达标，对赤坳水库水源水质达标起着十分重要的作用。

2. 项目内容

针对建设目标，结合现状条件，工程的建设任务进行咨询服务主要包括：

（1）防洪工程。通过沿河疏浚清淤、拓宽阻洪断面的瓶颈、拆除重建存在安全隐患的桥涵、堰坝，并固坡护脚保障防洪安全。

（2）水质改善工程。建设沿河截污管收集沿河排污口的污水，并通过污水泵站抽送污水至木墩河截污干管，控制入河点源污染；同时进行垃圾收集，并通过沿河设置过滤带、生态渗透沟等工程措施，减少入河面源污染。

（3）生态修复工程。结合金龟河的地理特性和周边的环境需求，从平面形态、纵断面的蜿蜒性、横断面的多样性、材料的生态性、植物的适用性等方面入手，做全面的生态修复，同时梳理并利用现有的田园风光和河道特性，打造具有金龟特色的岭南田园风貌的生态廊道。

3. 项目实施过程

项目中标后成立了设计项目组，1 名项目负责人对项目总体统筹、设计进度、设计质量负责，根据工程设计内容组建各专业设计人员分专业负责，包括有水工专、水文专、给排水、景观、生态、桥梁等专业。项目实施严格按照公司规定校核、审查、审核设计流程程序执行。

2014 年 8 月 14 日收到中标通知书，2015 年 1 月初签订设计合同；2015 年 1 月至 2019 年 1 月，可研设计阶段；2019 年 1 月底收到深圳市发展和改革委员会项目可研估算批复。项目组自开展工作以来，一直按优秀咨询成果的要求的开展工作，对相关部门进行了 50 多次座谈汇报、沟通交流项目详情，并多次征求了各部门市水务局、市规自局、市生态环境局、石井街道、金龟社区等部门的意见，充分研究各部门意见及要求后，形成项目最终成果。

4. 项目意义

本工程采用生态治河理念，对河道岸墙从生态性、环保性、景观性选用多孔预制生态砌块、石笼网、环保草毯、仿木桩、松木桩等生态材料，塑造多样化的河道平面形态，水流或宽或窄或缓或急，并新建浅滩湿地、生态塘构筑动植物栖息场所。通过生态修复工程的打造和提升，构建具有特色的生态、文化、休闲游憩连廊。开展金龟河小流域综合整治工程，提高河道行洪安全、控制入河污染、保证入库水质达标，对赤坳水库水源水质达标起着十分重要的作用，同时也是对现状良好的金龟河滨水生态环境保护和进一步修复，对提高区域居民生活生产环境条件，带动地方发展具有重要意义。

5. 实施过程关键人物

项目负责人：钟振亮。项目于 2016 年 10 月 17 日通过了由深圳市水务局主持召开的《金龟河小流域综合整治工程可行性研究报告》技术评审会，专家组组长：曹小武；于 2019 年 1 月 10 日通过了由深圳市政府投资项目评审中心主持召开的《金龟河小流域综合整治工程可行性研究报告》专家评审会，专家组组长：彭东升。

二、西丽水库大坝安全评价

1. 项目背景

西丽水库位于深圳市南山区西丽街道境内，坝址位于珠江三角洲水系的大沙河上游河段右岸支流西丽水上。水库库尾西北面为高达 587 米的羊台山，西侧为深圳至石岩度假村的公路，东北侧为西丽湖度假村和深圳市野生动物园。水库于 1959 年动工兴建，原设计以防洪、灌溉为主，结合发电。随着经济的发展，西丽水库成为以防洪、城市供水为主，兼具原水调蓄功能的中型水库，是供水网络干线（东部供水水源工程）末端的调节水库之一。西丽水库安全评价项目是贯彻执行水库大坝管理办法的需要，根据《水库大坝安全鉴定办法》（水建管〔2003〕271 号），大坝实行定期安全鉴定制度，首次安全鉴定应在竣工验收后 5 年内进行，以后每隔 6～10 年进行 1 次。西丽水库最近一次安全评价工作是 2005 年，已 9 年未实施评价，因此，对本次西丽水库大坝安全评价工作是贯彻执行水库大坝管理办法的需要。

2. 项目内容

本项目为水库安全评价项目，具有其特定的工作内容及工作程序，根据《水库大坝安全评价导则》（SL 258—2000），西丽水库安全评价项目主要工作内容包括以下内容：工程质量评价、大坝运行管理评价、防洪标准复核、结构安全评价、渗流安全评价、抗震安全复核、金属结构安全评价、大坝安全综合评价。本项目主要工作：①资料收集、整理分析。主要对水库历史建设资料等收集整理，并分析水库目前存在的问题。②现场情况调查。通过对水库现场实地调查，了解各建筑物外观及运行过程中存在的问题，并针对问题做出相对应的处理方案。③地形图修测。为复核水库的水文资料，需对水库地形进行复测，以确保水文计算参数选取合理可靠，保证安全评价结果合理可靠。④地质勘察。对各建筑物地质情况重新调查实验，选取最新的地质参数，保证安全评价结果合理可靠。⑤理论计算，项目评价。根据最新水文、地质参数，选取合理的计算工况及计算参数，选取多种计算方法展开各构筑物的各项安全稳定计算，并合理分析计算结果，最后得出安全评价结论。⑥根据各项计算结论，结合历史资料分析、现场检查结论，提出水库安全评价的总体结论，并根据结论提出合理建议。

3. 项目实施过程

据项目工作内容，需制定合理的工作流程，以提高工作效率，节省时间。

（1）工作启动阶段（2014 年 12 月至 2015 年 1 月）。2014 年 12 月通过公开招标方式确定《评价报告》编制单位，随后在深圳市水务局西丽水库管理处配合下展开相关工作，期间与水库管理处多次沟通研究后，明确《评价报告》的编制思路及编制大纲，确定了《评价报告》工作方案。

（2）基础资料收集阶段（2015 年 1—4 月）。对西丽水库历年除险加固的设计资料、建设资料、竣工资料的收集与整理，结合现场踏勘、勘察测量成果，对大坝运行管理、工程质量、现场安全检查进行分析与评价，直观的了解水库的各种问题，为理论计算及勘察提供指导。

（3）咨询及完善阶段（2015 年 4—10 月）。根据历史资料、地形测量及地质勘察提供的数据，通过对水库防洪标准复核、主副坝渗流安全及稳定分析（含抗震安全复核）、金属结构强度复核，同时结合实际资料，得出相应的结论。于 2015 年 7 月完成初稿。

深圳市水务局水资源处于2015年9月1日在西丽水库管理处3楼会议室组织召开《评价报告》专家评审会，会议邀请了水利工程、规划9位专家，市水务局计划处、西丽水库管理处及《评价报告》编制单位的代表参加了会议。2015年10月，依据专家评审意见对《评价报告》进行修改完善，并形成《评价报告》终稿。

4. 项目意义

梳理2005—2015年，西丽水库运行约10年存在的病险问题，找出“病因”，为下一阶段除险加固“对症下药”提供技术支撑和理论依据。

5. 项目实施过程关键人物

由庄光钦担任总工，主要负责审定本项目成果，把控项目总体思路。雒翠为项目分管领导，负责项目组的常规事务及会议。陈誉为项目分管主任，负责项目的校审工作。阳秀春项目联系人，工程设计的协调和工作安排，负责各专业之间的协调、具体设计方案的制定、设计成果的统编等，负责项目组常规事务及会议。项目组配备有由水工、水文、金属结构、勘察、测量等多专业协作完成的专业负责人，专业负责人依次为龚春娟、邓超联、朱晓明、薛志导、朱思彬，主要负责对应专业的报告章节编写工作。

三、坪山区水污染源调查项目

为贯彻落实国家“水十条”的有关要求，全面掌握重点流域水环境质量与污染特征，彻底摸清各类污染源的数量、类型以及空间分布、排放去向等情况，核定入河主要污染物负荷量的空间分配，为流域水环境综合整治提供污染源的基础数据，为科学制定流域水体达标方案提供数据支撑。根据《市人居环境委关于印发深圳市水污染源调查工作方案和技术指南的通知》（深人环〔2016〕211号）文件要求，开展坪山区水污染源调查工作。

根据《深圳市水污染源调查技术指南》的任务分工，坪山区水污染源调查工作主要内容为：①流域内污染源（工业、生活、农业）调查；②流域内9条二级支流排水口调查；③流域内二级及其以下支流水环境调查；④辖区内污水处理设施与污水管网调查；⑤辖区内水文水资源调查；⑥11条河道底泥调查；⑦10个监测点位的地下水调查；⑧管养范围内的37条河道水质调查；⑨坪山区水污染源调查分析报告。

为流域水环境综合整治提供污染源的基础数据，为科学制定流域水体达标方案提供数据支撑。迫切需开展坪山区水污染源调查工作。2017 年 1 月中标《坪山区水污染源调查项目》。为“保质保量”完成本次水污染调查工作，2017 年 4 月，完成坪山区水污染源调查方案编制，确定水污染调查工作大纲，工作范围及工作目标。2017 年 5 月底制定《坪山区水污染源调查工作方案》，并立即对坪山区流域内（二级及以下支流）沿河排水口、工业污染源、污水处理设施、水环境等其他水污染开展调查。2017 年 5—11 月，完成坪山区水污染源调查工作，项目调查历时 6 个月，调查对象数量多，难度大，技术强。项目投入超声波流量仪、水质分析仪、GPS 定位仪、地下水井钻探机等相关设备 20 套，汽车 8 辆；投入人员 74 名，其中驻点坪山人员 12 名。

本水污染源调查分析成果对于解决目前坪山区黑臭水的问题有着极为重要意义，通过调查结果，找出问题所在，有针对性的采取措施保障水体达标，以实现水环境、水生态的良好发展。通过本次调查对坪山水环境现状做出的准确评估，对未来可能出现的问题进行梳理，并在此基础上提出针对坪山区水环境改善的决策建议，将有助于坪山制定正确的发展策略，确保坪山在发展过程中减小水环境的负面影响，为可持续发展奠定基础。今后城市建设中可保护并利用好河道水环境，通过改善水环境提高生活居住环境，有助于招商引资，延揽人才，助力东进战略的实施。

项目由市政环境所负责实施，由李小江担任项目负责人，林佩斌担任技术总工，下设污染源调查小组、水环境调查小组、水环境监测小组、排水口调查组等。主要参加人员包括：罗志强、张焱、龙圣海、敖勇明、陈淑娟、肖星逸、刘怡青、林青、吴营水、万海螺、梁谭斌、唐浩、邱文雄、刘佳城、黄淑权。另委托哈尔滨工业大学团队作为技术支撑，深圳市安康检测科技有限公司及深圳市威标检测技术有限公司作为第三方检测单位。

2018 年，项目经广东省工程咨询协会审核，荣获 2016—2017 年度广东省优秀工程咨询成果三等奖。

四、布吉河流域综合治理工程“EPC+O”工程顾问项目

布吉河流域综合治理工程“EPC+O”（设计采购施工和管养一体化）项目地处龙岗区布吉和吉华街道，位于深圳河湾流域水系的上游，该项目主要由布吉河（龙岗段）综合整治工程和布吉河分洪通道工程两个子项目组成，项目总投资178 068万元，资金来源为政府投资：①布吉河（龙岗段）综合整治工程（该项目处于施工实施阶段），批复总投资80 068万元，其中工程建设合同价为53 930.75万元，资金来源为政府投资。工程整治范围为布吉河粤宝路以上的干流河段及其上游水径水、塘径水及大芬水3条支流，总整治长度12.49千米（其中明渠段8.57千米，暗涵段河长3.92千米），主要建设内容包括防洪工程、水质改善工程、水生态修复工程等。②布吉河分洪通道工程（该项目处于可行性研究报告阶段），估算总投资980 00万元，资金来源为政府投资。工程拟起点为水官高速与吉华路交叉口，终点为泥岗桥下游河道，在笋岗滞洪区处接入下游布吉河，主要建设内容包括新建DN6000～DN8000隧道约8.0千米等。主要任务是代表建设单位对项目进行全生命周期管理。

工程顾问主要是代表建设单位，对项目进行全生命周期管理，主要体现在技术和管理层面对项目的管理。工作内容包括在前期工作阶段，对可行性研究、初步设计阶段的进行技术管理；在项目实施阶段对参加各方进行合同管理、成本管理、质量管理、进度管理、风险管理、文明施工管理、安全施工管理、项目验收、收尾、移交管理等。在项目实施的全过程中，负责开展组织协调，协助业主进行项目前期策划、经济分析、专项评估与投资确定；协助业主办理规划许可、土地征用等有关手续等。

2017年3月30日下午，单位协助龙岗区环境保护和水务局在项目指挥部会议室组织召开了布吉河流域综合治理工程“EPC+O”项目第一次碰头会，张敏董事长出席了会议。会上建设单位介绍了本项目参建单位的人员组织情况，明确了任务分工，并就工程下一步开展的具体工作进行了阐述和讨论。项目于2017年4月15日正式开工建设，干流于2017年底完成消黑考核任务，塘径水、水径水、大芬水3条支流于2018年底完成消黑施工

内容。国家两部委于2019年10月对布吉河干流及3条支流进行消除黑水体考核，为此工程近期重心为河道水质巡查及整改，已保障通过国家考核。工程计划完工时间为2020年6月。布吉河分洪通道工程可行性研究于2018年12月14日召开项目区级专家审查会，项目通过专家评审。

项目具体实施如下：①组织对布吉河分洪通道工程设计方案评审、工程优化设计、确保技术方案的合理性和经济性，督促设计单位编制施工图设计文件，并通过审查；②根据进度计划编制工程用款计划，统筹安排资金，确保供应商或分包商的工程款按时到位；③针对本项目的特点，制定科学的设计和施工质量管理措施，并严格监督实施；④科学制定安全生产和文明施工管理制度，并严格监督实施；⑤负责工程试运行，做好工程竣工至正式移交期间的管养、运维等工作；⑥组织工程竣工结算，处理工程索赔，组织竣工验收，向委托方移交竣工档案资料；⑦负责工程项目的验收、收尾和移交管理，工程竣工结算和决算工作。

工程建设单位龙岗区水务局，具体实施部门为区水务局下属单位龙岗区建管中心。其中布吉河（龙岗段）综合整治工程建设单位负责部门为龙岗区建管中心建设部，业主代表为欧添雄，分管领导为龙岗区水务局局长樊亮，龙岗区建管中心主任吕镇江、副主任郑玄旬、建设部部长芮晓亮；分洪通道工程建设单位负责部门为龙岗区建管中心前期部，主要业主代表为龙岗区建管中心副主任肖新文及前期部部长唐亚雯。

公司为项目工程顾问单位，总工程师：吴镇中、邓平；负责人卢观彬；主要参与人员：徐涛、刘华明、阮燕、张笑奇、伍尚迎、王三生、章江红。

五、白盆珠水库调度规程编制项目

1. 项目背景

白盆珠水库为东江流域防洪三大骨干水库工程之一，位于东江支流西枝江上游的惠东县境内，水库坝址以上集雨面积856平方千米，总库容11.56亿立方米，是一座以防洪、供水为主，兼顾灌溉、发电等综合利用的大（1）型水库。白盆珠水库原设计正常蓄水位为75.0米，汛限水位为75.0米，2008年6月27日，“粤防〔2008〕32号文”批复“白盆珠水库汛限水位从75.0米提高至76.0米，水库按76.0米正常水位运行”。水库于2009年10月至2011年2月进行了第二次大坝安全鉴定工作，但鉴定报告中建议的相关除险加固工作尚未实施。在编制本调度规程以前，白盆珠水库采用控制溢洪道闸门和放空底孔闸门的方式进行防洪调度，但调度原则欠明确。在综合利用方面，水库的发电调度原则欠明确。为了规范白盆珠水库调度与管理，确保大坝安全运行和保障下游人民群众生命财产安全，充分发挥水库综合利用效益，明确调度和运行管理各方的职责及权限，需编制调度规程。

2. 项目内容

分析本水库历史设计文件，确认原设计的放空底孔可参与泄洪的运行边界条件；受限于其下游河道局部阻水影响，特别是其下游右岸河道岸坡为凸岸影响，放空底孔参与泄洪时，其挑流水舌是否对区域建筑物的影响；现有弧形工作闸门在出现挡设计洪水位87.03米工况时，闸门主梁应力、稳定性等是否满足要求；在复核分析的基础上，提出放空底孔闸门的操作原则。

3. 项目实施过程

2017年9月中标，随即启动调度规程编制工作。白盆珠水库调度规程送审稿于2018年3月通过专家评审，2019年6月取得惠州市水利局批复。报告编制过程中，通过分析本水库历史设计文件，确认以下事项：

（1）根据本水库原始设计文件，原设计的放空底孔可参与泄洪，但运行边界条件不明确。

（2）受限于其下游河道局部阻水影响，特别是其下游右岸河道岸坡为凸岸影响，放空底孔参与泄洪时，其挑流水舌受溢洪道下泄洪水形成的水墙约束，易冲击其下游右岸公路边墙，并折返涌向发电厂房，易造成水毁事故，甚至可能对坝体安全造成不利影响。因此，非紧急情况时，不宜开启放空底孔工作闸门参与泄洪。

（3）在第二次水库安全鉴定报告中，已按放空底孔不参与泄洪复核，大坝坝高及结构安全性满足现行规范要求；在该安全鉴定报告中，说明放空底孔的工作闸门、检修闸门的原设计挡水位为84.0米，当现有弧形工作闸门闸前水位为设计洪水位87.03米工况时，闸门主梁应力、稳定性等都十分接近或者部分已经超出了材料允许应力，考虑到局部加强措施施工困难，在该安全鉴定报告中建议报废重建该闸门，至本次调度规程编制完成时，该闸门尚未报废重建。

经复核分析，提出放空底孔闸门的操作原则如下：①底孔工作闸门平时保持关闭状态，非紧急情况时不参与泄洪；只有在遇到极端险情（如出现战争、地震、主坝或副坝有险情、溢洪道闸门不能正常开启、现状底孔工作闸门未重建前的水库水位超过84.0米等情况）时，可根据调度指令开启放空底孔闸门参与泄洪，不控泄；②底孔工作闸门未重建前，当水库水位超过84.0米时，开启该闸门参与泄洪，闸门全开，不控泄；底孔工作闸门重建后，按重建后的设计要求运行（重建后的底孔工作闸门的设计最高挡水位应不低于87.03米）；③现状放空底孔工作闸门只能进行全开全关的操作，不得局部开启用来调节流量。

4. 项目意义

白盆珠水库调度规程的编制，规范了白盆珠水库调度与管理，其适用于白盆珠水库防洪调度、兴利（供水、灌溉、发电）调度、枯水期生态补水等综合调度和应急调度以及调度管理，可充分发挥水库综合利用效益。同时，该调度规程为惠州市完成的第一宗水库调度规程，起到了很好的引导和示范作用，带动了全惠州市其他水库的调度规程编制工作，进一步确保了各水库的大坝安全运行和保障下游人民群众生命财产安全。

5. 实施过程关键人物

本项工作由深圳市广汇源环境水务有限公司惠州分公司完成，项目负责人为陈仁举，主要参与人员有陈仁举、邢晨雄。

六、长岭皮水库水资源论证报告书

根据《中华人民共和国水法》《取水许可和水资源费征收管理条例》《取水许可管理办法》《建设项目水资源论证管理办法》等有关规定，对于直接从江河、湖泊或地下取水并需申请取水许可证的新建、改建、扩建的建设项目，建设项目业主单位应当进行水资源论证，编制水资源论证报告书。《中华人民共和国水法》规定国民经济和社会发展规划以及城市总体规划的编制、重大建设项目的布局，应与当地水资源条件和防洪要求相适应，并进行科学论证。且根据《深圳市水务局关于加强取水许可管理工作的通知》（深水源〔2015〕346 号）的相关要求，新（扩）建工程应在投入使用前办理并取得取水许可证。

长岭皮水库位于大沙河支流长岭皮河的上游段，长岭皮河发源于塘朗山脉北麓的雅鸡山，长岭皮河集雨面积 29 平方千米，是南山区大沙河的一条支流。长岭皮水库扩容后为中型水库，水库集雨面积为 9.93 平方千米，对应库容为 94.46 万立方米，正常蓄水位为 62.5 米，相应库容为 1 447.65 万立方米；设计洪水位为 63.9 米，相应库容为 1 497 万立方米；校核洪水位为 64.8 米，相应水库总库容为 1 754 万立方米。长岭皮水库是一座具有城市防洪、城市供水和原水调蓄三大功能的中型水库。目前长岭皮水库除通过长岭皮水库—西丽水库输水渠线补充西丽水库供水水源外，还通过长岭皮水库—高峰水库输水管线补充高峰水库供水水源，平均每天补充水量 3.0 万立方米，龙华区在长岭皮水库坝下设有提水泵站，从东江水源工程以 0.5 立方米每秒的流量提水入库。长岭皮水库扩容后主要是作为调蓄水库，每年 5—9 月开启长岭皮泵站，以每天 10.8 万立方米的平均流量提引东部水源工程原水入库调蓄。目前，在东江水源工程检修期，即每年 10 月向红木山水厂供水 20 天，供水流量为 35 万立方米每天，总计 700 万立方米，每天向龙华高峰水厂供水 3.0 万立方米。依据《建设项目水资源论证导则》（SL 322）及《建设项目水资源论证管理办法》等有关规程规范的要求，结合当地水资源开发利用的实际情况，编制《长岭皮水库水资源论证报告书》。对于长岭皮水库的水量和水质进行了分析，用于办理长岭皮水库的取水许可事宜。

受委托后，立即组织项目组有关人员进行了现场查勘、资料收集，根据相关要求开展了分析和论证工作，于 2017 年 12 月形成初稿。2018 年 4 月 12 日下午，深圳市水务局水源大厦 13 楼会议室组织召开《长岭皮水库水资源论证报告书》专家评审会。会议邀请 5 名相关专家，深圳市水务局技术处、水资源和供水保障处，深圳市西丽水库管理处，南山区环保水务局等单位代表出席了会议。会议听取了《长岭皮水库水资源论证报告书》编制单位汇报，形成专家评审意见。评审后，根据专家意见进行了修改和完善，提交最终成果。

对于长岭皮水库的水量和水质进行了分析，拟用于办理长岭皮水库的取水许可事宜。同时可为取水许可管理、水资源监控、原水调度、计划用水管理等提供相关依据。

项目负责人许新鹏，主要参与人员许新鹏、余胜男。

七、市管集中式饮用水水源地一级保护区土壤环境质量详细调查

1. 项目背景

党中央、国务院高度重视土壤环境保护工作。2018年8月31日第十三届全国人民代表大会常务委员会第五次会议通过了《中华人民共和国土壤污染防治法》，其中第十四条要求“国务院统一领导全国土壤污染状况普查。国务院生态环境主管部门会同国务院农业农村、自然资源、住房城乡建设、林业草原等主管部门，每十年至少组织开展一次全国土壤污染状况普查。国务院有关部门、设区的市级以上地方人民政府可以根据本行业、本行政区域实际情况组织开展土壤污染状况详查”。

据此，广东省和深圳市出台了相关实施方案。深圳市地表水资源丰富，拥有集中式饮用水水源地31座，且占地面积较大。由于集中式饮用水水源地是百姓的大水缸，其水质直接关系人民群众的生活安全，且周边土壤环境质量对水源地水质具有直接影响，因此为切实做好饮用水水源地水质环境保护必须开展保护区内土壤环境质量调查和保护工作。深圳市出台的“土四十条”要求：全面落实国家土壤污染防治行动计划要求，以保护和改善土壤质量为核心，以保障人居环境健康、饮用水安全和农产品质量为出发点，以集中式饮用水水源地为重点，开展调查，摸清底数，强化源头控制，形成土壤污染防治新机制，全力推动深圳市土壤环境保护和质量提升工作。本项目开展集中式饮用水水源地一级保护区土壤环境质量详细调查。

2. 项目内容

本项目把深圳市16个市管集中式饮用水水源地69.78平方千米一级保

护区设为加密详查区，18.57 平方千米的保护区设为一般详查区，并展开土壤环境质量调查，总布设调查点位 1 199 个。通过文献调研、专家咨询、现场资料收集、现场采样、实验室分析测试相结合方式提供技术服务，对市管集中式饮用水水源地一级保护区土壤环境质量进行详细调查和风险评估，建立市管一级水源保护区内污染地块清单。

3. 项目实施过程

本项目由深圳市广汇源环境水务有限公司与吉林大学联合申报，即乙方。项目甲方由深圳市生态环境局尹杰副局长、李燕副处长负责，并聘请全国及深圳本地专家，成立专家组，协助甲方对项目的实施及成果把关。项目乙方针对本项目成立专门项目机构，包括项目领导小组、资料收集组、现场踏勘组、现场协调人员访谈组、现场采样组、安全保障组、资料整理组、深圳市土壤调查数据库上传组、风险分析组、污染风险图绘制及集成组、质量控制组共 11 个小组，各小组同步开展工作，以保障项目顺利进行。所有工作组由 2 家承接单位共同负责，制定项目的总体技术方案，对项目开展、实施及成果进行质量控制。第三方质量控制由北京大学深圳研究院分析测试中心负责，全程跟踪项目进展。

项目于 2017 年 12 月中标，本联合体组织并开展内部讨论会，成立内部工作组，进行了内部资料的收集与初步梳理；组织相关技术人员参加南方科技大学和深圳环境科学研究院土壤调查项目咨询会，学习相关技术经验；2018 年 1 月组织本项目的专家咨询会，根据专家意见明确了本项目的重点并细化了每个环节开展的注意事项；与本项目委托的 2 家采样检测实验室进行了技术交流，考察了相关取样与样品前处理、分析测试、样品保存等工作能力；对接深圳土壤调查项目的质控实验室（北京大学深圳研究院分析测试中心），梳理质量控制流程及工作要点；2018 年 2—4 月完成了资料收集、现场踏勘、人员访谈和点位布设并于 2018 年 4 月召开通过工作方案专家评审会，提交并上传了工作方案；2018 年 4 月末至 2018 年 10 月完成了 1 119个点位的土壤样品采集，并且检测数据通过质控审核；2018 年 11 月通过了结题报告专家会并通过深圳市土壤调查信息系统上传了相关工作成果。

4. 项目意义

项目为深圳市广汇源环境水务有限公司承接的第一个土壤调查类项目，根据深圳市“土四十条”的任务要求，结合国家、广东省及深圳市水源地土壤详查技术规定，依托公司多年的勘察设计、水库管养经验，通过公司从上到下紧密配合，部门团队的积极努力，在同批项目中最先完成，获得专家和业主的一致好评，奠定了广汇源土壤调查领域的专业性基础。

5. 项目实施过程关键人物

参加工作人员：卢观彬、周睿（吉林大学）、张哲、崔晓冰、李若云、王正川、韩潇倩、涂晖、邹城、赵建（吉林大学）、麻太刚（吉林大学）、王博（吉林大学）、鲁松（吉林大学）、林雯雯（吉林大学）、何芳儒（吉林大学）等。

八、深圳市水库管理养护相关规范编制

1. 项目背景

《深圳市水库管养规范》是深圳市技术标准文件的计划项目，是根据深圳市市场监督管理局“深市监〔2014〕271号文”安排编制的；《深圳市水库管养消耗量标准》是根据《深圳市水库管养规范》编制。在深圳市水务局颁布试行版本时更名为《深圳市水库管理养护规范》《深圳市水库管理养护消耗量标准》。

国内外尚无此规范地方标准，尚无统一的、可根据水库实际情况调整管养经费的计价标准。

2. 项目简介

规范根据国家与行业现行有关规范、标准，并结合深圳实际情况制定。适用于深圳市行政区域内大、中、小型水库的管理养护，山塘及跨行政区的水库可参照执行；适用于水库各枢纽建（构）筑物的管养，泵站、管道、河道、水源保护区等按照国家与行业现行有关规范、标准的规定。消耗量标准与《深圳市建设工程计价规程》《深圳市建设工程计价费率标准》配合使用，适用于深圳市各水库购买社会管养服务的日常维修养护年度经费测算，购买社会管养服务招标控制价依据，也可作为社会管养服务投标报价

的参考及维修费用的审核。

《深圳市水库管理养护规范》共分17章和8个附录，主要内容包括：范围、规范性引入文件、水库的管理养护原则、术语和定义、管理养护范围和类别划分、任务和内容、定员标准、水库管理及调度运用、工程巡视检查、工程观测和监测、工程养护修理、白蚁及其他动植物危害防治、安保和防恐、水库保洁、绿化管养、防汛抢险、技术档案管理等。

《深圳市水库管理养护消耗量标准》共分为两个章节，第一章节为维修类，维修是指维持、恢复或局部改善原有工程面貌，保持工程的设计功能，及时处理局部、表面、轻微的缺陷和损坏，保持工程的完整、安全与正常运行所进行预防性检修和轻微损坏部分修补的零星修复工程；第二章节为养护类，养护是指不改变水库设施主体结构安全使用功能而进行的保持水库水面、陆域的清洁、沿岸绿化完好、附属设施、电气设备等所需的保养工程。

3. 项目意义

规范是深圳市的标准化指导性技术文件，通过对深圳市各类水库管养现状详细调查，编制一套适应于深圳实际且体现水库管养水平的标准，实现水库工程规范化、专业化管理，保持工程完整及其生态环境，确保工程安全运行，充分发挥工程效益。同时，通过技术规范的确立为水库管养的经费投入提供一个标准和技术依据，作为编制水库管养预算、确定管养项目造价的基础，成为财政部门审批管养立项、批复项目资金等方面的重要依据。

水库管养规范作为承包管养单位实施管养的依据和标准，管理单位可据此准确计算出管养工作中各项资源的需求量，为有计划地组织材料采购、劳动力和管养机械的安排，提供可靠的计算依据；同时也为水库管养实际工作内容，管理程度确定一个明确的标准，使其成为管理部门及单位实施管理的尺度，监督的工具，增强管理系统运转的协调性、有序性，保证服务的高效性，减少人为的随意性，保障设施运行的安全性，提高监督的有效性。作为深圳市水库管养一个长期化、可操作性的考核标准。

水库管养消耗量标准作为承包管养单位实施管养经费测算的依据和标

准，管理单位可据此准确计算出管养工作中各项管养的费用，为水库管养实际费用支出确定一个明确的标准，减少人为的随意性，保障水库管养资金的落实与支出。作为深圳水库管养一个可操作的统一的计价标准。

4. 项目时间节点

项目组自开展工作以来，一直按优秀咨询成果的要求的开展工作，项目组由1名高工总指导，由1名经验丰富的高级工程师具体指挥，各专业分工合作，多次对各区进行调研，收集、反馈项目详情，并征求了深圳市发改、规土、人居环境委、财委、城管局及各区政府、水行政主管部门等20余部门的意见，经过深圳市水务局统筹考虑，颁布试行。

2017年12月8日通过深圳市水务局水资源处组织的对规范和消耗量标准的专家（7位）审查会。

2018年3—9月征求深圳市发改、规土、人居环境委、财委、城管局及各区政府等部门的意见。

2019年3月22日通过市水务局技术处组织的对规范和消耗量标准专家（5位）评审会。

2019年9月征求全市、区各级水行政主管部门的意见。

2020年1月14日，深圳市水务局关于印发《深圳市水库管理养护规范（试行）》《深圳市水库管理养护消耗量标准（试行）》的通知（深水源〔2020〕4号）。

5. 项目实施过程关键人物

项目负责人庄光钦，其他参与人员有雒翠、刘金鹏、邹国胜、林碧波、张秋芳、田守成、邓平。

九、国家清单内重点行业企业用地初步采样调查

1. 项目背景

国务院《土壤污染防治行动计划》和《广东省土壤污染状况详查实施方案》均提出开展土壤污染状况详查，全面排查重点行业企业用地疑似污染地块，建立污染地块清单和优先管控名录，2020年年底前全面完成重点行业企业用土壤污染状况调查工作工作。《深圳市人民政府办公厅关于印发

深圳市土壤环境保护和质量提升工作方案的通知》（深府办〔2016〕36号）（以下简称“深土四十条”）也明确提出：“以电镀、线路板、铅酸蓄电池、制革、印染、化工、医药、危险化学品储运等行业企业（以下称重点行业企业）及污水处理厂、垃圾填埋场、垃圾焚烧厂、危险废物及污泥处理处置设施等市政设施（以下称环境基础设施）为重点，开展重点行业企业用地基础信息调查和风险筛查，确定需进行采样调查的土壤环境重点监管企业名单。2018年年底前，基本完成重点监管企业土壤环境质量调查工作。每两年对土壤环境重点监管企业名单进行动态更新。”深圳市于2017年开展并完成重点行业企业基础信息调查和风险筛查相关工作并初步确定需要采样调查的企业地块名单，在此基础上将于2018年开展重点行业区管企业初步采样调查和风险分级相关工作，以建立污染地块清单和优先管控名录，全面完成深圳市重点行业企业用地土壤环境质量调查工作。

2. 项目内容

本项目依据相关技术指南，识别重点行业、企业地块疑似污染区域，筛选布点区域，确定现场点位具体位置；编制国家清单内重点行业企业地块初步采样调查和风险分级工作方案，明确工作内容，对国家清单80个地块，市管清单153个地块进行初步采样调查，根据相关资料数据开展污染风险分级并确定优先管控名录，为重点行业企业土壤环境监管奠定基础。

3. 项目实施过程

项目由深圳市广汇源环境水务有限公司、深圳深态环境科技有限公司与吉林大学联合申报，即乙方。项目甲方由深圳市生态环境局尹杰副局长和李燕副处长负责，并聘请全国及深圳本地专家，成立专家组，协助甲方对项目的实施及成果把关。项目乙方针对本项目成立专门项目机构，包括项目领导小组、资料收集组、现场踏勘组、现场协调访谈组、现场施工组、现场采样组、安全保障组、资料整理组、深圳市土壤调查数据库上传组、风险筛查组、报告编写组、质量控制组共12个小组，各小组同步开展工作，以保障项目顺利进行。工作组分别由3家承接单位负责，深圳市广汇源环境水务有限公司主要负责现场施工、样品采集、上传数据库以及这三个部分的内部质控部分，第三方质量控制由甲方委托北京大学深圳研究院分析测试中心负责，全程跟踪项目进展。

本项目于2018年10月中标，本联合体组织并开展内部讨论会，成立内部工作组，进行了内部资料的收集与初步梳理，各单位的工作内容划分，组织相关技术人员参加了国家清单内重点行业企业用地初步调查工作培训；2018年12月至2019年3月配合深圳深态环境科技有限公司进行了现场踏勘、人员访谈、8个批次工作方案专家会，根据专家意见修改了工作方案上传至深圳市土壤调查信息系统；2018年12月至2019年4月深圳市广汇源环境水务有限公司完成了现场施工和样品采集工作；2019年9—10月将采样资料整理、合并按要求上传至深圳市土壤调查信息系统待质控实验室审核。截至2019年10月本项目已经完成8个批次153个地块的施工和样品采集，钻孔481个，建井351口，填写表格1 400余张，拍摄照片10 000余张。计划2020年5月前，完成报送国家数据库的82个地块相关施工采样工作。

4. 项目意义

开展深圳市重点行业企业初步采样调查和风险分级工作是落实国务院、广东省以及深圳市土壤环境调查工作全面实施的重要基础性工作，是推动深圳市土壤环境风险管控、维护公众健康的重大民生工程，对建立和完善深圳市土壤环境管理体系，提升土壤环境管理的科学化、系统化、精细化和信息化水平，保障人居环境安全，促进土壤资源永续利用具有重要意义。

5. 项目实施参与人员

参加工作人员：卢观彬、周睿（吉林大学）、周婧（深圳深态环境科技有限公司）、李继民、张哲、沈蜀光、崔晓冰、钱华泽、伍亮、杨珂、叶之杰、韩潇倩、钟佳南（深圳深态环境科技有限公司）、吴玲（吉林大学）、鲁松（吉林大学）、刘方圆（吉林大学）、刘洋（吉林大学）等。

十、公司完成的其他咨询项目

公司完成的其他咨询项目见表2-2。

表 2-2　　公司完成的其他咨询项目

序号	项 目 名 称	执行时间
1	广东省深圳市水资源调查评价报告书	1983 年
2	龙岗区清林径水库大坝安全鉴定	1992 年
3	布吉镇托坑水库报废论证	1995 年
4	宝安区西海堤安全鉴定工程	1995 年
5	铁岗水库安全鉴定工程	2002 年
6	龙岗河、坪山河干支流两侧宽林带建设研究	2008 年
7	深圳市龙岗区三联水库功能转变论证报告	2010 年
8	龙岗河底泥污染现状调查及评价	2011 年
9	龙岗区第一次全国水利普查技术服务	2011 年
10	龙岗区全区河道淤积情况研究	2011 年
11	深圳市水务局地下水监测与示范工程维护项目	2011 年
12	河道淤泥污染状况对水环境影响及治理方法探索	2011 年
13	茜坑水库土地利用及污染现状调查	2011 年
14	城市饮用水水源水质生态修复与水质改善关键技术研究	2012 年
15	光明新区第一次全国水利普查技术服务	2012 年
16	深圳观澜湖高尔夫球会球场项目水资源论证	2013 年
17	坪山新区龙田水闸安全鉴定工程安全鉴定	2013 年
18	龙岗区河流健康状况评估与生态修复对策研究	2013 年
19	《深圳市河道管养技术标准》编制	2013 年
20	《深圳市河道管养消耗量标准》编制	2013 年
21	梅州市丰顺县韩江干流河砂可采区和禁采区论证报告及开采计划报告编制费	2013 年
22	广东省梅州市梅县区节水减排实施方案（2014—2020）方案	2014 年
23	深圳市河道标识与水务设施指引标准	2015 年
24	深圳市治水提质总体方案	2015 年
25	深圳市防洪排涝整治前期调研	2015 年
26	《深圳市小型水库管理办法》编制	2016 年
27	深圳市中小河流治理实施方案	2016 年
28	深圳市水务局 2016 年水务用地专项管理工作服务	2016 年
29	深圳市水库功能优化研究	2017 年
30	截污系统对污水处理厂建设规划、布局和规模的影响研究	2017 年

续表

序号	项 目 名 称	执行时间
31	深圳市重点片区城市洪水风险图编制需求分析	2017 年
32	西丽水库、长岭皮水库溃坝分析及洪水预报预警系统	2017 年
33	宝安区河长制工作技术服务	2017 年
34	龙岗区“河长制”办公室技术服务	2017 年
35	石岩水库水资源论证报告	2018 年
36	深圳市水务安全隐患动态管理服务	2018 年
37	深圳河湾片区城市洪涝模型研究与应用	2018 年
38	龙岗区沙湾河截排工程前期研究	2018 年
39	河流水污染预警溯源信息化监控系统构建研究	2018 年
40	地面坍塌防治技术咨询服务项目（2018 年度）	2018 年
41	长岭皮水库已污染底泥量调查	2018 年
42	黑臭水体治理智能水质净化装备的应用示范	2018 年
43	大鹏新区大鹏办事处水头第一工业区城市更新单元土壤环境初步调查评估	2019 年
44	伯公坳垃圾填埋场土壤环境监测项目	2019 年
45	深圳市水务工程领域装配式技术专项实施方案（2019—2021 年）服务合同	2019 年
46	深圳市优质饮用水入户工程项目管理及督查	2019 年
47	深汕特别合作区赤石河等 7 条河道隐患排查报告编制	2019 年
48	深圳市龙岗区水务局水旱灾害防御应急预案	2019 年
49	深圳市生态环境局政府投资项目顾问咨询服务	2019 年
50	深圳市水务局易涝区动态管理采购项目（2020 年度）	2020 年

第三节 勘 测 项 目

一、长流陂水库新建工程

长流陂水库位于宝安区沙井街道办，是深圳市西部供水水源工程组成项目之一。20 世纪 90 年代初，大规模的土地资源开发及人口数量的剧增，用水需要持续上涨。为了开发利用长流陂水库自身集水区的水资源，通过

石岩水库引入东江水源及提引茅洲河水源入库，解决沙井街道及福永街道居民的供水问题，

筹划新建长流陂水库。水库建库前，要对河道水下部分在内的全库区地形测量。长流陂水库新建工程的测量工作，根据设计的要求，须重新进行地形测量，纵、横断面测量，按照公司的要求，接收任务后即进行野外踏勘工作与进行施测，测量工作中，依照《水利水电工程测量规范（规划设计阶段)》（SL 197）及相关规程进行作业。1990 年 8 月先后完成了小三角测量、图根导线测量、地形测量、纵、横断面测量，同年 9 月整理完内业资料并提交正式报告，次年 5 月通过审核。

项目为民生工程，水库建成后，解决了周边居民的饮用水和生态环境用水的供水任务，极大地推荐了城市的统筹发展，对当地经济又好又快地发展起到巨大的推动作用。

项目参与人员：黄伟明、詹达美、黄明华、刘怡清、刘富兴、李继民、黄淑权、刘佳城。

二、茜坑水库新建工程

城市的供水安全已成为全球性的重大战略性问题，深圳定位为国际化大都市，其安全可靠的供水是经济持续发展和社会安定的支撑和保障。20 世纪 90 年代初，作为深圳特区的龙华区，其社会经济快速发展，用水需求急剧攀升。此时，新建茜坑水库被提到日程上。茜坑水库，为深圳市域北部龙华、观澜、平湖片区具多年调节作用的调蓄水库，始建于 1994 年，2000 年扩建，工程包括 1 座主坝和 4 座副坝，库区范围属观澜河的茜坑河流域，跨大浪、观澜两街道辖区，集雨面积 4.98 平方千米，总库容 1 982 万立方米，正常库容 1 900 万立方米。

复核监理工程师提供的原始三角网，水准网及坝轴线等控制基点的基本资料，整理复核资料，布设坝体施工控制网，精准控制坝体轴线，坝脚线及坝体分缝桩号，定期检查各控制基点，防止意外破坏。布设施工所需的临时水准点，对特殊部位的模板制作提供理论依据项目实施提供测量资料。

1990 年 9 月，开始测量工作，1990 年 12 月完成了施工图的设计。项目实施过程为：①控制测量。平面控制测量、高程控制测量。②地形测量。图根控制测量、地形测量（包水下地形测量）、内业成图。③断面测量。断面点采集、内业成图。④测绘质量保证措施。质量的控制措施和生产过程中的质量管理。⑤测量人员安排。⑥健康安全保证措施。

项目负责人：黄伟明；项目参与人员：张敏、詹达美、黄明华、刘富兴。

三、宝安西乡河综合整治工程

西乡河位于宝安区西乡街道，起始于铁岗水库溢流堰，流经西乡街道城区后流入珠江口，全长约 7.6 千米。本次整治的三期位于西乡河的中游，即宝安大道到广深公路段，全长约 1.3 千米。其中，龙珠路段长约 700 米，现状河宽约 25 米，两岸为浆砌石挡墙，左岸房屋离岸墙较近，1～4 米，右岸隔有龙珠路，房屋与岸墙的距离为 10～15 米；步行街段河长约 600 米，现状河宽仅 15 米，过流能力不满足要求，现有岸墙为浆砌石挡墙，建成年代较早，比较破旧，该段河道两岸房屋紧挨河道，甚至有此房屋建设在河道上，严重阻碍行洪。西乡河河道中流水为工业废水和生活污水的混合体，加之铁岗水库无常流水下泄，所以河中污水成流，臭气熏天，沿河两岸居民怨声载道。为改变河道防洪和水质，须进行河道综合整治。

本次勘察的内容包括：①查明西乡河（三期）水文地质、工程地质条件，结合整治方案分段评价岸墙的稳定性，提出整治的建议措施；②查明新（改）建桥涵地基的水文地质、工程地质条件，对存在的主要工程地质问题进行评价；③查明拟埋设管道沿线的水文地质、工程地质条件，对沿线工程工程地质条件进行评价，提出岩土层的物理力学性质参数，并对不良地质问题防治和地基处理提出建议。

本次勘察外业工作自 2005 年 5 月 18 日开始至 2005 年 6 月 12 日止，先后组织 8 台钻机进行野外钻探施工，历时 25 天；于 2005 年 6 月 26 日完成勘察报告。

西乡河综合整治工程的实施，改善河道行洪、水质黑臭、沿河生态环境，实现了防洪安全、水清岸绿、景致怡然的整治目的。

项目参与人员：邓平、詹达美、庄光钦、余汝林、薛志导等。

四、龙岗河干流防洪整治工程

1. 项目背景

龙岗河位于深圳市东北部，属东江二级支流淡水河上游段。发源于梧桐山北麓，正源为梧桐山河。流经深圳市龙岗区所辖的横岗、龙岗、坪地、坑梓4镇。龙岗河防洪整治工程的主要任务是通过整治河道，修建堤防，兴建、扩建、改建跨河及河岸建筑物，达到增强河道的泄洪能力为目的，将龙岗河干流由现在不到50年一遇的防洪标准，提高到100年一遇的防洪标准，支流河道提高到50年一遇的防洪标准。从而实现整个龙岗河流域防洪标准的提高。在治理河道的同时，要求与城镇规划、市政规划、国土规划、环境保护相结合。做好与市政排水管网向河道排放的协调，并使河道成为美化城市的一部分，有利于生态环境的保护。

2. 项目内容

为了给河道技施设计提供可靠的测量依据，使其顺利进行，按《工程项目测量任务书》具体要求，深圳市广汇源环境水务有限公司测量队需对龙岗河干流带状地形约12平方千米范围，测绘1∶1 000地形图、河道纵横断面测量。根据《水利水电工程测量规范（规划设计阶段）》（SL 197）规定，于2001年1月8日，对龙岗河干流进行了现场踏勘，编写成《技术施测纲要》，用以指导本测区的测绘工作，保证测绘工作的顺利、高质、高效、低耗地完成任务。龙岗河干流位于龙岗区横岗、龙岗、坪地、坑梓四镇境内，划分为蒲芦陂、蒲排、圳蒲岭、中心城、低山、油坑口、泰宝段等共13段，全长约19千米，测区范围广、河道长、地貌是宽窄相间的串珠状，宽处成盆地，窄处锁河口，各支流交错，两岸为竹林、果树，工业厂房和住宅区较多，地形较隐蔽，两侧的山头植被覆盖良好，林木茂盛，通视十分困难，工作难度较大。

3. 项目实施过程

2001年1月8日，对项目现场进行勘查，编写了《技术施测纲要》。项目实施过程为：①控制测量。平面控制测量、高程控制测量。②地形测量。图根控制测量、地形测量（包括水下地形测量）、内业成图。③断面测量。断面点采集、内业成图。④测绘质量保证措施。质量的控制措施和生产过程中的质量管理。⑤测量人员安排。⑥健康安全保证措施。

4. 项目意义

通过防洪治理龙岗河，实现减免流域洪涝灾害。防洪治河工程的实施，减少了洪涝灾害的发生，灾害造成的直接影响得到减免，环境恶化的危害也相应减少，从而取得较好的环境效益，稳定民心，营造安定的社会气氛，有利于改善投资环境，促进社会经济发展。此外，河道整治改变了天然河床冲淤，河堤崩塌缺损、杂草丛生的落后面貌，加上治河植树栽草，设置景观、小品，既美化了环境又净化了空气，有利于生态环境保护，有利于人民身体健康。

龙岗河干流防洪整治工程（低山段）均由广汇源独立完成，为广汇源在龙岗河干流留下测绘基础资料，尤其为后来进行龙岗河河道测量调查提供了可靠的测量成果，也是公司优质工程的一个代表。

5. 项目参与人员

项目负责人黄伟明；主要参与人员：刘富兴、吴子业、吴营水。

6. 业绩荣誉

龙岗河干流防洪整治工程（低山段）工程项目，2007 年 6 月荣获深圳市测绘学会 2006 年优质测绘产品（工程）三奖。

五、深圳市东部海堤重建工程勘测

1. 项目背景

东部海堤位于深圳市龙岗区的东南部大鹏半岛境内，三面环海，仅北面与坪山新区的坪山街道接壤，西北角与深圳特区毗邻，东临大亚湾，西与香港特别行政区隔大鹏湾相望。大鹏半岛总面积 289.14 平方千米，从北向南依次分为葵涌、大鹏和南澳 3 个街道，海岸线总长 137.7 千米，其中葵涌街道 31.9 千米，大鹏街道 40.8 千米，南澳街道 65 千米。现状东部海堤指大鹏半岛片区 137.7 千米海岸线上的分散海堤。这部分经多种资金渠道自行修建，且经数十年来的累计延伸和加固的堤防工程，存在着建设标准低、外观质量差等状况，且近期部分堤段遭受台风暴潮袭击而严重冲毁。加之东部经济的快速发展，特别是旅游业的发展，对海堤的防御要求更为严格，现有的设防标准已不适应社会经济发展的要求。受 2008 年 9 月“黑格比”台风影响，东部海堤受损严重，为确保海堤安全，恢复海堤防洪潮功能及当地旅游业的发展，需及时对受损海堤及标准偏低的海堤进行重建及加固。

2. 项目内容

本项目主要分布在龙岗区的葵涌、大鹏、南澳街道，包括月亮湾海堤、水头海堤、鹏城海堤、官湖海堤等，全长 4.3 千米。海堤区域分散，但海堤靠近岸滩，沿岸都有深浅滩，堤身曲折狭长，海底地貌因为沙质底，受风浪潮汐影响，容易变化。测区的高级控制点均位于高山上，山上树木密集且高度达 3～5 米，通行通视条件差，等级水准点离测区较远、水准联测路线较长，且因测设年代已久，部分水准点已破坏，任务主要对海堤沿线进行勘测，为项目实施提供基础资料。

3. 项目实施过程

2009 年 9 月，开始勘测工作，2012 年 5 月完成了施工图的设计。

实施过程为：①控制测量。平面控制测量、高程控制测量。②地形测量。图根控制测量、地形测量（包水下地形测量）、内业成图。③断面测量。断面点采集、内业成图。④测绘质量保证措施。质量的控制措施和生产过程中的质量管理。⑤测量人员安排。⑥健康安全保证措施。

4. 项目意义

项目为民生工程，海堤设计与城市景观规划相结合，重建了防潮屏障，加强了海堤的景观建设，通过保留现有沙滩资源，设置堤前亲水平台或休闲道、堤顶观海路及景观休闲带等，与大海、沙难相互映衬，融为一体，营造出了人水和谐的海岸线景观，吸引了世界各地游客到此游玩，推动当地旅游业蓬勃发展，为大鹏新区建成国际旅游度假胜地提供了重要保障。

5. 项目实施参与人员

勘测负责人：黄伟明；项目参与人员：张敏、詹达美、黄明华、刘怡清、刘富兴、李继民、黄淑权、刘佳城、刘德良、吴钢琴。

6. 项目业绩荣誉

深圳市东部海堤重建工程，2017 年 12 月荣获广东省水利水电行业学会 2016—2017 年广东优秀水利工程勘测奖。

六、龙岗河河道范围线测量调查

龙岗河发源于梧桐山，是东江二级支流淡水河的干流，其上游由横岗街道的梧桐山河、大康河、简龙河以及何茂盛河；而后流经龙岗街道、坪地街道、坑梓街道后入惠阳境内。其支流主要分布在龙岗河右岸，走向多呈北北东或北东向，呈梳状排列。龙岗河主要支流有龙西河（清林径水）、龙溪河、沙背沥水、高桥河（丁山河）、杫梓河（黄沙河）。龙岗河进入低山村时，河道突然变窄，形成小峡谷，俗称为“油罂口”。这里河床过水断面小，洪水宣泄不畅，抬高上游水位，造成低山村以上至龙岗墟镇一带经常受洪水灾害。管理部门无法及时了解堤岸工程沉陷、位移、堤体掏空和应力变化等情况，往往到工程缺陷发展到较为严重甚至出现险情时才发现，对沿河周边片区人民生命、财产安全构成威胁。为改善河道行洪能力，提出河道测量调查，为后续整治提供基础。

对龙岗河干流、沙湾河干流、黄沙河干流、丁山河干流、南约河干流及龙西河干流六条河道从堤防结构完整性、稳定性等情况延续检测，并对各河道堤防结构完整性、稳定性进行进一步评估，对存在安全隐患的位置提出消除隐患的措施和建议，对远期的监测工作提出建议及规划。

2011 年 4 月，开始测量工作，实施过程为：①控制测量。平面控制测量、高程控制测量。②地形测量。图根控制测量、地形测量（包水下地形测量）、内业成图。③断面测量。断面点采集、内业成图。④测绘质量保证措施。质量的控制措施和生产过程中的质量管理。⑤测量人员安排。⑥健康安全保证措施。

龙岗河大部分穿越已建成的龙岗区的繁华城区，所经之处，人口密布、经济繁荣，社会及经济活动频繁，是龙岗区主要的防排涝（污）通道，也是龙岗区人民的生命线，在龙岗乃至深圳市的经济发展中起着举足轻重的作用。调查清楚其河道状况，为后续整治提供基础，解决河道行洪不足和污水黑臭等问题，为区域经济发展奠定环境基础。

勘测负责人：黄伟明；项目参与人员：张敏、詹达美、黄明华、刘富兴。

七、惠州金山河小流域环境景观综合整治工程

金山河项目位于广东省惠州市惠城区，流域包括金山河干流和横江沥支流，整治全长约10千米。其源头发源自红花樟山区激流坑山塘，河道在市区形成分流，东汇金山湖，北入西枝江。项目功能为防洪排涝、截污治污、生态修复、景观美化。工程综合治理河长10.09千米，新建水库、隧洞、泵站各一宗（座），沿河设置截污管道15千米。亲水栈道7.7千米，人行桥8座，交通桥6座，地下停车场2处，景观绿化35万平方米，景点10处。应用生态治河的理念和“防洪排涝、截污治污、生态修复、景观美化”的总体思路对金山河进行综合整治，在提高河道防洪排涝功能的同时，通过完善两岸截污管网、生态补水及景观美化等措施，解决金山河“脏、乱、差”和水污染严重的现状，将金山河打造成为集防洪排涝、休闲观光、人水和谐、亲水宜居的生态河流。

本次地质勘察的主要内容是：①查明新建堤防沿线的水文地质、工程地质条件，并进行分段评价；②查明已建堤防拟加固堤段水文地质、工程地质条件，分析险情隐患成因和危害程度，提出加固处理的建议措施；③查明拟建桥涵地基的水文地质、工程地质条件，并对存在的主要工程地质问题进行评价；④查明堤岸防护段的水文地质、工程地质条件，结合护坡方案评价堤岸的稳定性；⑤进一步进行天然建筑材料勘察。为该项目初步设计阶段提供真实、可靠的地质资料。

本次勘察沿拟整治河道共布设勘探点132个（钻孔编号ZK1～ZK132）。勘探点布设满足《堤防工程地质勘察规程》（SL 188—2005）、《中小型水利水电工程地质勘察规范》（SL 55—2005）初步设计阶段勘探点布设要求。勘探点定位由本单位测量队完成，坐标为北京54坐标系统，高程为珠江高程基准。对场地岩土层采用回转钻进、泥浆护壁方法；采用薄壁敞口取土器重锤少击法进行原状土样采取，土样质量等级达到Ⅱ级；采用标准贯入试

验及重型动力触探试验的方法进行原位测试；室内试验包括常规的土（岩石）试验及水质分析土，以定量分析土的物理力学性质及地下水水质。公司于2013年7月5日派遣2台XY-100型油压工程钻机进入现场施工，于2013年9月2日完成野外钻探工作。汇集野外钻探原始记录、标准贯入试验资料、钻孔测量资料、原位注水试验、室内土样、岩样、水质分析等资料，参考广东省地质图（1∶50万）及说明书、广东省地质构造图（1∶50万）及说明书、《广东省区域地质志》等文献，综合进行检查整理、分析统计后编制工程地质勘察报告。

项目为民生工程，对于金山河上游段（激流坑水库下游至古塘坳社区居委会河段）的综合，结合古塘坳搬迁改造，一次性完成整条金山河的防洪、截污、景观、交通的治理工作，为经济的发展提供了条件。

项目参与人员：邓平、庄光钦、詹达美、余汝林、薛志导等。

八、金龟河小流域综合整治工程

1. 项目背景

金龟河属于坪山河流域，位于深圳市北部低丘盆地区，区内地貌类型可以分为三个单元：一是低丘陵，主要分布在区内南侧，高程一般为100～250米；二是四级台地，主要分布在区内丘陵向冲积平原过渡地段，高程一般为60～80米；三是冲积平原，主要分布于坪山河干、支流两岸附近。区内总体地势西高东低、南北高中部底，支网水系向南北两侧延伸，流向区内中部，在区内中部形成坪山河。金龟河为赤坳水库的主源，河流流域面积占水库集雨面积的近50%，开展金龟河小流域综合整治工程，提高河道行洪安全、控制入河污染、保证入库水质达标，对赤坳水库水源水质达标起着十分重要的作用。

2. 项目内容

金龟河为坪山河的二级支流，位于坪山河流域东南侧，集雨面积7.19平方千米，平均比降16.5‰，除干流外主要有田作、半坝、老围及同石4条支沟。工程范围：①金龟社区应急供水供水蓄水池至下游待建前置库工程入库河口，总长约4.0千米。金龟河防洪治理拟从新塘小组附近至下游入库河口段，长约 3.05 千米；新塘小组以上至应急供水蓄水池段（长 0.95 千米）以水源保护治理为主。②田作沟治理范围自河口向上游延伸约 500 米，以水源保护治理为主。③老围沟治理范围自河口向上游延伸约 200 米，以疏通河道和水源保护治理为主。项目勘测主要对改造壅水堰及过河桥涵、疏浚清淤、固脚护坡等工程的前期地质勘测。

3. 项目实施过程

本次勘察对场地岩土层采用回转钻进、泥浆护壁方法；采用薄壁敞口取土器重锤少击法进行原状土样采取，土样质量等级达到Ⅱ级；采用标准贯入试验及重型动力触探试验的方法进行原位测试；室内试验包括常规的土（岩石）试验及水质分析土（室内检测工作由深圳市岩土综合勘察设计有限公司实验检测中心承担），以定量分析土的物理力学性质及地下水水质。公司于 2014 年 10 月 8 日派遣 2 台 XY－100 型油压工程钻机进入现场施工，于 2014 年 10 月 25 日完成野外工作。①野外钻探及原位测试工作。采用钻探取芯、薄壁取土器取样、标准贯入试验、注水试验、地下水位测量、钻孔施放等方法。钻探施工采用回转钻进，辅以套管护壁、泥浆护壁的施工工艺，全孔取芯，并对岩芯拍摄彩照。②室内试验工作：土样、砂样试验采用常规试验和渗透试验，岩样进行单轴抗压强度试验（饱和），地下水样进行简分析。③室内资料整理：汇集野外钻探原始记录、标准贯入试验资料、钻孔测量资料、原位注水试验、室内土样、岩样、水质分析等资料，参考广东省地质图（1∶50 万）及说明书、广东省地质构造图（1∶50 万）及说明书、《广东省区域地质志》等文献，综合进行检查整理、分析统计后编制工程地质勘察报告。

4. 项目意义

建设内容包括防洪工程和生态修复工程，其中防洪方面包括改造壅水堰及过河桥涵、疏浚清淤、固脚护坡等措施；生态修复方面包括结合岸线梳理及防洪需求设置生态塘和自然河道漫滩地、打通沿河休闲步道、完善沿河栏杆和标识设施等。营造安全、清洁、自然的小流域。开展金龟河小流域综合整治工程，提高河道行洪安全、控制入河污染、保证入库水质达标，对赤坳水库水源水质达标起着十分重要的作用。

5. 项目实施参与人员

项目参与人员：张敏、詹达美、庄光钦、余汝林、薛志导等。

九、花园河综合整治工程

1. 项目背景

花园河位于深圳市龙岗区坪地街道办公辖区，为丁山河的一级支流，属龙岗河流域水系。花园河集雨面积 8.75 平方千米，干流河长 5.65 千米，平均比降 0.007。花园河左岸有 2 条支流，干流起点位于盐龙大道（新生水库溢洪道出口），途经坪西公路、吉祥一路，沿华兴路南侧进入丁山河内，长约 4.1 千米；坪西北支流自黄竹坑水库副坝坝下起，经盐龙大道、坪西中路、吉祥一路、顺景路，在鹏利纸品厂后以 DN1200 暗涵连接花园河干流，长 2.0 千米；坪西南支流由龙岭南路与盐龙大道交汇处起，经香林世纪华府，在坪西南路下游 350 米处汇入花园河干流，长约 1.5 千米。2015 年 6 月 10 日，深圳市人民政府《关于印发深圳市贯彻国务院水污染防治行动计划实施治水提质的行动方案的通知》（深府〔2015〕45 号），提出“到 2017 年，深圳河、茅洲河基本达Ⅴ类水质，龙岗河、坪山河、观澜河重点河段主要水质指标达Ⅳ类，建成区基本消除黑臭水体”的工作目标。花园河属龙岗河水系，按照深圳市治水提质工作计划（2015—2020 年）要求，2017 年底花园河消除黑臭。在此背景下，花园河综合整治工程提上日程。

2. 项目内容

本次勘察内容主要包括：①初步查明河道整治地段的岸坡形态、探底、冲沟、古河道等的分布和近岸河底形态；②初步查明河道整治地段河势稳定状况、河床的冲淤变化，并对岸坡、滩地等的稳定性进行初步评价；③初步查明河道整治地段地层岩性，重点是软土、粉细砂等土层的分布和向近岸水下延伸情况；④初步查明河道整治地段崩塌、滑坡等物理地质现象的分布与规模；⑤初步查明河道整治地段地下水类型，地下水位和水质；⑥初步查明各岩土层物理力学性质，初步提出岩土层物理力学参数；⑦初步查明河道整治工程建筑物的工程地质条件和主要工程地质问题。

3. 项目实施过程

本次勘探点定位由本单位测量队完成，坐标为深圳市独立坐标系统，高程为1956年黄海高程系统。公司于2016年9月29日派遣两台XY-100型油压工程钻机进入现场施工，于2016年10月2—25日完成外业工作。主要工作内容包括：①野外钻探及原位测试工作。采用钻探取芯、薄壁取土器取样、标准贯入试验、地下水位测量、钻孔施放等方法。钻探施工采用回转钻进，辅以套管护壁、泥浆护壁的施工工艺，钻进口径 ϕ110、ϕ91毫米，全孔取芯，并对岩芯拍摄彩照。②室内试验工作。土样、砂样试验采用常规试验，地下水样进行简分析。③室内资料整理。汇集野外钻探原始记录、标准贯入试验资料、钻孔测量资料、室内土样、水质分析等资料，参考广东省地质图（1∶50万）及说明书、广东省地质构造图（1∶50万）及说明书、《广东省区域地质志》等文献，综合进行检查整理、分析统计后编制工程地质勘察报告。

4. 项目意义

花园河作为丁山河的一级支流，流经坪地街道山塘尾、花园、新屋场、料龙、岭背、澳头共6个居民小组，由于历史原因，花园河在此前是城市脏乱差的一张“黑色名片”。工程实施后，居民告别难闻的臭水，见不到脏乱的河道，取而代之的将是一片水清岸绿。提升周边环境质量。本作为勘测项目，为后期项目设计和实施提供实施依据，为项目的执行提供可参考信息，对于工程综合整治设计、实施具有重要指导意义。

5. 项目实施参与人员

项目参与人员：张敏、詹达美、庄光钦、刘怡清、刘富兴、余汝林、闫成云、薛志导。

十、东部海堤重建工程三期

1. 项目背景

东部海堤位于深圳市东南边陲大鹏新区境内，西临深圳市经济特区，北与坪山区及惠州市接壤，东濒大亚湾，西倚大鹏湾，南与香港新界、九龙半岛隔海相望，三面环海，境内多山丘少平地，人口多集中在靠近海边的狭小平地。大鹏新区于2012年成立，所辖葵涌、大鹏和南澳3个办事处，陆域面积302平方千米，海域面积305平方千米，海岸线总长137.7千米，其中葵涌办事处海岸线长 31.9 千米，大鹏办事处海岸线长 40.8 千米，南澳办事处海岸线长 65 千米。其中以沙滩和礁石为主的海岸线长达 130 多千米，分布有大小不等的 20 多个黄金沙滩浴场；现状海域水质优良，清澈碧蓝，水温、海浪、盐度均较适中，并且属于具有天然屏障保护的内湾海域，为大鹏新区重要的沙滩旅游资源，将全力打造成生态型现代化海滨新城。

2. 项目内容

本次勘测主要查明工程区的岸坡形态、坡度、滩地宽度和近年海底形态及冲淤积变化情况；崩塌、滑坡等的分布与规模，并对岸坡的稳定性及其对堤防工程稳定性的影响分段进行工程地质评价；调查工程区坍岸险情的发生经过、原因及抢险处理措施与效果；确定工程区的地层岩性，重点是软土、粉细砂等土层的分布厚度及其变化情况，以及工程区含水层和隔水层的分布、地下水位。

3. 项目实施过程

勘察对场地岩土层采用回转钻进、泥浆护壁方法；采用薄壁敞口取土器重锤少击法进行原状土样采取，土样质量等级达到Ⅱ级；采用标准贯入试验及重型动力触探试验的方法进行原位测试；室内试验包括常规的土（岩石）试验、土的酸碱性及腐蚀性试验及水质分析，以定量分析土的物理力学性质及地下水水质。公司于 2016 年 12 月 14 日派遣 6 台 XY－100 型油压工程钻机进入现场施工，于 2017 年 1 月 18 日完成野外工作，2017 年 7 月 10 日派遣一台 XY－100 型油压工程钻机进入现场施工，主要施工海上钻孔，2017 年 7 月 29 日完成野外工作，2017 年 9 月提交正式报告。

4. 项目意义

东部海堤重建工程作为大鹏新区的消灾防灾基础工程，其建设规模和工程等别的确定须与大鹏新区的整体规划相匹配，但局部已有海堤经历了几场风暴潮的冲击后，亟待处理，若将破损海堤延期至规划落地后再行整治，存在着安全隐患。针对现存的矛盾，深圳市水务局发扬了实事求是的优良作风，将大鹏新区现有海堤按照危险程度的不同进行区分，分期实施东部海堤重建工程，优先解决受台风破坏严重的海堤，保护了人民群众的生命财产安全。

5. 项目实施参与人员

项目参与人员：张敏、詹达美、黄明华、余汝林、薛志导、黄振。

十一、五指耙水库大坝安全鉴定

1. 项目背景

五指耙水库位于宝安区松岗街道东南部2.2千米处，库址紧靠东方林果场。工程建于1958年，1960年4月竣工，本次复核水库坝址以上集雨面积为2.22平方千米，坝址以上主流长度2.165千米，比降0.021 8。五指耙水库总库容194.03万立方米，属小（1）型水库，Ⅳ等工程。水库供水对象为五指耙水厂，该水厂现状规模为16万立方米每天，远期规划扩建至30万立方米每天，根据《深圳市供水水源及供水布局优化研究》五指耙水库定位为松石支线检修期五指耙水厂备用水源。水库自1960年建成投入运行以来，陆续进行了多次加固改建，主要包括：1983年的输水涵断裂更换；1988年的坝体加高、下游培厚、加设排水棱体、新建浆砌石溢洪道、延长输水涵管；1998年的安全达标工程，主坝增设混凝土护坡、坝脚排水沟，增设贴坡、加大排水棱体，副坝增设混凝土护坡，浆砌石防浪墙、混凝土坝顶路；2007年的溢洪道改造；2013年实施的主坝防浪墙拆除重建、坝顶混凝土路面、下游增设高贴坡排水、主坝输水涵加固、输水涵内套钢管加固等除险加固措施。但水库大坝整体安全鉴定没有明确，所以通过本次鉴定来明确工程整体安全状况，及时发现不利于水库安全的因素，为工程安区提供保障。

2. 项目内容

调查坝体填筑土的物质组成、物理力学性质、渗透特性，软弱土（体）及施工填土形成的软弱接触带的厚度和分布情况。评价填筑土的质量是否满足有关要求；调查坝基土体的物理力学性质和渗透特性。坝体浸润线分布高程及其与库水位的关系，评价防渗体的可靠性；检查主坝防渗体系的防渗效果，查明大坝目前存在的地质问题，如透水情况、蚁穴、松散体、土洞等特征；复核水库区域地质条件。针对查明的地质条件，提出大坝安全鉴定中应注意的地质问题及地质条件对建筑物的影响，提出设计时采用参数的合理建议值。

3. 项目实施过程

2017年10月2日，接受任务，明确勘察技术要求，由项目负责人组织有关部门进行踏勘，搜集资料，办理各种进场手续及证件。10月5日，下达事前指导书：由总工下达事前指导书。由项目负责人编制勘察纲要，经专家组审核后并向发包人报送，同意后下达给钻探队、物探队、测量组，并进行技术安全交底。实施过程为：①钻探队及物探队根据勘察纲要要求进入现场进行钻探、物探工作，由专业记录员作好量尺、记录和描述工作，按纲要要求进行取土、标贯等试验工作，土样应及时封蜡。工程技术负责人必须亲临现场指导、监督，审核人进行中间检查，及时提出野外工作中存在的问题，并加以解决。为保证工期，土、水样及时分批送实验室，由项目技术负责人填写试验项目单，交实验室进行岩土、水试验。②填写原始数据，输入理正软件。③工程技术负责人汇总各项成果，编写勘察报告书。④审核人审核各项成果和报告书，交项目组复审、审定；资料加工室整理成册，报告书发送建设单位，将原始资料归档。到2017年10月23日，正式提交鉴定报告。

4. 项目意义

通过对五指耙水库安全的鉴定，及时发现不利于水库安全的因素，趁早进行解决，防患于未然，在一定程度上保障了区域内人民的生命财产安全。另外，五指耙水库作为重要的水源区，五指耙水库的安全鉴定为宝安区的供水安全提供了有力的保障，由此产生了巨大的社会效益。

5. 项目参与人员

项目参与人员：詹达美、黄明华、李继民、黄振、薛志导。

十二、甘坑河综合整治工程

甘坑河为甘坑水库的入库支流，甘坑水库溢洪道原汇入平湖街道木古河，现由于甘坑水库功能转变为北部水源调蓄水库，仅向北侧的苗坑水库泄洪，故水库洪水不再流入木古河。因此，现状甘坑河由西向东汇入甘坑水库，后泄洪至苗坑水库，经苗坑水库溢洪道汇入下游君子布河。经复核，甘坑河流域面积 4.778 平方千米，河长 3.965 千米，天然平均河床比降 9.4‰。随着经济建设的不断发展，甘坑河流域范围内水环境污染日益突出。河道两岸生活及工业用水、污水直接排入河中，致使河水发黑、发臭，蚊蝇害虫滋生，淤积严重。另一方面，甘坑河长期未进行系统整治，部分河段无法满足设防标准下的行洪要求，局部河道挡墙损坏严重，使得区域洪涝灾害时有发生。此外，甘坑河沿线人行通道和景观绿化缺乏，与建立生态化城市的发展要求极不和谐。由于甘坑河流域范围内水环境污染依旧严峻，洪涝灾害、水源污染、生态景观等问题依旧存在，因此，对甘坑河进行综合整治意义重大。

本次勘察为可行性研究勘察阶段，主要任务和内容为：查明场地和地基的稳定性、地层结构、持力层和下卧层的工程特性和地下水条件以及不良地质作用等；提供满足设计、施工所需的岩土参数，确定地基承载力；提出地基基础、基坑支护、工程降水和地基处理设计与施工方案的建议；提出对建筑物有影响的不良地质作用的防治方案建议。

公司于 2017 年 10 月 25 日派遣 2 台 XY－100 型油压工程钻机进入现场施工，于 2017 年 11 月 5 日完成野外工作。

本项目作为勘测项目，主要为后期项目设计和实施提供实施依据，为项目的执行提供可参考信息，特别是地质勘测明确工程地质情况，对于工程综合整治设计、实施具有重要指导意义，甘坑河列为第一批重点开展河道综合整治工程的项目，工程实施后加快提升龙岗区水环境质量，打造“生态龙岗”“魅力龙岗”，建设“山环水润、龙凤呈祥”特色城区，消除黑臭水体为重点的水环境提升、以消除内涝灾害具有重要意义。

项目参与人员：张敏、詹达美、黄明华、余汝林、薛志导、黄振。

十三、长西引水渠改造一期工程勘测

1. 项目背景

长西（长岭皮水库—西丽水库）引水渠始建于 1981 年，1985 年完成通水，该渠全长约 6.8 千米，为明渠、暗涵、渡槽交替的断面结构，设计流量 3 立方米每秒。渠道断面形式主要为梯形断面和矩形断面，断面形式沿程变化很大。长西引水渠在饮用水水源保护区域内，但现状长西渠为开放式明渠，沿线城市化建设开发程度大，渠道两岸有大量的居民区，居民生活污水随时可能对长西引水渠造成污染，此外，长西引水渠还接收了沿线的区间洪水，供水水质及供水稳定得不到保障。目前，长西渠渠道老化破旧，并有多处出现损毁淤积，现状供水流量仅为1.5立方米每秒。供水能力严重不足。另外，由于现状长西引水渠穿过南方科技大学、深大新校区以及麒麟山庄，南科大建设、深大新区建设和麒麟山庄改造等几项市政府重点工程均对原长西引水渠提出了改造要求。为解决以上几个存在的供水水量和供水安全问题，以及配合几项重点工程的建设，本次工程考虑对长西引水渠进行改造，以达到保证供水水质的同时，提高供水水量的目的。

2. 项目内容

长岭皮水库扩容后，长西引水渠的功能如下：①在东江水源工程检修期，西丽水库水量不足，需要从长岭皮水库引水。长岭皮水库通过长西引水渠向西丽水库供水。②根据东江水源工程的运行调度情况，每年3—4月的枯水季节，西丽水库水量不足，需要从长岭皮水库引水。长岭皮水库通过长西引水渠向西丽水库供水。长西引水渠改造工程管道起点位于长岭皮水库主坝输水涵，至南方科技大学校区内，其管道沿二线公路南侧敷设，为保证工程的顺利实施，本项目主要对项目沿线进行勘测。

3. 项目实施过程

测量总体流程：①控制测量。平面控制测量、高程控制测量。②地形测量。图根控制测量、外业地形点采集、内业成图。③断面测量。断面点采集、内业成图。④测绘质量保证措施。质量的控制措施和生产过程中的质量管理。⑤测量人员安排。⑥健康安全保证措施。

（1）接受任务，明确勘察技术要求，由项目负责人组织有关部门进行踏勘，搜集资料，办理各种进场手续及证件。

（2）下达事前指导书：由总工下达事前指导书。

（3）由项目负责人编制勘察纲要，经专家组审核后并向发包人报送，同意后下达给钻探队、物探队、测量组，并进行技术安全交底。①钻探队及物探队根据勘察纲要要求进入现场进行钻探、物探工作，由专业记录员作好量尺、记录和描述工作，按纲要要求进行取土、标贯等试验工作，土样应及时封蜡。工程技术负责人必须亲临现场指导、监督，审核人进行中间检查，及时提出野外工作中存在的问题，并加以解决。②工程勘察外业完工经项目技术负责人验收满足要求，野外作业人员才可退场，否则补充欠缺工作。

(4) 为保证工期，土、水样及时分批送实验室，由项目技术负责人填写试验项目单，交实验室进行岩土、水试验。①填写原始数据，输入理正软件；②工程技术负责人汇总各项成果，编写勘察报告书；③审核人审核各项成果和报告书，交项目组复审、审定；资料加工室整理成册，报告书发送建设单位，将原始资料归档。

4. 项目意义

本项目作为勘测项目，主要为后期项目设计和实施提供实施依据，为项目的执行提供可参考信息，特别是地质勘测对于工程实施具有重要指导意义。

5. 项目参与人员

项目参与人员：张敏、詹达美、余汝林、刘怡清、黄振、刘富兴、薛志导、刘德良、黄峰、黄淑权。

6. 项目业绩荣誉

2017 年 12 月荣获广东省水利水电行业学会 2016—2017 年度广东优秀水利工程勘测奖。

十四、公司完成的其他勘测项目

公司完成的其他勘测项目见表 2-3。

表 2-3　　公司完成的其他勘测项目

序号	项 目 名 称	执行时间	备注
1	广东省东江河梯级电站工程	1981 年	测量
2	北江大堤加固工程（清远石角、三水大塘、芦苞水闸段）	1982 年	
3	深圳市大亚湾核电站水厂工程	1985 年	
4	深圳市宝安区观澜河流域水利综合规划报告	1996 年	
5	深圳布吉沙湾地区排污工程（Ⅱ、Ⅲ期）	1987 年	
6	深圳葵涌溪冲水库扩建工程	1989 年	

续表

序号	项　目　名　称	执行时间	备注
7	深圳市西部引水工程	1990 年	测量
8	深圳市坪山镇红花岭上库工程	1991 年	
9	深圳市龙岗区龙口水库工程	1993 年	
10	深圳水库（溢洪道出口至三叉河）排洪河扩建、改造工程	1994 年	
11	深圳市龙岗区 1∶1000 地形测图Ⅱ期（95）工程	1995 年	
12	深圳市龙岗区葵涌坝光盐灶水库工程	1996 年	
13	宝安区观澜镇白花水库及引水工程	1997 年	
14	宝安西海堤加高加固工程	2000 年	
15	东莞市长安街口村花灯盏垃圾场工程	2003 年	
16	深圳市鹅颈水库扩容工程	2005 年	
17	深惠两地联合治理龙淡河工程	2007 年	
18	龙岗下宝安 60 座小型水库除险加固工程	2008 年	
19	民治街道民治河综合整治工程	2009 年	
20	坪山径子水库可研性研究工程	2010 年	
21	兴宁和山岩水库灌区改造工程	2011 年	
22	横岗街道康乐路片区内涝整治工程	2012 年	
23	龙岗中心城雨水系统完善工程（一期）	2013 年	
24	同乐老太坑土地整备测绘	2013 年	
25	宝安区地下水资源监测	2014 年	
26	深圳市龙华新区小型水库安全监测	2014 年	
27	丹竹头社区窝肚 11－19 号后侧挡墙等 10 个地质灾害和危险边坡治理工程变形监测	2015 年	
28	深圳市水源工程（水库、引调水工程）划界摸底调查测量项目	2015 年	
29	南头街道老旧住宅小区综合整治工程测量（荔园新村等小区）	2016 年	
30	龙岗区已建河道堤防工程安全监测项目采购（2017 年度）	2017 年	
31	2019 年龙岗区龙岗河流域、观澜河流域、深圳河流域消除黑臭及河流水质保障工程—深圳河流域—东深供水渠流域水环境治理工程	2019 年	
32	深圳市水源工程（水库、引调水）管理范围和保护范围划定	2020 年	

续表

序号	项 目 名 称	执行时间	备注
33	深圳市东部供水水源网络工程箱涵段加密工程	1998 年	勘察
34	深圳市宝安区观澜河防洪治河工程	1998 年	
35	深圳市宝安区西乡镇铁岗水库加固工程	1999 年	
36	深圳市南山、宝安双界河治理第二期工程	1999 年	
37	梅林水库大坝工程	2000 年	
38	深圳市水库排洪河改造工程	2002 年	
39	深圳市坪山河流域防洪治河工程	2003 年	
40	深圳市宝安区观澜街道君子布排洪渠工程	2006 年	
41	深惠两地联合治理龙淡河瓶颈段疏通工程	2007 年	
42	宝安区公明片区上下村、马山头、马田河泵站排涝工程	2008 年	
43	东江引水獭湖支线扩建工程	2009 年	
44	深圳市龙岗区坪山镇赤坳水库前置库工程	2010 年	
45	龙岗河干流深惠交界处大松山段整治工程	2011 年	
46	观澜河大和水闸扩建工程	2012 年	
47	观澜办事处易涝点整治工程	2013 年	
48	龙岗区市政排水管涵安全隐患排查（一标段）	2014 年	
49	坪山新区暗渠化河道坍塌安全隐患检测评估服务	2015 年	
50	大空港新城区茅洲河治理工程及片区水环境综合治理工程—内湖综合治理工程勘察	2015 年	
51	平湖支线工程勘察	2015 年	
52	南澳河等 9 条河涌综合整治工程	2015 年	
53	龙岗街道同乐社区吓坑村排涝整治工程	2016 年	
54	深圳市地下水禁采区、限采区划分服务项目	2016 年	
55	光明新区社区（城中村）排水管网、市政信息管道、综合管沟普查服务	2016 年	
56	第三批龙岗区河道覆盖段重点隐患排查（二标段）	2016 年	
57	坪山新区排水管道坍塌安全隐患排查项目（B 包）	2016 年	
58	龙岗区存量排水管网年度滚动检测项目（三标段）	2017 年	
59	深汕特别合作区小漠渔港出海口海堤修复工程	2018 年	
60	深圳市茅洲河碧道试点段建设工程	2019 年	

第四节　科研及信息化项目

一、深圳市宝安区水资源决策支持系统项目

1. 项目背景

宝安区城市经济发展将从生产型向消费和生产并重型方向转变，在继续巩固、发展和提高加工工业经济的同时，宝安区整体空间环境将按照高新技术产业、先进工业、都市生态农业和生态旅游四个基地的定位进行规划，完善城市功能，最终将宝安建设成为现代产业综合发展的园林式、花园式经济强区。宝安区的供水事业近年来有了很大的发展，在“开源节流”方面投入了大量的财力、物力，做了大量的工作，使宝安区的供水体系基本上满足城市的发展和国民经济的高速增长，保证了居民的正常生活需水要求。但由于城市化进程迅速、人口增长速度过高和国民经济和工业生产的快速发展，对供水的水量、水质及供水安全性的要求的不断提高，造成水的供需矛盾日益突出，目前宝安区供水方面仍存在一些亟须解决的问题。各水厂主要供水水源为本地区的水库，由于其库容和汇水面积有限，自身调蓄能力不能满足供水要求。每年春季宝安区水源均全面告急，无法正常供水，各片区只能定时、定量限制供水，同时抽取水质较差的茅洲河和观澜河水来缓解供水矛盾。总之，水资源的缺乏，已成为制约当地社会经济发展的重要因素。

水资源决策支持系统开发的主要目标是：通过对深圳市宝安区水资源调配工作的需求分析，以及调配规则和调配经验、分析方法的归纳整理，以现行的水资源调配流程、组织分工为基础，采用水文学方法、统计学模型、大系统聚合分解协调模型、计算机软件等技术开发深圳市宝安区水资源决策支持系统。所建立的水资源决策支持系统能够依据实时的和历史的雨、水、工情信息；在计算机上进行需水量预测、可利用水量分析和水量调配，通过人机交互方式辅助水资源决策业务人员制定相应的调度方案，进行分析和评价，并可以及时地提供网上发布，为深圳市宝安区水资源决

策提供科学、全面的技术支持，辅助管理部门制定相应的决策方案。

2. 项目内容

深圳市宝安区水资源决策支持系统研究范围是宝安区 733 平方千米的供水水源及其源水调配网络；研究年限为现状水平年 2003 年及近期规划年 2010 年。该决策支持系统主要解决两方面的问题：①建立需水量预测、可利用水量预测、水量调配模型，对水源、用户进行解耦，使之有效的反映用户与水源之间的最优供求关系，对全区九个供水片区进行面向规划、面向实时的水资源优化配置，并可对水资源优化配置方案进行实时校正分析；②开发深圳市宝安区水资源决策支持系统，主要包含信息管理、需水量预测、可利用水量分析、水量调配和系统管理等子系统，为宝安区水资源决策提供辅助功能。

3. 项目实施过程

（1）系统模型的建立。本系统包括：需水量预测模型、来水预测模型、水资源优化配置模型以及三个层次的水资源优化配置模型。需水量预测模型采用了分项用地和综合用地指标法和统计方法；来水预测模型选用灰关联识别模型和 AR（P）模型，对于远景规划年份，采用确定频率分析法，计算宝安区可利用的当地水资源量；水资源优化配置模型为宝安区的水资源安全供给体系的规划和管理、供水工程设计、水资源供给系统薄弱环节诊断等提供有价值的依据和十分丰富翔实的基础数据。三个层次的水资源优化配置：面向规划年份的供需分析、对全区进行水资源优化配置；面向预测年份的优化配置；水资源优化配置方案的实时校正。

（2）系统模型的开发。根据深圳市宝安区水资源决策支持系统的业务特点和要求，以数据库为核心、基于 GIS 技术、Web GIS 技术、编程技术和网络技术开发了 C/S（客户端/服务器）和 B/S（浏览器/服务器）两种结构模式结合的水资源决策支持系统，具体包括内容：

深圳市宝安区水资源决策支持系统采用 C/S 和 B/S 相结合的结构，有利于信息的发布，将需要公布的通知、新闻及时发布到网上，使所有工作人员及时得到信息；开发了信息管理子系统，主要完成各个子系统所需要的静态和实时数据接收与处理；开发了需水量预测子系统，包含人口信息子模块、用地信息子模块和需水量预测子模块。开发了可利用水量分析子系统，主要包含水库降雨、径流资料的查询编辑以及从实时库中读取相应的数据；区外引水过程的设定；中小型水库的来水预测，运用灰关联和自回归两个模型；利用大系统聚合、分解、协调理论，对水源、用户进行解耦，开发了水量调配子系统，在水量调配子系统中设计了面向规划年份、面向预测年份以及面向实时的水资源调配方案；整个系统与GIS耦合，开发了GIS和Web GIS功能，使得一些基本信息和模型计算结果查询方便快捷；系统设置分级权限进行管理，保证了系统的安全，能满足不同层次用户的功能需求。

4. 项目意义

研究在详细分析了全区供水网络系统后，对其进行了概化；将水源、用户进行解耦，有效的反映了用户与水源之间的供求关系；以当时的水资源调配流程、组织分工为基础，采用水文学方法、统计学模型以及大系统聚合分解协调模型等建立了基于相对缺水率最小的优化配置模型；对全区的水资源供需分析和实时配置进行模拟计算。基于计算机编程技术、网络技术和Web GIS技术，采用C/S和B/S相组合的模式，通过人机交互方式辅助水资源决策业务人员制定相应的调度方案，进行分析和评价，并可以及时地提供网上发布，为深圳市宝安区水资源决策提供科学、全面的技术支持，辅助管理部门制定相应的决策方案。

5. 项目实施参与人员

项目总工程师：邓平；项目总负责：刘灼华、雒翠、董增川（河海大学水资源与水利工程科学国家重点实验室）；主要参加人员：刘灼华、董增川、雒翠、张敏、王德智、张文明、邓平、丁胜祥、吴红军、张建华、钟信洪、姜炜炜、肖家帛、潘志军、陈誉、李文珍、詹达美、黄明炼、樊仕宝、黄文稻、江锦燕、何造胜、郭苑晖。

二、深圳市大工业区河流水文特性及其水环境容量研究

1. 项目背景

自1996年以来，深圳市大工业区首期开发区的建设如火如荼地全面展

开，并带动了坪山、坑梓两街道办的开发建设。深圳市大工业区位于龙岗区东北部，跨坪山、坑梓两街道办，属深圳市东部工业组团，是深圳市东部主要工业基地。深圳市委、市政府决策在此建立全市性大工业基地，一方面依托盐田港发展临港工业，另一方面接纳特区内甚至香港因产业结构调整和城市功能更新而转移的制造业和加工业，同时积极引进发展资金和技术密集型的先进工业，从而使之成为深圳市二次创业的重要基地和深港地区新的经济增长点。

随着东部工业组团及其大工业区的建设与发展，城市化进程不断推进，流域原有的天然水文特性将会发生改变。为研究大工业区的开发对该地区水文特性可能造成的影响，避免城市化发展与水系统演变产生的不协调，提出了此项课题研究，并试图找出该地区的水环境容量，为该地区的发展和排污提供一定的指导。

2. 项目内容

坪山、坑梓两街道办境内共有大小河流 21 条，本次研究范围定为流域面积大于 10 平方千米的干流和一级支流。研究的河流有如下几条：田坑水、田脚水、坪山河、碧岭水、汤坑水及赤坳水。龙岗河因为只有一小部分流经坑梓，且有部分为与惠阳交界的“插花地”，地形等资料收集困难，不作为研究对象；石溪河也只有 2 千米长河段在坪山街道办境内，且按规划，此处不作为发展重点，保留其原有自然地形地貌，因此，也不作为研究对象。主要研究：①大工业区不同河流随着不透水率的增加，洪峰流量的变化情况；②区域水资源供需矛盾；③城市化后城市地区的污染负荷；④区域理论水环境容量和实用水环境容量；⑤多年平均以年为时段的非点源污染负荷与理论水环境容量比较下的水环境状况。

3. 项目实施过程

本次研究策划工作于 2003 年 12 月开始，经过一年多的基础资料收集整理、计算和分析，于 2005 年 12 月完成。其间得到了深圳市水务局、原大工业区国土局、深圳市城市规划设计研究院等单位的大力支持与帮助。

4. 项目意义

对区域水环境系统进行科学的分析，充分考虑其基本特征，在区域水环境系统的随机性和动态性的前提下研究区域河流水文特性及其水环境容量，应用水环境系统分析及模拟技术，找出该地区的水环境容量，为该地区的发展和排污提供一定的指导。

5. 项目实施参与人员

项目总工程师：邓平；项目负责人：刘云华；主要参加人员：刘云华、鲁南、朱春龙、栾建国、骆建良、柳立平、樊仕宝、吴红军、黎恪先、郭苑晖、肖家帛、林彩虹、张新宏、张敏。

三、深圳河流域防洪潮调度体系研究

1. 项目背景

随着深圳及香港地区社会经济的快速发展，对防洪安全提出了更高的要求，但部分河段防洪能力已达不到设计要求，与深圳市防洪潮规划要求差距更大，亟须探讨缓解防洪压力的新措施。鉴于近期开展流域大型防洪工程建设的难度较大，挖掘流域现有水库、蓄滞洪区、支流水闸等防洪工程错峰削峰的潜力，实施深圳河流域防洪工程的统一调度成为近期的有效手段，同时，通过流域涉水工程的统一调度，兼顾冲淤、加强水体交换等综合效益，也需要进行相关综合研究。

近年来，随着深圳河干流一至四期综合整治工作的陆续完工，河道防洪能力由治理前的2～20年一遇提高到50年一遇，深圳河防洪潮能力得到了较大提升。但深圳河干流的中上游仍存在瓶颈段，其防洪能力仍不足50年一遇，还远达不到200年一遇的防洪标准。鉴于近期开展流域大型防洪工程建设的难度较大，挖掘流域现有水库和蓄滞洪区等防洪工程的调蓄滞洪与削峰错潮潜力，实施深圳河流域防洪工程的统一调度成为近期的有效手段。

2. 项目内容

研究主要是在现有工程的基础上，挖掘深圳水库防洪调度能力，有效的控制洪水，提高深圳河的防洪能力，降低深圳河两岸城市的防洪风险。收集深圳河流域内河道断面、水库、闸门、蓄滞洪区调度资料，开展数模建立及验证工作，研究深圳河调度方案。

3. 项目实施过程

本项目由深圳市广汇源环境水务有限公司申报，即乙方。项目甲方由段余杰主任、姚丽娟部长、陈子珊部长、王政君负责，并聘请全国及深圳本地的专家，成立专家组，协助甲方对项目的实施及成果把关。项目乙方针对本项目成立专门的项目机构，包括项目领导、现场调研、资料收集与处理、模型构建共4个小组，各小组同步开展工作，以保障项目的进程。

2017年6月30日，签订项目合同，开始项目开题工作。2017年7月，收集深圳河流域内河道断面、水库、闸门、蓄滞洪区调度资料，开展数模建立及验证工作。2018年3月6日，召开项目开题暨中期报告专家咨询会。2018年3月，开始深圳河流域调度方案研究。2018年6月，提交初稿，并根据各方征求意见对报告修改完善，提交最终成果。2018年7月5日，通过项目终期报告专家验收会。

4. 项目意义

通过开展流域的防洪潮调度体系研究工作拟达到以下目的：通过了解流域内重点工程设施（深圳水库和笋岗滞洪区）的产汇流过程、调度过程及其下泄对深圳河干流的影响，在掌握深圳河洪潮规律的前提下，建立模型和优化调度方案，充分发挥深圳水库的滞洪削峰和泄洪与深圳河高潮位错潮作用，从而降低深圳河行洪压力，提高深圳河两岸城市的防洪安全；在防洪潮调度体系研究的基础上，初步构建深圳河流域智慧管理调度平台，为三防决策支持系统的具体执行提供依据；配合调度系统平台搭建相应的软硬件设施，便于深圳河调度管理单位实时的了解和掌握沿线重点河段水位、流量和视频实时情况，提高调度管理的科学性和有效性。

5. 项目实施关键人物

参与工作人员：詹达美、黄明华、吴镇中、郜银梁、魏晓鸥、刘训平、冯蒙蒙、袁健。

四、观澜河智慧管理云平台

1. 项目背景

观澜河是东江一级支流石马河的上游，属东深引水工程水源补给区，也是深圳市饮用水源保护区。随着观澜河流域水源保护区范围的经济突飞猛进，经济的发展和人口的增加直接导致工业废水和生活污水排量的大量增加，对流域内的水环境造成了极大的压力。由于观澜河水流较小，自净、稀释能力低，以及流域污染治理设施滞后于经济发展，导致多项水污染因子严重超标，直接威胁了东江的水质安全、流域周边居民的饮水安全和生活质量。虽然近些年来观澜河流域在污水处理、源头控制、加强监管、清理面源污染等几个方面加强了治理，但目前流域河道信息化基础设施缺乏或不完善，监测手段落后且监测仪器相互之间缺乏关联，全河段未安装视频监控无法查看实时水情，水务设施分散管理、缺乏总体统筹机构，预警发布手段单一、民众参与度较少，调度过程未形成数据反馈、缺乏动态管理等问题导致了观澜河流域水资源监管和治理受到困扰，水质监控不及时、水灾预警不及时，水务信息化水平低下，严重滞后于现代信息技术的发展，达不到安全管理要求。

2. 项目内容

为充分发挥现有水务工程设施的防洪作用，科学合理的调配污水处理设施的收纳与处理能力，在工程措施的基础上，研究以智能感知、物联网、云计算、大数据等高新技术为主导，以计算机通信网络和各采集控制终端为基础的观澜河流域智慧水务平台从而实现观澜河流域防洪调度与污水处理设施的运行调度的“统一领导、统一规划、统一组织、统一管理”。本项目充分发挥BIM与GIS在工程项目全生命周期管理的优势，尤其是运维管理方面的优势，通过GIS河道智慧管理平台的构建，利用物理网、云计算、大数据、GIS等关键技术，建设多元、立体监测体系，多维信息服务平台。具体而言，以深圳市观澜河为例开展相关的研究工作，旨在依托GIS技术为手段，充分获取河道构筑物及地理信息数据，并利用物联网技术将河道水文、水利、水质自动化监测数据实现即时传输和表征；再者，利用大数据及云计算的管理平台，对数据进行跟踪管理，从而实现河道管养和综合调度等功能，为河道治理和水环境保护提供一手资料数据本项目开展基于云端的河道建筑信息、水系分布、水质数据整合与存储、水质数据模拟仿真计算服务、水质信息可视化渲染等研究，可为不同区域、流域、层级、部门的河道管理和黑臭水体治理提供基础数据和科学依据。

3. 项目实施过程

建设单位是深圳市广汇源环境水务有限公司，实施单位是深圳市伟思特实业发展有限公司和成都软易达信息技术有限公司。使用的开发软件是达索的ENOVIA平台。2017年3月，项目立项；2017年3—6月，确定需求设计说明书；2017年6—9月，完成项目初步开发；2017年9月，系统培训；2017年9—12月，项目试运行，根据使用中新发现的问题和需求，不断进行修改；2017年12月，系统定版，正式投入运行；2018年8月，项目回访，听取使用意见并总结经验。

4. 项目意义

将观澜河流域打造成智慧河流进而作为深圳市智慧城市建设的重要组成部分，其意义旨在提升城市水务管理和城市服务的水平，为城市的发展提供更好的支撑，是水务事业发展，行业管理与服务的重要支撑和保障，也是保民生的技术支撑手段，是体现城市管理智能化的重要标志之一。智慧河流的实施效率高低关系到城市运行优化资源配置，政府职能提升，公共服务完善等各项任务能否顺利完成。观澜河智慧管理云平台建设完成后可达到实现所有动态业务数据统一集中管理，实现所有业务数据的实时上传及高效处理，保证观澜河道设计、施工、运维资料全数字化移交，提升资料查找及使用效率，保证所有数据随时随地随查随用。通过水资源综合监控、防汛调度决策指挥、水环境分析预警和综合评估、水利工程的信息化管理等业务应用组件，为流域管理部门提供先进、高效、智能的技术平台，提高管理部门的预警、决策、调度、指挥能力；通过建设政府部门信息共享交换平台，实现流域内水务与气象、环保、交通等行业信息的互联互通和共享分发，提升政府部门决策的准确性和科学性；通过建设社会及公众信息服务接口，运用个人电脑、手机、移动终端等手段，提升城市的信息化水平和政府的公众服务能力。

5. 项目实施关键人物

参与工作人员：郜银梁、谢萍萍、李富源、袁健、张健、卢佳兴、刘训平、任威旭。

五、黑臭水体治理智能水质净化装备的应用示范

1. 项目背景

2015年国务院发布的《水污染防治行动计划》（简称“水十条”）对黑臭水体问题提出明确要求，到2020年，地级及以上城市建成区黑臭水体均控制在10%以内；到2030年，城市建成区黑臭水体总体得到消除。治理城市黑臭水体、恢复水体生态环境已迫在眉睫，项目旨在研制一套碳素纤维反应器（carbon fiber reactor，CFR）智能水质净化装备，优化碳纤维在设备中的铺设密度及水力停留时间实现碳纤维布置方式模块化，完善碳纤维生物膜修复黑臭水体工艺，采用物联网、云平台实现智能水质净化装备的远程管理，为深圳市黑臭水体治理工作提供技术支持，为CFR智能水质净化装备的推广应用做铺垫。

2. 项目内容

通过研究碳素纤维在黑臭河水中的挂膜特征，黑臭水体中的铺设密度及水力停留时间等运行参数，优化碳素纤维反应器生物膜修复黑臭水体工艺，并针对实验结果对碳素纤维反应器工艺进行模块化设计，以期为实际设备应用积累数据及经验，为后续设备推广及改善提供参考。该设备通过物联网、云平台的远程监控与遥测、自动化采集与传输来实现净化设备的远程管理，实现净化设备智能远程操控。

3. 项目实施过程

项目由深圳市广汇源环境水务有限公司承担。实行项目负责人负责制，项目节点目标验收和考核制等运行机制，有效地保障专项及每个环节的顺利实施和研发目标的实现。项目组总体分成工程部，技术研发部和综合管理部3个部门。项目负责人负责整个项目实施过程中的资源调度、人员组织、进度协调等过程。技术研发部负责方案和实验的设计研究，黑臭底泥无害化处理设备的研发。工程部负责实地调查取样、技术方案的具体实施以及设备的制作，并在试用设备的过程中针对所发现的问题同技术研发部进行改进和优化。

2017年10月10日提交申请材料至深圳市科技创新委员会，于2018年

3月2日签订合同，期限24个月，分4个阶段完成：①碳素纤维反应器影响因素研究；②碳素纤维模块化设计与净化设备的结合方式；③物联网、云平台与智能控制技术的结合；④中试成果总结，预期目标完成技术应用展示、申请专利以及发表论文。

2018年3月合同签订后，启动基础资料的查找与收集，设计了碳素纤维反应器，反应器有效容积为50立方米，主要包括中试主体设备、模块化框架式碳素纤维、进水泵、罗茨风机、阀门及管件等，并于2018年7月委托昆山志勤环保有限公司加工，设备到货后放置于茅洲河分散式污水处理站内，拟用于处理站内污水，待设备安装好后由于分散式污水处理站停止运行，导致该装置未运行，于2019年7月搬迁至福永分散式污水处理站，同时开始采购设备运行所需要附属设备及材料，于2019年9月正式调试运行，开始试验研究工作，研究挂膜方式、水力停留时间、曝气量和碳素纤维布置方式及密度对处理效果的影响，同时开发数据传输系统，对试验过程中在线监测设备记录的水质数据进行远程传输，实现智能水质净化装备的远程管理，计划2020年3月完成试验和远程管理系统的开发工作，2020年4月完成项目验收。

4. 项目意义

针对城市黑臭水体的生态系统结构严重失衡问题，旨在研制一套碳素纤维智能水质净化装备，为深圳市黑臭水体治理和水环境改善进行技术探索并提供科学技术支撑，促进“宜居宜业城市”建设，促进“海绵城市”建设，落实治水目标，提升河流环境质量，促进生态文明建设。

项目预期取得一套对黑臭水体进行处理的智能水质净化示范中试设备，实现设备出水水质达到地表水Ⅳ类标准，TN≤10毫克每升，透明度≥30厘米，溶解氧≥5毫克每升；与传统活性污泥法工艺比较，电耗节省约40%、用地节省50%以上、污泥产量减少60%以上；处理系统投资≤3 500元每立方米，直接运行成本≤0.35元每立方米（不含折旧）；水力总停留时间≤6小时。培养硕士研究生3人，工程师1人，技术人员5人以上。形成一支成熟的、高水平的黑臭水体处置研究团队。发表中文核心期刊论文5篇以上，申请专利5项。

5. 项目实施关键人物

参与工作人员：郜银梁、崔海波、张扬、许洋、尹娟、李红桔、王澜、马子栋、马桂敏。

六、深圳河湾片区城市洪涝模型研究与应用

1. 项目背景

深圳市地处广东南部低纬度滨海台风频繁影响地区，受海岸山脉地貌带影响，每年汛期受锋面雨、台风雨影响，暴雨频发，洪、涝、潮灾害时有发生。暴雨内涝严重威胁深圳的城市安全，由此所造成的巨大社会影响和经济损失，对深圳市的水务管理工作提出了严峻的挑战。在应对城市暴雨内涝时，仍然暴露出对城市现状防洪排涝系统薄弱环节认识不清；部分流域统筹规划未充分衔接城市总体规划和其他专项规划；指挥部防汛应急分析决策手段不足，精细化程度不高，应急的指挥系统能力、预报预警能力、社会动员能力有待进一步提高等一系列的问题。

2. 项目内容

深圳河湾片区城市洪涝模型研究与应用项目是通过收集深圳湾片区城市的雨洪、基础地形、河道、管网资料，进行分类整理、数据处理，在此基础上构建产汇流、水库、河网、地下管网模型的构建，并进行多模型耦合和率定验证。开展城市洪涝风险分析及风险图绘制工作，接入已有的实时监测和降雨预报数据，结合模型计算，建设预警调度系统。后续根据实际的洪涝情况，进一步对模型进行率定验证或合理性分析，对系统进行改进完善。系统完善后，每年对模型及其成果进行维护，重点是收集上年防洪排涝工程的变化情况，局部重建模型，计算方案，更新绘制受影响的风险图，并对预警调度系统的软硬件环境进行相应的更新。

3. 项目实施过程

本项目由深圳市广汇源环境水务有限公司与中国水利水电科学研究院联合申报，即乙方。项目甲方由韩刚调研员、王常效副调研员、邱德鑫科长、叶志辉高工负责，并聘请全国及深圳本地的专家，成立专家组，协助甲方对项目的实施及成果把关。项目乙方针对本项目成立专门的项目机构，

包括项目领导小组、现场调研组、资料收集与处理组、补充勘测组、管网监测系统建设组、模型构建组、风险分析组、风险图绘制及集成组、系统设计开发组、运行维护组、质量控制组，共 11 个小组，各小组同步开展工作，以保障项目的进程。其中，项目领导小组、质量控制组由 2 家承建单位共同负责，制定项目的总体技术方案，对项目过程及成果质量把关。监理方由深圳市深水水务咨询有限公司指定专人负责，全程跟踪项目进展。

2018 年 6 月合同签订后，启动基础资料的收集，通过与规土委沟通协调，提交保密申请至保密局，取得“广东省涉密计算机备案确认书”后，将保密协议等相关材料送至市规划国土委房产信息中心，经过一系列的内部流程，于 2018 年 8 月获得基础地理数据。与深圳市水务集团和龙岗区环境保护和水务局沟通协调后，于 2018 年 6 月收集到了深圳河湾流域内的全部管网数据，经过较长时间的核实和处理后用于管网模型。与气象局沟通协调后，于 2018 年 5 月收集了深圳市 2008—2018 年 74 个气象自动站 11 年要素数据，其中 5 分钟的雨量数据为大数据分析、设计降雨和模型模拟方案等提供了重要的数据支撑。后续进行了管网监测、微地形补测、河道断面补测。于 2018 年 6 月开展产汇流分析模型构建、水库模型构建、一维河网模型构建、地下管网模型构建、二维地表模型构建，开展多模型耦合，收集场次降雨洪涝资料，建设工程专用测站，模型率定验证；开展城市洪涝风险分析及风险图绘制工作，于 2019 年 7 月完成项目初期成果审查工作；2019 年 7 月至 2020 年 3 月根据实际的洪涝情况，进一步对模型进行率定验证或合理性分析，对系统进行改进完善。2020 年 4 月召开专家验收会，根据专家审核提出意见，进一步修改完善。2020 年 5 月开始重点收集上年防洪排涝工程的变化情况，局部重建模型，计算方案，更新绘制影响风险图，并对预警调度系统的软硬件环境进行相应的更新。

4. 项目意义

本项目是目前全国最大的洪水风险图项目，通过参与该项目内容包括数据收集和分析处理、多模型构建和耦合等相关洪涝模型流程等，为深圳市广汇源环境水务有限公司的河道水面线计算、溃坝分析、洪涝耦合模型构建、洪涝风险分析、洪水风险图绘制、河道行洪能力评估和管网排涝能力评估等方面提供了培养人才的平台。本项目的建设采用先进的现代化监测预报网络和设施，逐步形成了重要防洪分区内的流域洪水预报及工程调度系统，充分发挥了防洪减灾工程体系的作用，提升了区域灾害风险管理和决策水平，减轻了洪涝灾害给城市造成的损失，提高了城市抵御洪、涝、潮灾害风险的能力以及防汛处置工作的前瞻性和准确性。

5. 项目实施参与人员

项目负责人：向立云，公司主要参与人员：詹达美、刘舒、黄明华、马建明、郜银梁、冯蒙蒙、臧文斌、李敏、刘媛媛、刘训平、李亮、郑敬伟、柴福鑫、徐美、刘业森、彭木站等。

七、公司完成的其他科研及信息化项目

公司完成的其他科研及信息化项目见表2-4。

表2-4 公司完成的其他科研及信息化项目

序号	项 目 名 称	执行时间
1	宝安区防洪排涝工程演示系统	2007年
2	盐田区原水计量系统工程	2008年
3	深圳市龙岗区水务环保工程信息管理系统建设	2012年
4	永湖泵站水质在线监测系统	2012年
5	龙岗区水务环保工程管理信息系统建设	2012年
6	深圳市污泥运输监管系统	2012年
7	永湖泵站水质在线监测系统	2012年
8	深圳市光明新区鹅颈水库至光明水厂输水工程自动化监控系统设计	2013年
9	坂田街道南坑、托坑、正坑水库大坝视频监控系统工程（一期）	2014年
10	坂田街道水库监控系统工程（二期）	2015年
11	径心水库大坝周边监控系统	2015年
12	深圳市供水系统原水计量设施调查报告	2015年
13	深圳市鹅颈水库扩容工程大坝安全监控自动化系统设计	2016年
14	深圳市观澜河流域水质水量监测	2016年
15	深圳市城市内涝积水监测预警工程	2016年

续表

序号	项 目 名 称	执行时间
16	龙岗河干流截污箱涵末端闸处水质水量监测	2017 年
17	深圳市龙岗区龙口水库抽水泵站局部改造工程	2018 年
18	柳州市防洪排涝综合管理系统信息化平台	2018 年
19	河流水污染预警溯源信息化监控系统构建研究	2018 年
20	深圳市东部水源供水系统现状相关运行设施的调查分析及梳理	2018 年
21	深圳市沙井泵站三维可视化管理平台	2018 年
22	深圳市水务科技信息中心信息系统运维咨询服务采购项目	2018 年
23	铜锣径水库提前使用水电设施及监控系统保障项目建设工程	2018 年
24	深圳市三洲田水库三防安全信息系统运行维护	2018 年
25	深圳市东江水源工程管理处远程视频会商系统项目	2019 年

第三章

设 计 业 绩

工程设计决定着整个工程的美观、使用、质量、耐久、安全和经济合理，是工程建设的灵魂。水利工程设计是为达到一定的水利目标而制定的工程方案、建筑物和实施方法以及经费预算等工作。深圳市广汇源环境水务有限公司主要参与的水利工程设计项目可分为蓄水、引水和供水工程项目，防洪排涝项目，海堤项目，水土保持项目，水环境治理项目等。

改革开放以来，深圳经济的腾飞对水利提出了新课题：进行水源开发和水源再分配是深圳市经济发展的紧迫要求。蓄水、引水和供水工程项目的开展，有力地缓解了深圳市的用水紧张局面，对促进全市经济的快速发展起到了重要作用。

洪涝灾害频发的问题威胁国家和人民的财产和安全，随着经济迅速发展和人口急剧增加，防洪排涝越来越受到重视。防洪排涝项目对改善居民的生活环境、提高生活质量，保持社会稳定及繁荣，改善投资环境等方面都具有重要作用和现实意义。

海堤项目的开展能较大地减免洪涝灾害，保持社会稳定及繁荣，改善投资环境及自然景观，为进一步开发利海滨的旅游资源奠定良好的基础。深圳市海岸线全长260.5千米，其中人工岸线160.1千米、自然岸线100.4千米。深圳市海岸线分为西部岸线和东部岸线，西部岸线自宝安东宝河口至福田深圳河河口，东部岸线自盐田沙头角至大鹏坝光。

水土流失易形成山洪灾害，影响当地人民生产生活。水土流失项目的开展，可以保障人民群众生命财产安全，改善流域内生态环境和人居环境，产生积极的生态效益。

近些年来，随着城市发展速度的加快以及城市居民数量的不断增多，深圳市市区水环境逐渐恶化，居民的环境卫生以及用水安全已经遭到了巨大的威胁。水环境治理项目可提升区域水环境，改变原来环境失调和绿化景观缺失的面貌，实现防洪安全、水清岸绿、景致怡然的整治目的，为区域的可持续发展夯实基础。

第一节　蓄水、引水和供水工程

一、铁岗水库加固工程

铁岗水库位于深圳市宝安区西乡河流域，坝址以上控制集水面积 64 平方千米。水库始建于 1956 年 11 月，1957 年 10 月投产使用。初始正常蓄水位为 19.7 米，相应库容为 2 650 万立方米，坝顶高程为 28.6 米；1960 年进行了加高，正常水位为 23.2 米，相应库容为 4 900 万立方米，坝顶高程为 25.61 米；1975 年坝顶又加高至 26.11 米。铁岗水库建设时以灌溉为主，结合发电；随着特区经济的发展，铁岗水库要担负起原宝安县城 12 万人口及城镇工业的重要防洪任务，并兼顾特区城市居民生活用水。西乡河长 18 千米，集雨面积 80.2 平方千米，干流自北向南流入珠江口，下有地势低洼，受海潮影响，建库前是深圳市的重灾区。建库后基本上控制了洪水灾害，因此，在新的形势下，铁岗水库对下游的防洪任务，起着极为重要的作用。然而铁岗水库在经过 2 次加高后，到 1986 年仍未达设计标准，尚属危库，防洪标准偏低，因此加高加固铁岗主坝，改造不适应新标准的溢洪道工程是当务之急和迫切需要的任务。

深圳市水利电力勘测设计室（广汇源环境水务前身）在《铁岗水库供水可行性调查分析》的基础上，于 1985 年开始开展铁岗水库加固工程设计，并于 1986 年 4 月完成设计报告书，并于当年 8 月收到同意批复。

据设计报告，铁岗水库加固工程采用 100 年一遇设计，2000 年一遇校核，总库容 8 250 万立方米。主坝为碾压式土坝，坝高 26.11 米，原设计坝高 29.00 米，需加高 2.90 米。输水涵布置于主坝右岸，原为混凝土方涵，加固后套钢管，进口为转动门盖控制检修闸门，出口用闸阀控制。溢洪道始建时为宽顶堰，三级跌水消能，进口处加设闸室，加固后改三级跌水为陡坡消能，启闭机边墙裂缝，拆除重建。公路桥面由原来的 3.5 米加高至 6.3 米。加固工程总工程费用 586.47 万元，当时预计 1987 年底完成整个工程加固。

铁岗水库加固工程建成后，铁岗、石岩两库联合调度使用，90%保证率年调节水量可达8 000万立方米，除保证当时的农业用水和新县城居民生活用水以外，还可保证蛇口工业区日供水2万吨，平水年和丰水年多余水量可支援南头地区，缓和该地区的缺水状态，还作为东水西调15立方米每秒的转运站，能提高防护当时新安镇的抗灾能力，亦起着防卫深广高速公路的作用。

铁岗水库加固工程于1987年完工后，水库下游经过多年发展，工业厂房、商业楼宇、住宅小区林立，现居住人口近40万。多年来，铁岗水库一直承担着对下游的防洪任务，保护着一方安澜。

工程总指挥：林辉煌；项目负责人：廖均福；设计负责人：刘灼华；施工负责人：黄文强。

二、观澜河至石岩水库引水工程可行性研究

20世纪80年代，随着深圳市经济特区的迅猛发展，工业及生活用水的需求量急速增加。水源已成为制约深圳市经济发展的关键因素之一。水资源的开发与利用便成为一项迫不及待的工作。1989年深圳市政府下文指示“对各种可能的供水水源进行深入的调查和论证，提出可行性方案”。1990年12月，深圳市水利局根据市政府要求委托深圳市水利电力勘测设计室（广汇源环境水务前身）对观澜河水资源开发利用进行可行性研究。

观澜河是深圳市几大河流之一，是东江水系一级支流石马河的上游段，发源于龙华羊台山，流经龙华、观澜，干流长23千米，流域面积202平方千米，主要有龙华河、游松河、岗头河、茜坑河、白花河、樟坑径河等支流。

根据任务要求，设计室组织专题小组对观澜河引水工程的可行性研究展开全面的工作。先后完成了闸址、2个抽水电站站址及6公里多输水渠的地形测量及地质钻探工作，并同时进行径流计算、引水量分析、洪水计算、水质评价、污染源调查、工程措施及方案的初拟与比较等项工作。

在确定引水方案的过程中，着重对一级提引与二级提引的输水方案进行了比较，最后确定推荐一级提引的输水方案：在观澜河中游河段修建大和拦河闸，将观澜河水提到石岩水库。

1991年6月，完成整个可行性研究报告。根据报告，该工程保证率

50％情况下，总引水量 4 100 万立方米，总装机 2 620 千瓦，茜坑抽水站水泵 2 520 千瓦，工程总投资 7 300 万元。

随着深圳特区经济飞速发展以及人口的增加，有关部门预测 1993 年深圳市将会出现供水紧张局面。该工程竣工后，平均年提引水量可达 4 100 万立方米，对缓解当时面临的供水困境具有显著的战略意义，可满足 20 万人口的工业及生活用水。另外，该工程通过修建大和水闸、加固河堤、疏浚河道等工程措施，河段的防洪能力可提高至 20 年一遇的洪水标准，为两岸工业厂房、农田及村庄的防洪安全提供了保证。

工程报告由刘沅编写；校核：刘灼华、林兴谋；审查：廖秀珍；审定：郭世芬。

三、龙口水库工程

1993 年 1 月，深圳市宝安县撤县改区，建立宝安、龙岗两个新区。龙岗区下辖布吉、平湖、横岗、龙岗、坪地、坪山、坑梓、葵涌、大鹏、南澳 10 个镇。区政府设在龙岗镇。新区的建立，首先要解决的是用水需求问题，中心城邻近的龙岗、横岗两镇现有水库蓄水仅可解决当地当时的乡镇用水。解决龙岗中心城的水源问题除尽量开发利用当地水资源外，必须引进东深供水工程的外部水源。

东深供水第三期扩建工程的引水隧洞穿越中心城西部不远处的横岗镇境内，是最理想的引水途径。经宝安区政府向深圳市政府、广东省政府报告，请求由东深供水工程向龙岗中心城区提供供水水源，得到上级的支持，广东省水电厅同意近期提供供水流量 2.0 立方米每秒的水量。为保证供水，必须建造调节水源的水库，经反复查勘，多方选址比较，工程确定在横岗镇荷坳兴建龙口水库。该工程于 1994 年 3 月由深圳市水利电力勘测设计公司完成初步设计。

龙口水库位于横岗荷坳龙口村，库区集雨面积 1.93 平方千米，库区多年平均产水量 193 万立方米，保证率 97％产水量 79 万立方米。主要靠东江供水工程提供 2.0 立方米每秒的水量，年来水 6 484 万立方米。

工程主要任务是调节东江引水，保证龙岗中心城供水，考虑东深每年检修期停水一个月或两个月，经调节计算需要的调节库容 924 万立方米。规划水库总库容 994 万立方米，库容为 100 万～1 000 万立方米，属小（1）型水库，按水利部有关工程等级划分标准，为Ⅳ等工程，但考虑库容接近中型，且下游为城镇中心区及密集型工业区，因此，工程提高一级，按Ⅲ等工程设计。其防洪标准为 50 年一遇设计洪水设计，1 000 年一遇设计洪水校核。

库区枢纽工程：土坝 6 座，输水涵管 3 座，溢洪道 1 座，南北库盆连通渠 1 条，环库公路 1 宗，以及工程管理处房建工程。

工程总概算 14 591.08 万元，其中建安总量为 8 054.96 万元，水库淹没补偿及征地迁安费 3 203.20 万元，其他费用 1 717.12 万元。

该工程 1993 年 8 月完成扩大初步设计阶段地质勘察工作，1994 年 3 月完成扩大初步设计。1994 年 4 月至 1995 年 6 月先后完成防渗工程的施工，1994 年 9 月至 1995 年 6 月完成 6 座土坝施工，并于 1995 年 6 月下旬下闸蓄水。

库区与①、⑥坝基岩性为石灰岩，防渗问题是关键。在龙口水库防渗工程设计过程中，项目组十分重视地质资料。对每项地质结论的依据，都到现场去观察并参加讨论。在设计过程中，认真对待，翻阅了国内外比较著名的岩溶工程的防渗设计与施工资料，尽量把比较先进的设计及施工工艺结合本地情况引入到工程中来。对于本区有覆盖层的石灰岩地段的防渗，没有使用通常采用的“一灌到底”的方案，更没采用先清除覆盖层，再灌石灰岩费时费钱的手段，而是上部覆盖层采用明确快捷的高压定喷灌浆板墙，下部石灰岩则采用灌浆孔镶铸超长孔口管进行高压帷幕灌浆的组合结构防渗方案。取得了非常好的防渗效果，项目设计非常成功。

龙口水库是龙岗区中心城的主要供水水源，也是深圳市引进外部水源东部系统中的组成部分。工程竣工后水平年 2000 年本工程可供水量可满足 17.5 万～20 万人口的城市生活用水（包括居民生活、旅游用水、第三产业用水和市政用水）及工业用水需求；或者可创造 45 亿～56 亿元的工业产值。工程也增加了水面面积，对于改善环境、美化景观以及水产养殖亦有裨益，通过连通涵串通的桔仔园水库又为发展旅游业创造了良好的条件。工程的兴建既具有重要的社会效益，又具有显著的经济效益和一定的环境效益，并利于旅游和水产业的发展。

主要参与人员：项目负责人刘灼华；总工程师郭世芬；审查廖秀珍；其他主要参与人员为邓平、刘沅、林景祥、冯安、郭丽莎、刘欣、吴端庄、曾亮、王卫等。

四、清林径水库扩容工程

清林径水库始建于1959年，1963年竣工，集雨面积23.0平方千米，正常水位58.7米，相应正常库容1 803万立方米。校核洪水位61.81米，相应总库容2 750万立方米，有主、副坝各一座，坝顶高程63.0米。水库当初工程任务以灌溉为主兼防洪，1985年后水库逐步转为城市供水，系一项以供水为主、兼有防洪、养殖等综合效益的中型水利枢纽工程。

水库自1960年蓄水运行至1997年已有37年，曾进行多次加固处理，当时水库基本正常运行，但存在安全隐患及环境质量问题。1997年4月，广汇源环境水务前身，深圳市水利电力勘测设计公司对清林径水库进行了安全鉴定，发现如下问题：坝体渗漏量较大、坝体下游坡安全度不足、护坡不满足要求、坝顶不合要求、坝脚排水设施不畅；输水涵转动门盖及启闭设备需重建、出水口管网混乱；副坝防浪墙须加高0.54米，排水棱体、坝脚截排水沟渠须改造等。

鉴于此，深圳市水利局考虑对清林径水库进行扩容：一方面解决水库安全鉴定所暴露出的问题；另一方面考虑单独扩容或和黄龙湖水库联通扩容，增加供水量，以缓解深圳市日益增长的供水压力。清林径西侧为龙岗镇20世纪90年代新建的黄龙湖水库，集雨面积5.2平方千米，正常水位58.0米，相应正常库容708万立方米；校核洪水位58.77米，相应总库容775万立方米。

接到项目后，深圳市水利电力勘测设计公司（广汇源环境水务前身）在调查研究的基础上，拟定了扩容方案。方案一：清林径水库单独扩容，定正常水位63.0米，相应正常库容3 161万立方米，增加正常库容1 358万立方米。方案二：考虑清林径与黄龙湖库容连通扩容。定正常水位63.0米（清林径水库正常水位提高4.3米，黄龙湖水库正常水位提高5.0米）相应正常库容4 402万立方米（其中清林径库容3 162万立方米，黄龙湖库容1 240万立方米，两库分别增加正常库容1 360万立方米及532万立方米）。

方案一建筑物规模：清林径水库主、副坝加高 4.5 米，新建伯公坳副坝一座，坝高 18 米，坝长 250 米，新建溢洪道泄洪闸一处。方案二建筑物规模：①清林径水库主、付坝加高 4.5 米，新建伯公坳付坝一座，坝高 18 米，坝长 250 米，改建溢洪道；②黄龙湖水库主坝加高 4.0 米。水库扩容涉及淹没迁安，清林径水库库内有 4 个村需要搬迁，据 1993 年调查，4 个村包括蕉湖村、伯公坳、吓寥村、杉坑村，迁安移民人数约 400 人。最终该工程估计造价 3 000 万元，迁安移民费约 5 000 万元。

清林径水库扩容后将是龙岗区供水中心水源，可解决龙岗区中心城、龙岗镇、坪地镇及周边地区用水，因此，该扩容工程对龙岗区经济发展将有深远影响。

本项目负责人：刘沅；校核：徐希曾、邓平；审查：廖秀珍、刘灼华；审定：郭世芬；主要参加人员：温润、黄伟明、刘富兴、郭丽莎、郭苑晖。

五、石岩水库安全达标加固工程

石岩水库位于深圳市茅洲河上游，集雨面积 44 平方千米，总库容 3 190 万立方米，属中型水库，Ⅲ等工程。工程由主坝、输水涵、溢洪道、坝后水电站、坝后抽水站组成。工程始建于 1958 年，1960 年建成，于 1961 年、1962 年、1963 年进行了安全加固工程，并于 1973 年建成投产装机容量 160 千瓦的坝后电站。石岩水库先后在 1988 年完成输水涵出口供水岔管工程，1990 年完成溢洪道改造工程，1991 年建成坝后临时泵站，1992 年建成坝后抽水泵站，1993 年完成土坝防渗处理工程。

进入 20 世纪 80 年代后，伴随改革开放的进程，石岩水库的工程任务由原先的灌溉兼防洪、发电逐步转换为城镇供水兼防洪、旅游等。水库是深圳市西部供水系统中重要的水源地，主要为石岩、公明、沙井、福永和松岗等片区供水，5 地 1995 年末人口 61.39 万，工农业总产值 65.88 亿元。

水库位于花岗岩侵蚀、剥蚀的丘陵地带，坝址河谷呈 U 形，坝址底层包括人工填筑层（坝体）、冲积层、残积层和基岩。原坝体安全度不够，前、后坡均太陡，坝顶高程过低。原输水涵一直带压运行，涵身结构强度安全无法检测，存在安全隐患。1996 年，石岩水库大坝安全鉴定结果表明水库未达安全标准，属于二类水库。深圳市宝安水资源开发总公司决定对水库进行安全达标加固，与 1997 年 3 月委托深圳市水利电力勘测设计公司（广汇源环境水务前身）进行水库安全达标加工工程设计。

石岩水库安全达标加固工程的主要目的是提高水库防洪标准，消除主要水工建筑物安全隐患，改善水库区域环境及景观。其主要任务是复核水文水利计算成果；加高加固大坝工程；新建输水涵工程；扩建抽水站压力管工程；兴建坝下排洪闸、管理处综合楼等附属建筑物及设施。

深圳市水利电力勘测设计公司从 1997 年 4 月开始，先后进行基本资料搜集、现场调查研究、主要水工建筑物测量、水文水利计算、总体方案及主要水工建筑物方案论证、主要水工建筑物及附属建筑物结构及构造计算机设计、施工组织设计、工程概算、工程管理及效益分析等项目工作。曾于 1997 年 7 月 30 日听取了业主宝安水资源开发总公司和水岩水库管理处的技术建议。1997 年 9 月完成了设计中间汇报资料，并于 1997 年 11 月中旬完成全部工作。

工程 1998 年 9 月开工，1999 年 9 月完工，总工期 1 年，工程总投资 1 597.35万元。大坝加固后，大坝加高 0.45～0.6 米，最大坝高达到 18.5 米，主坝的防洪标准可达 100 年一遇设计，2 000 年一遇校核；新建输水涵设计过流能力 80 万立方米每天，涵身内径 DN1 800 毫米；压力管设计过流能力 3 立方米每秒，采用 3 条 DN1 000 毫米管。

石岩水库安全达标加固工程可确保工程安全，充分发挥供水、旅游等效益，开展多种经营，提高管理水平，为保障深圳市西部地区的经济社会发展提供了水源支撑。

工程项目负责人：刘沅；总工程师：郭世芬、廖秀珍；审查：刘灼华；校核：邓平；其他主要参与人员：曾盘才、冯安、吴端庄、郭苑晖、连少池、林彩虹、王丽蓉。

六、长西引水渠改造一期工程

1. 项目背景

长西（长岭皮水库—西丽水库）引水渠始建于 1981 年，1985 年完成通水。该渠全长约 6.8 千米，为明渠、暗涵、渡槽交替的断面结构，设计流量 3 立方米每秒。渠道断面形式主要为梯形断面和矩形断面，断面形式沿程变化很大。20 世纪 90 年代曾对引水渠进行加固维修防渗等工程措施，长西引水渠每年大约向西丽水库输水 500 万立方米。2002 年龙华应急工程建成以后，长岭皮水库 2003 年、2004 年两年没有向西丽水库输水，2005 年向西丽水库输水 268.11 万立方米。长岭皮水库已基本完成扩容加固工程，水库扩容后，水库的正常蓄水位为 62.50 米，相应库容 1 447.65 万立方米；设计洪水位 63.90 米，相应库容 1 678.83 万立方米；校核洪水位 64.84 米，相应水库总库容 1 753.58 万立方米，可为西丽补充水源。

长西引水渠在饮用水源保护区域内，但现状长西渠为开放式明渠，沿线城市化建设开发程度大，渠道两岸有大量的居民区，居民生活污水随时可能对长西引水渠造成污染，此外，长西引水渠还接收了沿线的区间洪水。长西渠供水水质及供水稳定得不到保障。当时长西渠渠道老化破旧，宽为 1.5～3.0 米，高度约为 1.5 米，并有多处出现损毁淤积，现状供水流量仅为 1.5 立方米每秒。供水能力严重不足。长西引水渠年久失修，多处存在严重安全隐患。

2. 项目实施过程

2012 年广汇源环境水务中标了长西引水渠改造一期工程（设计采购施工总承包 EPC 试点）项目，随后便积极开展工作。长西引水渠改造一期工程是深圳水利第一个 EPC 项目，为了更好地完成该项目 EPC 合同规定的全部工作，全面实现合同界定的各项目标要求，根据该项目的实际情况，广汇源环境水务组建了总承包项目部，采用矩阵式方式进行管理。2011 年，项目建议书阶段。充分论证项目建设的紧迫性与必要性，调查分析项目建设条件，初步论证工程建设规模与主要建筑物的布置方案。

2011 年 5 月 13 日，深圳市水务局于在西丽水库管理处三楼会议室主持召开《长西引水渠改造工程项目建议书》评审会。

2012 年 3 月 20 日，深圳市发展和改革委员会《关于长西引水渠改造一期工程项目建议书的批复》将工程分期实施，长岭皮及南科大范围内改造工程作为一期工程先行实施。

2012 年 11 月，广汇源环境水务中标长西引水渠改造一期工程（设计采购施工总承包 EPC 试点）项目。

2012 年 11 月至 2013 年 2 月，初步设计阶段。

2013 年 2 月 27 日，在西丽水库管理处召开了《长西引水渠改造一期工程初步设计报告》评审会，确定一期工程设计管道总长 1 440 米，改造后采用埋地输水管道输水，输水模式为重力有压流，输水管管径 DN1 800，设计输水规模 3 立方米每秒，该工程属于中等供水工程，工程等别Ⅲ等，主要建筑物级别 3 级。工程总投资 3 763.88 万元。

2013 年 4 月 22 日，深圳市水务局对《长西引水渠改造一期工程初步设计报告》做出批复。

2013 年 7 月 9 日，深圳市发展改革委员会对长西引水渠改造一期工程项目总概算进行批复。

2013 年 8 月，完成施工图设计，并经施工图审查及图纸会审后交付业主使用。

2013 年 9 月 9 号，长西引水渠改造一期工程项目奠基开工典礼在南山区西丽长岭陂举行。

3. 项目意义

长西引水渠改造工程地处的深圳市南山区，位于经济特区西部，是高新技术产业基地、高等教育基地和西部物流、旅游中心。南山区现有两座中型水库，西丽水库和长岭皮水库，统一由西丽水库管理处管理。南山区现有水厂三座：大涌水厂规模 35.0 万立方米每天，蛇口水厂规模 8.0 万立方米每天，蛇口东滨水厂规模 5.0 万立方米每天。供水原水主要由深圳水库、铁岗水库、西丽水库、东深引水工程和东江水源工程共同供给。随着南山区经济的蒸蒸日上，城市建设迅速发展，特别是将来南方科技大学城的建成，对片区防洪安全标准以及供水安全保障提出了更高的要求。

4. 项目参与人员

项目部配备经验丰富、业绩卓越，且具备良好职业道德和沟通能力的高素质管理人员和专业技术人员。参与项目的人员：雒翠、邓平、庄光钦、冯安、邱建安、孙光逊、钟玉娇、刘凤茹、詹达美、余汝林、黄伟明、郑志敏、李舜扬、邓晓坤、翁梁辉、林秋展、李俊萱、陈灿权、韩定清。

七、鹅颈水库扩容工程

1. 项目概况

鹅颈水库位于深圳市光明街道凤凰村，在茅洲河一级支流鹅颈水上游，是光明街道的骨干水库。水库现状集雨面积5.7平方千米，正常蓄水位为55.54米，正常库容为451万立方米，校核水位为57.72米，总库容为583万立方米。水库库区山高陡峭，林木茂盛，植被较好，雨量充沛，水源充足。茅洲河发源于羊台山北麓，流经石岩、公明、光明、松岗、沙井等地，在沙井民主村注入珠江口。茅洲河干流全长46千米，其中与东莞长安交界长10.2千米，流域面积391平方千米，在深圳市境内313平方千米，河床平均比降3‰～7‰，总落差480米，为深圳市第一大河流。

水库枢纽工程现状由主坝、输水涵管及溢洪道等建筑物组成。防洪标准：正常运行采用30年一遇，非常运行采用500年一遇。各建筑特征如下：主坝为均质土坝，最大坝高23.2米，坝顶长160米，坝顶宽5.2米，上游坝坡1∶3，下游坝坡1∶2.5、1∶2.75、1∶3。坝体右半段和放水涵洞于1994—1995年进行了防渗处理，采用地质钻机造孔，灌注黏土水泥浆施工工艺。溢洪道位于主坝左侧约115米处，形式为开敞式溢洪道。进口段顶高程55.54米，进口宽10.0米，前坦部分为原土土层，浆砌石侧墙，底板为混凝土结构。陡坡长87.8米，宽10.0米，坡度为1∶5.0、1∶6.0，落差约20米。挑流式消能，后接约245米的尾水渠，无护底，经现场测量为原土碎石。输水涵管为无压坝下涵管，长119.2米，混凝土衬砌，断面宽1.0米，高1.4米，进口为2×ϕ600转动门盖，高程44.07米。因地基沉陷等原因，涵管发生裂缝、漏水，用风钻打孔灌注水泥浆的方法进行过处理。

根据《东深供水改造工程可行性研究报告》，北线引水工程总体方案布置结合和利用已建的龙茜工程。北线引水工程取水口设在东深上埔抽水站，终点交水到石岩水库，途中输水入茜坑水库。同时由《深圳市北线引水工程初步设计报告》中确定了扩建后的鹅颈水库为北线引水工程的调蓄水库，茜坑——石岩段采用两条隧洞，即连接茜坑水库和鹅颈水库的茜鹅隧洞、连接鹅颈水库和石岩水库的鹅石隧洞。同时，周边已经实施和规划的项目包括建设中的公明水库及鹅颈水库附近新建光明水厂，水厂近期规模为 10 万立方米每天，远期规模为 30 万立方米每天。由深圳市的整个供水调配网络规划，鹅颈水库的扩容建设已迫在眉睫，扩容后的鹅颈水库确定为其中途调蓄水库，与茜坑及石岩水库串联形成共同调蓄的整体，减轻茜坑、石岩的压力并增加调蓄库容，缓解光明及公明片区用水紧张的局势。

根据宝安区供水规划，扩容后鹅颈水库供水范围包括光明和公明街道片区，供水水厂为光明鹅颈水厂及检修期向鹅石隧洞下游供水。鹅颈水厂规模为 30 万立方米每天（远期），另东江水源工程停机检修期由鹅石隧洞往下游水厂供水量 16.82 万立方米每天（检修期按 20 天计算，下游水厂包括石岩湖水厂及甲子塘水厂），合计全年供水量 11 286.4 万立方米每年。

2. 项目时间节点

2005 年 1 月，深圳市发展和改革局组织专家对《鹅颈水库扩容工程项目建议书》进行评审，并于 2005 年 12 月下发批复文件同意鹅颈水库扩容工程的建设。

2006 年 4 月，受深圳市宝安区水务局委托，广汇源环境水务即刻展开鹅颈水库可行性研究报告的编制工作。

2006 年 9 月，深圳市水务局组织专家对《鹅颈水库扩容工程可行性研究报告》进行了专业评审。

2007 年 11 月，深圳市发展和改革局下发了《关于宝安区鹅颈水库扩容工程可行性研究报告的批复》，同意水库扩容后的规模为：扩容后正常库容 1 376.0 万立方米，总库容 1 448.2 万立方米，正常蓄水位 66.7 米；水库枢纽工程等别为Ⅲ等，主要水工建筑物级别为 3 级，防洪标准为 50 年一遇，1 000年一遇校核。

2007 年 11 月，受深圳市观澜河引水工程管理处委托，在鹅颈水库可行性研究报告及批复的基础上，广汇源环境水务编制鹅颈水库初步设计报告及图册。

3. 项目意义

鹅颈水库扩容工程位于宝安区光明街道，扩容后水库总库容为 1 466.50 万立方米，属中型水库。光明街道片区属于比较严重缺水的地区，随着深圳市委、市政府提出的“一市多城、众星拱月”的城市发展战略，区内经济发展迅速，各大企业相继落户区内，用水供需矛盾日趋严重。作为北线引水工程的中途调蓄水库，鹅颈水库扩容后，能够保证本地用水的要求，同时分担茜坑水库的负担，与茜坑水库、石岩水库形成一整体调配体系。该工程主要经济效益主要为供水效益。

4. 项目参与人员

本项目分管总工：邓平、庄光钦；项目负责人：李文珍；校核：雒翠、吴红军；其他参与人员：王三生、关旭、李可、黄明炼、张秋芳、潘志军、樊仕宝、张敏、朱龙蟠、黄静芳、徐科凤、郭苑晖、林彩虹、郭丽莎、张新宏。

八、长岭皮水库扩容工程

1. 水库概况

长岭皮水库位于大沙河支流长岭皮河的上游段，坝址在南山区桃源街道长岭皮村以北约 400 米处，距西丽水库约 7 千米。是深圳市东部供水网络干线的中途调蓄水库之一。

长岭皮水库加固及扩容工程的建设任务是：对水库安全加固的同时，扩大水库调蓄库容，充分利用当地水资源，同时容纳东部水源工程在东江丰水期多引入的部分水量，当东部检修期时，长岭皮水库供水红木山水厂，红木山的供水范围为龙华拓展区及坂田大浪地区，水源来自东江水源干线工程。该工程在长岭皮水库主坝下设有分水口。

2. 项目实施过程

2004—2007 年，广汇源环境水务先后完成了项目建议书、可研、初步设计和施工图设计，并配合施工招标。在项目实施的过程中派驻工程师在现场，配合设计变更以及施工期度汛方案和完工后蓄水方案、调度方案的编写工作。

2006 年 7 月，召开初步设计评审会，深圳市水利规划设计院总工程师郭雁平担任专家组组长，对初步设计报告进行了技术评审。2007 年深圳市发展和改革局“深发改〔2007〕713 号文”，对长岭皮水库安全加固及扩容工程总概算进行了批复，项目总概算 14 169.20 万元。

水库扩容后正常蓄水位为 62.5 米，正常库容为 1 448 万立方米，为中型水库。设计洪水位为 63.9 米，校核洪水位为 64.8 米，最大库容为 1 754 万立方米。坝高 66.5 米，扩容工程需加高主坝和三座副坝，新建内径 ϕ1600 毫米的钢管外包钢筋砼结构输水涵，溢洪道重新开挖进口段和堰室段并设置闸门控制调洪，于坝下东南方增设提水泵站，并建设管养楼和防洪物资仓库，以及道路交通桥工程和水土保持工程等。水库加高扩容后，库内将增加淹没面积 684 亩，没有迁安移民任务，需迁移 110 千伏高压线铁塔 4 座。

2007 年 8 月 28 日长岭皮水库加固及扩容工程正式开工，时任深圳市水务局副局长李长兴、建设管理中心主任陈杰、李晓刚部长、规划处黄培鸿处长以及西丽水库管理处陈筱云主任、何松云部长，长岭皮管理所廖佛清所长参加了开工典礼。

由于实际施工进度落后于初步设计的进度，受深圳市水务局建设管理中心、西丽水库管理处的委托，2008 年 3 月工程施工期，广汇源环境水务对长岭皮水库加固及扩容工程施工期间向红木山水厂应急供水方案进行了设计，进行了 6 个方案的比选，最终选择了加高防渗墙顶高程，对坝体长期渗流稳定有利，抢填坝体至 54.0 米高程的方案。充分考虑了防洪度汛要求泄水与供水目标要求蓄水的主要矛盾，认真分析了施工进度与供水蓄水总量目标的关系，确保工程建设期圆满完成了应急供水任务。

2008 年 6 月 13 日，深圳市遭遇了超百年一遇的暴雨，长岭皮向西丽水库供水的长西引水渠，左侧堤岸被冲垮 18 米，经过及时抢险，没有造成严重后果。设计方出具了拟采用的度汛方案，基本原则是保证大坝本身运行安全，施工期间不能高水位运行，坝体填筑高程抢填至 52 米，利用新建输水涵和提水泵站输水管同时排洪。为确保长西渠的安全，在主坝输水涵的消力池处开口增加临时排水渠，将水引入大沙河，并跟进了临时排水渠的设计工作。通过参建各方努力，确保了施工期在遭遇了超百年暴雨的情况下，水库安全度汛。

3. 项目意义

长岭皮水库实加固扩容工程竣工后，水库总库容将达到 1 754 万立方米，属中型水库，其功能将重点用于解决城市用水供需矛盾，满足龙华扩展区及民治、坂田、大浪片区的生产生活用水。设计时必须因地制宜，善于思考、务求实效，综合各方因素在规范允许的范围内进行设计，这是广汇源环境水务人参与该工程设计得到的宝贵经验。为广汇源环境水务日后承接深圳市小型水库除险加固工程（绝大多数为土石坝型）奠定了基础，提供了很多值得借鉴的经验。

4. 项目参与人员

项目由深圳市广汇源环境水务有限公司副总邓平（高级工程师）担任项目负责人，设计负责人为雒翠，主要参与人员有樊仕宝、何造胜、潘志军、雷宝栋等，并现场派驻工程师王三生作为设计代表配合施工，该项目的设计工作由郭世芬（总工）、廖秀珍（副总工）刘灼华（总经理、高级工程师）的指导和审定审批。

5. 项目业绩与荣誉

项目于2011年11月被中国建筑业联合会授予“2011年度中国设计行业优秀设计奖”。

九、罗田水库大坝加固工程

罗田水库位于深圳市宝安区松岗街道罗田社区，水系属珠江三角洲水系的茅洲河。水库坝址以上集雨面积20平方千米，水库始建于1957年，1958年竣工，原设计正常蓄水位28.30米，相应库容1 057万立方米。罗田水库大坝、输水涵曾多次进行除险及安全加固，叙述如下：1964—1965年，坝顶加建1.5米高的防浪墙，正常蓄水位提高了2.0米，相应库容由1 057万立方米增加到1 500万立方米；1966—1968年水库进行扩建，增设溢洪道，正常蓄水位再提高2.2米，相应库容达到2 050万立方米；1973年建成坝后式小水电站；1989年建成了大坝混凝土防渗墙；1990年水库转型为向乡镇供水为主，兼顾防洪，小水电站报废；1992—1994年先后在坝面建设三条虹吸供水管道向乡镇供水；1995年大坝迎水坡干砌石面增加铺设厚0.2米混凝土护层；1997年大坝防浪墙加高1.18米，达到枢纽工程现状规模。

水库原设计以农田灌溉为主，1990年以后，水库逐渐转向城镇供水，目前基本不放水灌溉，原有灌溉渠道大部分已淤塞或废弃。现状水库总库容 2 845 万立方米，是一座以供水为主，兼有防洪等综合利用的中型水利枢纽工程。罗田水库为综合利用水库，具有供水、防洪、环境等综合效益。深圳是一个严重缺水的城市，宝安区松岗街道是深圳市淡水资源短缺的地区之一。在有限的供水资源的情况下，保证供水水库安全运行，才能提高水库的供水保证率。因此，保证水库安全运行，保障当地供水正常已成为水库建设管理的头等大事。

当时，罗田水库枢纽工程存在不同程度的病险问题和安全隐患，为保障水库下游城市建设发展的防洪安全和松岗街道的供水安全，促进区域的社会经济发展，必须对罗田水库进行除险加固。2008 年 6 月，水库大坝下游坡出现滑坡事故后，在初步抢险基础上，宝安区水务局委托深圳市广汇源水利勘测设计有限公司开展罗田水库除险加固工作，并于 2008 年 9 月编制了《罗田水库除险加固工程项目建议书》。

深圳市广汇源水利勘测设计有限公司经过投标，承担了对罗田水库除险加固工程（勘察、设计）任务。设计过程中，公司组织了相关专业的工程技术人员，在罗田水库管理站工作人员陪同下，踏勘罗田水库工程现场，逐一检查并详细认真地询问工程现状及存在问题，仔细地分析研究工程除险加固的内容及方案，并与业主、政府职能部门及罗田水库管理站交换意见，在广泛收集资料和现场踏勘、检查、调研的基础上，提出了工程的除险加固内容、方案及设计图纸，最终与 2009 年 5 月完成了深圳市宝安区罗田水库除险加固工程初步设计。

罗田水库工程等别为Ⅲ等，主要建筑物级别为 3 级，设计洪水重现期为 100 年一遇，校核洪水重现期为 1 000 年一遇，除险加固后水库正常蓄水位 33.086 米，相应库容为 2 050 万立方米，总库容 2 913.5 万立方米，工程总投资 2 225.60 万元。罗田水库除险加固的主要内容包括：对大坝下游坡进行培厚、放缓；对大坝进行加高、重建坝顶，完善排水系统；拆除原大坝加高时“戴帽”的挡土墙，还原土坝典型横断面；对大坝坝肩及坝基进行防渗处理；对原输水涵管内套钢管进行加固并延长接出；拆除对大坝安全不利影响的倒虹吸输水管道，新增一条输水涵管；更换原输水涵启闭开关，闸阀等老化、破损设备；对溢洪道破损段进行维修加固；完善大坝的排水系统及安全监测系统等。

罗田水库为综合利用水库，既担负着向松岗街道提供生产、生活用水的任务，又承担着防洪安全的重任，具有供水、防洪、环境等综合效益，是保证当地经济建设发展不可缺少的重要组成部分，对其进行除险加固有着重要的意义。

本项目负责人：邓平、刘金鹏、邵俊华；审定：庄光钦；审核：秦文亭；校核：雒翠、李文珍；其他参与人员：颜寅杰、詹达美、余汝林、黄伟明、刘欣、赵煜钦、艾杏琦、李可、沈双宇、林庆勇、林庆勇、林碧波、容宜深、厉静。

十、长流陂水库工程

长流陂水库地处深圳市宝安区沙井街道黄埔村东侧，位于茅洲河一级支流新桥河的上游段，坝址在广深公路以东约 2.7km 处，是提（引）蓄结合的水库，除库区径流外，还提引茅洲河水源入库，是深圳市西部供水水源工程组成项目之一。水库建设于 1991—1992 年，原规划水库以农业灌溉用水为主，设计年供水量 832 万立方米，现已转轨为城镇供水水库。长流陂水库是引、蓄、提相结合的水库工程，除库区来水以外，还从茅洲河提引大量入库，沿渠截引入库的面积 1.23 平方千米，库区集雨面积 8.8 平方千米。

长流陂水库设计洪水位为（$P=2\%$）24.38 米，校核洪水位为（$P=0.2\%$）24.97 米，正常水位为 23.00 米，相应库容为 512.6 万立方米，总库容为 728.20 万立方米，属于小（1）型水库，Ⅳ等工程。1997 年，由沙井自来水公司委托深圳市水利电力勘测设计公司采用用开挖破坝埋管法，在长流陂水库主坝轴线 1＋280 米处增建内径 2 米的钢筋混凝土涵管一座。

长流陂水库除险加固工程以前，水库枢纽工程包括主坝、输水涵管、溢洪道三部分工程，其他建筑物有上坝道路、管养楼等，观测设施大都老化或废弃不用。1999 年，深圳市水利电力勘测设计公司受相关委托，对长流陂水库进行了安全鉴定。结果表明，多处出现外坡散浸渗水现象，表明部分坝段有浸润线升高的可能性；主坝较长，填筑质量不均，稳定分析结果，部分填筑质量较差的坝段，其外坡抗滑稳定安全系数不满足规范要求；长流陂水库鉴定为二类水库，建议有条件时对长流陂水库主坝进行加固，以确保工程安全。

随着水库供水腹地经济的高速发展，镇村生产、生活用水量猛增，长流陂水库向镇村供水为主，从茅洲河提引的水源，通过水库的储存中转后供向沙井、福永二镇的水厂，对缓解当前用水紧缺的矛盾，发挥着重要的作用。2009年开始的除险加固能够针对水库存在的问题，提出解决方案，确保长流陂水库发挥供水和防洪的功能。

长流陂水库安全鉴定报告由张成香、刘灼华审定，潘英杰、郭世芬审查，廖秀珍、钟思东校核，邓平、郭世芬主编，其他编写人员有张开成、温润、朱龙蟠、曾庚旺、冼顺添。长流陂水库除险加固工程由庄光钦审核，邓平审定，周琼编写。

十一、丰顺县2018年度村村通自来水工程

1. 项目背景

丰顺县是广东省梅州市辖下县，位于广东省东部，梅州市南端，毗邻潮汕地区，全县辖16个镇、1个国有农场，总人口70余万人，2016年全县生产总值102.96亿元。

当时丰顺县农村供水发展的总体水平与国民经济和社会发展水平不相适应，在一定程度上制约了丰顺县工业化进程的脚步。随着丰顺县招商引资工作的深入推进和外向型经济的快速发展，一批企业已经逐步开展前期工作，从水量、水质以及供水保障程度上对乡镇供水提出了更高的要求，亟待全面推进农村供水体系建设，满足经济社会发展需求。

丰顺县当前饮水突出问题主要是居民集聚地附近水源少，水量小，且自然村分布分散等原因，大部分行政村的农村居民还靠手压井或直接取用未经过任何处理的山溪水和山泉水。虽然各镇有以镇政府为中心的辐射周边行政村的小型自来水厂集中供水，但是部分水厂供水主管只布置至行政村村口，离各自然村还有一些距离，在离圩镇较远的行政村，基本无集中

供水，随着农村生活条件改善，用水标准增大，由于原有水源基本都是山泉水不稳定，水量不足的问题日益明显，特别是节假日期间，外地返乡居民较多，更是凸显饮用水困难问题，严重影响当地群众的日常生活和身体健康。

丰顺县2018年度村村通自来水工程（村级）第1标段共包括5个镇的自来水工程，分别为：留隍镇、丰良镇、建桥镇、潘田镇、潭江镇。

2. 项目实施过程

2018年6月4日，广汇源环境水务与广东威华集团组成联合体有幸中标丰顺县2018年度村村通自来水工程（村级）第1标段设计采购施工（EPC）总承包项目的初步设计、施工图和施工阶段，其中广汇源环境水务承担了工程设计任务。接受任务后，广汇源环境水务迅速成立勘察组［人员包括：谢轲蔚（组长）、李瑞峰、钟诚］，勘察组实地查勘、多方收集相关资料，根据每个工程点的特点，确定了各工程供水范围和任务，根据现状“点多、面广”的供水情况及区域水源水量偏少的情况，围绕高效节水、经济合理、管理方便安全、施工简单等要求，结合各工程点人口布局、分析现状供水存在问题，比选确定了各工程点的供水方案。

2018年8月广汇源环境水务完成了丰顺县村村通自来水工程初步设计报告。2018年9月在丰顺县水务局召开了该项目初步设计评审会议。2018年10月获得了丰顺县发展和改革局和丰顺县水务局联合印发的批复文件。

收到丰顺县发展和改革局和丰顺县水务局对该工程初步设计批复后，广汇源环境水务迅速组织成立工程设计组，由项目负责人牵头，各设计人员密切配合，根据批复意见及初步设计批复内容，细化设计。2018年10月将5个镇所有工程点施工图交付施工。

根据初步设计及施工图，丰顺县2018年度村村通自来水工程（村级）第1标段设计采购施工（EPC）总承包，分散式供水工程类型有Ⅵ型、Ⅴ型，工程等级根据《村镇供水设计规范》（SL 687—2014）及《防洪标准》（GB 50201—2014），主要建筑物等级有4级、5级。丰顺县村村通自来水工程（留隍镇村级）工程概算总投资为2 838.86万元，主要建设内容下有：水陂、水井、水池、水管、滤池、慢滤池、排气阀井、排泥阀井、检修闸阀井、水表井、一体化净水设备。丰顺县村村通自来水工程于 2018 年 10 月开工。

3. 项目意义

农村饮水经历了由饮水困难问题，到要求饮用清洁卫生水，再到普及自来水三个层次的发展过程。实施村村通自来水工程是实现公共服务均等化的重要途径，是保证社会公平、安定、促进经济社会发展的基本条件，是实现全面建设小康社会的历史要求。供水工程建设好坏在一定程度上是衡量该地区经济发展、社会进步的标准之一。建设完善的农村供水工程基础设施，不仅是当前加快中心镇、村建设，全面提高城镇化水平和质量的重要保障，也是解放农村生产力、壮大县域经济、促进村镇经济增长的基本前提。建设农村供水网络可从基础设施上保障村容环境及农民卫生条件，避免水质污染，减少水源性疾病的发生，提高农民的身体健康水平，是加快社会主义新农村建设的基本前提。

4. 项目实施过程关键人物

项目负责人：周刚平；主要参与人员：李瑞峰、钟诚、谢轲蔚、方正国、冯文、刘永静等。

5. 项目业绩及荣誉

自工程开工以来，广汇源环境水务设计人员积极配合施工单位，解决施工过程中遇到的各种难题，得到了业主单位和施工单位的一致认可，丰顺县水务局徐局多次在会议中对广汇源环境水务服务人员提出表扬。

十二、赤坳水库除险加固工程

1. 工程概况

赤坳水库位于深圳市东部坪山新区境内，坝址位于坪山河上游支流金龟水上，水库下游为赤坳河。水库控制集雨面积 14.6 平方千米，总库容约 1 816 万立方米，为中型水库，是深圳市唯一一座浆砌石重力坝中型水库。水库设计洪水为 100 年一遇，校核洪水为 2 000 年一遇。赤坳水库始建于 1978 年 1 月，1983 年开始蓄水运行，1985 年正式竣工验收。赤坳水库新建工程由深圳市广汇源环境水务有限公司进行设计，已运行超过 30 年。赤坳水库新建时是以灌溉为主，结合发电、防洪的综合利用工程，设计灌溉面积 4 万亩，发电装机 400 千瓦，2 台发电机组平均年发电量 49.5 万千瓦时。自 1993 年起，水库灌溉作用弱化，水库下游灌溉渠系也停止使用，逐步转变为城市生活供水水库。当时赤坳水库的主要作用是防洪和供水，是坪山新区的主要供水水源及大鹏半岛的备用供水水源，是大鹏半岛支线供水工程的重要组成，年供水量约 1 500 万立方米。

2. 项目实施过程

2011 年，由于运行年限较长，深圳市广汇源环境水务有限公司对赤坳水库进行了安全鉴定，该水库被评为“二类坝”。2014 年，深圳市广汇源环境水务有限公司中标赤坳水库除险加固工程设计项目，随后开始进行除险加固设计。

2014 年，可行性研究阶段设计。确定赤坳水库除险加固工程主要设计内容包括：主坝加固、副坝防渗加固、新建隧洞（分洪及供水）、新建码头、自动化设计等。2015 年 8 月取得可行性研究阶段发改批复。2015 年 8 月至 2017 年 7 月，初步设计阶段。2016 年 7 月 14 日初步设计审查，专家评审组组长为陈筱云。2017 年 7 月取得初步设计阶段发改批复。2017 年底完成施工图阶段设计。

确定水库除险加固正常蓄水位为 82.0 米，相应库容为 1 682 万立方米，总库容为 1 850 万立方米。水库工程等别Ⅲ等，主要建筑物级别 3 级；防洪标准设计 100 年一遇，设计洪水位 83.85 米，校核 2 000 年一遇，校核洪水位为 84.6 米。水库枢纽包括主坝、副坝、输水涵管、溢流坝四部分。主坝为浆砌石重力坝，加固后坝顶高程为 85.1 米，坝长（含溢流坝长）为 195 米，坝顶宽度为 6 米，最大坝高为 39.1 米；溢流坝位于主坝中部，开敞式溢流堰，堰顶高程为 82.0 米，长为 30 米。副坝为均质土坝，坝顶高程为 86.39 米，坝长为 70 米，最大坝高为 20 米。

2018 年 6 月 8 号，项目举行正式开工典礼。2018 年 8 月，主坝加固开始动工建设。2018 年 9 月，新建隧洞开始动工建设。2019 年 6 月，新建隧洞贯通。

赤坳水库除险加固工程在水库原有功能的基础上进行了功能的完善和

补充，水库新增了供水功能，主要给坪山区、大鹏新区供水。除险加固完成后，赤坳水库成为一座结合防洪、供水等综合利用的中型水利枢纽工程。

3. 建设意义

近年来，大鹏新区经济规模飞速增加，需水量也呈逐年增加的趋势。因此，大鹏新区每年都需从东江引水，而赤坳水库因其特殊的地理位置，成为了东江引水工程线路的必经之地。赤坳水库除险加固工程完工后，成为深圳市重要的供水水源及境外饮水水源的重要调蓄水库，年平均自产水供水约 1 500 万立方米，承担东江境外引水向大鹏新区供水的转输能力为 40 万立方米每日，在全市的供水工程布局中具有重要的作用。赤坳水库除险加固工程为大鹏新区的供水安全提供了有力的保障，由此产生了巨大的社会效益。

赤坳水库的新建和除险加固均由深圳市广汇源环境水务有限公司独立完成，为公司在水库大坝，尤其是重力坝和浆砌石大坝设计建设方面积累了丰富的理论和实践经验，也是公司优质工程的一个代表。

4. 项目主要参与人员

本项目分管副总工程师：邓平、吴镇中；负责人：靳春国；主要参与人员：刘金鹏、邓超联、梁俊霞、龚艳光、郑志敏、彭玉萍、张秋芳。

十三、宝安区优质饮用水入户工程（五期）

1. 项目背景

深圳经济特区建立以来，供水事业取得了长足发展，厂网建设和供水安全保障水平均居全国前列。全市共建成自来水厂 57 座，设计供水能力达到 692 万立方米每天，城市供水设施不断完善，供水水质不断提高，全市自来水出厂水合格率已达 99%以上。但在居民小区用户饮水安全、供水规范管理等方面仍存在两大亟待解决的问题：一是现有大量的住宅小区，仍在使用 2000 年被国家明令禁止使用的镀锌钢管或灰口铸铁管，导致用户龙头水质明显下降和渗漏严重，其中约 1/3 的小区存在明显的“黄水”、杂质沉淀等现象，约 40%小区的漏损率超过 10%、部分小区甚至高达 30%；二是全市高层住宅和多层住宅尚未实现抄表到户，供水“中间层”依然存在，引发诸多管理不规范问题，成为市民投诉焦点，是潜在的社会不稳定因素。

为全面贯彻执行国家饮用水水质新标准，保障群众饮水安全，需要尽快对严重影响居民用水水质的小区供水管网进行改造，全面实施优质饮用水入户工程。为此，深圳市水务局在多年调研和充分酝酿论证的基础上，起草了《深圳市优质饮用水入户工程实施方案》（以下简称《方案》）。2013年4月3日下午召开的市政府五届八十二次常务会议审议并原则通过《方案》；2013年5月21日，市政府办公厅正式印发《方案》。

根据《深圳市人民政府办公厅关于印发深圳市优质饮用水入户工程实施方案的通知》（深府办〔2013〕17号）相关部署，结合宝安区实际情况，启动宝安区优质饮用水入户工程，工程分阶段实施，根据《深圳市宝安区人民政府办公厅关于印发宝安区优质饮用水入户工程实施方案的通知》（深宝府办〔2014〕4号）相关部署第一阶段分5年（期）实施，2014年年初开始在宝安区实施，当时已经进行了4期。为进一步提高全区居民生活饮用水水质，宝安区发改局下达第五期工程前期投资计划后，于2016年12月16日组织召开了宝安区优质饮用水入户工程（五期）小区供水设施状况评估专家评审会，对新安、西乡、福永、松岗街道12个申请小区的供水设施状况进行考评打分。根据小区综合分值高低排序，将考评得分前11名的居民小区纳入（五期）工程改造工程工作计划。

2. 项目内容

工程改造范围包括灵芝新村、宝佳苑、新安湖花园、宝民花园、海滨广场一期、泰安花园、中商花园、裕安花园、碧海湾花园、景山花园和宝安山庄共11个小区，根据生活小区室外埋地管是否改造，确定各小区的给水系统改造范围。地下水池、屋顶水箱、泵房等二次供水设施维持现状，小区内商铺和办公楼只改造至总表处，表后维持现状，室内消防系统维持现状，对于现状生活和室外消防合用供水管道，根据各小区现状合用管道状况，具体问题具体分析，因地制宜，适当增设给水管和消防表组并与现状消防给水系统连通，使生活和消防相对独立。

3. 项目时间节点

2016年12月16日，宝安区环境保护和水务局组织召开了宝安区优质饮用水入户工程（五期）小区供水设施状况评估专家评审会，对新安、西乡、福永、松岗街道12个申请小区的供水设施状况进行考评打分。根据小区综合分值高低排序，将考评得分前11名的居民小区纳入（五期）工程改造工程工作计划。

2017年3月就宝安区优质饮用水入户工程（五期）（设计）进行了招标，深圳市广汇源水利勘测设计有限公司中标Ⅱ标，包含宝民花园、海滨广场一期、泰安花园、中商花园四个小区。

广汇源环境水务中标后立即组成项目组，展开初步设计阶段设计，项目组成员由给排水室（深圳市政环境所）成员组成，项目负责人欧志兰，项目组成员有刘思佳、肖星逸。

2017年5月11日下午，宝安区环境保护和水务局在水源大厦十三楼会议室，主持召开了《宝安区优质饮用水入户工程（五期）》初步设计专家评审会，与会专家和代表进行了讨论和评议，形成专家评审意见。专家组组长为深圳市利源水务设计咨询有限公司高工冯霞。

2017年8月10日取得初步设计阶段宝安区发展与改革局的批复。

2017年8月初，完成施工图设计。

2017年9月，完成施工图审查，审查单位为深圳市市政工程咨询中心有限公司。

2017年12月开工建设。

2019年9月竣工验收。

4. 项目意义

该工程优质饮用水小区改造前的管网，尤其是水表后管网锈蚀严重，水阻大，水压损失严重，导致客户服务水压偏低，客户投诉多。多个小区6层及以上，客户就自行在水表后管上增加管道泵加压，以满足水压需要。改造完后，水压基本满足客户需求，客户投诉为零。宝安区优质饮用水入户工程的实施，对于提高辖区给水系统的安全可靠性，促进区内各组团社会经济的快速发展，改善投资环境，提升辖区的综合经济实力是非常必要的。对于改善城市投资环境、促进全市经济的快速发展起到了重要作用。

5. 项目主要参与人员

本项目分管副总工程师林佩斌，负责人欧志兰，主要参与人员刘思佳、肖星逸、赵平文、张秋芳。

十四、公司完成的其他蓄水、引水和供水工程

公司完成的其他蓄水、引水和供水工程见表3-1。

表3-1 公司完成的其他蓄水、引水和供水工程

序号	项 目 名 称	执行时间
1	石岩—铁岗引水工程	1986年
2	盐田红花坜水库引水渠工程（红花坜水库设计说明书1991年）	1991年
3	横岗镇黄竹坑水库—南风坳水库引水隧洞工程	1992年
4	坪山镇碧岭至炳坑水库引水涵工程	1992年
5	坪山镇赤坳水库坪头岭引水工程	1992年
6	观澜河引水工程	1993年
7	布吉坂田村南山水库灌浆资料、正坑水库至南山水库引水隧道工程	1994年
8	观澜河防洪堤引水工程	1995年
9	观澜镇横坑至牛湖引水工程	1995年
10	观澜白花水库引水工程	1996年
11	观澜河引水出口延伸工程	1998年
12	观澜茜坑水库—大水坑水库引水（应急）工程	1998年
13	宝安区福永镇屋山水库凤凰岩引水渠	1998年
14	沙井镇沙井水厂坝下引水管01	2000年
15	光明农场白花河引水抗旱工程	2002年
16	松子坑至炳坑水厂引水工程A、B标段竣工图	2003年
17	铁坑水库连通渠工程	2004年
18	深圳市小型水库除险加固工程（第一批）	2008年
19	龙岗区东江引水獭湖支线扩建工程	2008年
20	光明北区供水管网改造工程	2008年
21	深圳市小型水库除险加固工程（第二批宝安、龙岗部分）	2009年
22	民治办事处民治水库水源保护工程	2012年
23	兴宁市福岭水库灌区、和山岩水库灌区、麻岭水库联合灌区加固改造工程EPC总承包	2012年
24	平湖支线工程	2015年

续表

序号	项　目　名　称	执行时间
25	丰顺县2015年新增4宗小型水库除险加固工程设计采购施工（EPC）总承包	2015年
26	清林径水库引水调蓄隔离保护完善工程	2016年
27	惠阳区村村通自来水工程勘察设计	2016年
28	惠东县村村通自来水工程勘察设计	2016年
29	惠州市惠城区村村通自来水工程	2016年
30	径心水库原水管二期工程	2017年
31	石松支线长流陂水库段连通工程	2018年
32	北环路（中心路至长流陂水厂）DN1000供水管新建工程	2018年
33	兴宁市村村通自来水黄槐、大坪等9镇片区（单村）工程EPC总承包（第二标段）	2018年
34	坪山区赤坳水库水质保障工程	2019年
35	雁田水库（木古河流域）水质保障工程	2019年
36	雁田水库（白坭坑片区）水质保障工程	2019年
37	深汕特别合作区泗马岭水库除险加固工程	2019年
38	深汕特别合作区窑陂水库除险加固工程	2019年
39	坪山区红花岭水库至赤坳桥引水工程	2019年
40	水磨坑水库安全加固工程	2020年
41	大鹏新区铁扇关门水库安全加固工程	2020年
42	鹅颈水库扩容工程库区清理工程	2020年

第二节　防洪排涝项目

一、治理深圳河一期工程

1. 项目背景

深圳河干流长37千米，流域面积312.5平方千米。干流上游为沙湾河，发源于牛尾岭，上游支流莲塘河发源于梧桐山。深圳河干流流经深圳与香港，自东北向西南流入深圳湾，出伶仃洋。深圳河中下游为深圳与香港的界河，其中香港新界流域面积为125平方千米。

在1980年成立深圳经济特区之前，深圳河没有引起人们的注意。随着深圳经济特区经济迅速发展和人口急剧增加，愈来愈显得深圳河在特区发展中的重要性。深圳河由于河床狭窄，河道蜿蜒曲折，加上海潮影响，洪水宣泄不畅，致使两岸经常泛滥成灾。洪水造成的损失日趋严重，仅1993年两次洪水就造成深圳市直接经济损失14亿多元，香港的损失也很严重。另外，两岸经济发展，多种污水大量排入，河水受到严重污染，尤其是文锦渡以下15千米，水体乌黑，恶臭难闻，对环境影响极为严重，已成为该地经济发展的制约因素。

2. 项目实施过程

1981年12月，香港总督麦理浩爵士访问深圳，与深圳市政府讨论多项有共同利益之事务。1982年3月，深圳市政府代表团与香港政府代表团举行会议，会上双方同意成立一个深圳/香港联合工作小组，讨论深圳河防洪防污染问题。1982年3月，深圳市政府向广东省政府写报告，并由广东省政府向国务院报告，国务院（83）国函字24号文批复：原则同意深港合作整治深圳河，并对谈判工作作出指示。

1982年4月，治理深圳河联合工作小组举行首次会议，考虑双方社会制度不同，法规不同，工作标准、工程规范及工作程序等均有较大差异，决定设立联合技术小组（深方组长是盛定生）及联合设计小组（深方组长是廖秀珍），港方两个小组成员均是香港渠务署工程师。

1982—1985年，深港双方就治理深圳河进行了谈判，并确定了治河方案，该方案将治理工程分三期进行：一期工程对渔民村及落马洲两个弯道进行取直并建坝防洪；二期工程对罗湖桥以下的河道进行全面整治；三期工程对罗湖桥以上的河道进行整治。一期工程中的关键技术问题是在极软的海积淤泥上开挖新河及修筑堤防的稳定性。软土地基必须经过处理后才能建堤，地基处理方案为真空预压和堆载预压。

深圳河治理规划工程的规划设计工作始于1982年，为满足深港双方政府不同的技术标准和规范，设立了联合技术小组和设计小组专门对此工程的规划设计问题进行谈判协商。因涉及当时中港边界划分和工程范围适用法律及技术标准等复杂而敏感的问题，使工程规划方案的确定异常复杂与艰难。1985 年 4 月深圳河防洪联合小组完成了《深圳河防洪计划报告书》。至 1985 年深港政府达成双方均可接受的规划原则为：防洪标准议定为 50 年一遇；治理深圳河工程分三期实施，主要的工程内容包括裁弯取直、拓宽及挖深原有的深圳河。

1987 年 5 月，深圳市政府基建办主持召开治理深圳河技术论证会，会议对规划设计成果进行评议和论证。受邀参加会议的有关单位是：珠江水利委员会、广东省水利厅、广东省水科所、广东省航道局、东深供水工程管理局以及宝安县水利部门。

深港双方在政治、经济、技术标准等多方面的巨大差异，使深港联合治理深圳河工程由最初的规划到全面实施，经历了十几年复杂而艰难的谈判过程。从规划原则到每一个具体数据和参数的确定，都是两地政府利益划分和技术标准结合的具体体现，对两地政府合作进行的工程建设具有指导意义。而深港政府在“一国两制”的政治背景下，建立了一套行之有效、特色鲜明的合作模式和运行机制，成为两地政府在跨境重大基础设施建设合作方面的典范。

治理深圳河工程是在国家刚开放的形势下两个不同社会制度共同合作的重要项目，内容复杂，谈判过程也是工作过程，曾考虑国际招标，施工机构及工作机制多变，直到 1995 年 5 月 25 日才动工。

3. 项目内容

1985 年防洪联合工作小组编写了《深圳河防洪计划报告书》，报告提出治理深圳河防洪标准为近期 50 年一遇洪水，远期（2010 年）为 100 年一遇，治理范围是干流全河（上从三叉河起下至河口深圳湾旧河道），长 16.17 公里，河道弯曲浅窄，河水黑臭污染严重，是感潮河，百年来处于自然状态，左岸香港侧设有边境围栏，中间有文锦渡公路桥及罗湖铁路桥跨越深圳河。

第一期工程是渔民村—料堂裁弯取直和福田—落马洲裁弯取直，原河长 5.75 公里，裁弯取直后河长 3.0 公里，两个裁弯处于不同位置，分段施工必须确保不会造成任何不良影响和危害，静止不变的河道是不存在的，天然河道总是处在不断变化发展中，河道的演变发展由多方面极其复杂的因素决定，一般地说，水流和河床是决定性因素。

第一期工程两个裁弯河道不在同一河段上，对其上下游毗邻河段应设置比较平顺的过渡连接段，并采取临时防冲设施，以减低其可能产生的侵蚀程度。一期工程的挖土作业与原河道相隔，对保护水质至关重要，选用抽吸式挖泥机可减少沉积物再悬浮，旱季施工可减小施工对下游沉积物和水质的不利影响，选择低潮位、低流量时打通新旧河道连接。

河道断面：下游河道沿岸土质与淤积冲积土层，强度低，规划河床高程在平均高潮位以下5～6米，目前两岸均为鱼塘或低洼地，采用梯形河道断面将是合理和比较经济的。渔民村以上的中上游河道，沿岸土质以沙土或亚黏土为主，为节省占地，曾考虑用竖向岸墙的矩形断面，经过比较其造价比梯形断面的高1.5～2倍。因此，双方同意除受现有桥梁或重要建筑物限制的局部河段外，其余均采用梯形断面为宜。

堤顶及护坡护岸：宽度分别为5.5米（有防浪墙）和5.0米（无防浪墙），边坡1∶3～1∶2，堤内坡脚设置5～15米宽平台。采用覆盖式平顺护岸，河道边坡为抛块石，滩地平台及土堤迎水坡用混凝土预制块，土堤外坡种草。一期工程福田—落马洲河段，河底宽105.4～96.9米，边坡1∶3，土堤顶宽5.5米（有防浪墙），用覆盖式平顺护岸，河道边坡抛块石，滩地平台及土堤迎水坡用混凝土预制块，土堤外坡种草。渔民村—料堂裁弯河道，河底宽82～72.4米，堤顶宽5.0米，护岸方式与落马洲—福田基本相同。

据1983年调查，第一期工程深圳方面拆迁渔民村二间民房约3 000平方米，香港方面拆迁5千米边境围栏及其有关设施，工程占地约1 200亩，工程费用概算5 450万元。

第一期工程落马洲—福田裁弯取直及渔民村—料堂裁弯取直工程设计于1988年完成。

4. 项目实施关键人物

1982年，市政府成立治理深圳河工作小组，参加人员有刘伟常、成定生、熊熙超、刘佳盛、廖秀珍、郭世芬、邓镜容、洪金端，组长时任市政府秘书长的舒成友。

1994年，治河办主持发出深治档河字〔1994〕37号文邀请水利系统国内专家参加第一期工程设计审查会议，名单如下：水利部建设司司长刘松森、水利部规划总院院总工陈清廉（教高）、珠江水利委员会总工董德化（教高）、广东省水电厅两名专家等；特邀专家（长江水利委员会）：施工设计专家杨光熙（教高），土工专家冯光裕（教高），河工专家潘庆燊（教高）、余文畴等。

该项目主要参与人员有郭世芬、廖秀珍、刘灼华、邓平等。由于工程的特殊性，不单纯考虑技术问题，还有法律、环保、边境设施要符合双方规定，深圳方面派刘灼华、邓平两位工程师赴港与港方工程师共同绘施工图，图纸标注中英文两种文字。

二、观澜河流域防洪治河工程

1. 项目来源

观澜河位于深圳市中北部，是东江水系一级支流石马河的上游段。发源于龙华大脑壳山（海拔385.4米），自南向北流经龙华、布吉、观澜、光明4镇（场），在观澜镇企坪以下注入东莞市境内。深圳市境内干流河长24.7千米，集雨面积202平方千米，河床平均纵比降2.1‰，是深圳市五大河流之一。观澜河防洪治河工程位于深圳市中北部，跨越宝安区龙华、观澜两镇的大部分以及光明畜牧场和龙岗区布吉镇局部。

根据1996年完成的《观澜河流域水利综合规划报告》，流域存在水土流失严重、河道被挤占、阻水桥涵众多以及河道维护管理不善等问题；流域综合治理开发的首要任务是水土流失治理、河道整治及堤防修筑，其次是水污染防治及保护、水资源开发利用等多目标的实施；水土流失主要采取工程措施和生物措施并举，工程措施与管理措施相结合的办法，治理的重点区是河道两岸的开发区；河道治理主要采取原河拓宽挖深和修筑堤防为主，兼用蓄洪和管理措施，治理的重点是干流和城镇附近的主要支流。河道治理方案应兼顾国土、市政、景观和生态环境等要求；解决该流域日益剧增的用水缺口之根本途径是境外引水，其次是扩建及兴建骨干小型水库、提高运行调度水平。

深圳市宝安区水务局于1997年8月底委托广汇源环境水务前身——深圳市水利电力勘测设计公司进行观澜河防洪治河工程初步设计。

2. 项目概况

1997年10月深圳市水利电力勘测设计公司签订设计工程合同书后，随即成立了项目设计组，其中包括高工8人，工程师12人。于1998年6月完成《观澜河防洪治河工程初步设计报告》（以下简称《初步设计报告》）。

根据《初步设计报告》，工程的主要任务是：干流及主要支流的河道整治及堤防修筑，以及干、支流两岸50米范围内的水土保持和河岸排水、治涝。该工程的兴建，可将观澜河流域的防洪标准由当时5～10年一遇提高至50～100年一遇，从而减免流域日益增长的洪涝灾害，改善流域生态环境，有利于深圳市及流域社会经济的持续发展。

《初步设计报告》得出的结论是：为充分发挥工程的综合效益，需加强河流上游区的水土保持工作，以减少水土流失和中下游河道淤积；河道治理是一项系统工程，根治观澜河的洪涝灾害，尚需与东莞市有关部门协调，提高下游河段的泄洪能力；为减少深圳市干流下游段的泥沙淤积，建议改造企山陂水闸工程，增设排沙闸；该工程土方开挖与填筑量较大，为节省投资，下阶段设计将进一步调查研究、补充钻孔分析土料分布及储量、挖方中符合筑堤土料的含量；观澜河干支流河道存在不少阻水桥梁及涵洞，下阶段设计中应对原有结构进行强度、稳定等计算分析，以确定较优的扩（改）建方案；根据施工进度计划，工程分二期实施，8年完成，为减少流域洪灾损失，建议结合工程设计要求，先采取清除河道障碍物、适当清淤等措施；工程措施仅是防洪措施之一，河道治理也非一蹴而就的事情，建议尽早成立观澜河河道及堤防管理机构。让管理人员参加工程建设的全过程，熟悉河道特征特性，以利今后工程维护管理和综合治理开发；河流是生态系统中的子系统，为使河流逐步实现生态功能，需加大水污染防治、水资源保护、全流域水土保持和生物保护工作；该工程设计总概算为49 358.6万元，其中第一期26 279.48万元，第二期23 079.12万元。

3. 项目意义

观澜河流域防洪治河工程的主要任务是防洪、治涝和水土流失治理。

工程的兴建将大幅度提高干、支流的防洪能力，减免洪涝灾害，对保障两岸国家和人民的财产和安全，保持社会稳定及繁荣，改善投资环境等方面都具有重要作用和现实意义。

4. 项目参与人员

项目负责人：刘沅、陆文中；审定：刘灼华；审核：郭世芬、廖秀珍；编写：刘沅、陆文中；主要参加人员：刘沅、陆文中、黎恪先、刘灼华、冯安、林景祥、邓平、曾盘才、郭奇志、郭云强、揭秉辉、张开成、张恩祥、张敏、郭丽莎、刘光忠、吴端庄、李长江、温润、陈汉元、郭明、蒋平安、郭苑晖、林彩虹。

三、龙岗河流域防洪治河工程

1. 项目背景

龙岗河流域位于深圳市东北部，是东江二级支流淡水河的上游段，发源于梧桐山北麓，正源为梧桐山河，深圳市境内流域面积 280 平方千米，主河长约 35.62 千米。河道流经龙岗区的横岗、龙岗、坪地、坑梓 4 镇。

根据广汇源环境水务前身——深圳市水利电力勘测设计公司 1998 年 2 月完成的《龙岗河流域防洪治河规划报告》，当时龙岗河仅能通过不到 5 年一遇的设计洪水，龙岗镇、横岗镇一些低洼地区每逢暴雨必成灾，人民生命、财产受到很大威胁，治理龙岗河，提高其防洪标准是非常必要的；龙岗河治理采用以排为主的总体方案，兼用蓄洪和管理措施。蒲芦陂水陂、油坑口河段是造成横岗镇牛奶场、龙岗镇城区一带重灾区的关键因素，需首先安排治理；河道治理的同时对水土流失淤塞河床、土地开发挤占河道、不按标准建桥、涵阻水行洪、污水排放、污物乱倾、污染环境等问题亦要相应治理；防洪治河要妥善处理国土规划、城镇建设、市政规划及环境保护的关系。

因此龙岗区水务局于 1998 年委托深圳市水利电力勘测设计公司进行龙岗河防洪治河工程初步设计。

2. 项目内容

在签订设计合同书后，广汇源环境水务随即成立项目勘测设计组，其中包括高工 6 人，工程师 10 人。按设计任务委托书和设计合同的要求展开勘测设计工作，于 1999 年 2 月完成全部工作。主要成果包括：初步设计报告、初步设计附图、设计概算书和工程地质报告。

根据初步设计报告，工程的主要任务是：采取以排为主的总体方案，通过对龙岗河干流及主要支流河道的治理，增大河道行洪能力，将当时龙岗河流域不到 5 年一遇的防洪标准提高到 50～100 年一遇；减免流域日益增加的洪涝灾害，改善生态环境，促进社会经济的持续发展。初步设计报告得出如下结论：先期治理龙岗河干流上的蒲芦陂水陂和油坑口河段，对短期内缓解横岗镇牛奶场一带，龙岗镇城区一带洪水灾害有明显效果，应尽快组织施工完成；河道清障，简单易行，是短期内增大河道行洪能力的简便措施；龙岗河干、支流上，阻水桥梁众多，应协同公路部门按河道行洪要求，随河道治理同时进行改（扩）建；伴随工程措施的实施，相应的管理机构、管理措施也应尽快筹备成立，让管理人员参加工程建设，了解熟悉河道情况，便于今后做好管理工作；初步估计总投资为 3 650 万元。

3. 项目意义

龙岗河流域地处深圳市龙岗区中心地带，区中心城位于该流域中游，横岗镇为深圳市新区盐田区的腹地，按区城镇发展规划，到 2010 年底该流域的区中心城、龙岗镇、横岗镇、坪地镇和坑梓镇将发展成为现代化中等城市。龙岗河流域工程实施后对于保障流域内沿河两岸国家和人民的财产及生命安全、保持社会稳定与繁荣以及改善投资环境等方面均有重要作用，进而可促进流域和龙岗区的社会经济及环境的持续发展。

该工程意义重大，技术上可行，经济指标合理，施工易行。对改善生态环境、投资环境十分有利，是项经济效益、社会效益显著的水利工程。

4. 项目参与人员

项目负责人：邓平；审定：郭世芬；审查：刘沅；校核：钟立华、邓平；编写：陆文中、钟立华；主要设计人员：陆文中、邓平、刘沅、刘灼华、郭世芬、廖秀珍、钟立华、张敏、冯安、林景祥、张开成、温润、黄伟明、陈运生、张鹏、黎恪先、韩永清、文学军、李杜、曾茂林、朱龙蟠、李长江、李新根。

四、深圳市坪山河流域防洪治河工程

坪山河为东江支流淡水河的一级支流，是深圳市五大河流之一，发源于三洲田梅沙尖，流经坪山镇，在兔岗岭下游入惠阳境内，于下土湖注入淡水河。坪山河深圳市境内流域面积129.72平方公里，河长25千米，干流平均坡降2.76‰，总落差723米。流域内水资源蕴藏量充足，地表水、地下水丰富，现有水库30余座，总库容量达4382万立方米，小水电站6座，总装机容量3700千瓦。流域地貌以丘陵、台地为主，地形南高北低，北部为近东西走向的广阔的河流冲积平原，地形相对平缓，起伏不大；南部为中低山地貌，是海岸山脉的一部分，发育多级夷平面，呈阶梯状平台地形，沟谷切割较深。

1997年完成的《坪山河流域水利（防洪）规划报告》指出，坪山河历史上很少发生洪涝灾害，但近年来洪涝灾害频频发生。其主要原因是：一方面人为的开发利用土地改变了地形、地貌，破坏了原来自然汇水区划分范围，同时，开发土地造成水土流失淤塞河道，减小了河道行洪能力；另一方面未经治理的河道长期处在自然冲淤的状态，已不能适应流域经济建设对防洪的要求。因此，从治河着手，提高流域防洪标准十分必要。

在《坪山河流域水利（防洪）规划报告》经上级水务主管部门批复通过后，龙岗区水务局委托深圳市水利电力勘测设计公司进行坪山河流域防洪治河工程初步设计。公司在1998年5月完成地形图施测，1998年9月完成《坪山河防洪治河工程地质勘察报告》，1999年8月完成初步设计全部工作。主要勘测设计成果包括：初步设计报告、初步设计图、设计概算书和工程地质报告。

坪山河防洪治河工程的主要任务是：通过对坪山河干流及其7条主要支流河道的治理，增大河道的行洪能力，从而使坪山河流域的防洪标准提高到50年（支流）～100年（干流）一遇，减免流域洪涝灾害，改善生态环境，促进社会经济的持续发展。坪山河防洪治河的主要范围是：坪山河干流及主要支流即三洲田水、碧岭水、汤坑水、大山陂水、赤坳水、墩子河、石溪河等。

坪山河干支流存在的主要问题归结起来有以下几个方面：大多未经治理的河段曲折多变、时宽时窄，行洪极为不畅，河床冲淤、河道演变随其自然，两岸开发建设安全得不到保障。河堤除坪山镇城区及碧岭村内修建堤防挡墙外，其余大多河堤无形，岸坡时有崩塌破损，随岸边地形高低变化，防洪标准低，安全可靠性差。部分已建防洪挡墙河段，多为岸边工厂、企业自行所为，堤线弯折不顺，堤距偏小，堤高不够，抵御不了设计洪水侵害。跨河及穿堤建筑物如桥、闸、涵等大多过流净空面积偏小，导致上游水位壅高，危害上游安全。沿河岸水土流失未经治理，泥沙冲入河道，淤塞河床，加大了洪水泛滥的概率及程度。

坪山河干流防洪治河工程列为Ⅲ等工程，堤防工程级别为 3 级，堤防工程上的涵闸，跨河建筑物为 3 级建筑物；支流河道的防洪治河工程列为Ⅳ等工程，堤防工程级别为 4 级，堤防工程上的涵、闸、跨河建筑物桥梁、水陂等为 4 级建筑物。坪山河防洪治河工程主要包括：干流和主要支流河道的治理，堤防的整治修建及河道上现有的阻碍行洪建筑物、桥、涵、水陂的改（扩）建和穿堤排水涵的兴建。

坪山河防洪治河工程总投资为 47 996.83 万元，其中工程费用 35 217.59 万元。

坪山河防洪治河工程的实施对流域社会经济发展具有显著的作用，但由于坪山河流域长期以来累积的环境问题较多，治河工程的实施将不可避免地产生一系列新的环境问题，建议在工程实施前对淤泥处置、治河与治污结合等重点问题作充分的论证、评估，以使治河工程的实施达到最大的环境、经济、社会效益。

坪山河防洪治河工程项目负责人张开成，总工程师郭世芬、刘沅，审定刘灼华，校核邓平、廖秀珍，其他主要参与人员为陆文中、张敏、龚德俞、李杜、刘沅、邓平、张鹏、陈道生、陆文中、黎恪先、刘灼华、温润、黄伟明、郭世芬、廖秀珍、朱龙蟠、林彩虹、连少池、李娜、郭苑晖。

五、衙边涌排涝工程

1. 项目概况

衙边涌泵站排涝工程位于深圳市宝安区沙井街道，茅洲河下游南侧，属于茅洲河的一级支流，是当时该片区的主要排洪、排污通道。衙边涌汇水面积 3.25 平方千米，主流河长 3.0 千米，河床平均比降 0.714‰，衙边涌片区地势低洼以及受潮水位和茅洲河水位的顶托，经常发生涝灾，严重影响居民生活和经济的发展。

该工程的实施解决了该片区的涝灾问题并保障该区域经济建设顺利开展。主要建设内容及规模如下：建设排涝泵站，抽排汇入低区的雨水，解决衙边涌片区的洪涝问题。排涝泵站的规模为 38.76 立方米每秒，为中型泵站；理顺项目区域内排水系统。对现状河、渠进行清淤、清障，整治衙边涌河道，调整水系布置，改善排水系统和提高渠系的过流能力。

2. 项目实施过程

2006 年 8 月，广汇源环境水务受深圳市水务局委托，开展《深圳市宝安区沙井街道衙边涌排涝泵站工程项目建议书》编制工作，2006 年 12 月 14 日，深圳市政府投资项目评审中心组织专家对《深圳市宝安区沙井街道衙边涌排涝泵站工程项目建议书》进行了评审，会议上专家通过深入的研究和分析，一致建议该项目能予以立项并应加快速度实施。

2007 年 3 月 29 日，深圳市发展和改革局下发了《关于宝安区沙井街道衙边涌排涝泵站工程项目建议书的批复》（深发改〔2007〕495 号）的文件。

2007 年 4 月底，由深圳市水务局主持会议，研究兴建衙边涌泵站排涝工程的有关事宜，彻底解决片区内的涝灾问题，并委托广汇源环境水务开展可行性研究阶段的设计工作。

广汇源环境水务在接到任务后，组织相关技术人员，以《深圳市防洪（潮）规划（修编）》为依据，《宝安区防洪（潮）排涝工程规划》为依托，《深圳市宝安区沙井街道衙边涌排涝泵站工程项目建议书》和《茅洲河流域水环境综合整治工程项目建议书》为基础，并与《宝安区雨洪、污水专项规划》相协调，在广泛收集资料和现场踏勘、调研的基础上，于 2007 年 7 月 15 日提交了《深圳市宝安区沙井街道衙边涌泵站排涝工程可行性研究报告》。

2007 年 7 月 27 日，深圳市水务局组织召开了《深圳市宝安区沙井街道衙边涌泵站排涝工程可行性研究报告》专家评审会，会上专家一致认为可研报告符合相关上层次规划治理原则及指导思想，编制内容和深度基本满足规程规范要求，可开展初步设计阶段的工作。2008 年 1 月 31 日，深圳市发展和改革局下发了《深圳市宝安区沙井街道衙边涌泵站排涝工程可行性研究报告》批复。

衙边涌排涝泵站位于茅洲河入海口附近，地质条件复杂，泵站基础位于深 17 米的流塑性淤泥质底层中，泵站基坑开挖深度达 12 米，地下有大管径的给排水管经过，基坑的开挖及支护面临严峻的技术难题。在公司总工及项目的刻苦钻研计算下，攻克了泵站建设的基础处理、开挖、支护等技术难题，提出经济、安全的设计方。2008 年 5 月 12 日，深圳市水务局组织召开了《深圳市宝安区沙井街道衙边涌泵站排涝工程初步设计报告》专家评审会，会上对报告的方案及深度进行审查，专家一致通过了报告评审，可开展下一步施工图设计。

2008 年 11 月，完成项目施工图设计工作，图纸提交深圳市水务局，进行施工招标。

衙边涌泵站排涝工程于 2009 年 1 月 15 日正式开工，2010 年 4 月 15 日完工并抽水运行。

2011 年 4 月，深圳市宝安区沙井街道衙边涌泵站排涝工程正式竣工验收。

3. 项目意义

排涝工程的建设，保障了沙井街道衙边涌片区城市化顺利进行，改善投资环境，保证经济建设的顺利进行非常重要。排涝工程建设后，改善了当地居民的生活环境、提高了生活质量、推动了和谐社会的建设。

衙边涌泵站排涝工程是广汇源环境水务在淤泥质地层开挖深基坑的典型项目，为公司在城市排涝，尤其是复杂地质条件下深基坑设计方面积累了丰富的理论和实践经验，是公司优质工程的典范。

4. 项目主要参与人员

本项目分管总工程师庄光钦，负责人刘凤茹，主要参与人员靳春国、苏敏贤、陈贞鹏、刘欣、李奕、李可、黄明炼、黄华中、彭玉平。

八、深圳市宝安区公明片区排涝工程

1. 项目背景

深圳市宝安区公明片区地处北回归线以南，属亚热带海洋性气候，地理位置得天独厚，自然资源优越，在深圳市区域经济社会协调发展的进程中面临着前所未有的机遇。但由于该片区地势低洼，水系复杂，河道防洪标准较低，周边排水设施严重滞后，导致沿线居民、企业常受洪涝之害，形成“逢雨必涝”的局面。2005 年“6·9”“7·16”以及 2008 年“6·13”暴雨给该片区造成了严重的洪涝灾害，其中 2008 年“6·13”暴雨造成茨田埔、马田、马山头、上下村等社区约 5.0 平方千米受淹，最大淹没水深约 1.3 米，造成 32.5 万人受灾，71 间（栋）房屋倒塌，4 090 多亩菜地被淹，25 000 人临时转移，3 820 人避险安置，43 人受伤，直接经济损失 2.5 亿元，当地群众苦不堪言。

公明片区严重内涝问题引起市、区各级领导的高度重视，迫切要求系统建设和完善该片区的防洪排涝体系，以彻底解决片区的内涝问题，还当地群众一个安全无隐患的家园。2007 年，作为深圳市政府重点民生项目和光明新区十大民生工程之一，市政府投资 4.38 亿元开展光明新区公明片区排涝工程。该工程致力于建设排涝泵站，完善雨水收集系统，使泵站能有效、及时地抽排涝水，防止暴雨造成大面积积水，避免内涝给人民带来严重的经济损失。

2. 项目实施过程

深圳市人民政府 2007 年 3 月 31 日 152 号会议纪要，确定了公明片区排水系统改造方案。受深圳市水务局的委托，广汇源环境水务承担了深圳市宝安区公明片区（上下村泵站、马田河泵站、马山头泵站）排涝工程的可行性研究、初步及施工图的勘察设计任务。

2008 年 7 月 14 日，“深发〔2008〕26 号文”对该工程可行性研究报告进行批复，文件肯定了项目建设必要性、工程建设内容和规模、工程建设方案。主要建设内容为：建设公明片区排涝泵站及雨水收集系统，新建的上下村泵站、马田河泵站、马山头泵站，设计规模分别为 30.71、32.62、12.41 立方米每秒，工程等别为Ⅱ等。项目总投资35 161万元，渠道工程部分 5 758 万元，二期雨水管网工程该阶段暂不审批。

2008 年 7 月 14 日，“深发〔2008〕1218 号文”对该工程初步设计报告进行批复。文件肯定了初步设计报告提出的项目建设必要性、工程建设内容和规模、工程建设方案等。主要建设内容：新建上下村、马田河及马山头泵站；新建下村控制闸、合水口控制闸及马田渠控制闸；改造公明排洪渠、上下村排洪渠、下村排水支渠、合水口排洪渠及过路桥涵、建设相关配套雨水收集系统等。新建的上下村泵站、马田河泵站、马山头泵站设计规模分别为 30.71、32.62、12.41 立方米每秒，3 座泵站联合作业，组成一个排涝系统，总设计排涝流量 75.74 立方米每秒，程规模为大（2）型，工程等别Ⅱ等。项目总投资 43 771 万元，其中排涝渠道工程 7 249 万元，排涝工程（不含渠道工程）30 425 万元，二期配套管网工程 6 097 万元。

2008 年 6 月 13 日超百年一遇的暴雨给公明街道造成严重的洪涝灾害，为加快解决该地区洪涝问题，深圳市政府办公会议纪要把该工程列为抢险救灾工程，开始边设计边施工。施工图设计阶段工程规模及主要建设内容和初步设计一致。结合近、远期规划及现状，按照“高水高排、低水抽排”的思路重新梳理片区的排水系统，高区的雨水通过现有的公明排洪渠、上下村排洪渠直接排到茅洲河，低区的雨水由新建的上下村泵站、马田河泵站及马山头泵站抽排，与此同时，充分利用现有雨水管的截流功能，确保高区雨水不会进入低区。

在工程施工图设计工作开展后，由于对原设计方案不理解，当地村民不允许该工程在此施工。深圳市水务局、光明新区管委会、光明新区建筑工务和土地开发中心、光明国土分局、公明街道办事处及相关社区等经多次协调，于 2008 年 8 月与村民达成一致共识，同意施工，项目进入正式实施阶段。

2008 年 8 月 1 日，公明片区排涝工程开工仪式在上下村泵站召开，时任深圳市光明新区管委会主任田夫、深圳市光明新区管委会副主任李福民、深圳市水务局副局长杨耕等领导参加了开工仪式。项目建设单位为深圳市光明新区建筑工务和土地开发中心，监理单位为深圳市甘泉建设监理有限公司，各标段施工单位有深圳市第一建筑工程有限公司、深圳市建业建筑工程有限公司、深圳市建安（集团）股份有限公司。

2009 年 6 月 30 日，上下村泵站、马田河泵站主体工程完工，深圳副市长吕锐锋、深圳市水务局局长蒋尊玉、光明新区管委会主任田夫共同按下泵站开关，两个泵站正式启用，至2009年12月项目全部建设内容完工。工程实施后，马田、公明、合水口、上下村等4条排洪渠共18.57平方千米汇水区域内的防洪标准提供至50年一遇，4条排洪渠河口段共5.06平方千米内涝面积排涝标准提高至市政暴雨重现期2年一遇。

3. 项目意义

为确保泵站发挥最大防洪效益，光明新区将三大泵站的运营维护工程进行了公开招标。2012年5月，广汇源环境水务中标三大泵站的运营维护工程。此后不到一年时间，泵站开泵运行120小时38分钟。抽排水量280万立方米，其中2014年3月30日至31日，泵站运行3 100分钟，总抽排流量达87万立方米、相当于抽干了一个小（2）型水库的容量，使民生工程真正起到了惠民生活的作用。

从2012年接管以来，在市、新区及城建局等领导的带领和支持下，项目在公明街道的防洪排涝系统中发挥了重大作用，彻底改变了片区“大雨大涝，小雨小涝，年年暴雨年年涝”的情形。省、市及新区领导多次在调研检查过程中高度赞扬项目的社会效益及运行维护工作的专业性。《宝安日报》于2012年7月26日、2014年5月13日分别以“公明片区防洪排涝工程发挥实效——三大泵站抽走‘韦森特’霸气”和“三大泵站很给力，联动抢险效率高”为题，《深圳特区报》于2014年4月4日以“光明新区何以能告别逢雨必涝，三大泵站作用明显”为题报道该项目在光明新区防洪排涝系统中的重要作用。广汇源环境水务的设计及运营维护工作也得到了社会各界的肯定。

4. 项目参与人员

项目可行性研究阶段项目总负责人张建华，副总负责人秦义麟，主要参与人员包括：陈誉、潘志军、龚艳光、阳秀春、郑志敏、张秋芳等，设计工作得到了刘灼华（总经理、高级工程师）、邓平（副总经理）、庄光钦（总工）的指导和审定审批。

初步设计阶段项目总负责人陈誉，副总负责人秦义麟、潘志军、龚艳光、阳秀春；主要参与人员：郑志敏、郭汉玲、张秋芳、刘欣、黄明练、邹国胜、曾昭灼、关旭、钟振亮、陈伟强、徐涛等。设计工作得到了刘灼华（总经理、高级工程师）、邓平（副总经理）、庄光钦（总工）的指导和审定审批。

施工图设计阶段项目总负责人陈誉，副总负责人潘志军、龚艳光、阳秀春；主要参与人员：郑志敏、张秋芳、刘欣、黄明练、邹国胜、曾昭灼、关旭、钟振亮、陈伟强、徐涛等，并现场派驻高级工程师龙福荣、郭汉玲作为设计代表配合施工。设计工作得到了刘灼华（总经理、高级工程师）、邓平（副总经理）、庄光钦（总工）的指导和审定审批。

5. 项目业绩及荣誉

在2014年深圳市第十六届优秀工程勘察设计评选中，获得深圳市勘察设计行业协会颁发的市政工程设计二等奖。

在2014—2015年度广东优秀水利工程奖评选中，获得广东省水利水电行业协会颁发的设计奖三等奖。

七、观澜河大和水闸扩建工程

1. 大和水闸概况

大和水闸位于观澜河干流中游，环观南路和龙华新区管委会之间，是观澜河引水工程的首部建筑物，其功能是抬高观澜河水位并调节一定流量，保证茜坑抽水站的正常运行。该水闸是为充分利用观澜河雨洪资源而设置，其建成于1994年，为4孔10米×5.3米弧形钢闸门控制的平底水闸，总净宽40米，总长度75米。原设计洪水标准为20年一遇，校核洪水标准为50年一遇，设计最大过闸流量为998立方米每秒。观澜河干流经过多年的整治后，其设计防洪标准为100年一遇。根据《深圳市宝安区观澜河防洪治河工程初步设计报告》的成果，大和水闸处100年一遇的设计洪峰流量为1 483立方米每秒，远大于原水闸的设计最大过闸流量。原有水闸过洪能力不足，严重影响区域的行洪安全，需进行扩建。

2. 项目实施情况

2010年12月受深圳市水务局委托，广汇源环境水务于2010年12月至2011年8月完成项目建议书的编制工作，分别通过了深圳市水务局和深圳市政府投资项目评审中心的专家评审，并取得深圳市发改委的立项批复

（深发改〔2011〕1369号）。深圳市北部水源工程管理处于2012年10—11月开展观澜河大和水闸扩建工程（设计采购施工总承包EPC试点）公开招标工作。经投标、评标和定标程序，深圳市广汇源环境水务有限公司中标该项目后，于2012年11月29日，在业主及公司总师室的带领下，组织各专业设计人员踏勘现场，并同时开展相关设计准备等工作，于2012年12月8日完成项目策划、资料收集和事先指导等工作，2012年11月30日至12月20日完成勘察测量工作。2013年1月30日提交该工程初步设计成果。深圳市水务局河道和堤防管理处于2013年3月21日主持召开了报告技术审查会，修改完善后报市发改委批复，于2013年9月24日取得项目概算批复（深发改〔2013〕1362号）。取得概算批复后开展施工图设计，2013年10月底完成施工图设计及施工图审查。2013年12月2日正式开工建设，2014年12月17日顺利通过完工验收。

水闸扩建的总布置具体包括闸室、消能工、翼墙及防渗措施的布置。为和原水闸相衔接，并使整个水闸协调统一，沿左岸扩建2孔净宽10米的水闸，采用堰流式闸室结构，整个闸室长为17米，扩建后水闸的总宽为89米，设计防洪标准达到100年一遇，校核标准达200年一遇。该水闸工程等别为Ⅱ等，规模为大（2）型。

设计和施工过程中重点解决了新旧水闸的衔接及不均匀沉降问题、水闸防渗体系的建设及施工期对原水闸的保护等。工程施工期间，共经历“3·30”“5·08”“5·11”“5·17”“5·20”5场暴雨袭击影响，其中以“5·11”特大暴雨影响最严重。据市气象局公布2014年5月11日，龙华片区24小时累计降雨达443毫米（达百年一遇暴雨）。根据桩顶位移监测成果，闸室下游消力池段翼墙顶4号监测点位移较大，达63毫米，超过了Ⅱ级基坑所允许最大桩顶位移60毫米。其变化速度较快的时段主要集中在5月8—11日，也是2014年度开始以来，暴雨最集中、最大的时候。“5·11”大雨过后，为保证工程安全，根据现场实际情况，需采取应急处理措施，具体措施包括：拆除现场已破损的围墙、疏导岸顶的排水并增设翼墙排水孔、墙顶卸载、加强变形监测等应急措施。为进一步保证翼墙安全，对翼墙需采取加固措施，在桩顶现有一排锚杆的基础上，2014年6月13日，该翼墙加固方案通过专家评审，加固方案实施后，通过后期的监测，翼墙顶部变形已控制，满足预期的设计效果。

3. 项目意义

该项目的建设能提高观澜河流域雨洪资源利用效率，为区域提供应急备用水源。该项目的建设是也提高大和水闸防洪标准，保证区域防洪的安全，项目建设的意义重大。

该工程是深圳市水务工程设计采购施工总承包 EPC 试点，采用 EPC 模式后，工程在前期设计过程中，特别是施工组织方案能充分与施工方进行沟通，减少后期工程的变更，有利于投资和工期的控制，为深圳市后续水务工程 EPC 实施模式积累一定经验。

4. 项目参与人员

项目负责人为樊仕宝；指导总工：刘灼华、庄光钦、龙福荣；主要参与人员有龚艳光、梁江源、彭玉萍。

八、公司完成的其他防洪排涝项目

公司完成的其他防洪排涝项目见表 3－2。

表 3－2　　公司完成的其他防洪排涝项目

序号	项 目 名 称	执行时间
1	深圳市区防洪工程笋岗滞洪区铁路东堤排洪涵	1983 年
2	深圳市区防洪工程笋岗滞洪区铁路西堤排洪涵	1982 年
3	笋岗水闸	1982 年
4	宝安区福永镇福永河防洪（潮）工程	2000 年
5	龙岗镇同乐河防洪治河工程	2003 年
6	横岗镇梧桐山河防洪治河工程	2004 年
7	坪山镇赤坳河防洪治河工程	2004 年
8	大康河整治工程	2004 年
9	坪地镇黄沙河防洪治河工程	2004 年
10	西乡咸水涌河东村排涝整治工程	2005 年
11	龙华高峰水防洪治河工程	2005 年
12	龙华镇游松河防洪治河工程	2005 年

续表

序号	项 目 名 称	执行时间
13	福永街道坳颈涌排涝泵站工程	2006 年
14	观澜长坑水河道整治工程	2006 年
15	龙华镇龙华河防洪治河工程	2006 年
16	龙华镇大浪河防洪治河工程	2006 年
17	龙华民治河防洪整治工程	2006 年
18	观澜樟坑径河防洪治河工程	2006 年
19	福永街道办和平社区坳颈涌排涝泵站工程	2006 年
20	福永街道办和平社区玻璃围涌排涝泵站工程	2006 年
21	观澜镇白花河防洪治河工程	2006 年
22	坪山镇墩子河防洪治河工程	2007 年
23	沙井新桥河排涝工程	2007 年
24	大水坑河防洪治河工程	2007 年
25	龙华镇牛咀水防洪工程	2007 年
26	龙华镇岗头河防洪整治工程	2007 年
27	沙井街道共和涌排涝泵站扩建工程	2008 年
28	大山陂水防洪整治工程	2008 年
29	公明排洪渠改造工程	2008 年
30	公明街道上下村排洪河整治工程	2008 年
31	观澜牛湖河防洪整治工程	2008 年
32	观澜街道君子布河与东莞交界处防洪整治工程	2008 年
33	松岗镇楼岗河防洪治理工程	2009 年
34	惠州市东江支流淡水河流域（惠阳段）防洪排涝工程	2009 年
35	惠州市东江支流淡水河流域（惠阳段）防洪排涝工程	2009 年
36	笔架山河上游防洪治河工程	2011 年
37	南澳街道水头沙片区内涝整治工程	2012 年
38	公明街道下村排涝泵站工程	2014 年
39	五华县岐岭涝区整治工程设计采购施工总承包	2014 年
40	梅江区罗衣水治理工程 EPC 总承包	2015 年
41	响水河比亚迪惠州大亚湾三期段防洪整治工程	2015 年
42	西乡街道后瑞社区排涝泵站工程	2015 年

续表

序号	项 目 名 称	执行时间
43	光明新区公明办事处松白工业园排涝工程	2015 年
44	航城街道黄田片区排涝泵站工程	2016 年
45	马安河、南东坑水水环境综合整治工程	2017 年
46	香梅路片区内涝整治工程	2018 年

第三节 海 堤 项 目

一、深圳市宝安区西海堤加高加固工程

工程位于深圳市丁部，珠江口伶仃洋东岸，西乡、福永、沙井等街道辖区内。西海堤全长 25.4 千米，由大王洲—塘边涌的西乡堤段、塘边涌—福永正涌的宝安机场堤段和福永正涌—沙井街道西南侧的福永堤段和沙井堤段等 4 个堤段组成。

由于 1989 年动工兴建，1992 年建成的原海堤工程地质条件较差、承载力低，不少堤段逐年沉陷变形，只能防御 5～10 年一遇的潮位，每逢台风暴潮，西乡、福永、沙井一带就会出现台风暴潮漫堤致灾、部分堤段随时都有发生溃堤的危险。人民的生命财产受到严重的威胁，投资环境、社会经济发展受到很大的影响，引起了深圳市、宝安区及街道领导的高度重视，按深圳市防洪潮规划要求加高加固西海堤、提高西海堤的设防能力已刻不容缓。

根据 1994 年 11 月通过的《深圳市防洪（潮）规划报告》及 1999 年 5 月召开的西海堤安全鉴定暨达标加固设计评审会评审意见，考虑深圳市现有海堤的实际情况，以及城市发展规划的要求，确定西海堤应按防御 100 年一遇设计高潮位加 12 级风浪爬高加安全超高的标准加固整修。据此，宝安区水务局委托广汇源环境水务对西海堤进行加高加固设计。2001 年 9 月至 2003 年 3 月期间，广汇源环境水务成立了勘测设计组，其中包括高工 6 人，工程师 8 人，按设计任务委托书和设计合同的要求，展开勘测设

计工作，主要成果包括设计报告、技施设计图、设计概算书和工程地质报告。

该工程的兴建将大幅度提高海堤的防洪潮标准，设计高潮位标准分别由50年一遇提高至100年一遇，使之达到国家、省和市有关规范及规定的标准和要求，从而减免了海堤内的西乡镇、福永镇、沙井镇因风暴而造成的巨大损失，获得相应的经济效益。由于海堤原设计、建筑时未进行地质勘测、加上设计标准偏低，工程存在很大安全隐患，安全加固工程可消除海堤、河涌闸等主要水工建筑物的安全隐患，同时较大地减免流域内的洪涝灾害，对于保障防护区内国家和人民的财产和安全，保持社会稳定及繁荣，改善投资环境等方面都具有重要作用和现实意义。海堤加高加固后，改善了海堤及附近区域的环境及自然景观，为进一步开发利海滨的旅游资源奠定良好的基础。

该工程是在深圳市广汇源环境水务有限公司刘灼华总经理的领导下，任命郭世芬、廖秀珍、刘沅总工指导，项目负责人吴国诚，张开成校核，主要设计人员肖家帛、吴红军、张敏、郭苑晖、连少池，开展项目的勘测设计工作。

二、深圳市东部海堤重建工程（一期、二期）

1. 东部海堤情况

大鹏新区位于深圳市东部，北临坪山，西连盐田，东部与惠州接壤，三面环海，与香港隔海相望。地理位置优越，是自然和人文资源丰富、环境优美的半岛，是深圳最大、保存最为完好的一片生态“净土”。

大鹏新区拥有蜿蜒曲折的海岸线和绵延不绝的背景山体，新区海岸线总长约140公里，其中已建海堤长约50公里，但普遍存在建设标准低、外观质量差等问题，加之近年来多次遭受台风暴潮冲毁（2008年“黑格比”台风造成东部沿海约8公里长海堤损毁），现状海堤存在严重安全隐患。根据《大鹏新区保护和发展规划（2013—2020）》，大鹏新区定位为世界级滨海生态旅游度假区，将建设成国际旅游度假胜地及战略性新兴产业集聚区，大力发展湾区经济。随着区域经济的快速发展，特别是滨海旅游业的发展，对大鹏海堤的防浪要求随之增高，现有的防御标准已不适应当前当地社会经济的发展要求，对当地居民及游客的生命产财安全造成严重威胁，因此，对受损严重及标准偏低的海堤进行重建势在必行。

2009 年，深圳市水务局启动了东部海堤重建工作，分期重建、加固海堤。其中，一期工程全长 1.82 公里，包括葵涌官湖西段海堤、大鹏六月海堤、南澳月亮湾海堤；二期包括大鹏鹏城（较场尾）海堤及鹏城河口挡潮闸，长 1.35 公里。

2. 项目实施过程

2009 年 9 月，广汇源环境水务中标深圳市东部海堤重建工程（含可研、勘测、初步设计及施工图设计），随后开始设计及勘测工作。项目可行性研究报告编制、初步设计及施工图由设计六室负责。

东部海堤重建工程可研于 2010 年 5 月获深圳市发展和改革委批复，主要建设内容包括月亮湾海堤、鹏城海堤、官湖西段海堤、六月海堤的重建与加固以及鹏城水闸重建等，重建及加固海堤总长 3 209 米。其中月亮湾海堤重建及加固长 1 100 米，鹏城海堤重建及加固长 1 332 米，官湖西段海堤重建及加固 407 米，六月海堤重建长 370 米，重建鹏城河口水闸一闸。海堤重建及挡潮闸防（洪）潮按 50 年一遇标准设防，海堤及交叉建筑物（挡潮闸、涵洞等）堤防级别为 2 级。批复总投资 16 026 万元。

初步设计阶段将项目分为一期、二期，其中一期包括月亮湾海堤、官湖西段海堤、六月海堤的重建与加固，二期包括鹏城海堤重建与加固、鹏城河口水闸重建。

东部海堤重建工程一期初步设计概算于 2010 年 11 月获深圳市发展和改革委批复，项目建设内容含海堤、堤前木栈道、堤顶休闲步道及堤岸景观带建设等，批复投资 10 097 万元。一期工程于 2012 年 5 月完成施工图设计，2012 年 12 月由深圳市水务工程建设管理中心组织开工建设，2014 年底，该工程顺利建成完工。

东部海堤重建工程二期初步设计概算于 2015 年 4 月获深圳市发展和改革委批复，项目建设内容含海堤、挡潮闸、堤前木栈道、堤顶休闲步道及堤岸景观带建设等，批复投资 6 681 万元。一期工程于 2015 年 8 月完成施工图设计，2016 年开工建设，2019 年 10 月完工。

项目负责人：何造胜；主要参与人员：龚春娟、徐伟、沈双宇、胡亮、艾侠、谢艳玲、张秋芳、林碧波等；勘测工作由勘察室负责，负责人为黄伟明，主要参与人员：吴营水、刘伟明、林青等。

3. 项目意义

项目实施后海堤防潮标准提高至 50 年一遇，通过设置复合型海堤及组合式消浪设施，抵抗风浪效果明显，经受住了 2014 年至今多次强台风的考验，特别是成功抵御了 2015 年的超强台风“天鸽”、2018 年的超强台风“山竹”的正面袭击，保护了堤后建城区的人、建筑及市政设施的安全。此外，该工程通过设置隐形堤，有效保留了现有沙滩资源，设置堤前亲水平台或休闲栈道、堤顶观海路及滨海景观带等，与大海、沙难相互映衬，融为一体，营造出了人水和谐的海岸线景观，吸引了世界各地游客到此游玩，推动当地旅游业蓬勃发展，为大鹏新区建成国际旅游度假胜地提供了重要保障。

东部海堤重建工程一期、二期均由深圳市广汇源环境水务有限公司独立完成，为公司在海堤设计建设方面积累了丰富的理论和实践经验，是公司优质工程的一个代表。特别是东部海堤重建工程一期实施后，对后续东部海堤重建工程二期及海堤三期设计过程中，针对海堤结构防冲刷、堤前消浪设施、沙滩保护与海堤设置的协调、海堤的施工措施的选择提供了宝贵的经验，对后续深圳其他海堤工程亦起到了借鉴指导作用。

4. 项目业绩及荣誉

该工程荣获深圳市 2014 年度优质工程奖，2016 年 2 月获得广东省水利水电行业协会颁发的 2014—2015 年度广东优秀水利工程奖设计三等奖。

2016 年 11 月 17 日时任水利部副部长刘宁来深圳视察水利工程建设情况，在视察东部海堤重建工程一期时，对该工程的建设给予了高度评价，赞其为深圳的民生工程和明星工程。

2019 年 12 月，中国水利水电勘测设计协会组织评审全国水利水电勘测设计奖，深圳市东部海堤工程（一期）获得全国水利水电勘测设计奖（铜质奖）。

5. 项目主要参与人员

本项目分管总工程师：庄光钦；项目负责人：何造胜；主要参与人员：龚春娟、李艺德、胡亮、徐伟、艾侠、谢艳玲、彭玉萍、林碧波。

三、公司完成的其他海堤项目

公司完成的其他海堤项目见表 3-3。

表 3-3　　公司完成的其他海堤项目

序号	项　目　名　称	执行时间
1	龙岗区南澳镇东三“三高”水产养殖基地海堤工程	1995 年
2	沙头角海堤整治工程	1998 年
3	福永北堤整治工程	2004 年
4	南澳月亮湾海堤维修加固工程	2006 年
5	葵涌镇坝岗新建海堤工程	2006 年
6	西乡西海堤沙井段路面修复工程	2007 年
7	南澳街道东涌社区海堤防浪堤加固工程	2007 年
8	宝安区西海堤除险加固工程	2008 年
9	大鹏街道鹏城海堤修复工程	2008 年
10	大鹏街道下沙海堤损毁修复工程	2008 年
11	大鹏镇海堤修复工程	2008 年
12	龙岗区大鹏半岛海堤损毁修复加固工程	2008 年
13	鹏城海堤应急修复工程（人家酒家段/较三西七巷段）	2008 年
14	杨梅坑西侧海堤损毁修复应急工程	2008 年
15	南澳街道水头沙河海堤损毁修复工程（C 段）	2009 年
16	斜吓海堤维修景观改造工程	2010 年
17	惠州市大亚湾经济技术开发区海堤达标加固工程	2012 年
18	大鹏新区龙岐湾御园海堤工程	2012 年
19	大鹏新区南澳办事处西涌（临时停车场）海堤损毁修复工程	2014 年
20	大亚湾霞涌洵洵海家园海堤及河道整治工程	2014 年
21	鹏城海堤中段坍塌抢险救灾工程	2015 年
22	西海堤以外排水系统修复工程	2015 年
23	葵涌盐坝高速公路土洋收费站出口海堤应急抢险工程	2016 年

续表

序号	项 目 名 称	执行时间
24	大鹏新区葵涌办事处官湖海堤（东段）损毁重建工程	2016 年
25	南澳街道东山杨梅坑至鹿嘴海堤损毁修复工程	2018 年
26	深汕特别合作区小漠渔港出海口海堤修复工程	2019 年
27	南澳办事处杨梅坑鹿嘴大道海堤损毁修复工程	2019 年

第四节 水土保持项目

一、五华县棉洋河小流域治理工程

棉洋河流域地处广东省东北梅州市五华县南部，韩江上游，属韩江流域，流域总土地面积 63.3 平方千米，流域内山地和丘陵分布广泛，棉洋河河流短小、河道坡降大，洪水暴涨暴落，易形成山洪灾害。由于流域内长期遭受水土流失的危害，水利设施老化破损，严重影响当地农业生产，社会经济状况相对落后，为适应当地经济发展需要，保障防护区人民群众生命财产安全，改善流域内生态环境和人居环境，对棉洋河小流域综合治理是十分必要的。五华县棉洋河小流域综合治理工程被列入广东省水利厅编制的《广东省小流域综合治理工程规划》（2011—2020 年），并于 2011 年 12 月列为五华县水利示范县项目。

工程主要任务是通过对棉洋河小流域进行综合治理，减少流域内洪涝灾害的发生，改善农业生产条件、生态环境和人居环境，提供群众生活水平，实现小流域经济的可持续发展，主要建设内容包括防洪工程和水土保持生态建设工程等。工程总投资 4 331.61 万元，综合治理河道长 15.2 千米，治理崩岗面积 6 平方千米，治理面蚀面积 6.69 平方千米，治理沟蚀面积 4.46 平方千米。

受五华县水土保持办公室委托，广汇源环境水务于 2012 年 4 月承担了梅州市五华县棉洋河小流域综合治理工程设计工作，可行性研究报告于 2012 年 8 月通过梅州市水务局审查并获得梅州市发改委批复。

2012 年 11 月广汇源环境水务与广东省源天工程有限公司、中水珠江勘测设计有限公司组成联合体有幸在五华县棉洋河小流域综合治理工程 EPC 总承包招标中中标，承担了梅州市五华县棉洋河小流域综合治理工程初步设计和施工图设计、施工服务任务。广汇源环境水务展开勘测设计工作，于 2013 年 3 月完成了初步设计阶段全部工作，2013 年 5 月通过梅州市水务局组织的专家审查。2013 年 9 月获得市水务局批复《梅州市水务局关于五华县棉洋河小流域综合治理工程处理设计的批复》。

2013 年 9 月梅州市水务局对该工程初步设计批复后，广汇源环境水务迅速组织成立棉洋河小流域综合治理工程设计组，根据批复意见，对原设计方案进行优化，并结合现场实际情况，与建设单位、监理单位、施工单位进行多次讨论和考察，于 2013 年 10 月底完成施工图设计。防洪安全单位工程于 2013 年 10 月开工，到 2014 年 9 月 2 日全面完工；水土保持生态建设单位工程于 2013 年 10 月 15 日开工，到 2014 年 12 月 25 日全面完工，工程质量合格。

棉洋河小流域综合治理，属社会公益性项目，以社会效益为主。基本控制灾害性因素的影响，通过清淤与堤防修缮，减少洪涝灾害对人们生产生活影响，减少崩岗区域内的水土流失面积，降低水土流失的强度和危害，改善崩岗区域内的生态环境，使得崩岗造成的水土流失治理程度达到 85% 以上。通过对土地利用结构的调整，土地利用率达到 80%以上。项目区土壤侵蚀模数由当时的 5 263 吨每平方千米每年，降低至治理后的 767 吨每平方千米每年，每年减少水土流失泥沙总量 74 482 吨。同时使小流域在防洪标准内洪水出现时安全泄洪，小流域内的村庄、农田、学校、道路等得到有效保护，区内群众的生命财产得到可靠保障。在出现超标准洪水时，能采取应急措施，将灾害损失降到最低，灾后能迅速恢复正常的生产生活秩序；初步治理水土流失，控制地质灾害的发展；建立较为完善和具有可操作性的预警预报系统和防灾预案。同时以生态保护和社会经济发展为主，即通过水土保持工程措施和生物措施，全面治理流域内水土流失和崩岗灾害；林草面积达到宜林草面积的 80%以上，生态公益林面积达到林地面积的 50%以上；结合小流域治理现状和相关规划，适当进行土地利用调整，改变农村经济结构，强化人居环境治理，大力创建生态文明村，为农村经济发展保驾护航，使农民生活水平比治理前有所提高，人均纯收入年平均增长率达6%以上。项目的建设对全面推进社会主义新农村建设和构建和谐社会都具有十分重要的意义。

棉洋河小流域综合治理工程的完成为公司在小流域治理设计建设方面积累了丰富的理论和实践经验，也为后期梅州分公司承担的小流域治理工程项目起到了借鉴和指导作用。

项目负责人：周刚平；主要参与人员：刘振家、杨丽、熊归丽等。

二、南澳河等9条河涌综合整治工程

大鹏新区于2011年12月30日挂牌成立。自新区成立后，大鹏新区“严格保护生态、突出高品质开发”，并以生态修复、十大片区环境保护综合整治以及生态保护为突破口，通过重大项目建设、城市更新和土地整备、特色高端产业发展等措施，将大鹏半岛打造为“生态生物岛、生命健康岛、国际旅游岛，建设世界级滨海生态旅游度假区”，争创全国生态文明示范区。南澳河等9条河涌综合治理关系到大鹏新区整体防洪（潮）能力的提高，是实现水与大鹏新区和谐发展的重要组成部分。大鹏新区定位为生态与生物资源重点保护区、国际旅游度假胜地、战略性新兴产业聚集区、全国海洋性经济开发发展示范核心区，通过疏密结合的开发方式，整合大鹏新区山、河、城、海旅游资源，打通生态廊道，凸现渔港特色、滨海特色，增强游览吸引力。

当时南澳河等9条河涌环境杂乱，与大鹏新区建立国际旅游度假休闲胜地的目标要求不一致，综合整治工程的建设改善河道周边生态景观环境，对于保障大鹏街道城市化进程顺利进行，保证区域发展的顺利进行都起到非常重要的作用。

2014年9月，广汇源环境水务中标该工程水土保持方案设计（编制）服务，中标后广汇源环境水务即成立了项目组，根据主体工程可研设计报告，项目组展开水土保持方案编制的各项工作，主要包括：现场踏勘、资料搜集、水文水利分析计算、水土流失预测、水土流失防治方案设计、投资估算和实施计划安排等；按照《开发建设项目水土保持方案技术规范》（GB 50433—2008）的要求，结合相关资料分别编制完成了《南澳河等9条河涌综合整治工程—大碓涌综合整治工程水土保持方案报告书》等水土保持方案报告书（表）。

2016年10月，该项目分别通过第三方技术审查单位组织的7位专家组成的评审组评审，报告质量得到专家高度认可，顺利通过专家评审；会后根据专家意见修改完善后获得深圳市水务局行政许可决定书。

该工程施工过程中，施工单位依据广汇源环境水务编制的水土保持方案积极落实施工过程中的各项水土保持防护措施，有效地避免了施工过程中水土流失对周边生产生活带来负面影响，产生积极的生态效益。方案根据各工程的施工组织、进度、工艺设计了该工程的水土保持措施，为后期水土保持措施的落地提供了积极的保障。

该项目建设势必破坏原河道的地形地貌、植被及水土保持设施，形成再塑地貌、增加土壤可蚀性，将成为水土流失新策源地。为了保护项目及周边的水土资源，预防和治理项目建设产生的水土流失，使项目与当地生态环境协调发展。项目组根据“谁开发、谁保护，谁造成水土流失、谁负责治理”的原则，坚持“降流速，沉泥沙；调水流，削洪峰；配植物，减污染；优生态，净土壤”的水土保持工作方针，顺利完成该工程水土保持方案编制任务，协助建设单位完善项目申批报建手续，完善主体工程水土保持措施设计，为水行政主管部门对该项目水土流失防治的监督执法工作提供依据。科学预测项目建设可能造成的水土流失及危害，有针对性地采取防治措施，合理安排水土保持工程实施进度，通过切实实施该方案的各项保证措施及监测计划，从而经济有效地控制和减少项目建设产生的水土流失，保护和改善项目及周边的生态环境，确保项目建成后安全运营，实现生产建设与环境保护双赢。

本项目分管副总工：邓平；负责人：陈新；主要参与人员：徐贵来、邓志平、罗春明、刘翔、付强、徐科凤。

三、深圳市饮用水水源水库流域水土保持生态修复工程

深圳市饮用水水源水库流域水土保持生态修复工程（一期）是2016年

深圳市发改委城市基础建设五年行动计划中重点项目，也是《深圳市水土保持规划》（2016—2030 年）的重点工程。拟在公明水库、铁岗水库、石岩水库、长岭皮水库、清林径水库、松子坑水库、铜锣径水库 7 座水库水源保护区共 16.15 平方千米，开展流域水土保持生态修复。

生态修复对象水库共有 7 个，其中大型 2 座（公明水库、清林径水库），中型 4 座（铁岗水库、石岩水库、长岭皮水库、松子坑水库），小型 1 座（铜锣径水库）。在功能上，除了长岭皮水库含有生态功能外，其他水库均是供水和防洪功能。在行政区划上，光明新区有 1 座（公明水库），宝安区有 2 座（铁岗水库、石岩水库），南山区有 1 座（长岭皮水库），龙岗区有 3 座（清林径水库、铜锣径水库、松子坑水库）。在气象条件上，均属亚热带海洋性季风气候，受台风影响较强。在土壤条件上，均为赤红壤，保水性差，砂粒含量多。在植被条件上，以次生林、人工林、经济林为主，林相多为单层林，树种单一，林下植被密度较低，水土保持水源涵养能力差。在水土流失方面，除长岭皮水库存在大量崩岗，以重力侵蚀为主，其他各水库均以水力侵蚀为主。生产建设导致边坡面蚀、纯林林下植被匮乏导致林下水土流失、因荔枝林经营造成土壤板结、土壤渗透性差导致的面蚀等是各对象水库主要的侵蚀途径。在库区生态修复方面，光明新区是海绵城市建设试点区域，当时正在进行海绵建设为主体的生态修复，其他水库主要是以林相改造来实现退果还林、丰富植被类型，增加生物多样性，提高植被覆盖率。近期水库管理部门采用回收荔枝林经营权的对策来提升改造经济果林的水源涵养能力，但还没有进行具体的修复行动。

深圳市饮用水水源水库普遍存在相思、桉树等纯林，经济果林等，纯林群落结构简单、生物多样性低，稳定性差；大叶相思林生长周期较短，抗逆性差，不利于群落顺向演替，林下缺少灌木或草本植物，土壤表面裸露；桉树虽生长较快，但寿命短，且属耗水耗肥型树种，不利于水库水源涵养。存在的陡坡种果造成土壤养分流失，加上人为管理干预，其林下植被、枯落物等经人工焚毁或清理而造成地表裸露，更加剧水土流失，经济果林经营使用农药化肥，产生面源污染。部分水库土壤为砂性土壤，其保水保肥能力较差，景观效果差；水库扩容工程坝体施工造成环库路面以下，水面线以上部分地表裸露。长岭皮水库存在大量崩岗，崩岗的土壤侵蚀强度远大于面蚀和沟蚀，每年崩岗崩塌造成水库库容减少，降低了水库调蓄功能，且崩岗发展到后期，极大地破坏了地形的完整性，影响库区整体景观。水库存在鱼塘、市政道路横穿水库、经济果林、菜地施肥等情况，导致入库污染增多，面源污染严重，且公明、清林径水库正在进行扩容工程，存在大面积取料场、弃土场裸露，根据各水库工程设计资料，工程完成后会对该裸露地块进行复绿，由于工程经费有限，经复绿后裸露地仅能防止地表表面的水土流失，无法有效涵养水源。

该项目建设是落实国家生态文明战略、市政府生态文明考核及建设美丽深圳的需要；是落实国家最严格水资源管理及海绵城市建设的需要；是落实《深圳市水务发展“十三五”规划》的需要；是落实推进《深圳市治水提质工作计划（2015—2020年）》的需要；是落实《深圳市水土保持规划（2016—2030年）》的需要；现时也是削减饮用水水源地面源污染、提高水源地林分水源涵养能力的需要。

项目总修复治理面积为16.15平方千米，按不同类型修复治理规模如下：退化林地生态修复7.44平方千米、荔枝林等果林生态修复6.21平方千米、鱼塘菜地等生态修复0.59平方千米、裸露边坡等生态修复1.35平方千米、景观提升治理0.37平方千米、崩岗生态治理0.19平方千米。

项目拟通过工程措施及管理措施并举，使库区崩岗得到全面治理；水源保护林涵养功能逐年提高，库区景观根本改善，生态环境趋向平衡，恢复水库水源保护林“渗、滞、蓄、净”海绵体的作用，最终实现多树种、多层次、多色彩、多功能、高效益的水源保护综合体系，全面保障饮用水源安全。

本项目分管副总工：邓平；负责人：艾佚；主要参与人员：陈新、徐贵来、王翠峰、邓志平、罗春鸣、高程、温占显、刁晴丽、林碧波。

四、深圳市城市轨道交通4号线三期工程水土保持4376标段水土保持监测

1. 项目背景

深圳市城市轨道交通4号线三期工程正线南起4号线二期工程终点清湖

站北端，出站后沿和平路向北敷设，至龙华污水处理厂西侧，线路拐向西北，穿力劲待建空地后，下穿机荷高速公路进入观澜大道，而后沿观澜大道、高尔夫大道向东北方向敷设至规划线路设计终点牛湖，并预留向东延伸的条件。

车辆基地选址位于高尔夫大道、观光路、长坑水库、石马径水库围合区域，用地面积约 14.54 公顷。线路正线全长 10.785 千米，其中高架段 1.753 千米，地下段 8.860 千米，过渡段 0.172 千米。全线设车站 8 座，1 座高架站，7 座地下站。在观光路东侧，长坑水库南侧地块设车辆基地。

该项目总占地面积为 66.73 公顷（含盾构施工的地下区间部分），永久占地面积为 41.42 公顷（其中盾构区间地下部分 21.30 公顷），占总占地面积的 55.09%，临时占地面积 25.31 公顷，占总占地面积的 44.91%。占地类型有林地、菜地、建成区、道路用地，其中以林地、建成区及道路用地为主。

工程工期为 2016 年 9 月初至 2020 年 8 月底，总投资为 92.85 亿元，土建投资为 48.55 亿元。该项目投资 100%为深圳市政府财政投资。

2. 项目时间节点

2017 年 6 月，广汇源环境水务中标深圳市城市轨道交通 4 号线三期工程 4376 标段水土保持监测，随后开始参与该项目水土保持监测。

2017 年 7 月，在和业主单位及相关参建单位巡查了施工现场后，组织召开了水土保持专题会议，提出了现状存在的水土保持问题，并讨论相关的解决方案。

2019 年 8 月，各参建单位根据广汇源环境水务提出的相关建议，完成了相关的水土保持设计，并抓紧落实到施工现场。按照水土保持设计实施后，施工现场大有改善，水土流失得到了相应的控制。

3. 项目意义

深圳市城市轨道交通 4 号线三期工程水土保持监测为该项目水土流失问题提供了相对合理的解决方案，也为广汇源环境水务积累了相关工程的水土保持监测经验，对后续其他项目水土保持监测起到了借鉴和指导作用。

4. 项目实施过程关键人物

该项目负责部门主要为广汇源环境水务水保生态所，项目负责人为艾侠，项目组成员为陈新、卢斌、艾侠、邓志平。

五、公常路中山大学深圳校区段下穿改造工程水土保持方案设计

1. 项目背景

中山大学深圳校区 2015 年确定选址于光明新区，选址用地位于公常路北侧，西起光侨路，东至羌下二路。公常路当时是光明至东莞的过境车辆的主要通道，根据深圳市政府与中山大学签订的办学备忘录的有关精神，为配合学校出行安全，减少公常路过往车辆的噪声、尾气及扬尘对校园环境的影响；随着天安云谷、武汉大学深圳校区等项目的引入，促使光明北片区土地进行转型升级更新规划，通过产业定位规划、创新平台规划、城市功能定位与城市形象设计，打造具有标杆意义的产学城融合示范区，所以拟在公常路中山大学深圳校园段设置地下道路将过境客货运车辆分离，同时设置地面道路服务两侧用地，故该项目的建设具有十分重要的意义。

公常路中山大学深圳校区段下穿改造工程位于深圳市光明新区新湖街道，项目起于光侨路西侧 K0＋240 处（含光侨路交叉口渠化设计），经中山大学用地范围（光侨路至羌下二路），向东经羌下村至深圳与东莞交界处 K3＋800处，全长约 3.56 千米。其中地下道路 U 形槽全长 2.78 千米。

2. 项目实施过程

2018 年 1 月 30 日，广汇源环境水务中标该工程水土保持方案设计（编制）服务，中标后广汇源环境水务即成立了项目组，根据主体工程可研设计报告，项目组展开水土保持方案编制的各项工作，主要包括：现场踏勘、资料搜集、水文水利分析计算、水土流失预测、水土流失防治方案设计、投资估算和实施计划安排等；按照《开发建设项目水土保持方案技术规范》（GB 50433—2008）的要求，结合相关资料编制完成了《公常路中山大学深圳校区段下穿改造工程水土保持方案报告书》。

2018 年 5 月 26 日广汇源环境水务向深圳市水务局报送送审稿；2018 年 5 月 31 日第三方技术审查单位邀请由王永喜等水保、地质、园林、水务、

道路方面的7位专家组成评审组，报告质量得到专家高度认可，顺利通过专家评审；2018年6月14日根据专家意见进行修改完善；2018年7月10日获得深圳市水务局行政许可决定书。

2018年9月，该工程正式动工，施工单位依据广汇源环境水务编制的水土保持方案积极落实施工过程中的各项水土保持防护措施，有效地避免了施工过程中水土流失对周边生产生活带来负面影响，产生积极的生态效益。

该工程为光明至东莞的交通要道，与中山大学深圳校区、S358惠庙线公明至黄江段道路市政设施工程、地铁6号线支线、茅洲河支流圳美排洪渠综合整治工程均存在交叉及同步施工问题，存在涉及交叉工程数量多，且均为不同类型工程，施工工艺及时序均大不相同，项目组在设计过程中积极与各交叉工程主体设计及水保方案编制单位保持积极沟通，根据各工程的施工组织、进度、工艺设计了该工程的水土保持措施，为后期水土保持措施的落地提供了积极的保障。

3. 项目意义

该项目建设势必破坏原公常路的地形地貌、植被及水土保持设施，形成再塑地貌、增加土壤可蚀性，将成为水土流失新策源地。为了保护项目及周边的水土资源，预防和治理项目建设产生的水土流失，使项目与当地生态环境协调发展。项目组根据“谁开发、谁保护，谁造成水土流失、谁负责治理”的原则，坚持“降流速，沉泥沙；调水流，削洪峰；配植物，减污染；优生态，净土壤”的水土保持工作方针，顺利完成该工程水土保持方案编制任务，协助建设单位完善项目申批报建手续，完善主体工程水土保持措施设计，为水行政主管部门对该项目水土流失防治的监督执法工作提供依据。科学预测项目建设可能造成的水土流失及危害，有针对性地采取防治措施，合理安排水土保持工程实施进度，通过切实实施该方案的各项保证措施及监测计划，从而经济有效地控制和减少项目建设产生的水土流失，保护和改善项目及周边的生态环境，确保项目建成后安全运营，实现生产建设与环境保护双赢。

4. 项目主要参与人员

本项目分管副总工：邓平；负责人：付强；主要参与人员：刘翔、卢斌、张秋芳。

六、深圳市水土保持科技示范园一期修缮工程

1. 项目来源

深圳市水土保持科技示范园是全国首个建成的水保园，2009 年建成开园，曾以其将科普教育、水土文化结合特色居全国领先水平，公园规划设计荣获 IFLA（国际风景园林师联合会）设计大奖，成为国际知名的景观工程项目。

水保科技示范园区，占地面积 50 公顷，已建成的一期占地约 22 公顷。园区主要为石土构成，现状地形丰富，山体、丘陵、滩涂、湿地等自然构成要素齐全。设计前，这里是一处废弃的乱石场。市水务部门充分利用原有采石场坑口的场地和建筑，围绕水土文化和水土保持科普展示两条主线开展设计，将文化性和景观性融入场地设计，以水土流失的形式、危害、治理为设计主线，展示出边坡防护措施、水土流失模拟试验、沟道工程、径流小区对比试验、水文观测、水保植物栽培等水保技术工艺和科研设施。

2014 下半年，经检查统计，深圳市水土保持科技示范园内部登山栈道超过 50%出现腐朽、翘曲；部分园路年久失修，破损严重；蚯之丘、土厚园、儿童园、4D 影院和水保展示设施（如变坡陡槽设施）也出现不同程度破损、腐朽问题，甚至有安全隐患；生化污水处理系统、电路系统、监控系统均有设备出现故障；为确保水保园正常运营，需对现状水保园进行修复、提升改造。

受深圳市水务局委托，深圳市广汇源水利勘测设计有限公司承担了深圳市水土保持科技示范园一期提升工程的规划设计工作。

2. 项目实施过程

2016 年，广汇源环境水务中标深圳市水土保持科技示范园一期修缮工程初步设计及施工图阶段，经过现场踏勘和测量后，开始进行修缮设计。该项目主要参与专业有建筑专业、给排水专业、园林、电气、结构等。

2017 年，完成该项目施工图设计，设计内容如下。

（1）山地低影响开发展示区工程红线总面积约为 0.8 公顷，园林设计内

容分为 8 点：①对（黑土沼泽）蓄水池的混凝土池底、排水管道进行改造，并增加观景平台及相关防护措施；②于蚯之丘旁绿地新建湿地花圃，种植相关湿地植物，展示植物净化污水的能力；③于 4D 影院前新建跌水瀑布，清理林下杂草地被，补种耐阴耐湿植物；④把沉砂池改造为过滤池，新建一个悬挑平台及过滤演示模型；⑤拆除登山道旁混凝土截水沟，新建生态草沟，保留现状相思木，同时清理林下杂草；⑥近山顶绿地新建渗透塘，改造园路为透水铺装；⑦北侧山脚（回车场旁）利用下沉绿地新建雨水湿地，收集净化雨水；⑧于主园路（生态护坡展示区旁）上侧山坡新建生态排水沟示范区，展示 4 种不同基质排水沟对水流速的影响。标识系统：为完善深圳市水土保持科技示范园管理形象，美化整个园区。对该项目园区环境标识导向系统统一标准化设计，包含基础文字、色彩、图形设计与标识导向设计。

（2）给排水系统主要包括园区景观用水改、办公楼给排水及灭火器重新配置、园区内现有卫生间给排水。

（3）电气系统包括现状在原有架上变压器（50 千伏安）的位置新建一个 100 千伏安箱式变电站来满足整个园区所有负荷的用电需求；办公楼电气设计（照明系统、视频监控系统）；4D 影院电气设计；四合院电气设计；全园沿线道路照明；办公楼和 4D 影院防雷接地修缮；一期园区视频监控系统；园区背景广播音乐系统。

（4）建筑物（4D 影院及办公楼）包括办公楼 1 层实验室外墙重做；办公楼内部楼地面及顶棚重做；办公楼 2 层屋面处（会议室上部）进行防水处理及绿化；办公楼屋面（2 层上部）进行防水处理及绿化：电房进行维修，更换电房大门；拆除原 4D 影院内部装修，重新进行设计以满足现代需求；对办公楼廊架及 4D 影院外部钢架进行除锈、防腐、防水，且在屋面进行绿化处理。

2018 年，项目开工建设。施工建设中，经过多方参建单位的沟通协调，现有的施工难题得到了解决，目前该项目已顺利竣工验收。

3. 项目实施效果

该项目的实施能有效提高示范园管理人员生活、工作环境，有利于更好的保护示范园水质安全，运行安全。塑造深圳市水源管理的系统性、科学化、规范化形象。展现深圳市水源保护区管理及城市生态管理水平。对示范园水环境优化、生态环境改善意义重大。该工程将融入最新“海绵城市”理念、技术，结合深圳城市水土保持的地方特色，使水保园成为全省乃至全国首个突出“海绵城市”城市水土保持特色的花园式科技示范园区。

深圳市水土保持科技示范园的设计，为深圳市广汇源环境水务有限公司在园建方面积累了丰富的理论和实践经验，是公司优质工程的代表。

4. 项目主要参与人员

本项目分管副总工：邓平；负责人：陈新；主要参与人员：卢斌、艾侠、张秋芳。

七、深圳市东片区水土保持监督监测项目

1. 项目来源

深圳市土壤侵蚀类型以水力侵蚀为主，局部地区存在少量崩岗、滑坡、滑塌等重力侵蚀。深圳市下辖 9 个行政区和 1 个新区，2015 年全市水土流失面积 25.28 平方千米，占全市陆域面积的 1.27%，其中福田区水土流失面积 0.68 平方千米、罗湖区 0.56 平方千米、盐田区 0.06 平方千米、南山区 1.70 平方千米、宝安区 6.16 平方千米、龙岗区 5.11 平方千米、光明区 2.65 平方千米、坪山区 3.09 平方千米、龙华区 2.35 平方千米、大鹏新区 2.92 平方千米。深圳市的水土流失主要因人为生产建设活动造成，具有显著城市水土流失特点。2015 年因生产建设活动产生的水土流失面积 15.27 平方千米，占全市水土流失总面积的 60.40%。

水土保持监督监测是法律法规赋予水务部门的法定职责，是水土保持全过程监管的重要手段，在监测水土流失基础数据、控制生产建设人为水土流失等方面发挥着积极作用，是水土保持的重点工作。随着开发建设速度加快，监督监测项目成倍增长，深圳市年均在建生产建设项目约 700 个，工作任务极大，现有工作人员与任务严重不匹配。为保证水土保持监督监测工作正常开展，自 2002 年起，深圳市水务局在全国首创以市场化运作模式，通过“政府购买服务”的方式委托社会企业开展水土保持监督监测技

术服务工作，该运行模式一直延续至今。在深圳市财政局的大力支持下，水土保持监督监测经费已纳入市财政部门预算，从 2016 年起，每年列支经费 840 万元。

2016 年 5 月，广汇源环境水务成为《水土保持监督监测资格标项目》中标单位，与深圳市水务局签订《深圳市水土保持监督监测项目服务合同》，主要负责深圳市东片区（盐田区、龙岗区、坪山区、大鹏新区）水土流失动态监测、水土保持监督检查、水土保持设施验收现场核查、水土保持简报的组稿和编辑。

2. 项目实施过程

2016 年 6 月初，在分管领导副总经理雒翠带领下，广汇源环境水务组建了以水保生态所为主体，以陈新为项目负责人，以卢斌为现场负责人的监督监测项目组，共配备 3 名高级工程师、5 名工程师等 12 位专业人员；配置车辆 3 台，无人机 3 台，相机 3 台、笔记本电脑数台，手持 GPS 等日常工作所需设备，保障任务圆满完成。

为提高监测人员的专业技术水平和自身素质，广汇源环境水务监测人员除积极参加广东省水利厅、深圳市水土保持办公室组织的相关培训外，还派监测人员参加由中国水土保持学会组织的验收技术培训，并获得相关证书。

同时，按照合同要求，广汇源环境水务在合同签订 15 日内完成了项目实施的准备工作，包括所负责片区水土流失监测、水土保持监督检查、水土保持设施验收现场核查工作实施方案的编制。实施方案中针对工作内容，在人员分配、成果文件提交格式、提交时间等方面进行了细致安排。

2016 年 6 月至 2017 年 5 月，广汇源环境水务完成第一年度监督监测任务。该年度广汇源环境水务出动监督监测次数 1 292 次，涉及开发建设项目 383 宗，填写《深圳市开发建设项目水土保持监督检查技术服务情况报告表》1 179 份，提交《深圳市开发建设项目水土保持监督检查周报》44 份，完成《深圳市开发建设项目水土保持监督检查月报》12 份，提交水土流失监测专项报告 18 份；完成 103 宗水土保持设施验收项目现场核查，提交《水土保持设施验收现场核查报告》103 份；提交《深圳市水土保持简报》12 份。

2017 年 6 月至 2018 年 5 月，广汇源环境水务完成第二年度监督监测任务。该年度广汇源环境水务共检查开发建设项目 413 宗，提交监督检查报告 1 327 份，提交专项报告 44 份检查发现存在严重水土流失隐患的项目有 121 宗次，已造成水土流失或未申报水土保持方案开工项目 40 宗，建议市水务局下发整改通知 106 份，建议告知市水政监察支队 43 宗次。完成 110 宗水土保持设施验收项目现场核查，提交《水土保持设施验收现场核查报告》117 份；提交《深圳市水土保持简报》12 份。

2018 年 6 月至 2019 年 5 月，广汇源环境水务完成第三年度监督监测任务。该年度广汇源环境水务出动监督监测次数 1 292 次，涉及开发建设项目 383 宗，填写《深圳市开发建设项目水土保持监督检查技术服务情况报告表》1 179 份，提交《深圳市开发建设项目水土保持监督检查周报》44 份，完成《深圳市开发建设项目水土保持监督检查月报》12 份，提交水土流失监测专项报告 18 份，完成 103 宗水土保持设施验收项目现场核查，提交《水土保持设施验收现场核查报告》103 份；提交《深圳市水土保持简报》12 份。

工作开展期间，广汇源环境水务积极配合深圳市水务局开展了汛前检查、双随机抽查等各类检查工作，并根据日常监督检查情况，勘察计算水土流失相关数据，为深圳市水土保持公报的编写，提供了有力的技术支持。

2016—2019 合同年里，广汇源环境水务监督监测项目圆满完成了水保处要求的各项任务，项目组各个成员也工作过程中得到了快速成长。为全面履行合同要求，提高服务质量，3 年中，广汇源环境水务在人员及设备上不断加大投入，统一监督监测人员服装，购置执法记录仪、无人机等设备，安排项目组成员参加各类水土保持监测相关培训及会议，提高技术水平及能力，打造出了一支具有良好精神面貌和高职业技能的队伍。

3 年的监督监测工作中，经历了“天鸽”“山竹”等数十次台风、暴雨等极端天气，项目组成员不断发扬吃苦耐劳、不畏艰辛的工作作风和攻坚克难的工作精神，对在建项目进行全覆盖，开展了日常监督检查、汛前检查、暴雨巡查等工作，及时上报检查情况。对存在严重及重大水土流失隐患的项目进行跟踪，对外环高速公路、东部过境高速公路等水土流失重点项目，持续进监督检查，并要求参建单位及时整改，有效避免了水土流失危害的扩大。在协助处理部九窝余泥渣土受纳场二期工程水土流失问题中，成功取得了强降雨情况下，部九窝水土流失淤积水库河道证据，对深圳市水务局推动部九窝余泥渣土受纳场二期工程水土流失治理工作起到了重要作用，得到了深圳市水务局领导的书面表扬。3 年内，广汇源环境水务负责的东片区范围内没有发生重大的水土保持灾害和事件。

2019 年 5 月广汇源环境水务完成合同期任务，并通过专家评审。2019 年 5 月，广汇源环境水务再次成为《水土保持监督监测资格标项目 B 包》的中标单位。2019 年 6 月广汇源环境水务与深圳市水务局签订《深圳市水土保持监督监测项目服务合同》，主要负责深圳市东片区（龙岗区、龙华区、盐田区、坪山区、大鹏新区）监督监测相关工作，广汇源环境水务监督监测项目组尽职尽责，再接再厉，不断提高工作能力，严格按照合同要求落实，完成各项工作任务，为深圳市水土保持工作做出贡献。

3. 项目实施效果

广汇源环境水务运用多种技术手段和方法，对工程施工建设造成的水土流失及其防治效果进行实时监督监测，检验扰动土地整治率、水土流失总治理度、土壤流失控制比、拦渣率、植被恢复率等指标是否达到相关要求，及时发现存在重大水土流失隐患点，并据此提出防治策略，促进项目区生态环境的有效保护和及时恢复。经过近三年的水土保持日常监测，大大提高了深圳市东片区生产建设项目水土保持方案的申报率、备案率、实施率、验收率，有效地遏制了因开发建设造成人为水土流失现象的发生。为深圳市市生态水土保持做出了积极的贡献。

通过参与深圳市水土保持监督监测工作，为广汇源环境水务在开发建设项目水土保持方案编制、设计、水土保持监测工作累积了大量的经验和数据，为公司在政府行政服务工作经验方面打下了夯实的基础。同时扩大了广汇源环境水务在深圳市水土保持行业的影响力，促进广汇源环境水务在深圳市水务行业稳步向前发展。

4. 项目业绩及荣誉

2017 年 7 月 31 日，深圳市水务局以“局水保函〔2017〕0801 号文”对广汇源环境水务卢斌等员工协助处理部九窝余泥渣土受纳场二期工程水土流失问题进行了通报表扬。

八、南山区建设项目排水及水土保持设施监管技术服务项目

1. 项目背景

南山区位于广东省深圳市中西部，行政区域东起车公庙与福田区相邻，西至南头安乐村、赤尾村与宝安区毗连，北靠羊台山与宝安区、龙华区接壤，南临蛇口港、大铲岛和内伶仃岛与香港元朗相望。区域多年平均气温为22.5℃，多年平均降雨量1 933.3毫米，雨季集中在4—9月，其降雨量约占全年降雨总量的85%，土壤侵蚀类型以水力侵蚀为主。2015年水土流失面积1.7平方千米，其中生产建设项目水土流失面积0.84平方千米，其他水土流失面积0.86平方千米，生产建设项目水土流失面积占比49.41%。2018年水土流失面积3.29平方千米，其中生产建设项目水土流失面积2.35平方千米，其他水土流失面积0.94平方千米，生产建设项目水土流失面积占比71.43%。南山区水土流失为典型的城市水土流失，以人为生产活动造成的水土流失为主，且水土流失面积及占比均呈上升区势。

近些年来，随着城市开发规模不断扩大，人为生产活动加剧，生产建设项目的数量也在成倍的增长，2015—2018年期间，项目数量127个上升到236个，工作任务繁重，政府在编监管人员仅为1名，极大地限制了日常水土保持工作的开展。水土保持监督监测是法律法规赋予水务部门的法定职责，是水土保持全过程监管的重要手段，为保证日常水土保持监督监测工作正常开展，自2006年开始，南山区水务局即通过“政府购买服务”的方式委托社会企业开展水土保持监督监测技术服务工作，该运行模式一直延续至今。

2. 项目实施过程

2016年7月，广汇源环境水务成为《南山区环水局南山区水土保持预防监测监督服务采购》中标单位，与南山水务局签订《南山区环水局南山区水土保持预防监测监督服务合同》，主要负责深圳市南山区（不含前海自贸区）监督监测相关工作。

中标之后，广汇源环境水务立即派遣固定工作人员 2 名，监测工程师和水保专业技术人员各一名，并配置 1 名水土保持高级工程师兼职技术总监。同时配备了水土保持监测专用车辆，购置了各种办公设备及办公用品（相机 1 台、无人机 1 台、笔记本 2 台、手持 GPS 1 台等），用于保障任务保质保量完成。

为提高监测人员的专业技术水平和自身素质，广汇源环境水务监测人员除积极参加广东省水利厅、深圳市水土保持办公室组织的相关培训外，还派监测人员参加由中国水土保持学会组织的验收技术培训，并获得相关证书。

第一年度（2016 年 7 月至 2017 年 7 月），为了掌握南山区水土流失的动态变化及生产建设项目落实水土保持方案情况，广汇源环境水务监测组对南山区开展了地毯式的摸查。截至 2017 年 7 月，市水务局审批了 411 宗项目，其中在建 139 宗，完工 158 宗，验收项目 97 宗。区环水局审批了 575 宗，在建 65 宗，完工 212 宗，验收项目 121 宗。南山辖区内共计在建项目 204 宗，该合同年度协助区水保办发整改通知书 41 份，提交各类报告成果 44 份，出动约 1 510 人次进行现场监督检查，车辆行驶约 2.6 万千米。

第二年度（2017 年 7 月至 2018 年 7 月），在深圳市水务局审批的项目中，在建 102 宗，完工 51 宗，验收项目 15 宗。区环水局审批项目中，在建 52 宗，完工 43 宗，验收项目 32 宗。南山辖区内共计在建项目 211 宗，该合同年度协助区水保办发整改通知书 71 份，出动约 1 800 人次进行现场监督检查，车辆行驶约 2.8 万千米。一年来，广汇源环境水务共监测到 22 宗水土保持动土违法案件，协助水保办拟文交由区水务执法队处理，并配合区水务执法队对水土保持违法建设项目进行水务执法。

第三年度（2018 年 7 月至 2019 年 7 月），在深圳市水务局审批的项目中，在建 108 宗，完工 51 宗，验收项目 15 宗。区环水局审批项目中，在建 68 宗，完工 19 宗，验收项目 32 宗。南山辖区内共计在建项目 236 宗，该合同年度协助区水保办发整改通知书 67 份，出动约 1 728 人次进行现场监督检查，车辆行驶约 2.72 万千米，监测到 9 宗水土保持动土违法案件。

3 年以来，监测人员认真履行职责，以当好区水保办的助手和参谋为宗旨，以完成区水务局安排的任务为目标。广汇源环境水务监测人员开展了全方位的预防监督监测的各项工作，完善了水土保持方案报告表审查审批、水土保持方案报告备案抽查、水土保持监测监督检查及水土保持设施验收等规定，切实提高水土保持监督管理能力，规范监督管理工作。提高了生产建设项目水土保持方案申报率、备案率、实施率和验收率；落实了生产建设项目水土保持“三同时”制度；积极推进生产建设项目水土保持设施专项验收工作；切实减少开发建设中的人为水土流失，有效地改善了因开发建设造成水土流失破坏生态环境的局面。为了保证最大限度地控制工程施工中造成的水土流失，要求建设单位严格落实各项水土保持措施；广汇源环境水务监测人员克服种种困难，对这些面状工程沿线及渣土场进行全面监测，上报区水务局并配合区水务综合执法队进行水务行政处罚，获得水务局上下一致认可。

2019 年 7 月广汇源环境水务圆满完成合同期任务，并通过南山区水务局考核认定，考核组对广汇源环境水务 3 年的工作情况表示高度赞赏。同年 6 月，广汇源环境水务再次成为《南山区建设项目排水及水土保持设施监管技术服务项目》的中标单位，广汇源环境水务继续为南山区水土保持工作与生态环境建设奋斗。

3. 项目实施效果

从历年统计数据来看，南山区每年的生产建设项目及人为水土流失面积都在逐年增加，水土流失事件的发生大部分集中在汛期雨量集中时期，南山区属于南山红壤丘陵区，水土流失以水力侵蚀为主，因此，汛期在建土石方施工的生产建设项目为水土流失的重点监控时段。

经过近 3 年的水土保持日常监测，大大提高了南山区生产建设项目水土保持方案的申报率、备案率、实施率、验收率，有效地遏制了因开发建设造成人为水土流失现象的发生。为南山区城市生态水土保持做出了积极的贡献。

通过参与生产建设项目事中、事后的监督监测工作，为广汇源环境水务水土保持方案编制、设计、水土保持监测工作方法、手段积累了大量的数据。同时，也为广汇源环境水务在政府行政服务工作经验方面打下了坚实的基础。

4．项目主要参与人员

本项目分管副总工：邓平；负责人：陈新；参与人员：付强、刘翔、杨隆、杨耀。

九、公司完成的其他水土保持项目

公司完成的其他水土保持项目见表3－4。

表3－4　　公司完成的其他水土保持项目

序号	项　目　名　称	执行时间
1	深圳市小型水库除险加固工程（第一批）——水土保持方案	2006年
2	深圳市长岭皮水库加固及扩容工程水土保持方案（设计）报告书	2006年
3	坪山比亚迪汽车基地水土保持方案设计	2006年
4	布吉坂雪岗大道（南段）道路工程——水土保持方案	2007年
5	布吉水径石场群东南片区治理工程——水土保持	2007年
6	坂田雅宝隧洞口北侧裸露边坡及裸露地水土保持整治工程	2007年
7	深圳市宝安区沙井南环至玉律道路工程——水土保持方案	2008年
8	天安龙岗数码新城项目水土保持方案（设计）报告书	2008年
9	深圳市观澜河流域（大浪河）综合整治工程水土保持方案（设计）报告书	2009年
10	港中旅聚豪（深圳）高尔夫球场改造工程水土保持方案（设计）报告书	2009年
11	深圳市小型水库除险加固工程（第二批宝安、龙岗部分）水土保持方案报告	2009年
12	西乡河综合整治工程三期——水土保持方案	2010年
13	深圳市观澜河流域（白花河）综合整治工程——水土保持方案	2010年
14	深圳市观澜河流域（樟坑径河）综合整治工程水土保持方案（设计）报告书	2010年
15	龙岗天安数码创业园（一～三号厂房）项目水土保持方案	2011年
16	大亚湾区海堤达标加固工程水土保持方案编制	2012年
17	东莞市财政投资项目水土保持方案编制服务协议供货合同	2012年
18	深圳市城市轨道交通16号线水土保持方案研究	2013年

续表

序号	项 目 名 称	执行时间
19	布吉南环路（西环路至禾坑路段）建设工程一期工程水土保持监测服务	2013 年
20	长西引水渠改造一期工程水土保持方案报告书	2013 年
21	深圳市第十一高级中学水土保持施工图设计	2014 年
22	惠阳区鸡心石水库灌区续建配套与节水改造工程前期勘察测量、可研、水保	2014 年
23	长西引水渠改造二期工程（深圳大学段）水土保持方案（设计）报告书	2015 年
24	南澳河等 9 条河涌综合整治工程（水土保持方案编制）	2015 年
25	广州从化明珠工业园广汽比亚迪项目首期及水坑村黄场村 98.5 亩储备地土石方工程水土保持方案报告书	2015 年
26	深圳市水土保持科技示范园一期修缮工程	2016 年
27	深圳 2016 年中压市政燃气管道工程（龙岗区、坪山新区、大鹏新区）水土保持方案报告书	2016 年
28	观澜河流域水环境综合整治工程—木古河综合整治工程水土保持方案报告书	2016 年
29	深圳市龙岗积谷田临时受纳场工程 水土保持监测项目合同	2016 年
30	中国铁建方总部基地（二期）水土保持方案报告书	2016 年
31	深圳市开发建设项目水土保持方案报告书编制指南修订	2016 年
32	深圳市城市轨道交通 10 号线工程水土保持设计	2016 年
33	省道 S353 线龙门至水贝段改建工程水土保持方案	2016 年
34	东莞市桥头镇石水口排渠综合整治工程水土保持方案、施工图、监测、验收	2016 年
35	南山区建设项目排水及水土保持设施监管技术服务项目	2017 年
36	全市饮用水源水库流域水土保持生态修复工程	2017 年
37	深圳市城市轨道交通 4 号线三期工程水土保持 4376 标段水土保持监测	2017 年
38	石岩河综合整治工程（一期）水土保持方案	2017 年
39	2018 年罗湖区水土保持方案技术审查服务合同	2017 年
40	深圳市城市轨道交通 6 号线、6 号支线、13 号线水土保持施工图设计	2017 年

续表

序号	项目名称	执行时间
41	2019年龙岗区龙岗河流域、观澜河流域、深圳河流域（龙岗片区）消除黑臭及河流水质保障工程项目——深圳河流域（一阶段）	2018年
42	公常路中山大学深圳校区段下穿改造工程水土保持方案报告	2018年
43	罗湖“二线插花地”棚户区改造项目水土保持监测服务合同	2018年
44	公常路中山大学深圳校区段下穿改造工程水土保持方案设计（编制）服务委托合同	2018年
45	深圳市南山区生产建设项目水土保持方案技术评审补充协议	2018年
46	滨海大道（总部基地段）交通综合改造工程水土保持方案编制及施工图设计合同	2019年
47	光明区全面消除黑臭水体治理工程（公明核心片区及白花社区）部分施工图设计和水土保持服务	2019年
48	深圳市水土保持监督监测项目B包（2020年）	2020年

第五节　水环境治理项目

一、西乡河综合整治工程

1. 西乡河概况

西乡河发源于石岩街道亚婆髻，主要流经石岩、西乡两街道，下游在出海口前与咸水涌汇合后，在前海湾流入珠江口。属珠江口水系，流域面积80平方千米，河长16.40千米，是深圳市第六大河流。1957年10月在其中游修建了铁岗水库，西乡河也就成了铁岗水库的排洪河。

2. 项目实施情况

西乡河整治范围起始于铁岗水库溢流堰下至出海口，全长约6.1公里。整治内容主要有：防洪、截污和沿河景观绿化，工程总投资为25 117.2万元。该工程于2004年立项，2005年完成前期工作，2007年开始实施，共分三期实施，于2011年全部完成。

西乡河综合治整治一期工程为西乡河下游，宝安大道—西乡挡潮闸，全长约 1.6 千米。控制集雨面积为 6.058 平方千米，设计防洪标准为百年一遇，设计洪峰流量为 119.9 立方米每秒。工程主要内容有：防洪、截污、绿化和新建巡堤路。整治后河道宽为 30～50 米，除宝源路至兴业路左岸采用生态袋护坡外，其余均采用钢筋混凝土挡墙结构。岸墙顶设置人行道、绿化带和巡堤路，整个绿化带面积约 1.5 公顷，巡堤路宽 6～8 米。河道整治的同时，沿岸埋设 600～1 500 毫米截污管，以 2 倍截流倍数将沿岸的污水接往宝源路污水干管。建安工程投资 8 951.66 万元，工程已于 2009 年 4 月 21 日竣工验收。一期工程实施后，新增人行步道 2.9 千米，绿化面积 1.6 万平方米，清理河底污泥 3.8 万立方米。

西乡河综合整治二期工程为西乡河的上游段，107 国道—铁岗水库溢流堰，全长约 3.2 千米。控制集雨面积为 4.08 平方千米，设计防洪标准为百年一遇，设计洪峰流量为 86.9 立方米每秒。工程主要内容有：拓宽河道断面，提高防洪标准；改造跨河桥涵，减少阻水；完善沿岸截污系统，提高污水截流率；改造西乡大道分流闸，充分发挥西乡大道分流渠的功能。具体整治措施有：①将现有岸墙改造为梯形复式断面，将现有浆砌石挡墙上半部分拆除，设置亲水平台和斜坡，斜坡采用草皮或生态袋护坡，提高整个河道过流断面的同时，也提高其景观效果；②对西乡敬老院前和广深高速上游两座桥涵进行拓宽改造，各增加一孔箱涵；③在现有截污管线的基础上，沿岸埋设截污管，和下游截污系统相衔接；④现有西乡大道分流闸为简易叠梁闸，改造为螺杆启闭平板闸，提高其运行的安全性和可靠性。二期工程于 2008 年 11 月 15 日开工建设，分两个标段施工，合同总价为 5 823.33万元。一标段工程已于 2010 年 5 月 21 日竣工验收；二标段工程已于 2010 年 7 月 6 日竣工验收。二期工程实施后，新增亲水步道 4.2 千米，生态边坡 1.1 万平方米，绿化面积 3.1 万平方米，清理底泥 1.4 万立方米。

西乡河综合整治三期工程为西乡河的中游段，107 国道至宝安大道，全长约 1.3 千米。该段河道污染最严重，河水黑臭难闻，河床杂草丛生。两岸建筑密集，施工场地小，地质条件复杂，整治难度较大。控制集雨面积为 5.0 平方千米，设计防洪标准为百年一遇，设计洪峰流量为 96.7 立方米每秒。工程主要内容有：①有条件的地方拓宽河道，重建岸墙，堤顶增设人行道和栏杆。为减少征地拆迁，大部分岸墙将采用钻孔灌注桩加挂板的型式；②完善沿岸截污系统，布置截污管，提高沿岸截污率。岸墙施工的同时，沿岸埋设截污干管，管径800～1 000毫米；③重建南城桥和龙珠桥，满足片区规划发展需要；④为配合西乡河景观补水工程的实施，新建两处壅水堰，以形成景观水面。三期工程投资约6 589万元，2010年10月开工建设，2011年11月竣工验收。三期工程实施后，新建沿河人行道2.0千米，休闲广场840平方米，大型乔木137棵，清理底泥1.1万立方米，景观灯带1.5千米。

3. 项目实施效果

西乡河综合整治工程的实施，改善了河道水质黑臭问题及沿河生态环境，拓展了周边居民休闲散步的空间，改善沿河居民的生活质量，整体提升了区域环境质量，直接带动沿岸房地产市场的发展，实现了防洪安全、水清岸绿、景致怡然的整治目的，为和谐社会的建设和区域的可持续发展夯实基础。

4. 项目业绩及荣誉

2016年12月，“西乡河综合整治工程（三期）”荣获深圳市勘察设计行业协会颁发的市政工程设计三等奖。

5. 项目主要参与人员

本项目分管副总工：邓平；负责人：樊仕宝；主要参与人员：吴红军、鲁南、潘志军、黄明炼、陈誉、孙光逊、彭玉萍、黄华中。

二、观澜河流域（白花河）综合整治工程项目

1. 项目背景

白花河源于光明区禾槎涧水库、畔坑水库的发源地打石窝，由西南流向东北转而由西向东，流经光明农场的黄屋排村、白花村，龙华区观澜街道的章阁村，穿越梅观高速公路，在陂头吓新村南接纳大水坑河支流后，继续向东在企坪村东南汇入观澜河。白花河为观澜河的一级支流，流域面积36.28平方千米，其中城镇面积1.07平方千米，蓄水工程控制面积7.09平方千米，河长17.32千米，平均比降3.8‰。

现状白花河在章阁村以上为丘陵山区的自然状态，章阁村桥以下一些河段因近年来的城镇开发和沿河两岸开发建设的需要，对河道进行了不同程度的改造，其中企坪桥下游段、丰盛钢管厂段、库坑坡新村段、章阁村段等两岸已修建居民区、厂房等建筑物，河道断面较为规整，岸墙为浆砌石挡墙，其他河段均为天然河道，河道断面较窄，最窄处仅不到5米。由于河道防洪标准过低、跨河桥梁阻水、水土流失严重、河道淤积、杂草丛生等问题致使河道行洪不畅。白花河历史上经常有洪涝灾害发生，历次洪水使观澜街道遭受不同程度的洪涝灾害。仅在2008年“4·19”和“6·13”特大暴雨中，河堤坍塌段约1千米，白花河库坑陂段局部受淹水深就达1.5～3米，造成了巨大的经济损失，严重影响到两岸居民的生命、财产安全，且由于早期建设的市政排水管道系统未建立分流制排水系统，以致雨污混流，白花河成了城区排污的通道，白花河的环境严重恶化，现状河道已不能满足龙华区经济建设快速发展的新情况下对河道的防洪安全、生态和景观的要求。为保障人民生命财产安全，保障这一地区经济的可持续发展需要，白花河治理已到了刻不容缓的地步。

2. 项目实施过程

2008年，宝安区水务局委托广汇源环境水务编制《深圳市观澜河流域（白花河）综合整治工程》可行性研究报告，负责部门为水土保持设计室。

2008年10月至2009年4月，可行性研究阶段设计。按照相关标准、规划及《深圳市宝安区观澜街道白花河综合整治工程项目建议书》的评审意见：白花河按洪水重现期50年一遇设防，防洪治河工程为Ⅲ级工程，主要建筑物为3级，次要建筑物为4级，其他临时性建筑物为5级，堤防级别为3级。

（1）防洪方面。工程设计在满足防洪标准的同时，留给河道一定的侵蚀、搬运、自然作用空间，同时工程更注重结合河道两岸现状，河道基本沿现有河道中心轴线布置，对河段适当拓宽、挖深并加高加固堤防，部分河段采用生态型环保型护岸材料，河道改造长度约6.4千米；沿河设置截污管道，逐步恢复河道自净能力，增加河道与人的亲水空间，对河道上现有9座阻水严重的桥涵，6座需拆除后重建，3座直接拆除，重建桥涵设计荷载均采用城一B级。

（2）截污方面。抓住截污控源根本，结合路网改造、城市更新、城中村整治等进行沿河截污，截流倍数取值 $n_0=2.0$，新建沿河截污管 9.08 千米，对两岸沿河 97 处排污口进行截排，连接到现有的市政污水干管，污水最终排至观澜污水处理厂经生化处理后再排放。

（3）生态景观方面。白花河按其两岸现状特点，并充分考虑其未来发展，拟将河道分为 4 个景观功能区——生态亲水景观区、滨河休闲绿化景观区、滨河城市休闲景观区、河口开敞生态景观区。并在河边利用现有空地建成河边休闲公园、花境等景观，建设一个规划面积约 6 000 平方米的河边生态休闲公园和一个规划面积约 1 500 平方米的花境。

2009 年 9 月 27 日，通过深圳市发展和改革委员会可行性研究阶段的批复。

2009 年 11 月，宝安区水务局就《白花河综合整治工程（勘测、设计）项目》初步设计和施工图设计进行了公开招标，广汇源环境水务在该项目初步设计和施工图设计的公开招标中中标，承担了白花河综合整治的初步设计和施工图设计任务。

2009 年 10 月至 2010 年 5 月，初步设计阶段，对可研的内容进行了一定的调整。负责部门为水土保持设计室。

2010 年 9 月 25 日，深圳市发展和改革委员会下达了《关于观澜河流域（白花河段）综合整治工程项目总概算的批复》（深发改〔2010〕1791 号），河道防洪标准为 50 年一遇，堤防级别为 2 级，项目总投资 29 490.19 万元。

（1）防洪方面。确保河道满足 50 年一遇的设防洪标准，对现状不满足防洪要求的河段进行扩宽，对破损挡墙进行修复，对不安全的河堤进行加固整治，该工程结合河道现有用地条件，在两岸建筑物密集、河道的拓宽受到约束段采用直立式岸墙，改造长度 5.63 千米；在河道两岸较空旷的河段，改造为复式断面，坡面间种灌木、爬藤、垂挂植物等，改造长度为 6.57 千米；在河道断面满足行洪标准且岸墙牢固的河段，维持现状，只对现有的岸墙采用浆砌石护脚处理，总长约 2.2 千米。桥梁方面：该段河道上现有桥梁 16 座，9 座阻水严重，6 座需拆除后重建，3 座直接拆除，重建桥涵设计荷载均采用城—B级。

(2) 截污方面。抓住截污控源根本，结合路网改造、城市更新、城中村整治等进行沿河截污，新建沿河截污管11.39千米，沉沙井73座，检查井328座。确保旱季污水100%收集，尽量减少雨季河水污染，使河水水质和周边环境得到改善，提升区域价值。

(3) 生态景观方面。对河道形态及河床护岸进行修复治理，加强河道与周围地下水环境、土壤的水体交换，营造水生动植物多样性生存空间，加强河道自净能力，维持河道生态的动态平衡，通过沿河两岸绿化，构筑丰富的滨河区活动空间，完善河流的服务功能，该绿化总面积17.5万平方米，修建滚水坝、跌水各1座。

2011年3月，广汇源环境水务在初步设计批复的设计内容基础上完成了施工图阶段设计，负责部门为设计五室。

2013年1月18日，项目正式开工。2016年8月8日晚，白花河综合整治工程中原设计保留的桂月路下游右岸岭南人防公司段浆砌石挡墙在连续几天大雨后突然坍塌，坍塌段长约50米，挡墙高9.17米，危及岭南人防公司办公楼的安全。广汇源环境水务作为龙华区应急抢险队伍，接到通知后，马上成立以庄光钦总工为首，黄坚、余汝林为主要人员的抢险队伍赶赴现场。由于办公楼有公司员工居住，为保证人员安全，观澜街道要求公司员工撤离办公室楼，广汇源环境水务作为技术支持单位，第一时间根据现场的实际情况出具了临时钢板桩支护、削坡、截排地面雨水的方案。抢险队伍连夜蹲守，直至临时支护措施完成，坍塌段安全隐患消除，后续广汇源环境水务根据街道的要求，结合实际情况，出具了该坍塌段整治方案。

3. 项目实施效果

2017年12月工程完成后，白花河的防洪功能得到了很大的提高，也从根本上改善了河道堤防的安全性，顺利通过了2018年6月5日和8月30日的特大暴雨的考验，未出现洪涝灾害。通过同步实施的截污治污工程使河道水体质量发生根本性的好转，实现不黑不臭，得到沿河居民的一致好评，且于2018年5月顺利通过中央环保黑臭水体整治专项督查组考核验收。由于河道水环境、沿河景观及沿河休闲步道的进一步改善，白花河章阁存段程维附近居民休闲的好去处。

4. 项目参与人员

项目参与设计人员：张敏、詹达美、邓平、黄坚、黄华中、阳秀春、陈贞鹏、郑志敏、陈思兰、余汝林。

5. 项目业绩及荣誉

在2018年第十八届深圳市优秀工程勘察设计奖评选中，该项目获得深圳市勘察设计行业协会颁发的综合工程二等奖。

三、惠州市金山河小流域和水环境综合整治工程

1. 项目来源

金山河整治工程位于广东省惠州市惠城区，流域总集雨面积20.78平方千米，整治全长约10.09千米。其发源于惠城区西南面的激流坑，河道在市区形成分流，东汇金山湖，北入西枝江。治理前的金山河存在洪涝严重、水体黑臭、景观杂乱、交通拥堵等四方面主要问题。

惠州市委、市政府高度重视金山河整治，特别是2011年“两会”以来，金山河污染整治被提到了新的高度，市委、市政府多次召开会议，研究、部署整治工作，市人大、市政协多次组织现场调研，以求解决金山河等内河涌污染问题。2011年3月24日，召开了全市环境保护工作会议，就全市河涌污染整治工作进行了部署，特别强调了金山河污染治理问题。2011年5月13日，市政府印发《关于成立惠州市东江河道清理整治工作领导小组的通知》（惠府办函〔2011〕79号），决定成立惠州市东江河道清理整治工作领导小组，领导小组办公室设在惠州市水务局。2011年7月27日，惠州市委常委市委书记黄业斌同志主持召开全市东江流域环境保护工作会议，要求尽快制定全市河涌整治工作方案，年内启动综合整治工作。

按照惠州市委、市政府的指示精神，市水务局组织开展了金山河综合整治项目规划调研论证工作，广汇源环境水务牵头形成了《金山河小流域和水环境综合整治工程规划方案》。按该方案，拟应用生态治河的理念和“防洪排涝、截污治污、生态修复、景观美化”的总体思路对金山河进行综合整治，在提高河道防洪排涝功能的同时，通过完善两岸截污管网、生态

补水及景观美化等措施，解决金山河“脏、乱、差”和水污染严重的现状，将金山河打造成为集防洪排涝、休闲观光、人水和谐、亲水宜居的生态河流。

2011年10月21日，金山河整治工作现场办公会召开，会议强调，要以高度的责任感和紧迫感加快推进金山河小流域和水环境综合整治工程，以整治的实际成效取信于民。会议明确要求惠州市里成立项目领导小组，市水务局作为项目责任单位，要尽快组建项目法人，采取市场化方式进行整治，积极探索创新投融资体制，相关部门要切实负起责任，保证工程顺利开展，工程于2011年底动工。惠州市水务局按要求立即启动了该项目前期工作，加快推进金山河小流域和水环境综合整治工程的实施。

广汇源环境水务和深圳市北林苑景观及建筑规划设计院有限公司组成联合体中标惠州市金山河小流域和水环境综合整治工程的勘察设计工作。广汇源环境水务为该项的牵头单位，并负责该项目的防洪排涝及水环境治理部分。

2. 项目时间节点

2012年4月10日，金山河小流域和水环境综合整治工程可行性研究报告获得惠州市水利水电建设管理中心审查通过。

2012年5月28日，金山河小流域和水环境综合整治工程可行性研究报告获得惠州市发展和改革局审批，同意工程建设。

2012年7月24日，金山河小流域和水环境综合整治工程初步设计报告获得惠州市水利水电建设管理中心审查通过。

2012年8月8日，金山河小流域和水环境综合整治工程初步设计报告取得惠州市水务局批复。

2012年8月15日，广汇源环境水务提交全套金山河小流域和水环境综合整治工程施工图设计成果。

2012年9月6日，惠州市委副书记、市长陈奕威，市人大常委会副主任邓木林，副市长邓庆忠、黄树工，市政协副主席吴选钊出席激流坑水库开工典礼仪式，并实地检查金山河综合整治工程施工进度和工程质量。

3. 工程亮点

该项目可分为水利工程、景观工程、道路交通工程三部分，主要工程亮点如下。

(1) 防洪。该项目规划边界条件极为受限。在防洪治涝过程中，设计上采用上游山区新建水库拦蓄20年一遇洪水不下泄以减轻城市区域的防洪压力、中游拓宽局部瓶颈河段尽可能减少拆迁、下游利用原有穿西枝江堤的两个方向的排涝闸站抽排解决洪涝问题；除瓶颈段外，没有进行大规模征地拆迁，大量节约了建设用地。

(2) 截污。设计提出河道治污最后一道防线的思路，即在已经建设了市政污水管网的情况下，不进行“头痛医头脚痛医脚”的点式污水口管改造，而是大胆提出在河槽内加设防线、沿河截污，设计了全方位、立体、自控截污系统“旱流污水全截全处理、小雨截流送湿地、大雨溢流进河道、暴雨开闸保安全”，最终实现“旱流不进河”“小雨不脏、大雨不臭、暴雨不涝”的截污体系，并能够将截污与景观工程有机结合，同时兼顾生态治河。

(3) 补水。工程补水设计大胆超前，在国内首先提出逆流补水、顺流行洪的可逆补水方案。通过采用双向、双层、三源、三点的立体生态补水体系，充分利用现有防洪排涝体系，使得补水期间下游河道逆流而上从中游分洪渠（横江沥）排入西枝江，洪水期间下游河道恢复顺流排入外江（金山湖），一并解决了金山河受到西枝江的顶托而致流动性较差的问题以及汛期行洪问题。同时，结合地形巧妙利用附近中型水库的弃水作为备用补水水源，节约了水资源。

(4) 暗渠清淤设计。国内暗渠清淤敷设涵管是全国无例可循的新课题，该项目暗渠段所在区域是惠州市的中心商业街区，暗渠数十年未进行清淤、通风、照明，存在火灾、爆炸、毒气及其他不明隐患，为此广汇源公司专门编制了适于该项目的施工操作规程，成功实现了1.5千米长距离的暗渠清淤并敷设污水管，可作为全国同类型项目的参考。

(5) 施工组织方面。通过有序的施工组织设计，解决了全河段所有工作面同时开展施工的施工导流、施工交通、临时支护等综合问题，将两年的工期压缩至主体工程10个月完工，创造了惠州“三个十”治河速度——投资十个亿、历时十个月、治河十公里。

(6) 生态景观方面。在疏河固岸的同时采用了生态挡土墙和块石河底满足生物的栖息需求，达到生态治理目标，在截污设计过程中将截污管与亲水平台巧妙结合，并打造沿河景观带、十大景点以及交通配套工程。

4. 设计及建设运行业绩

金山河位于惠州市惠城区，主要河段位于惠州市中心城区，两岸为繁华的商业、经济及居住地带。现状金山河岸墙老旧破损，水体黑臭，水环境恶劣，严重影响沿线居民正常生产生活和身心健康，亟须整治。且金山河沿线为惠州市繁华的商业圈，惠州自古就有半城山色半城湖的美誉，可金山河这穿城而过的臭水河除了给居民带来无穷臭味外，也给城市形象带来很大的破坏作用。

金山河小流域和水环境综合整治工程实施后，通过整治堤岸、完善截污管网、清理河道、绿化环境，使河道达到设防标准，减免洪涝灾害，是为百姓办实事的工程，两岸居民是最直接的受益者，有利于构建和谐社区、和谐社会。

5. 项目实施关键人物

项目的成功源于惠州市委市政府领导班子的决心毅力和深圳市广汇源水利实业有限公司老一辈领导人的大力支持和惠州分公司吴红军、雷保栋领导班子全力以赴、敢想敢干、勇于创新的决心魄力。其中，时任惠州市代市长陈奕威到任仅半年时间就下定决心成立由副市长邓庆忠担任组长、由十多个部门主要领导担任组员的领导小组整治金山河；时任副市长邓庆忠每周一次率小组全程步行督导，及时解决现场问题；时任深圳市广汇源水利实业有限公司董事长黄文强、总经理张仕元决策设立惠州分公司并排除万难，协调取得惠州水务局和水务集团的信任，为项目前期赢得有利条件；时任广汇源环境水务法人代表刘灼华多次亲自指导解决疑难问题，在沿河截污这一关键问题上说服主管部门，为项目设计奠定基础；时任公司副总经理张敏及时判断公司资源，果断调遣任命项目负责人，为后续项目设计的成功确定了先决条件。时任公司副经理和惠州分公司负责人吴红军妥当安排项目分工，并说服主管单位改名金山河（原名吊鸡沥）。

项目组主要人员：雷保栋、吴红军、邓平、庄光钦、江燕瑜、陈仁举、朱百良、林健成、杨佛送、黄威、孙光逊、龚艳光、余汝林、刘怡清、邱树敏、彭玉萍、艾杏琦、洪炳军、许晨风、侯颖鑫及北林苑部分人员。

6. 项目业绩及荣誉

（1）该项目是中国南方城市河涌治理的样板之一，是惠州市启动水环境综合治理的有力推手。金山河整治后，取得了极好的社会效益。两岸居住环境改善、各大媒体争相报道、老百姓赞不绝口、社会各界频繁参观考察学习，仅广汇源环境水务接手管养 3 年以来，迎接包括全国政协副主席、环保部副部长、广东省省长等高级别领导考察及全国各地考察学习团逾百个。鉴于项目的成功，惠州市政府下定决心，三年投入 100 亿元治理市区其他十三条河涌，开启了惠州治水元年。

（2）该项目是广汇源环境水务完成大型综合性项目勘察设计的开山之作，是广汇源环境水务第一次牵头管理其他甲级院开展设计的探索，是在复杂环境下对广汇源环境水务技术团队敢打硬仗、能打胜仗的考验，是验证广汇源环境水务综合水平的又一份满意考卷，是广汇源环境水务第一次开拓外地市场战略成功的证明、是广汇源环境水务承接相关业务的靓丽名片之一。项目涉及专业面广、技术问题繁多复杂、全国技术案例缺乏、项目位置敏感、群众呼声高、建设工期短、协调难度大、是焦点项目。

（3）项目获得了国家优秀咨询成果奖、国家人居环境范例奖、国家勘察设计银奖、广东省宜居环境范例奖、广东省优秀工程咨询成果奖、广东省优秀水利工程设计二等奖、深圳市勘察设计二等奖、惠州市勘察设计一等奖等，涵盖了工程设计领域几乎全部奖项。项目被媒体列入中国十大城市治河成功案例。2013 年 5 月 6 日，广东省委副书记、省长朱小丹视察该项目时，对该项目取得的成效给予了高度评价："生态、环保、惠民，是精品工程"。

四、四联河地面坍塌隐患治理及水环境综合整治工程

1. 项目背景

四联河位于龙岗区横岗街道，是梧桐山河的一级支流。横岗街道地处深圳经济特区的东部、龙岗区的中部，东南临盐田港，西南紧接深圳经济

特区，西北毗邻东莞市，东北连龙岗区中心城，距深圳市区 18 千米，距香港 20 千米，是香港和深圳市区通往惠州、汕头、福建、江西等省市的必经要道，街道总面积 69.82 平方千米。

四联河全线多数河段不满足 20 年一遇防洪标准，现状防洪标准过低。四联河干支流河岸两侧均无截污干管，明渠河道内有垃圾淤积，水质黑臭，干流在通过横岗街道的建成区过程中，有大量的污水直接接入暗渠，水环境恶化趋势严重。

由于现有工程建设年代早，建设标准低，多年来未实施有效的维修管理，2013 年 5 月，四联河位于横岗街道华茂工业园路段箱涵于该月 20 日突然坍塌，造成 5 人死亡的悲惨事故。事故发生后，广汇源环境水务对四联河全线进行安全隐患排查，根据《四联河暗涵段隐患调查报告》四联河主要存在以下几方面的安全隐患问题：上游暗涵多为浆砌石盖板涵，浆砌石岸墙建设年代久远、年久失修、底板厚度薄，多处冲刷、损毁，墙基淘空，进而导致岸墙坍塌；上游段明渠局部区域存在挡墙开裂、基础底部淘空、底板损毁的现象，另外在河堤上建有零星建筑物，额外增加了河道的挡墙的承载力，严重影响了河堤安全。下游段暗渠结构稳定性很差，墙体厚度 25～30 厘米，箱涵上部可承受荷载不满足公路Ⅱ级要求；箱涵顶部横向裂缝密集，路面可见纵向裂缝及沉降迹象，沿线已有三处出现明显变形（边墙错断、钢筋弯曲、变形、底板隆起）。

2. 项目实施概况

四联河地面坍塌隐患治理及水环境综合整治工程是由深圳市广汇源水利勘测设计有限公司（责任单位）/深圳市广汇源水利建筑工程有限公司与 2014 年中标的 EPC 总承包项目。工程建设干流起点位于横岗街道六约社区勤富路，终点位于红棉立交暗涵出口处，干流长 5 645 米；右支流起点位于黄竹坑水库大坝下游，在龙岗大道南侧宝丽食府处与四联河干流相汇合，支流长 1 567 米；原有箱涵内衬加固段起点位于伟群五金厂，终点位于红棉立交暗涵出口，长 1 200 米。合计总长 8 412 米。

四联河地面坍塌隐患治理及水环境综合整治工程是由深圳市广汇源水利勘测设计有限公司（责任单位）/深圳市广汇源水利建筑工程有限公司与

2014 年中标的 EPC 总承包项目。投资总概算为 46 547 万元，建安费为 40 528万元，整治河道全长约为 8.4 千米。其中，地面坍塌隐患治理总长度约 5.19 千米，主要内容包括新建分流箱涵（493 米）及隧洞（942 米）、拆除重建箱涵（1 921 米）、内衬箱涵内衬加固（1 834 米）等工程；河道整治总长度约 3.21 千米，主要内容包括拆除重建明渠、岸坡改造等工程。

3. 项目意义

在深圳市、区两级政府高度重视下，广汇源环境水务全面开展四联河地面坍塌隐患治理及水环境综合整治，通过工程措施解决四联河的结构安全隐患和防洪排涝问题，同时改善河道水质和生态环境，提升区域居民生活质量和城市形象，促进当地经济可持续发展。四联河地面坍塌隐患治理及水环境综合整治工程受到了众多媒体的专题报道及各级领导的视察、调研。

4. 项目主要参与人员

本项目分管副总工程师：吴镇中、林佩斌；负责人：王晖文；主要参与人员：邓超联、王三生、沈双宇、吴晓娟、陈志勇、余汝林、刘怡请、刘佳成、林碧波。

五、龙华办事处华联片区雨污分流管网工程

为尽快实现中央提出的管网建设目标，落实深圳市委市政府提出的水污染治理目标和要求，切实有效改善城市水环境，龙华片区开展污水支管网工程建设工作，对现状排水系统进行梳理，对排水管网建设落后片区建设进行改造完善。通过污水支管网工程的建设，可有效从源头上雨污分流，收集污水提高污水收集率，充分发挥已建管网及污水处理厂的作用，改善城市水环境，创建宜人的人居环境，促进新区科学和谐健康发展。

该工程编制范围为华荣路、龙观路、机荷高速与龙苑大道围合的区域，片区总面积 389.25 公顷，实际支管网建设涉及范围为 312.12 公顷，包括以下内容：现状市政道路排水系统完善、新旧村居住区及工厂区分流制改造、合流建筑立管改造。

2015 年 9 月，广汇源环境水务开展可行性研究阶段设计，确定该项目

建设规模，梳理分析片区雨污管网规划及现状建设情况，保证片区两套系统完善。

2015 年 10 月 19 日，深圳市发展改革委发布关于《龙华办事处华联片区雨污分流管网工程》可行性研究报告的批复（深发改〔2015〕1414 号），批复指出新建雨污排水管总长 72 390 米，项目总投资 32 991.99 万元。

2015 年 10 月至 2016 年 3 月底，广汇源环境水务开展初步设计阶段设计。

2016 年 9 月 28 日，龙华新区发展和财政局发布关于批复《龙华办事处华联片区雨污分流管网工程》总概算的通知（深龙华发财〔2016〕852 号），批复指出新建雨污排水管总长 60.459 米（不含建筑立管长度），项目总投资 30028 万元。

2016 年 9 月，广汇源环境水务完成施工图阶段设计，于 2016 年 12 月取得施工图审查合格证。

该工程建成后，可使区域内排入河道的污染物大量减少，从而使河流的污染得到进一步改善。将改善流域及下游地区水环境质量，美化城市环境，促进经济和社会的可持续发展。同时对预防和控制各种传染病、公害病，对提高居民的健康水平和生活质量起到至关重要的作用。

六、丁山河综合整治工程

1. 项目背景

丁山河又称高桥河，发源于东莞与惠阳交界处之白云障，上游属于惠州市惠阳区，在龙岗区坪地街道穿越龙岗大道，于环城南路桥下游约 200 米处流入龙岗河。丁山河全长约 23.51 千米（深圳境内 6.4 千米），集雨面积 79.16 平方千米（深圳境内 23.49 平方千米），平均坡降 $i=0.0048$。

深圳国际低碳城是深圳市 13 个重点发展区域之一，基础设施建设已全面铺开，丁山河作为低碳城“一轴一带，一核三心，十字拓展，组团布局”中的一带，定位为低碳城的城市活力带，迫切要求进行整合整治。

2. 项目实施过程

本次整治范围为深圳境内河段，总长约 6.4 千米。主要建设内容包括防洪排涝、水质改善及生态修复三大部分。

(1) 防洪排涝：通过拓宽及加高堤防、改造阻水桥梁等措施使河道上游达20年一遇，中、下游达50年一遇防洪标准；通过新建泵站解决西湖苑内涝问题。

(2) 水质改善：针对城市雨源型河流黑臭污染现状和水生态功能恢复的难题，充分吸收国家水体污染控制与治理科技重大专项在亚热带雨源型河流水污染控制与水生态修复的技术成果，通过总口截流、沿河截污、生态补水等措施，同时组合下沉式绿地、雨水口型面源污染物控制设备、生态浮岛等海绵城市技术，进一步改善河道水质。

(3) 生态修复：河道沿线打造4个重要节点在内的9个特色景点串联整个滨水空间，创造舒适多样的滨水体验。

2012年4月，深圳市水务局对龙岗河流域水环境综合整治工程——丁山河综合整治工程可行性研究及设计进行公开招标，并于2014年7月移交龙岗区环境保护和水务局。

广汇源环境水务于2012年8月提交了可研成果，并通过了市水务局组织的技术审查。由于低碳城启动区河段的提前建设及低碳城规划尚未最终落地，在2012年10月至2015年5月期间对可研成果进行了3次修编。直至2015年8月，深圳市发展改革委“深发改〔2015〕1090号文”对本项目进行了立项。

2016年3月，深圳市龙岗区发展和改革局“深龙发改〔2016〕174号文”，对本项目总概算进行了批复，项目总概算36 900.35万元。

2016年3月至2016年12月期间，完成施工图设计、施工招标工，并全面铺开实施。项目建设单位为深圳市龙岗区水务工程建设管理中心，监理单位为深圳市深水水务咨询有限公司。各标段建设单位有中国水利水电第七工程局有限公司、深圳市金河建设集团有限公司、江苏省水利建设工程有限公司等。在项目实施的过程中，公司派驻高级工程师在现场，配合施工服务及设计变更工作。截至2019年12月，项目总体进度90%，预计2020年10全部完工。

2. 项目参与人员

项目负责人：陈誉；主要参与人员：陈贞鹏、郑志敏、龚春娟、阳秀春、彭玉萍、曾林霞等。现场派驻工程师郭汉玲作为设计代表配合施工。本项目的设计工作得到了江燕瑜、吴镇中、林佩斌、邓平的指导和审定审批。

3. 项目意义

丁山河综合整治工程围绕“十三五”阶段深圳市政府对流域黑臭消除的水质要求，全河段统筹、因地制宜地采取针对性工程措施，充分吸收国家水体污染控制与治理科技重大专项在亚热带雨源型河流水污染控制与水生态修复的技术成果，建立污染精确减排、生态修复与智慧管理相结合的治理模式，将为深圳市城市黑臭水体的治理提供可行的工程案例，为高度集约化建成区海绵城市建设提供参考样板，为界河治理提供可参考样版。

七、罗田水综合整治工程

1. 罗田水概况

罗田水位于宝安区燕罗街道，发源于罗田水库源头分水坳南，属于茅洲河的一级支流，流经罗田、燕川两个社区，在燕川社区南部汇入茅洲河干流。罗田水全长 5.912 千米，流域面积 28.75 平方千米，河床平均比降 4.05‰，包括支流 2 条，分别为罗田林场水库排洪渠，长 1.9 千米；松山支流，长 0.6 千米。

罗田水所在区域松岗街道未来将定位为高端制造基地和生态宜居城区，通过发挥生态优势，加强区域生态协调，倡导绿色理念，促进城区功能提升，推进基础设施一体化、现代化，加强城市综合管理，全面建设生态宜居城区。罗田水流域的功能定位为城镇防洪和生态景观休憩廊道。

2. 项目实施过程

2014 年 7 月，广汇源环境水务中标罗田水综合整治工程项目，包含该工程的可研、初步设计、施工图设计 3 个阶段。

2015 年 3 月完成可行性研究阶段设计成果。该项目在满足防洪要求的前提下，注重生态、治河与治污结合，治河与生态修复、景观绿化相结合，将罗田水建成“安全、生态、景观的城市型河道”，成为宜居、宜乐的绿色河岸带。经过技术分析、根据原则，确定工程的主要内容为：防洪工程、水质改善工程、生态修复工程。

2015 年 10 月，深圳市发展和改革委员会下发了《关于茅洲河流域水环境综合整治工程—罗田水综合整治工程可行性研究报告的批复》〔2015〕1401 号，项目投资估算为 52 649.97 万元。

2015 年 10—12 月，进行项目初步设计。2015 年 12 月 17 日，深圳市水务局召开《松岗罗田水综合整治工程初步设计报告》技术审查会，会议一致认为初设报告在该项目可行性研究阶段工作的基础上进行了深化和完善，内容基本齐全，编制深度基本达到了该阶段相关规程的要求，经适当优化和完善后可作为下阶段设计的依据。初设报告所确定的工程任务、规模及主要建筑物的设计方案基本合理。工程总投资 4.93 亿元，项目资金来源为宝安区政府投资。

水安全方面，罗田水干流按 50 年一遇、支流按 20 年一遇防洪标准达标建设。水环境方面，新建 13.3 千米沿河截流管，管径 DN600～DN1500，确保旱季入河污水 100%截流。水生态方面，以“两点一线”为布局。“两点”是指重点打造罗田调蓄湖及松山调蓄湖两个湖泊自然生态系统，实现雨季调蓄洪水，旱季对河道补水的双功能；“一线”是指在满足河道防洪排涝功能和水质改善的同时，构建浅滩湿地系统、河道自然生态系统。“两点一线”生态修复工程建设使河道生物多样性增加，食物网链结构合理，生态系统持久稳定，自然生态系统自净能力增强，最终营造具有罗田水流域特色的、低碳、健康的城市水系生态廊道。

2016 年 8 月，完成施工图阶段设计。该项目涉及水工、给排水、景观、生态、桥梁、金属结构、电气、建筑结构等多个专业，专业交叉量大且复杂，项目组通过合理安排各专业负责人紧密合作，保质保量完成了项目施工图设计成果，获得业主好评。

2016 年 9 月，项目举行正式开工典礼。广汇源环境水务副总工李艺德带队，项目负责人颜寅杰及设计代表张茂林共同参加典礼。

2016 年 9 月至 2017 年 12 月为项目施工阶段。项目施工过程中，设计代表张茂林全过程跟踪服务工程施工中遇到的困难和问题，如现场遇到地下管线交叉、征地拆迁用地问题、周边项目冲突、临近房屋结构隐患、雨季影响等问题。设计代表协同公司总工技术力量奔赴现场第一时间研究提出解决方案，为项目总体施工进度保质保量做出了重要贡献。

2017 年 11 月，罗田水调蓄湖水闸启用，为罗田水河道生态补水提供了保障，是河道水质达标的重要举措。11 月底，截污管全线贯通通水，为年底的黑臭水体考核奠定了坚实基础。2017 年 12 月河道防洪岸墙全线完工，防洪达标建设完成，大大提升河道防洪标准和行洪能力。

3. 设计及建设运行业绩

工程整治完成后，显著提高了河道防洪标准，保障了片区防洪安全，目前河道水质基本达到Ⅴ类水，已连续通过 2017—2018 年度的国家黑臭水体考核任务要求，水质改善明显，水生态逐步恢复，已基本实现“长制久清”。罗田水景观提升工程的建设完成，连接了罗田水周边的社区公园、森林公园，为人民群众提供了亲水游憩、健身休闲的公共开敞空间，已成为老百姓美好生活休闲的好去处。

该项目由深圳市广汇源环境水务有限公司独立完成全过程设计工作，项目按流域统筹考虑的大思路，通过防洪、水质、景观、生态综合治理策略，采用海绵城市建设和生态治河理念营造具有罗田水流域特色的、低碳、健康的城市水系生态廊道，为深圳城市治河提供了典型示范作用。

4. 项目荣誉

罗田水综合整治工程获得深圳市治污保洁工程领导小组办公室授予的 2017 年度深圳市治污保洁工程“优秀项目奖”。

5. 领导视察及调研

该项目受到了各级领导的关怀与重视：2017 年 5 月 13 日住建部城市建设司、环保部水环境管理司调研茅洲河黑臭水体治理工作；2017 年 5 月 24 日湖北市荆州市住建委、规划局、招商专班领导一行到罗田水综合整治工程进行调研考察，交流学习治河理念及思路；2017 年 9 月 9 日宝安区副区长朱恩平会同街道办书记詹辉到罗田水综合整治工程现场调研；2017 年 9 月 23 日深圳市治水提质办领导到罗田水综合整治工程进行现场调研；2017 年 11 月 3 日宝安区委常委、区纪委书记张现军到罗田水综合整治工程现场调研，充分肯定了河道治理的效果，是黑臭水体考核任务中稳定达标的河道，治理经验值得其他河道学习借鉴。

6. 项目主要参与人员

本项目分管总工程师：庄光钦；副总工程师：李艺德、林佩斌；项目负责人：颜寅杰、张茂林；主要参与人员：何造胜、魏晓鸥、徐伟、谢艳玲、王幼青、朱晓明、黄远深、林碧波、杨洁。

八、龙潭公园水生态修复工程

1. 龙潭公园概况

龙潭公园位于深圳市龙岗区中心城长兴南路，由龙潭水系和两个湖体组成，北湖水体 32 000 平方米，南湖水体 13 000 平方米，水深 1～2.5 米，淤泥深约 0.5～0.8 米。公园建成于 1999 年 8 月，占地总面积约 18 公顷。龙潭公园秀丽的园林风光，丰富的文化内涵，成为龙岗市民休闲、娱乐的胜地。

龙潭公园周边长兴南路及德政路收集的雨水，沿 3 个排放口就近排向龙潭公园。上游的市政排水系统虽然是雨污分流形式，但由于各商住小区阳台废水接入雨水系统、经营户错接乱排等，部分污水进入雨水管道，截污前片区入湖污水量约 900 立方米每天。这些污水在平时通过吉祥路四个截流井流入污水管道，遇强降雨时则溢流直接进入人工湖。人工湖当时由于缺乏补充水源，生态体系非常脆弱，自净能力差，常会发生环境污染事件。

2. 项目实施过程

2017 年 11 月，广汇源环境水务中标龙岗中心城龙潭水体生态修复与水质提升工程，该项目为水体生态修复设施服务项目，含工艺施工图设计、设施、设备提供及安装调试、运行维护以及配套工程（包括抗污染负荷冲击设备及安装工程，沉水植物、浮叶植物配置，底泥活化改良，食藻浮游动物、水生动物系统配置，电气装置安装）等内容。项目采用生态系统构建技术，实施龙潭公园水体生态修复、水质提升和水生态景观营造工程。

（1）水体生态修复工程。构建以水生植物为主，鱼虾贝螺等水生动物以及后生动物为辅的水下生态系统，完善生态链，打造一个虫控藻、鱼食虫、草净化的完整系统，重新恢复水体环境的生态平衡，构建优美的水下森林景观，实现非常好的固碳产氧效果，提高龙潭水体自净效能。

（2）水质提升工程。采用特种生物负载填料与植物共生的生态围格技术控制、削减合流制箱涵溢流带来的污染，同时采用喷泉曝气、推流机曝气等措施提升水体溶解氧。通过一系列措施的实施，对退化的生态系统进行重建，重新恢复水环境的生态平衡，提高龙潭水体自净能力。

（3）水生态景观营造工程。采用改良型的沉水植物品种如苦草、刺苦草等，以及狐尾藻、宫廷睡莲等根茎叶发达、光合作用强的浮水植物产生大量的原生氧，高效吸收、转化氮磷等营养盐。种植芦苇、美人蕉等挺水植物，在吸收大量底泥、水体污染物的同时，美化湖岸，控制面源污染。

该项目实施后避免了水体出现蓝藻水华和黑臭等不良现象，且水体透明度≥1.5米；水下沉水植物覆盖率高于90%；水质主要富营养指标（总磷TP、化学需氧量COD_{Cr}、生化需氧量BOD_5、氨氮NH_3-H、溶解氧DO）稳定达到国家《地表水环境质量标准》（GB 3838—2002）Ⅲ类标准；水体生物多样性显著提高，湖水水体景观效果明显改善；同时水体自净能力显著提升、全面恢复水环境的生态平衡。

3. 设计及建设运行业绩

龙潭水体生态修复与水质提升工程通过建设功能完善及景观优美的水生态系统，使水体环境生态水平得到提升，健康的水生态系统能减少空气中的尘埃，减少携菌尘埃的散布，增加空气湿度，降低空气温度，增加空气压力，并促使风的形成和流动，形成具有清洁作用的负氧离子。生态治理后的片区空气清新，散发着水草的清香，显著改善了周围居民的生活环境，提高了居民的健康水平，修复后的龙潭公园水清气爽，风光秀丽，已成为龙岗市民休闲、娱乐的胜地，对构建和谐社会、践行生态文明具有重大的意义。

龙潭水体生态修复与水质提升工程由深圳市广汇源环境水务有限公司独立完成，完善了公司黑臭水体治理技术体系。可将该项目作为技术示范应用于公司其他黑臭水体项目，帮助公司在黑臭水体治理方面形成核心竞争力，提升公司在黑臭水体治理领域的知名度和影响力。

4. 项目实施过程关键人物

该项目实施过程中，林佩斌在黑臭水体治理技术方面起到了关键作用。

本项目分管总工程师：林佩斌；项目负责人：刘欣；主要参与人员：张扬、王正川、许洋、赛佳美、龙圣海、王建全、陈剑、李红桔、王澜、何秀芳、王颖、尹娟。

5. 社会关注

2019 年 4 月，英国皇家社会科学院院士、东英吉利大学（UEA）关大博教授带领 UEA 水安全研究中心 5 名硕士研究生参观了龙潭公园，双方就项目实施过程、水体达标情况、生态系统构建方法等问题进行了重点交流与讨论。2019 年 5 月 11 日，深圳市龙岗区水务工程建设管理中心举办“治水提质 · 水润龙岗你我同行”活动，选取龙潭公园和平湖污水处理厂进行参观，深圳侨报对此进行了报道。

九、阳春市生活污水处理设施全市打包 PPP 模式建设项目

广东省住房和城乡建设厅联合八大职能部门共同下发了《广东省住房和城乡建设厅等部门关于印发〈加快推进粤东西北地区新一轮生活垃圾和污水处理基础设施建设实施方案〉的通知》（粤建城〔2015〕242 号），明确要求到 2020 年底，实现粤东西北地区各市区、县城污水处理率分别达到 95%、85%以上，乡镇一级污水处理设施全覆盖，80%以上的农村生活污水得到有效处理，新建、扩建城镇污水处理设施的出水水质符合《城镇污水处理厂污染物排放标准》（GB 18918—2002）一级 A 标准和广东省地方标准《水污染物排放限值》（DB 44/26—2001）中的较严值。阳春市作为粤西地区重要的县级市，属于该“通知”实施范围内的重要地区。但当时阳春市 10 个乡镇（河塱镇、松柏镇、石望镇、陂面镇、圭岗镇、永宁镇、河口镇、三甲镇、双滘镇及八甲镇）均无任何污水处理设施。因此，阳春市计划建设该次 10 个乡镇的污水处理站及其配套管网，考虑该轮污水配套管网建设数量多，涉及面很广，投资规模大，因此鼓励采用 PPP 模式，引入技术领先、实力强、资金雄厚的社会资本参与该项目污水配套设施建设。

该项目建设规模：①阳春市中心城区现有污水处理厂配套污水收集管网的续建工程（纳污范围包含 75 个村庄），新建集污管网 36 022 米及污水提升泵站 1 座；②阳春市八甲镇等 10 个城镇中心镇区的污水处理设施及配

套集污管网工程（纳污范围包含 75 个村庄）。10 个建制镇日处理规模近期共 10 300 立方米，污水收集管网 10 个镇共 113 680 米。

2016 年，广汇源环境水务对该工程进行可行性研究设计，确定该项目建设规模，重点论证 10 个镇区污水处理设施进出水水质、处理水量计算、处理工艺比选以及厂址确定以及城区和镇区主设计管道线位确定路线等。

2016 年 10 月 29 日，取得可行性研究阶段发改批复。阳春市发展和改革局关于《阳春市生活污水处理设施全市打包 PPP 模式建设项目》可行性研究报告的批复（春发改投资〔2016〕94 号），项目总投资估算控制在 49 626万元。

2017 年 1 月底，广汇源环境水务中标阳春市生活污水处理设施全市打包 PPP 模式建设项目设计，主要包含初步设计、施工图设计以及施工服务配合等工作，广汇源环境水务立即开展该项目的初步设计工作。2017 年 2 月至 2018 年 1 月，项目初步设计阶段。

2018 年 5 月完成施工图阶段设计，于 2018 年 5 月 17 日取得施工图审查合格证。

阳春市生活污水处理设施全市打包 PPP 模式建设项目是一项保护环境、建设文明卫生家园，为子孙后代造福的工程。该项目的实施，可有效地减轻阳春市城区及各个镇区对水体的污染，改善环境，提高卫生水平，保护人民身体健康。同时，完善区域的排水系统，消除经济发展的制约因素，促进区域社会经济环境的协调发展。

本项目分管副总工程师：林佩斌；负责人：张新宇；主要参与人员：刘思佳、兰毅、陈思兰、龙圣海、刘文婷。

十、龙岗区全面消除黑臭水体治理工程（深圳河流域）

1. 项目背景

随着深圳市经济高速持续发展，水环境污染问题日益突出，与建设国际性花园城市形象有一定差距，为实现将深圳建设成为一个“最适合人类居住的、高科技的、生态型的、园林花园式的现代化中心城市”的目标，进一步提高深圳人民的环境水平，必须对深圳市的水环境进行综合治理。

2018年9月15日，龙岗区深调研梳理出龙岗河、深圳河以及观澜河三大流域以2019年全面消除黑臭为目标，分两个阶段实施完成，其中该次第一阶段项目库，共227个项目，金额57.96亿元。其中深圳河流域项目74个，投资19.4亿元。

2018年11月，龙岗区对《2019年深圳河流域（龙岗片区）消除黑臭及河流水质保障工程（第一阶段）》进行勘察设计招标，深圳市广汇源环境水务有限公司和中国电建中南勘测设计研究院有限公司联合体中标承担深圳河流域的勘察设计工作。

2018年11月22日，在建设单位龙岗区水务工程建设管理中心的组织领导下，项目勘察设计中标单位和街道办、社区工作站等相关单位完成了对深调研项目的梳理及现场复查，确定该项目最终项目库及项目内容。

龙岗区全面消除黑臭水体治理工程（深圳河流域）项目主要通过分析深圳河流域（龙岗片区）在消除黑臭考核工作中存在的短板，提出从正本清源、黑臭水体整治、面源污染防治、清基剥离等四大方面采取工程措施，实现深圳河流域2019年水质达标。

针对深圳河（龙岗）流域消除黑臭及河流水质保障工程主要包括正本清源、黑臭水体整治、面源污染防治、清基剥离四大类别，编制原则如下：结合已建、在建和拟建工程，系统分析流域水环境、水安全、水生态存在的问题，以流域为单元，从源头治理，以治水为最终目标，围绕水质达标开展相关水质保障工作，对工程方案进行多方案论证、研究比选，制定该项目的整体方案，合理确定并细化单个子项目的设计方案，确保深圳河流域龙岗段2019年水质达标。

2. 项目实施过程

2018年，广汇源环境水务联合中电建中南院中标2019年龙岗河流域、观澜河流域、深圳河流域（龙岗片区）消除黑臭及河流水质保障工程——深圳河流域（一阶段）设计项目（中标包含可研、初设、施工图等阶段），随后开始对整个项目进行勘察设计。

2018年10月，广汇源环境水务开展可行性研究阶段设计，确定该工程主要设计内容包括正本清源、黑臭水体整治、面源污染防治、清基剥离四大类别。

2019 年 6 月取得可行性研究阶段深圳市龙岗区发展和改革局的批复。

2018 年 10—11 月，广汇源环境水务开展初步设计阶段设计，主要通过分析深圳河流域（龙岗片区）在消除黑臭考核工作中存在的短板，结合已建、在建和拟建工程，系统分析深圳河流域水环境、水安全、水生态存在的问题，从干支管完善、黑臭水体整治、面源污染防治、河道补水、水安全等五大方面，围绕国家、省、市、区黑臭水体考核目标，进行多方案论证、研究比选，制定该项目的整体方案，合理确定并细化单个子项目的设计方案，确保 2019 年基本消除城市黑臭水体、交接断面水质基本稳定达标。围绕该项目 2 个水质达标、174 个消除黑臭的目标，结合流域特点和污水系统布局情况，提出“以流域为分区、以河道为中心、以管网为基础、以目标为导向，以工程措施为手段”的原则，对流域内的“河、网、源、土、清”五类问题进行工程措施治理的总体思路。初步设计项目总投资为 193 766.97万元。

2019 年 2 月，广汇源环境水务完成施工图阶段设计。

2019 年 8 月，沙湾河干流、布吉河干流正本清源小区基本完工，在该次施工建设中，经龙岗区水务局宾曙明副局长、王子昱科长以及抽调干部梁东宁等领导的大力协调支持下，整个工程得以正常进行。

3. 设计及建设运行业绩

深圳市广汇源环境水务有限公司作为该项目牵头单位，流域统筹为龙岗区水环境治理作出了极大的贡献，为公司在水治理方面，尤其是正本清源、黑臭水体整治设计建设方面积累了丰富的理论和实践经验，是公司优质工程的一个代表。

4. 项目实施过程关键人物

项目分管副总工程师：林佩斌；负责人：孙光逊；主要参与人员：李芳、张新宇、刘思佳、张焱、程肯、曾林霞、刘鸿凯。

十一、福永片区污水应急处理服务项目

1. 项目背景

2018 年 7 月 31 日，深圳市宝安区政府采购中心公开招标福永片区污水

应急处理服务项目，通过参与竞争投标，广汇源环境水务最终中标了福永片区污水应急处理服务项目、福永片区污水应急处理扩容服务项目、固戍片区污水应急处理扩容服务项目三个BO类运污水处理设施运行管理项目。

福永片区污水应急处理扩容服务项目位于福海街道原福永扣车场旁，建设规模10万立方米每天，占地面积8 100平方米，由深圳市广汇源环境水务有限公司以BO方式负责投资、建设和运营，污水处理服务范围为福永、福海街道办全部（深圳机场除外），服务总面积约56平方千米。工程于2018年12月开工建设，采用FBR生化＋磁分离工艺，出水执行中华人民共和国国家标准《城镇污水处理厂污染物排放标准》（GB 18918—2002）中规定的一级A标准（TN除外）。

2. 项目实施情况

项目主要工作内容如下。

（1）文明施工，遵守有关环境保护和安全生产法律法规的规定，采取措施防止或者减少粉尘废气、废水、噪声、固体废物等的污染。施工垃圾严禁随意倾倒，要及时清运至指定地点。

（2）注意项目建设期的安全生产工作，建立健全施工现场安全管理机构，项目经理、技术负责人、安全主任、专职安全员等主要施工管理人员资质符合要求，落实安全生产责任制和安全隐患排查报告制度；制定安全应急预案和定期进行应急演练，配置足够的应急救援器材，对从事危险作业人员办理意外伤害险。

（3）根据质量管理体系和合同要求，建立完善的工艺运行管理制度和操作规程，制定严格的岗位责任制度，配备各类工作管理人员，包括项目负责人、工艺技术员、设备管理员、档案管理员、运行操作员等，其中运行操作人员采用四班三倒工作制，保证项目全天24小时稳定运行。

（4）接受主管部门委托的第三方水质检测机构不定期对该项目设施进出水的检测；每天自行采样检测进出水水质并保存完善的水质检测记录和报表，定期向业主部门提交水质检测数据；出水异常，及时调整工艺保证出水稳定达标；进水异常时，及时启动应急预案，并向相关主管部报告。

（5）保存好相关影像、照片资料，认真填写运行生产记录表格，保证运行记录的准确性和完整性，及时归档生产资料，定期向主管部门提交相关生产情况统计表。

（6）按照国家有关安全生产的法律、法规设置进行安全管理，配备具有资质的专职安全管理人员，建立健全安全生产制度、安全操作规程和安全管理体系，制定安全应急预案，并加强日常检查和专项检查，发现问题及时整改，并做好相关记录，定期开展安全培训及演练，保证生产期间安全无事故。

（7）做好厂区环境及厂容厂貌管理工作，厂区内构筑物外观整洁、厂区道路完好畅通，及时清运垃圾，生产现场无杂物堆放，物品摆放整齐，精心养护厂区绿化。

（8）配备专职设备管理人员，负责设备维护保养、检修等工作，建立完善的设备管理制度、设备操作规程，并保存设备设施的运行台账，维修保养运行记录等。

项目履行情况如下。

（1）建立根据质量管理体系和合同要求，建立完善的工艺运行管理制度和操作规程，制定严格的岗位责任制度。

（2）对工作人员定期开展培训，规范操作，保证正常生产。

（3）每天进行进出水水质检测，并保存好检测记录，同时安装在线仪器，实时监测进出水水质情况。

（4）认真填写运行生产记录表格、交接班记录表等，保证运行台账的准确性和完整性，并及时整理归档。

（5）配备专职安全人员，定期安全检查，发现问题及时整改并做好记录，同时定期开展应急演练，增强员工安全意识，确保安全生产。

（6）配备专职设备管理人员，负责设备维护保养、检修等工作，建立完善的设备管理制度，保证设备使用寿命。

（7）做好厂区环境及厂容厂貌管理工作，厂区内构筑物外观整洁、厂区道路完好畅通，精心养护厂区绿化。

3. 设计及建设运行业绩

项目的正常稳定运行，解决了污水处理厂二期投产前污水处理总量和污水处理能力不匹配的问题，有效地改善了超量污水溢流的问题，改善了河道水质和珠江口海域水质，使其满足水质考核和黑臭水体考核的任务要求。同时，处理后的水进入河道，有效改善了河流水质和水环境，极大提升了周边居民生活环境和幸福感指数，对保持社会经济可持续发展，全面建设小康社会具有重要的现实意义。

对于深圳市广汇源环境水务有限公司来说，3个项目的正常稳定运行标志着公司水处理行业又迈进了一大步，是公司发展壮大又一重大事件。为公司后期类似项目运维服务打下深厚的基础，积累了丰富的经验。

4. 项目主要参与人员

福永片区3个项目分管副总工程师：彭东升；负责人：李方源；主要参与人员：郭江涛、孟嘉雨、谭弘熙、赵鹏、谢振宇、柯友才、朱勇强、陈振广、赵鹏、张定飞、曾子轩、王元明、邓军、邓贵成。

十二、公司完成的其他水环境治理项目

公司完成的其他水环境治理项目见表3-5。

表3-5　　公司完成的其他水环境治理项目

序号	项目名称	执行时间
1	深圳市福田河，新洲河综合整治工程	2002年
2	葵涌河综合整治生态修复工程	2006年
3	龙岗河横岭段景观及生态修复工程	2006年
4	坂田街道岗头河（污水处理厂段）整治工程	2007年
5	横岭污水处理厂配干管二期工程	2007年
6	上洋污水处理厂配干管二期工程	2007年
7	深圳市坂田街道岗头河综合整治工程	2008年
8	布吉坂田地下河综合整治工程	2008年
9	深圳市梅林水库尾及右岸路综合整治工程	2009年
10	深圳市龙岗区南澳街道南澳河综合整治工程	2010年
11	深圳市宝安区茜坑水库大浪片区面源污染治理工程	2011年
12	大鹏下沙整体搬迁王母安置区河道环境综合整治工程	2011年
13	盐田区避风塘内塘环境治理工程	2012年

续表

序号	项 目 名 称	执行时间
14	龙岗区平湖街道甘坑水库库尾生态修复工程	2012 年
15	深圳前海深港合作区外围及流域上游水质改善工程——前海湾水动力改善工程（初小雨转输管道工程）	2013 年
16	咸水涌（107 国道至南城桥）截污工程	2013 年
17	深圳大鹏新区坝光国际生物谷核心启动区防洪（潮）及水环境综合整治工程	2014 年
18	宝安区观澜茜坑水库排洪河综合整治工程	2014 年
19	望江沥水环境综合整治工程 EPC 总承包项目	2015 年
20	松岗龟岭东水综合整治工程	2015 年
21	桥头镇东太湖排渠综合整治工程二期	2015 年
22	龙华污水处理厂（二期）厂外沉砂池工程	2015 年
23	大亚湾石头河综合整治工程	2015 年
24	丰顺县 2015 年“五沿”崩岗综合治理工程	2015 年
25	观澜河流域水环境综合整治工程——木古河综合整治工程	2016 年
26	松岗街道燕川村片区雨污分流管网工程	2016 年
27	深圳市沙湾河流域水环境综合整治工程	2016 年
28	南澳河等 9 条河涌综合整治工程——杨梅坑河综合整治工程	2016 年
29	梅州市梅县区乌泥河小流域综合治理工程	2016 年
30	茅洲河流域水环境综合整治工程——石岩渠综合整治工程	2016 年
31	茅洲河流域（宝安片区）正本清源工程	2016 年
32	茅洲河流域（宝安片区）水环境综合整治项目——松岗街道燕川村片区雨污分流管网工程	2016 年
33	四联河干流龙岗大道以上段黑臭水体治理应急截污工程	2017 年
34	沙湾河黑臭治理工程——沙湾泵站排水口水质提升工程 BO 特许经营合同（2020 年度）	2017 年
35	沙湾河黑臭治理工程——沙湾泵站排水口水质提升工程	2017 年
36	全市污水处理厂提标改造工程（横岭污水处理厂一期）、（观澜污水处理厂一期）	2017 年
37	坪山河流域水环境综合整治工程——三洲田水综合整治工程	2017 年
38	坪山河干流上洋污水处理厂段综合整治工程	2017 年

续表

序号	项　目　名　称	执行时间
39	布吉河（粤宝路桥—泥岗桥）综合整治工程	2017 年
40	小流域综合治理工程——双界河安乐支渠综合治理	2018 年
41	大小坑泵站污水应急输送布吉污水处理厂抢修工程	2018 年
42	坪山区田坑水、飞西水黑臭水体治理工程	2018 年
43	深圳市龙华区坂田河黑臭水体治理项目	2019 年
44	大鹏新区南澳东农片区雨污分流管网工程	2018 年
45	2019 年深圳河流域（龙岗片区）消除黑臭及河流水质保障工程	2018 年
46	观澜河流域（牛湖水）综合整治工程	2018 年
47	龙岗区全面消除黑臭水体治工程（深圳河流域）	2019 年
48	龙岗河深惠插花地河道（张河沥、马蹄沥）综合整治工程一期、二期工程	2019 年
49	回龙河应急水质提升项目	2019 年
50	光明区全面消除黑臭水体治理工程（公明核心片区及白花社区）	2019 年
51	光明区全面消除黑臭水体治理工程（公明核心片区及白花社区）	2019 年
52	岗头河应急水质提升项目	2019 年
53	深圳市龙华区龙华河黑臭水体治理项目	2019 年
54	丁山河低碳城段水质提升工程	2019 年
55	龙岗区沙湾河黑臭水体治理工程（丹竹头、闸前水质提升工程）	2019 年
56	白芒河流域水环境综合治理工程（径流调蓄转输工程）	2019 年
57	龙岗区沙湾河黑臭水体治理工程（丹竹头、闸前水质提升工程）承包合同（2020 年度）	2020 年

第六节　其他设计类项目

一、兴宁市三个灌区加固改造工程 EPC 总承包

1. 项目背景

兴宁市三个灌区加固改造工程是指兴宁市和山岩水库灌区加固改造工程、石壁水库灌区加固改造工程、麻岭水库联合灌区加固改造工程三个工

程。三工程由梅州市发展和改革局分别以梅市发改农财〔2012〕45 号、46 号、48 号文批准建设。

和山岩水库灌区位于兴宁市东北部，属丘陵地貌。灌区水源来自兴宁市中型水库和山岩水库，灌溉范围主要是宁塘、宁中、宁新、永和共 4 个乡镇。灌区始建于 1959 年，建成后灌区内粮食产量相当可观，在中华人民共和国成立初期至 20 世纪都发挥了重要作用。灌区设计灌溉面积为 1.54 万亩，当时灌区能保证灌溉面积为 0.93 万亩。和山岩水库以上集雨面积为 32.5 平方千米，公陂引水隧洞集雨面积 15.8 平方千米，水库为中型水库。和山岩水库改造内容为：对总长 26.87 千米的灌排渠进行清淤、加固或改造，重建渠系建筑物 33 座。估算总投资约 2 600 万元。

石壁水库灌区位于兴城镇东北部，属丘陵地貌。灌区水源来自兴宁市中型水库石壁水库，灌溉范围主要是龙田、合水两个乡镇。灌区始建于 1959 年，建成后灌区内粮食产量相当可观，发挥了重要作用。灌区原设计灌溉面积为 1.79 万亩，受土地开发等原因，现有灌溉面积为 2.13 万亩（水田 1.79 万亩，旱地 0.34 万亩）。石壁水库改造内容为：对总长 25.99 千米的干、支渠进行清淤、加固或改造，对 17 座渠系建筑物进行新建、重建或加固。估算总投资约 2 900 万元。

麻岭水库联合灌区属于兴宁 5 个中型灌区之一，位于兴宁市中部，宁江流域中上游，灌区内有耕地面积 2.55 万亩，灌区设计灌溉面积为 1.957 万亩，现实际灌溉面积为 1.75 万亩。麻岭水库联合灌区由 3 个小灌区组成，分别是：九莱口灌区、麻岭灌区、仙人坐石灌区。麻岭水库改造内容为：对 17 条总长 31.45 千米的引灌渠道进行全线清淤、改造和衬砌干支渠道长度共 15.04 千米重建或新建水闸 19 座，水陂 4 座。估算总投资约 2 600 万元。

2. 项目实施过程

2011 年 8 月受兴宁市水务局委托，广汇源环境水务承担了兴宁市和山岩、石壁、麻岭 3 个水库灌区改造工程可行性研究报告编制的任务，接受任务后，广汇源环境水务迅速组成项目组实地查勘、多方收集相关资料，确定了工程研究范围和任务，根据区域社会经济发展规划、灌区水源情况，论证和复核了灌区工程规模，围绕高效节水、经济合理、管理方便安全、施工简单等要求，结合灌区土地布局、分析现状干渠存在问题，比选确定了改造方案。2011 年 12 月广汇源环境水务完成了兴宁市和山岩等 3 个水库灌区改造工程可行性研究报告，2012 年 4 月召开了该项目可研评审会议，2012 年 5 月获得了该项目可研批复文件（粤水技术〔2012〕188、192 号）。

2012 年 8 月广汇源环境水务与广东省水利电力勘测设计研究院、广东省源大水电集团有限公司组成联合体中标兴宁市福岭水库灌区、和山岩水库灌区、石壁水库灌区、麻岭水库联合灌区加固改造工程 EPC 总承包，其中广汇源环境水务承担和山岩水库、石壁水库、麻岭水库 3 个灌区加固改造的设计任务。接受任务后，广汇源环境水务组织项目组在可研工作的基础上，对灌区的改造工程相关设计内容进行了复核细化及优化。2012 年 12 月，广汇源环境水务完成了广东省兴宁市和山岩等 3 个水库灌区改造工程初步设计报告，2013 年 1 月获得该项目初步设计批复——关于兴宁市麻岭水库联合灌区改造工程初步设计报告的批复（梅市水农〔2013〕2、3、5 号）。

2013 年 2 月下旬收到梅州市水务局对该工程初步设计批复后，广汇源环境水务迅速组织成立工程设计组，根据批复意见，根据初步设计批复内容，细化设计，2013 年 3 月将所有渠道部分所有施工图交付施工，2013 年 10 月将所有建筑物施工图交付施工。

和山岩水库灌区改造工程于 2013 年 4 月开工，到 2015 年 6 月全面完工。石壁水库灌区改造工程于 2013 年 3 月开工，到 2015 年 6 月全面完工。麻岭水库灌区改造工程于 2013 年 1 月开工，到 2015 年 6 月全面完工。

3. 设计及建设运行业绩

灌区加固改造是优化水资源配置，转变供用水新理念，建设节水节能型社会的需要，水利是农业现代化的基础产业，发展优质高效、高产的农产品需保障灌溉用水。灌区工程运行至今，发挥了巨大的灌溉效益和抗灾效益。

兴宁市福岭水库灌区、和山岩水库灌区、石壁水库、麻岭水库联合灌区加固改造工程的完成为公司在灌区设计建设方面积累了丰富的理论和实践经验，也为后期梅州分公司承担的梅县区十四宗小型水库灌区加固改造工程起到了借鉴和指导作用。

4. 项目实施过程关键人物

项目负责人：周刚平；主要参与人员：刘振家、许华勇、刘杨、杨丽、何志勋等。

二、光明新区2012年基本农田建设和改造工程（光明北片区）

《深圳市城市总体规划（2007—2020）》及相关规划都相继提出和强调，深圳要切实加强基本农田保护和改善自然生态用地，确保土地资源的可持续利用；要积极发展生态型现代都市农业，稳定都市农业生产，充分发挥绿色农业的环境生态功能和食品安全保障功能。

深圳市2005年制定的《深圳市基本生态控制线管理规定》将基本农田纳入生态保护区。2007年深圳市编制了《深圳市基本农田调整方案》，要求通过改造，全市达到保有3万亩基本农田保护用地的目标。2008年6月，深圳市召开《关于研究全市基本农田改造工作有关问题》的会议，决定开展全市基本农田改造工作，把全市3万亩基本农田改造成现代标准农田，确保深圳3万亩农田面积不减、质量不降、用途不变。

光明新区2012年基本农田建设和改造工程项目包括光明北片区的03—5地块、03—3a地块、03—3b地块和03—3c，4地块均隶属于光明新区。4地块规划改造面积共3 198.75亩。

2012年，广汇源环境水务中标光明新区2012年基本农田建设和改造工程（光明北片区）项目，随后开始进行建设和改造设计。

2012年8月完成相关设计，8月22日进行设计审查，工程主要设计内容包括土地平整、引排水工程设计、田间道路及其他配套工程等。

2013年1月光明新区经济服务局召开了光明新区基本农田改造（三期工程）区级验收会。

深圳市政府在贯彻落实严格的土地管理制度方面已做了大量有效的工作，但从长远看，深圳市人口多土地少，土地资源十分珍贵，经济发展与基本农田的矛盾突出，因此建立和落实耕地保护的有效机制，解决经济发展和上地管理中存在的突出问题，是促进经济社会的协调和可持续发展的有效途径。保有一定数量的基本农田，对深圳城市结构优化和生态环境的保护以及产业合理配置，都是有利的。该项目的实施是贯彻落实坚持依法行政、坚守耕地保护红线的必要做法。通过基本农田改造，把基本农田基本纳入生态控制线范围内，对线内土地进行整治，使之规范化，达到基本农田的标准。

本项目分管副总工程师：邓平；总负责：陈誉；项目负责人：钟振亮；主要参与人员：苏敏贤、阳秀春、黄坚、彭玉萍、张秋芳。

三、公司完成的其他设计类项目

公司完成的其他设计类项目见表3-6。

表3-6　　公司完成的其他设计类项目

序号	项　目　名　称	执行时间
1	坪地街道坪西片区基本农田水源及排水工程	2011年
2	深圳市龙岗区坪地街道六联—年丰片区21-7地块基本农田改造工程	2012年
3	光明新区2012年基本农田建设和改造工程（将石—马山头片区、05-1～13地块）	2012年
4	赤坳水库薇甘菊清理施工	2012年
5	龙岗街道同乐片区23-1基本农田建设和改造工程	2012年
6	东莞市2012年东城区高标准基本农田建设	2012年
7	宝安区基本农田建设和改造（黄麻布片区07-2、4地块）	2013年
8	宝安区基本农田建设和改造（黄麻布片区07-5地块）	2013年
9	宝安区基本农田建设和改造（塘下涌—燕川片区01-1，2，3，4，5地块）	2013年
10	宝安区基本农田建设和改造工程（塘下涌一燕川01-1，2，3，4，5片区）	2014年
11	宝安区高标准基本农田塘头北片区09-1地块进场道路改造工程	2014年
12	龙岗区平湖街道白泥坑片区18-5，6地块基本农田完善工程	2014年
13	坪山新区2015年基本农田建设和维护项目大工业区24-1，2，13，18，19，20地块	2015年
14	大鹏街道鹏城市区基本农田水源工程	2015年
15	丰顺县龙车溪山洪沟防洪治理项目（EPC）总承包	2015年

续表

序号	项 目 名 称	执行时间
16	光明新区基本农田04-2地块水源工程	2015年
17	龙岗区2014年基本农田建设和维护项目（白坭坑片区18-1、2、3、5、6地块）	2015年
18	龙岗街道同乐片区23-1基本农田排洪渠（茅湖水）整治工程	2015年
19	蕉岭县上合农业公园建设项目EPC总承包	2017年
20	公明水库2号、3号坝间山体地质灾害治理及生态修复工程	2017年
21	深圳市东江水源工程输水箱涵（K13+500至K16+329）排水沟、围网及道路整治工程	2018年
22	福海街道人行天桥改造项目（设计）	2018年
23	深圳市东江水源工程永湖管理所辖区输水箱涵阀井检修平台改造工程	2018年
24	深圳市聚飞光电研发大楼建设项目	2018年
25	协力路（友谊路）盐龙大道立交扩宽改造工程	2018年
26	惠阳区淡水洋纳建筑垃圾受纳场项目（勘察设计、采购及施工总承包）	2018年
27	沙井街道南环路非机动车道新建工程（设计）	2019年
28	光明新区消火栓建设及改造工程	2019年
29	德政路（龙岗大道—临河南路）工程	2019年
30	深圳市人才公园项目延长轴“三轴”提升工程项目	2019年
31	白花河景观公园	2019年
32	沙井排涝泵站亲水平台建设及岸坡绿化工程设计及施工	2019年
33	富安东路市政工程（平安大道—凤凰大道）	2020年

第四章

管养及运维业绩

为保护和改善环境，保障饮用水安全，《中华人民共和国水法》第三十三条规定："国家建立饮用水水源保护区制度。省、自治区、直辖市人民政府应当划定饮用水水源保护区，并采取措施，防止水源枯竭和水体污染，保证城乡居民饮用水安全。"深圳市广汇源环境水务有限公司积极响应国家号召，参与对深圳市一级水源保护区、小型水库、小型水库大坝安全监测等项目进行管理养护，对保障深圳市供水、用水安全起到了十分积极的作用。

随着深圳市经济社会快速发展，人们对城市河道的功能要求从单纯的通航、灌溉、行洪逐步向有优美水景观、良好水生态、正常水循环和安全水环境等多位一体转变。特别是在党的十八大之后，中央政府提出了"加强生态文明建设，加大自然生态系统和环境保护力度，完善最严格水资源管理制度"等要求，如何通过城市河道养护管理来巩固和提升水环境质量摆在了更加突出和重要的位置。

第一节 水源保护区及水库管理

一、深圳市一级水源保护区管理

1. 项目来源

2008 年初，深圳市政府采购中心公开招标《深圳市饮用水源水库一级水源保护区管理服务项目》，深圳市广汇源环境水务有限公司参与竞标并成功中标，自 2008 年 3 月 1 日起负责对深圳市 27 个主要饮用水水源一级水源保护区进行管理。

2010 年 8 月，深圳市财政委员会《关于确认深圳市一级水源保护区管理服务项目及全市小型水库管理项目为经常性服务项目的意见》（深财购函〔2010〕1288 号）将深圳市小型水库管理项目确认为经常性服务项目。

2015 年 8 月，经广东省政府批准，深圳市政府印发了《深圳市人民政府关于调整深圳市饮用水水源保护区的通知》（深府〔2015〕74 号），深圳市饮用水水源保护区由 27 个增加至 31 个，其中，一级水源保护区面积增加至141.69平方千米。

2015年11月，根据《深圳经济特区政府采购条例》《深圳网上政府采购管理暂行办法》《深圳市国有未出让土地日常管理暂行办法》有关规定，深圳市政府采购中心就深圳市一级水源保护区管理服务项目采用公开招标的方式实施采购，深圳市广汇源环境水务有限公司继续根据要求参与竞标，并顺利竞得本项目。

2017年11月至2018年3月，深圳市各区、水库管理处根据会议精神，分别开展了辖区范围内水库一级水源保护区管理项目招标工作。深圳市广汇源环境水务有限公司通过参与公开招投标，再次成功竞得了各水库一级水源保护区项目管理权，一级水源保护区管理工作基本得到顺利延续。一级水源保护区项目名录见表4-1。

表4-1　一级水源保护区项目名录

序号	项目名称	合同开始时间（年-月-日）	合同结束时间（年-月-日）
1	深圳市饮用水水源水库一级水源保护区管理服务项目	2008-03-01	2009-02-28
2	深圳市一级水源保护区管理服务项目	2009-03-01	2009-09-30
3	深圳市一级水源保护区管理服务项目	2009-10-01	2010-09-30
4	深圳市一级水源保护区管理服务项目	2010-10-01	2012-09-30
5	深圳市一级水源保护区管理服务项目	2012-10-01	2012-12-31
6	深圳市一级水源保护区管理服务项目	2013-01-01	2013-12-31
7	深圳市一级水源保护区管理服务项目	2014-01-01	2014-12-31
8	深圳市一级水源保护区管理服务项目	2015-01-01	2015-12-31
9	深圳市一级水源保护区管理服务项目	2016-01-01	2016-12-31
10	深圳市一级水源保护区管理服务项目	2017-01-01	2017-12-31
11	西丽水库及长岭皮水库一级水源保护区管理合同	2018-01-01	2018-12-31
12	北部水源一级保护区管理服务合同	2018-01-01	2018-12-31
13	铁岗水库—石岩水库一级水源保护区管理合同	2018-01-16	2019-01-15
14	长流陂水库一级水源保护区管理合同	2018-01-01	2018-12-31

续表

序号	项 目 名 称	合同开始时间（年-月-日）	合同结束时间（年-月-日）
15	深圳市清林径水库、赤坳水库、东涌水库、洞梓水库一级水源保护区管理合同	2018-01-01	2018-12-31
16	三洲田及铜锣径水库一级水源保护区土地管理和水库协管服务合同	2018-01-01	2018-12-31
17	梅林水库一级水源保护区管理合同	2018-01-01	2018-12-31
18	罗田水库一级水源保护区管理服务合同	2018-02-01	2019-01-31
19	西丽水库及长岭皮水库一级水源保护区管理合同	2019-01-01	2019-12-31
20	北部水源一级保护区管理服务合同	2019-01-01	2019-12-31
21	铁岗水库－石岩水库一级水源保护区管理合同	2019-01-16	2020-01-15
22	长流陂水库一级水源保护区管理合同	2019-01-01	2019-12-31
23	深圳市清林径水库、赤坳水库、东涌水库、洞梓水库一级水源保护区管理合同	2019-01-01	2019-12-31
24	三洲田及铜锣径水库一级水源保护区土地管理和水库协管服务合同	2019-01-01	2019-12-31
25	梅林水库一级水源保护区管理合同	2019-01-01	2019-12-31
26	罗田水库一级水源保护区管理服务合同	2019-02-01	2020-01-31

2. 项目实施内容

2008年3月1日起，深圳市广汇源环境水务有限公司每日至少两次对库区内土地管理情况进行检查，发现违法建筑、违规养殖、违规种植等情况立即上报水库管理单位；协助对库区内历史遗留违规建筑、新征收土地区域内历史遗留建筑进行拆除；每日至少两次对水库一级水源保护区范围水源保护情况进行检查，及时发现污染源、水土流失、污染水体行为并及时上报水库管理单位；配合相关部门做好库区绿化与森林防火工作，在紧急或异常情况出现时，采取适当措施避免损失发生和扩大；每年至少组织一次管护人员进行消防安全教育、设施使用培训及消防安全演练，保障各一级水源保护区运行正常；每日至少两次加强一级水源保护区边界的巡查，及时发现并制止三无人员或其他无关人员进出一级水源保护区；积极配合水库管理单位开展相关培训工作，根据水库实际情况制作水源保护相关横幅在水源保护区内重要位置进行悬挂；编制印刷安全管理、水源保护、防火管理等方面的宣传资料在库区周边进行派发；参与水库管理单位组织的安全生产、防火防恐等方面的培训演练，积极配合水库管理单位做好相关水库及周边防火防恐的宣传；每天认真填写好一级水源保护区巡查日志，由技术人员进行核查，并整理归档，妥善保管。一级水源保护区水源保护情况见表 4－2。

表 4－2　一级水源保护区水源保护情况

序号	类别	事件名称	发生时间（年－月－日）	处理措施	备注
1	水土流失事件	梅林水库蛇场区域山体滑坡	2018－11－7	立即上报水库管理单位并加强现场检查	《关于梅林水库水源保护区存在 2 处山体滑坡的问题汇报》（米 L〔2018〕－001 号）
2		清林径水库七号工程队施工桥下路段水土流失	2017－08－28	立即上报水库管理单位并协助做好防护措施	《关于清林径水库存在水土流失情况的汇报》（深广水源〔2017〕－05 号）
3		洞梓水库环库路多处边坡表土松散，水土流失	2018－06－13	立即上报水库管理单位并加强现场检查	《关于洞梓水库环库路边坡存在水土流失的汇报》（深广水源〔2018〕－001 号）
4		三洲田急铜锣径水库水源保护区内存在滑坡的问题	2018－11－7	立即上报水库管理单位并加强现场检查	《关于三洲田急铜锣径水库水源保护区内存在滑坡的问题汇报》（深广水源〔2018〕－001 号）
5		赤坳水库库区内电塔施工区域等区域水土流失	2019－04－20	立即上报水库管理单位并加强现场检查	《关于赤坳水库水土流失情况的汇报》（深广水源〔2019〕DB－001 号）
6		赤坳水库金龟河上游水质浑浊	2019－06－25	立即上报水库管理单位并加强现场检查	《关于赤坳水库金龟河上游水土流失情况的汇报》（深广水源〔2019〕DB－002 号）

续表

序号	类别	事件名称	发生时间（年-月-日）	处理措施	备注
7	水质污染事件	赤坳一级水源保护区抛毒事件	2010-02-04	立即上报水库管理单位并加强现场检查	《关于赤坳一级水源保护区抛毒事件的情况汇报》（深广水设管（字）〔2010〕008号）
8		甘坑水库库尾大量黄泥浆水流入库区	2014-01-06	立即上报水库管理单位并加强现场检查	《平湖街道甘坑水库一级水源保护区库尾发现大量黄泥浆的问题》（2014-01）
9		甘坑水库库尾水质污染	2015-06-04	立即上报水库管理单位并加强现场检查	《平湖街道甘坑水库一级水源保护区库尾发现问题的汇报》（深广水源〔2015〕-01号）
10		甘坑水库库尾甘坑小镇附近发现有少量黑臭污水流入水库	2017-06-07	立即上报水库管理单位并加强现场检查	《关于甘坑水库库尾发现水质污染问题汇报》（深广水源〔2017〕-03号）

深圳市广汇源环境水务有限公司结合生活场所管理实际情况，制订、颁布了一系列规章制度，作为指导、规范管护人员和管护队伍日常工作的文件。2008年起，先后制定出台了《管护人员岗位职责》《管护员值勤制度》《生活场所管理制度》《生活场所日常工作内容汇编》《一级水源保护区管护员违规处罚暂行办法》《管护员请休假制度》《水库（源）管护人员安全工作守则》等制度。2016年5月，深圳市广汇源环境水务有限公司将已完善的上述一系列规章制度与有关法律法规、水库基本知识等合编为《深圳市一级水源保护区管理手册》，印制下发给每一位管护人员，并严格按相关的规章制度进行管理和考核。

项目管理以来，深圳市广汇源环境水务有限公司对一级水源保护区管护人员共培训管护人员6 000余人次；合计发现并维护围网、告示牌等设施3 000余处；合计排查发现并上报违法占地事件30余起；累计发现并上报火情事故4起；发现并及时劝离违规进入水源保护区内的无关人员10万余人次；合计制作宣传横幅700余条，派发宣传材料约20万份，参与相关培训演练5 000余人次。一级水源保护区火情事故记录见表4－3。

表4－3　一级水源保护区火情事故记录

序号	事件名称	发生时间（年-月-日）	处理措施	造成结果	备　注
1	关于西丽水库水土保持科技示范园内山火事件	2017－04－30	立即上报水库管理单位并加强现场防护	火情除造成少量财产损失外，无人员伤亡	《关于西丽水库水库发现山火及现场抢险事件的报告》（深广水源〔2017〕－01号）
2	白石塘水库夜间起火及现场抢险事件	2017－07－01	立即上报水库管理单位并加强现场防护	火情除造成少量财产损失外，无人员伤亡	《关于白石塘水库夜间起火及现场抢险事件的报告》（深广水源〔2017〕－04号）
3	赤坳水库森林火险	2018－11－23	立即上报水库管理单位并加强现场防护	火情除造成少量财产损失外，无人员伤亡	
4	西丽水库旧物回收站火情事故	2018－04－01	立即上报水库管理单位并加强现场防护	火情除造成少量财产损失外，无人员伤亡	

3．项目意义

通过对一级水源保护区隔离围网实行全面到位的巡视检查，保障了一级水源保护区隔离围网的完整及安全；对一级水源保护区植被和土地情况的监测与管护，有效维护了一级水源保护区生态安全及土地完整。加强水源及周边环境巡查，有效保障了水库供水安全；通过对进出一级水源保护区人员管理，改善保护区治安环境，避免了人为损毁工程设施和危及工程安全等事件发生；管护队员对哨所周边环境及时维护，从源头上遏制了水源污染，改善了库区内环境；广大管护队员通过与一级水源保护区周边居民的沟通宣传，提高了民众对水源保护区重要性的认识，从而提高他们保护水资源的意识；水库溺亡事故逐年下降，水库安全运行更有保障。

深圳市一级水源保护区管理项目实施以来，水库围网等设施得到有效保护，进入水库游泳、钓鱼、毒鱼等违法事件逐年减少，水库周边群众的水环境意识和安全意识明显增强。由此可见，把市场机制、专业化管理引入一级水源保护区管理中，是市场经济新形势下的一种管理创新，充分发挥市场机制管理，把各种资源不断优化和合理配置的过程。

4. 项目实施过程关键人物

2008 年 3 月 1 日—2009 年 2 月 28 日，前期策划、申请主要由刘灼华负责，黄立军负责项目运行，樊仕宝、涂晖等协助管理。

2009 年 2 月 28 日—2017 年 12 月 31 日，雒翠指导项目运行，黄立军具体负责项目运行，邹国胜、涂晖、江锦燕等协助管理。

2009 年 2 月 28 日—2017 年 12 月 31 日，雒翠指导项目运行，黄立军具体负责项目运行，邹国胜、涂晖、江锦燕等协助管理。

2018 年 1 月 1 日至今，雒翠指导项目运行，涂晖负责项目运行，邹国胜、范楚航、谢钊燕等协助管理。

5. 项目荣誉

2010 年 7 月 6 日，深圳市财政局政府投资项目绩效情况检查组对深圳市广汇源环境水务有限公司中标承担深圳市一级水源保护区管理服务项目进行延伸检查，并给出充分肯定和高度评价。在深圳市水务系统所有抽检项目中，该项目是检查组高度评价、唯一没有提出缺点的项目。

2013 年 12 月 29 日，西丽水库管理处赠与“护水尖兵、素质过硬”锦旗，对深圳市广汇源环境水务有限公司 2013 年度西丽水库及长岭皮水库一级水源保护区管理工作给予了高度肯定及赞扬。

2018 年 1 月 17 日，西丽水库管理处颁发“护水楷模、忠于职守”锦旗，管理处领导对深圳市广汇源环境水务有限公司 2018 年度西丽水库及长岭皮水库一级水源保护区管理工作表示高度认可。

2019 年 12 月 13 日，西丽水库管理处再次授予“水保先锋、护水楷模”锦旗，并对深圳市广汇源环境水务有限公司 2019 年度西丽水库及长岭皮水库一级水源保护区管理工作进一步嘉奖与表扬。

2019 年 12 月 31 日，东部水源管理中心大鹏水源管理所赠予“精细规范管理，专业优质服务”锦旗，对深圳市广汇源环境水务有限公司 2019 年度东涌水库及洞梓水库日常维护工作、一级水源保护区保护期管理工作进行肯定及嘉奖

二、深圳市小型水库管理

1. 项目来源

2008 年 7 月 14 日，深圳市政府采购中心公开招标深圳市小型水库管理项目，通过参与竞争投标，最终由深圳市广汇源环境水务有限公司中标。

2010 年 7 月 26 日，深圳市广汇源环境水务有限公司继续中标该项目，合同期自 2010 年 8 月 1 日至 2011 年 7 月 31 日。后期经多次公开招投标及续签合同，管理服务该项目至今。

2010 年 8 月，深圳市财政委员会《关于确认深圳市一级水源保护区管理服务项目及全市小型水库管理项目为经常性服务项目的意见》（深财购函〔2010〕1288 号）将深圳市小型水库管理项目确认为经常性服务项目。

为保证项目实施连续性，使深圳市小型水库管理服务工作有序、稳定进行，根据深圳市财政委员会《关于 2010 年政府采购预算编制和采购计划执行有关事宜的通知》（深财购〔2009〕28 号）第二条第八款关于“履行职能的经常性维修维护服务项目，长期服务合同履行期限原则上一定三年，此前已进行集中采购并依公开招标结果签订了合同，经合同双方协商一致在原合同条款不变的情况下延续合同项目，可以三年为限续签合同”。

2. 项目实施情况

2008 年 7 月 1 日起，深圳市广汇源环境水务有限公司开展日常管养、巡查、观测、归档等工作。每天至少 2 次环库巡视，溢洪道及输水涵，检查坝身、溢洪道及输水涵有无明显破坏、异常迹象。检查有无无关人员在库区内游玩、钓鱼、违规占地、污染水源等情况。每天填写好水库管养日志，并整理归档，妥善保管。

2008 年 7 月 1 日起，严格按照合同要求每座水库配备 2 名专职管护人员，按照《深圳市小型水库维护管养考核标准》内容对水库进行管理。每 10～12 座水库配备一名安全管理工程师，及时发现水库安全隐患，为水库主管部门提供技术支持与咨询服务。人员进行上岗前培训，考核通过后上岗，并每年度进行不少于 3 次组织进行培训演练。

积极开展培训活动。深圳市广汇源环境水务有限公司组织专家编制小型水库管理培训教材，采取理论结合实际的方式，组织所有水库上岗人员进行水利工程管理专业知识培训工作，并取得了良好的效果。

积极配合相关部门展开工程维修和养护工作。深圳市广汇源环境水务有限公司严格要求水库护管人员随时保障交通、通信通畅，发现重大安全隐患及时向主管部门汇报，服从防汛统一指挥，配合相关部门做好工程维修和养护、水源保护、库区绿化及森林防火工作。

2012 年 6 月 1 日，平湖街道猪猡皮水库坝脚出现管涌险情，由于发现、汇报、抢险及时，未使险情扩大，保护了周边人民群众的生命财产安全。

2012 年 12 月 4 日龙岗区炳坑水库坝脚排水沟渗水发现水质变浑、水量变大等异常现象，通过两天一夜的连续观测和分析，最终判断水库运行现状是安全的，消除了大家的疑虑和担心。

2013 年 7 月 19 日，技术人员检查盐田区正坑水库时发现坝后坡排水沟有渗水问题，由于及时发现并处理，避免了一场事故的发生。

2014 年 5 月 17 日，坪山新区突降罕见暴雨，头陂水库水位急骤上升，泄洪过程发现水库溢洪道后消力池有冲毁迹象，下游埋设的 LNG 燃气管道运行安全受到威胁，该险情现场管护人员汇报及后期抢险及时，避免了险情的发生。

3. 项目意义

目前大部分水库都由当初欠缺管理甚至无人监管状况转变为如今较为规范、专业的管理，各水库面貌焕然一新；现场管护人员平时在进行检查、巡视的基础上，还进行除草、水库设施维护等方面的工作，水库设施得到了专业养护；每年汛期针对一些安全事故频发的水库找准安全隐患点，进行重点防范，并取得了明显的效果，水库溺亡事故率下降约 70%；在水库管理过程中，公司技术人员及现场管护人员及时发现水库安全隐患，违法违规施工等重点事件汇报约 70 余起，一部分问题已整治完毕，一部分正在整治，一部分正开展整治前期准备工作，为各小型水库安全运行提供了一道有力保障。

本项目对公司自身业务能力有较大提升，项目是深圳市广汇源环境水务有限公司的第一个水利工程社会化运营服务项目，为后期河道、泵站、管网、海堤等项目运维服务打下深厚基础，积累丰富经验。通过多次培训，深圳市广汇源环境水务有限公司各水库管护人员专业水平较往年有明显提升。开创深圳市乃至全国小型水库专业化、规范化、市场化管理先河。项目实施期间深圳市小水库未发生一起重大安全事件，及时发现和协助处置多起水库险情，保障了深圳市人民的生命财产安全，提升了深圳市小型水库管理水平。深圳市广汇源环境水务有限公司近10年来小型水库管理技术服务得到了经验沉淀和技术积累，提升了深圳市小型水库管理水平，并协助深圳市水务局编制了小型水库管理一系列规章制度。

4. 项目实施过程关键人物

2008年7月—2010年7月，前期策划、申请由刘灼华负责，黄立军负责项目运行，江锦燕、涂晖等协助管理。

2010年7月—2017年4月，雒翠指导项目运行，黄立军具体负责项目运行，邹国胜、涂晖、江锦燕等协助管理。

5. 项目业绩及荣誉

改善了小型水库治安环境，制止人为损毁工程设施和污染水源事件发生。如2008年奥运会召开、2009年国庆60周年、2010深圳经济特区成立30周年、2011年深圳大运会召开等安保工作高度敏感期，在各小型水库部署安排反恐工作将水库管理范围内的各种恐怖活动和治安隐患消灭在萌芽阶段。

2010年7月6日，获得深圳市财委检查高度评价。深圳市财政局政府投资项目绩效情况检查组对深圳市广汇源环境水务有限公司中标承担的深圳市小型水库管理项目进行考核并给予了充分肯定和高度评价，同时希望深圳市广汇源环境水务有限公司将深圳市小型水库管理项目打造成为深圳市所有政府投资项目中的一个亮点。

三、小型水库大坝安全监测

1. 项目背景

深圳市小型水库多为20世纪50—60年代修建的土石坝，随着深圳市经济社会的飞速发展，水库库区及下游开发迅速，水库防洪标准也随着防护对象重要程度而不断提高。由于水库建设时间较早且大多没有经过科学规划设计工作，水库大坝渗漏等情况多有发生。

2013 年 9 月 26 日，深圳市水务局下发了《深圳市水务局关于印发〈深圳市水库大坝安全管理考核暂行办法〉和〈深圳市水闸安全管理考核暂行办法〉的通知》（深水大坝〔2013〕436 号），《深圳市水库大坝安全管理考核暂行办法》指出："全市水库大坝安全管理考核内容主要包括组织管理、安全管理、运行维护三个方面。"在此背景条件下，深圳市广汇源环境水务有限公司作为深圳专业的技术单位，通过公开招投标，分别被龙华区、宝安区、光明区、罗湖区委托开展小型水库大坝安全监测工作。

2. 项目实施情况

深圳市广汇源环境水务有限公司开展大坝安全监测工作与小型水库日常管理工作有效结合在一起，水库现场管护人员及时发现问题，第一时间反馈给大坝安全监测技术人员，安全监测技术人员可第一时间赶赴现场解决问题，并指导现场水库管理人员，提升专业知识水平，更好地保障水库大坝安全。

汛期安全管理工程师检查水库情况。每年汛期深圳市广汇源环境水务有限公司安排安全管理工程师到各水库检查，主要检查水库三大建筑物运行情况，除险加固工程施工情况，查找水库存在的安全隐患。

小型水库管理培训班。公司每年组织至少 2 次（汛前、汛后）技术指导培训，技术人员每月至少一次到水库现场进行指导培训。

组织大坝安全监测专题汇报。大坝安全监测技术人员对水库大坝安全检查过程中，发现水库存在的问题，均及时进行了专项汇报。

深圳市广汇源环境水务有限公司每月对水库的渗流压力及渗流量观测资料均按照合同及相关规范要求开展专业大坝安全监测和水库渗流压力及渗流量观测，均按照相关规范要求开展专业分析，对水库大坝渗流情况进行分析论证，保障坝体运行安全。小型水库大坝安全监测项目见表 4－4。

3. 项目意义

保障了各小型水库运行安全及下游人民生命财产安全。深圳市广汇源环境水务有限公司承担本项目以来，投入了大量技术人员和水利专家参与小型水库安全巡查、隐患排查、技术指导培训等工作，保证了各水库安全运行，保障了水库下游人民生命财产安全。通过本项目的开展，深圳市广汇源环境水务有限公司培训了一大批水库管护人员，提升了专业水平。

该项目为深圳市广汇源环境水务有限公司第一个水库安全监管类项目，为深圳市广汇源环境水务有限公司水库类项目设计、运维服务等打下深厚的基础，收集到了各水库宝贵的安全监测原始资料。

4. 项目实施过程关键人物

大坝安全监测项目开展，主要由庄光钦负责技术指导，具体工作由邹国胜、曹志等完成。

表 4-4　小型水库大坝安全监测项目

序号	项 目 名 称	合同开始时间	合同结束时间
1	龙华区小型水库安全监测	2014 年 9 月	2019 年 8 月
2	宝安区小型水库大坝安全监测	2009 年 2 月	2017 年 4 月
3	光明新区水库大坝安全监测咨询服务	2015 年 1 月	2016 年 12 月
4	罗湖区小型水库大坝安全监测	2009 年 10 月	2016 年 12 月

第二节　河道管理养护

一、坪山河管养

1. 项目背景

坪山河位于深圳市坪山区，起于碧岭水与三洲田水汇合处（包含碧岭水 0.584 千米，三洲田水 0.334 千米），由西向东流经坪山街道办中心城区、大工业区，下游止于石溪河河口下游约 200 米的兔岗岭水陂，河道总长度 15.668 千米（其中干流 13.55 千米，碧岭水 0.584 千米，界河段 1.2 千米）。

2. 项目实施内容

深圳市广汇源环境水务有限公司严格按照合同规定工作内容及要求开展日常管养、巡查、保洁、绿化、资料归档等工作；对水域、陆域范围进行保洁，安排专业专职保洁人员对河道管理地区进行每日的清理、清扫工作；对河道及岸坡的绿化进行养护，保证河道绿化区域与对应片区内城市绿化标准一致，严格按照深圳市园林绿化管养规范的有关规定执行；对河道区域进行全天候巡查，按照四班三倒制降低河道区域内危险事件的发生。

积极地对河道水环境进行公益宣传活动，让更多人认识到环境保护的重要性，让大家参与其中，提高市民环保意识。

积极配合相关部门展开工程维修和养护工作。在管理期间，深圳市广汇源环境水务有限公司严格要求河道管养人员随时保障交通、通信的通畅，发现重大安全隐患及时向主管部门汇报，服从防汛统一指挥和调度，配合相关部门做好工程维修和养护以及河道绿化工作，在紧急或异常情况出现时，采取适当措施避免损失发生和扩大。

2015 年 7 月 24 日，深圳市出现持续暴雨过程，坪山新区日累计降雨量 102 毫米强降雨期间，深圳市广汇源环境水务有限公司对河道重点地段加强巡查，存在安全隐患的河段做好安全防护措施及时了解最新气象信息，通过微信等通讯设备实时将河道现场情况上报市、区水务主管部门。暴雨预警取消后，对现场情况进行排查汇报，及时安排人员开展保洁工作。7 月 25 日河道水位基本恢复正常，现场无明显安全隐患。

2015 年 10 月 3 日至 5 日，第 22 号台风“彩虹”将对深圳市带来台风及暴雨天气，在深圳市气象局发布相关预警信号后，深圳市广汇源环境水务有限公司随即安排人员对全河道进行排查，对各下河楼梯、下河车道进行检查、封闭，劝离现场游玩市民。降雨过后对河道进行全面排查，经统计，本次降雨除造成树木倾倒 8 棵外，未对其他河道设施造成损坏。

3. 项目意义

该项目为深圳市广汇源环境水务有限公司以后的管养工作提供了丰富的河道管理及养护经验，广汇源环境水务管养人员素质也得到了较大提升，提高了养护人员专业技能。服务质量得到业主方面的肯定，为深圳市广汇源环境水务有限公司在水利工程社会化运营服务项目中得到了更高知名度，带来了更高的经济效益。

4. 项目实施过程关键人物

项目经理邓平，现场负责人江锦燕，主要参与人员陈伟锋、廖春燕、王可夫、李通、丁波。

5. 项目业绩

河道形象发生较大改观。项目开展以来，深圳市广汇源环境水务有限公司按照合同要求安排大量保洁人员每日对河道及河道周边区域进行垃圾清理和清扫，保证了河道及河道周边区域的整洁，既给深圳市民带来了更好的休闲娱乐环境，也保护了自然环境。

减少溺亡和其他危险事件发生。项目开展以来，深圳市广汇源环境水务有限公司组织现场巡查安保人员 24 小时不间断对河道区域进行巡查，未发生溺水事件。巡查人员还对现场设施进行排查，修补，对存在安全隐患的事件及时处理上报，大大降低了危险事情的发生。

对水质进行监测，掌握河道水质情况。项目开展以来，深圳市广汇源环境水务有限公司定期对河道断面、支流口进行水质取样并进行试验检测，对超标区域进行分析排查，找到水质超标原因，对一些违规偷排现象及时制止并上报执法部门，保证水体质量。

河道设施得到较好维护。项目开展以来，深圳市广汇源环境水务有限公司对坪山河干流现有 2 座橡胶坝进行养护，巡查安保人员每天至少一次巡视橡胶坝坝袋及机电设备，确保橡胶坝能否正常发挥功能。

提高了居民生活质量，服务城市休闲需求。坪山河管养所涉及的河道均匀分布在市区，河道与城市道路、公园紧密相连，也是深圳市居民锻炼、休闲的场所，坪山河平时的管理与养护对居民的生活质量，休闲娱乐起到至关重要的作用。

保障了坪山区河道及周边地区安全。深圳市广汇源环境水务有限公司承担坪山河干流管理与养护项目以来，投入了大量技术人员和水利专家参与河流流域、橡胶坝及周边附属设备的技术服务、专业巡查排查隐患等工作，对坪山河干流防洪、水质等方面提供了专业保障，对橡胶坝以及附属设施提供了专业维护。

二、龙岗河干流河道管养Ⅱ标段（2010）

1. 项目背景

龙岗河防洪标准已达到洪水重现期百年一遇，龙岗区洪水肆虐灾害已基本得到解除。但是长期以来，防洪工程重建轻管，致使龙岗河淤积严重，杂草丛生，垃圾随处可见，环境日益恶化。2010 年，龙岗区政府为提升市容环境，创建和谐龙岗，在有限财政中抽出一笔资金用于河道管养。全区各街道共同行动，以政府集中采购服务形式，招请一定数量管理单位，对龙岗河干流、布吉河、坂田河以及各街道的一些主要河流实施河道管养服务，深圳市广汇源环境水务有限公司通过竞标并成功中标该项目。龙岗河干流河道管养项目共分 3 个标段，本项目为第Ⅱ标段。

2. 项目实施情况

为保障龙岗河干流管养项目顺利实施，深圳市广汇源环境水务有限公司成立了河道管理中心，负责全面管理、协调和技术支持工作。通过人员配置，最终组建一支河道管理队伍，保障全区河道安全运行。

设备购置。新增采购压缩式垃圾车 1 台，管理车辆 2 台，割草机 8 台，冲锋舟 1 首，测量 TS09 全站仪 1 台。

河道巡查。巡查人员在巡查时快速及时地掌握河道设施的整洁和完好状况，做到实事求是，一周一报。遇重大活动及节假日，加强巡查，配合河道监管部门做好保障工作并做好记录。遇防汛、防台风等紧急状况，加强巡查并第一时间掌握防汛隐患，做好记录及时上报。

水域保洁。每天定时巡回保洁，做到河面清洁，无垃圾。雨后或台风后须立刻赶到河道，将所有水面漂浮物及附着在水生植物上的垃圾 24 小时内清理干净。河道内水生植物适度修剪，保持整形符合造景要求及行洪要求。

陆域保洁。每天定期巡回保洁，做到草坪、护坡、巡河道、河道设施等地方无生活垃圾或杂物，做到各类垃圾、杂物当日清扫当日清运，不过夜、不焚烧并及时清运至指定收集点，垃圾收集容器（池）或设备采用封闭方式。

建立河道档案资料。根据深圳市蓝线规划文本划定的河道管理范围线，深圳市广汇源环境水务有限公司对现状进行摸底调查，将河道管理范围内建筑进行统计、分类，建立河道档案资料，交付甲方存档。

3. 项目意义

该项目是深圳市广汇源环境水务有限公司首次参与竞标并承接全市

"五大干流"之一河流的管养项目，在广汇源环境水务有限公司河道管养项目中具有里程碑意义，为公司在管养方面业务开疆拓土，推动深圳市河道管养进程打下坚实的基础，并为之后的坪山河干流、观澜河干流管养等项目打下基础。

本项目承接以后，为深圳市广汇源环境水务有限公司河道管养项目培养了一批专业知识扎实、业务能力突出的管理技术人才，作为河道管养项目的中坚力量。

4. 项目实施过程关键人物

项目经理邓平，现场负责人江锦燕，主要参与人员陈伟锋、廖春燕、王可夫。

5. 项目业绩

通过对龙岗河干流进行管养，本项目取得了显著成效：①河道内的垃圾能够及时清理，卫生情况明显改善；②及时制止违法、违章等行为发生，及时掌握河道设施状况；③两岸生态环境及绿化景观明显提升，群众游玩频次增加；④河道周边群众的水环境意识和安全意识明显增强；⑤汛期期间，及时发现险情，并第一时间做好防护措施；⑥系统地收集、整理龙岗河干流的基础资料。

三、观澜河管养

1. 项目背景

观澜河干流起源于民治河及坂田河汇合口，止于深圳与东莞交接企坪断面，河道总长约14.19千米。河床宽窄不一，开阔处约80米，狭窄处如企坪村附近仅20～30米，根据河道堤防高度情况确定观澜河干流堤防维修养护等级划分为3级（Ⅰ类）工程。近年来，观澜河流域河道水质污染严重，干支流经过城区河段全部受到污染，河道水质全面恶化，各条支流成为污水沟。干流水体发黑发臭，透明度低，已严重威胁到深圳城市生态的平衡，与建设国际性花园城市形象差距较远，对深圳市的水环境进行综合治理已刻不容缓。

2. 项目实施过程

2011年4月2日，深圳市政府采购中心公开招标河道管理项目。深圳市广汇源环境水务有限公司通过参与竞争投标最终中标承担了观澜河干流管养（2011 年度）管理服务项目。

2011 年 4 月 2 日，观澜河干流管养项目举行了开工仪式。深圳市宝安区水务局河道管理所林伟生作重要讲话，对监理单位及管养单位提出要求，并指导了今后工作的开展。

2013 年 4 月 2 日，深圳市广汇源环境水务有限公司继续中标该项目，合同期自 2013 年 4 月 2 日至 2014 年 4 月 1 日。后期通过公开招投标及续签合同，管理服务该项目至 2019 年 5 月 14 日。

2011 年 4 月 2 日，深圳市政府采购中心公开招标河道管理项目。深圳市广汇源环境水务有限公司通过参与竞争投标最终中标承担了观澜河干流管养（2011 年度）管理服务项目。

2013 年 4 月 2 日，深圳市广汇源环境水务有限公司继续中标该项目，合同期自 2013 年 4 月 2 日至 2014 年 4 月 1 日。后期通过公开招投标及续签合同，管理服务该项目至 2019 年 5 月 14 日。

水域保洁。河道每天至少彻底打捞一次，确保没有明显的漂浮垃圾和动物尸体。同时及时集中打捞河道漂浮垃圾拦截设施内聚集的废弃物或水生植物，做到当日垃圾当日清除。

绿化养护工作：①绿化植物年保存率达到 95%以上，无坑洼积水，无裸露地面；②对裸露地面要及时进行补植；③及时做好病虫害的防治工作，以防为主，采取综合防治、化学防治、物理人工防治和生物防治等方法防治病虫害蔓延和影响植物生长；④控制植物高度在 30 厘米以内，使其呈现自然景观效果；⑤定期对外来入侵物种如薇甘菊、五爪金龙、空心莲子草、飞机草、强势物种如蟛蜞菊等以及生长季节枯黄败落的植被等进行拔除清理，以保证河道的行洪和景观效果；⑥河道行洪后，按要求将附着在草皮上的淤泥冲洗干净，以保证景观效果。

巡查安保人员主要承担管理范围内各设施的巡视、检查工作并做好记录，发现问题及时报告处理，对违法违章行为和不文明现象劝阻。巡查过程中遇到违法违规事件或突发事件，立即报告河道管养专职巡管人员，并对事件予以初步处理。

除草、“四害”消杀及白蚁防治：①定期对河床进行巡回除草；②除四害工作每月不得少于1次；③白蚁防治白蚁消杀每季度不得少于1次。河道堤防、树木、房屋不得出现白蚁活动痕迹。

组建了专业管理团队。安排具有水利专业高级工程师且具有丰富河道管养工作经验、职称高、资历长的高级工程师担任项目负责人，并配备项目管理班子和专业养护技术人员，组成一支专业技术配套齐全，满足管养要求的技术队伍。

资料归档保存。对管养工作周报、工作月报、河道管养日志、违法（违规）事件登记表、河道突发事件登记表、巡查签到表及专项汇报文件、周会议纪要、月会议纪要、季度会议纪要等资料等定期进行整理归档。

加强人员培训，提高技术理论水平和专业技能，增强技术创新、技术改造能力。加强项目部操作人员的技术等级培训，不断提升操作人员的业务水平和操作技能，增强严格履行岗位职责的能力。

3. 项目意义

该项目是深圳市广汇源环境水务有限公司的河道管养水利工程社会化运营服务项目，为公司后期河道、泵站、管网、海堤等项目运维服务打下深厚的基础，积累了丰富经验。管养人员素质有所提升。深圳市广汇源环境水务有限公司采取聘请专家集中授课以及现场实际操作讲解的方式对管养人员进行培训，通过多次培训，公司各河道管养人员专业水平较往年有明显提升。

4. 项目实施过程关键人物

观澜河干流管养项目负责人邓平，主要参与人员有关旭、曾振雄、樊剑、刘威、刘少云、叶桂良、石焕金、廖丽云、戴小霞等。

5. 项目业绩

通过近年来管养工作，河道内的垃圾得到及时清理，偷排等违法行为得到严查，河道水质得到明显改善，两岸环境卫生及绿化景观明显提升，河道周边群众的水环境意识和安全意识明显增强，汛期期间，发现险情第一时间做好防护措施。经过近年的养护，观澜河主要河段水清岸绿，给沿河居民提供了一处游玩散步的好地方。

四、龙华区河道管养

1. 项目背景

随着深圳市龙华新区成立，新区工业化、城市化进程不断深入，观澜河干流已实施管养，但观澜河支流治理和养护始终处于滞后状态，无人管养。支流河道卫生环境每况愈下，河道及两岸杂草丛生，垃圾遍地，河道不断淤塞，生活污水和工业废水直排入河，导致水体发黑发臭，水质下降。各河道内及其周边的植物生态系统遭到严重破坏，严重影响了城市整体形象，影响居民憩息环境。

2013 年 7 月 1 日，深圳市广汇源环境水务有限公司通过参与竞争投标最终中标承担了龙华新区境内观澜河支流丹坑水、大布巷水、樟坑径河、横坑水、白花河、大水坑水、牛湖水、君子布河 8 条河道管养服务工作，后期管理服务至 2018 年 6 月 30 日。

2. 项目实施内容

河道安全宣传。在期假临近时，深圳市广汇源环境水务有限公司组织人员在河道的周边学校、社区等河道重点段派发宣传单。通过河道安全宣传活动，提醒广大家长应增强监护人责任意识，加强对未成年人的防溺水教育。

河道安全隐患排查。深圳市广汇源环境水务有限公司每周对管辖河道进行安全隐患排查，对各安全隐患点做好有效围挡与警示，对新增的、正在整治和已整治完成的各类安全隐患点情况及时汇总更新，并对安全隐患点建立档案资料。

积极开展培训活动。管养期间，针对河道管养要求深圳市广汇源环境水务有限公司启用具有上岗证和河道现场管护经验的护管人员，采取以老带新，新老结合方式，并对老员工进行继续培训、教育，对新上岗人员进行上岗培训，加强教育，经考试合格取得岗位资格证书后，持证上岗，并报水行政主管部门备案。

3. 项目意义

自项目开展以来，河道形象发生较大变化，河道两岸杂草丛生、垃圾遍地的情况得到明显的改善。并取得了明显工作成效，河道内垃圾及时清理，绿化带杂草及时修剪。及时疏通清理河道淤塞处，严查偷排等违法行为，使河道水质得到明显改善。周边居民河道水环境保护意识和安全意识明显增强。河道淤塞、水体发黑发臭的现象明显好转，提升了沿河两岸的人居环境。

4. 项目实施过程关键人物

2013 年 7 月至 2018 年 6 月合同履行期间，管养项目分管领导关旭，部门负责人曾振雄，项目负责人叶桂良、罗萍丽，主要参与人员刘少云。

第三节　泵站运行管理

一、公明片区排涝工程运行维护管理

1. 项目来源

2011 年 12 月 28 日，深圳市政府采购中心公开招标公明片区排涝工程运行维护管理。深圳市广汇源环境水务有限公司通过参与竞争投标，最终中标承担了该项目，合同期自 2012 年 4 月 1 日至 2015 年 3 月 31 日。2015 年 3 月 15 日，深圳市广汇源环境水务有限公司继续中标该项目，合同期自 2015 年 4 月 1 日至 2018 年 3 月 31 日。后期通过续签合同，管理服务该项目至 2018 年 9 月 30 日。

2. 项目实施内容

深圳市广汇源环境水务有限公司严格按照合同规定，对各泵站水闸技术开展日常管养、运行维护、巡查、归档等工作。购置各泵站水闸点相应工具，根据运行管理和防洪预案要求，制定相应的运行管理制度。对设备进行日养护、月养护、年养护、故障维修等定期维护保养、定期试验。同时，做好绿化管养、卫生管理等工作。

积极开展培训活动。严格落实安全生产主体责任制，时刻把安全生产放在第一位，建立了泵站管理规章制度、泵站应急预案及安全操作规程等，并将相关安全操作规范及安全生产制度挂墙明示，并要求每位员工将安全

生产落实到实处。并定期组织安全教育培训，提高员工的安全作业技能和安全意识。

保障泵站安全运行。每月定期对高低压配电房、厂房、生活区等用电安全和消防安全进行检查并对存在安全隐患及时整改。每月组织安保人员和技术人员进行安全生产技能培训。

公明三大泵站2012年共开机抽排7 053分钟，总抽排量2 650 250立方米，2013年共开机抽排8 746分钟，总抽排量3 311 752立方米，2014年共开机抽排9 395分钟，总抽排量3 538 053立方米，2015年共开机抽排5 659分钟，总抽排量2 130 012立方米，2016年共开机抽排9 770分钟，总抽排量3 705 834立方米，2017年共开机抽排2 607分钟，总抽排量988 892立方米，2018年共开机抽排10 672分钟，总抽排量4 024 470立方米。在深圳市光明新区环境保护和水务局、深圳市光明新区环境保护和水务局治水提质中心，以及全体运维人员共同努力下，公明三大泵站圆满完成了抽排任务。

2018年8月29日至30日暴雨预警期间，三大泵站总共投入运行12台机组，共运行7 577分钟，总抽排量2 848 052立方米，清理垃圾约55立方米，泵站服务范围内未出现内涝现象。

2018年9月16日，2018年第22号台风“山竹”近距离影响深圳市，加大对各排洪渠、出水口、进水口、闸门及前池等的巡查力度。台风影响期间，三大泵站总共投入运行11台机组，共运行2 209分钟，总抽排量829 211立方米，清理垃圾约57立方米，泵站服务范围内未出现积水内涝现象。

3. 项目意义

公明三大泵站都由当初的欠缺管理甚至无人监管的状况转变为如今规范化、专业化的管理，各泵站水闸面貌焕然一新；为确保泵站所有机电设备能安全可靠地运行，运维管理人员定期对设备进行维护、维修、保养，确保设备随时能正常运行；公明片区排涝工程运行维护管理项目管养期间内，泵站服务范围内多次遭受台风暴雨袭击。泵站服务范围内未出现积水内涝现象，保障了片区人民群众的人身和财产安全。

该项目为深圳市广汇源环境水务有限公司后期接管沙井排涝泵站项目

运维服务打下了基础，积累了丰富经验。深圳市广汇源环境水务有限公司不断创新丰富安全评价方法和资料，建立了全员、全方位、全过程的科学安全评价机制，把基础管理、安全文化建设、教育培训、创新管理、危险源辨识、预知预控等使全体工作人员的安全管理水平得到了明显提升。

4. 项目实施过程关键人物

项目经理邓平，现场负责人张庆全，主要参与人员蒋伟、龙福荣、陈誉、彭玉萍。

5. 项目业绩和荣誉

泵站形象发生较大变化。公明三大泵站都由当初的欠缺管理甚至无人监管的状况转变为如今规范化、专业化的管理，各泵站水闸面貌焕然一新。

在服务范围内出现险情时发挥重大作用，维护了服务范围内人民群众的人身和财产安全。公明片区排涝工程运行维护管理项目管养期间内，泵站服务范围内多次遭受台风暴雨袭击。深圳市广汇源环境水务有限公司严格按照调度方案及上级指示进行防洪排涝。

公明三大泵站在深圳市广汇源环境水务有限公司管养期间经受住了多次台风和多次暴雨袭击，公明三大泵站始终保持安全、高效地运行，圆满完成了防洪排涝任务。确保泵站服务范围内未出现积水内涝现象，充分发挥公明三大泵站防洪排涝的社会意义和经济效益，保障了泵站服务范围内人民群众的人身和财产安全。

获得深圳市光明新区环境保护和水务局高度评价。2012 年 4 月 1 日项目管理以来，深圳市光明新区环境保护和水务局、深圳市光明新区环境保护和水务局治水提质中心多次到公明三大泵站检查、指导工作并对深圳市广汇源环境水务有限公司各泵站水闸管理工作给予充分肯定和高度评价。

二、沙井河口泵站枢纽工程及潭头水闸运维

1. 项目来源

2017 年 7 月 10 日，深圳市政府采购中心公开招标沙井河口泵站枢纽工程及潭头水闸运维项目。深圳市广汇源环境水务有限公司通过参与竞争投标，最终中标承担了沙井河口泵站枢纽工程及潭头水闸运维项目，合同期

自2017年8月1日至2020年7月31日。后期通过两次续签合同，管理服务该项目至今。

2. 项目实施情况

深圳市广汇源环境水务有限公司对沙井河口泵站、沙井河口水闸及潭头水闸开展日常管养、运行维护、巡查、归档等工作；对沙井河口泵站枢纽及潭头水闸运维项目运行方案进行调度。深圳气象台发布黄色暴雨或黄色台风信号后项目部负责人全天候在岗，发布橙色暴雨或橙色台风及以上等级信号后，深圳市广汇源环境水务有限公司项目部全体人员全天候在岗，随时接受业主运行调度，严格按照合同要求购置各泵站、水闸点相应的备品备件及工具。

深圳市广汇源环境水务有限公司制定相应运行管理制度，并按要求认真填写设备操作票、设备工作票、设备运行记录表、设备维修记录表及备件进出库登记表等。对设备进行日养护、月养护、年养护、故障维修等定期维护保养、定期试验。同时，做好绿化管养、卫生管理等工作。

积极开展培训活动。深圳市广汇源环境水务有限公司建立了泵站管理规章制度、泵站应急预案及安全操作规程等，并要求每位员工将安全生产落实到实处。配置了专职安全工程师，指导安全生产工作并定期组织安全教育培训，提高员工的安全作业技能和安全意识。

发现安全隐患并及时处理。在泵站管理过程中，深圳市广汇源环境水务有限公司技术人员及现场运维管理人员定期对各泵站水闸开展安全隐患排查。深圳市广汇源环境水务有限公司为沙井排涝泵站运维管养工作配备了9名各专业的高级工程师组成的专家检修班，定期对泵站所有机电设备、水工建筑物与机电金结设备的检修工作进行协助检查，严格把关，为各泵站水闸安全运行提供了一道有力保障。

创建三维可视化管理平台。深圳市广汇源环境水务有限公司通过搭建沙井排涝泵站三维可视化管理平台，充分发挥BIM技术在工程项目全生命周期管理的优势，尤其是运行维护管理方面的优势。利用物联网、云计算、大数据、GIS、BIM等关键技术，建设多维信息服务、多元、立体监测系统。

3. 项目意义

深圳市广汇源环境水务有限公司不断创新丰富安全评价的方法和资料，建立了全员、全方位、全过程的科学安全评价机制，把基础管理、安全文化建设、教育培训、创新管理、危险源辨识、预知预控等使全体工作人员的安全管理水平得到了明显提升。

4. 项目实施过程关键人物

项目经理邓平、张宏滨，现场负责人张庆全，主要参与人员蒋伟、詹达美、龙福荣、陈誉、彭玉萍、阳秀春、龚艳光、田守成、颜寅杰、孙光逊、邓水海、龚玉锋。

5. 项目业绩

泵站形象发生较大变化。沙井河口泵站、沙井河口水闸及潭头水闸均由当初的欠缺管理甚至无人监管的状况转变为如今规范化、专业化的管理，各泵站水闸面貌焕然一新。

在服务范围内出现险情时发挥重大作用，维护了服务范围内的人民群众的人身和财产安全。在深圳市广汇源环境水务有限公司各高工组成专家技术组的调配下，全体运维人员共同努力下，沙井排涝泵站圆满完成了抽排任务，泵站服务范围内未出现积水内涝现象，保障了片区人民群众的人身和财产安全。

三、龙清泵站运行维护

1. 项目来源

2017 年 11 月 29 日，深圳市政府采购中心公开招标龙清泵站运行维护项目，由深圳市广汇源环境水务有限公司通过参与竞争投标，最终中标承担了龙清泵站运行维护服务项目。合同签订之日起一年，2018 年 1 月 1 日至 2018 年 12 月 31 日止。通过续签，龙清泵站 2019 年度运行维护服务项目继续由深圳市广汇源环境水务有限公司管养。

2. 项目实施内容

日常运行管理工作。泵站管养的日常运行管理包括：值班管理、环境卫生、四害消杀、绿化养护及日常运行。

维护检查对象及内容包括：①各建筑物外观是否完好，有无出现裂缝、剥落现象；②生产和生活区是否保持清洁；③泵站、红线范围内是否被侵占，绿地、道路是否受破坏，有无乱停乱放等现象；④各种标志牌是否有损坏或丢失；⑤绿化养护按深圳园林绿化管养规范二级标准执行。

定期检修。根据泵站设备情况按标准要求编制年度检修计划并上报甲方，对设备进行定期检修保养、定期试验。

日常巡查。对工程范围内的建筑物、金属结构、机电设备及监控系统等进行经常的巡视检查。每天检查1次，包括建筑物、泵站金属结构、机电设备及监控系统等并做好检查记录，形成运行日志。

设备试运行记录管理。泵站投入运行前，详细记录购入时间、制造厂家以及各主要工作参数。每月对设备进行试运行，并根据实际情况记录设备开机、停机时间，运转情况，电力消耗，设备检修保养情况等。

3. 项目意义

龙清泵站属于中型泵站，机电设备较多，运行维护尤为复杂，通过两年的管养经验积累，深圳市广汇源环境水务有限公司该项目管理人员及运维人员的专业技术上都有了很大提升，特别是在机电设备维护方面，了解并学会了更多设备维护及管理方法，对以后接管类似的泵站或管线管养项目起到重要启发作用。

自进场管养至今，龙清泵站运行维护服务项目在深圳市广汇源环境水务有限公司专业化、规范化管养下，得到业主一致认可，为公司树立了良好形象，积累了泵站管养丰富经验。

4. 项目实施过程关键人物

项目前期策划由曾振雄和刘威负责，在项目负责人曾振雄的带领下有序开展。

5. 项目业绩及荣誉

深圳市广汇源环境水务有限公司承担本项目运行维护管养工作，基本上达到了龙清泵站运行维护目的，并对其他相关设备和设施进行维护管理。建立合格的技术管理制度、岗位责任制度、安全操作制度、保养检修制度、运行交接班制度、技术档案和运行日志制度，有效减少设备在正式投入使用时异常状况的发生，延长设备寿命，通水运行得到充分的保障。

龙清泵站在深圳市广汇源环境水务有限公司未管养前一直处于停电状态，自进场管养后立即申请对站内设备恢复供电。由于清林径水库还处于建设阶段，其他水利设施也急需在龙清取电运行。2018 年 11 月 11 日，由于隧洞取水口闸门需要在龙清泵站取电，增设 100 千伏变压器，给隧洞取水口闸门供电，为后来东清泵站通水起到重要作用。

2019 年 12 月 20 日下午深圳市东部水源管理中心领导亲临龙清泵站现场进行考核，现场召开龙清泵站运行维护项目 2019 年度验收会议，会议上业主对广汇源环境水务有限公司的现场管养情况给以肯定，切实达到了龙清泵站运行维护目的，机电设备得到较好的维护，现场管理井井有条，对泵站正式投入运行起到重要作用。

第四节　其他管养维护类项目

一、深圳市东部海堤重建工程管养

1. 项目背景

东部海堤重建工程项目由深圳市水务局组织建设，深圳市广汇源环境水务有限公司参与该工程前期设计，其中一期项目（官湖海堤西段、六月海堤、月亮湾海堤）于 2014 年竣工，二期项目（鹏城海堤）于 2019 年完工。为做好建设和管理的衔接，东部海堤重建工程管养项目（2015 年度）由深圳市水务局负责实施，深圳市广汇源环境水务有限公司通过参与竞争投标，最终中标承担了东部海堤重建工程管养项目。

2. 项目实施情况

项目实施期间，面对 2016 年 8 月 2 日的台风“妮妲”，2017 年 8 月 23 日的台风“天鸽”，2018 年 9 月 17 日，台风“山竹”等 5 次超强台风，深圳市广汇源环境水务有限公司项目部密切关注市气象局发布的台风预警及暴雨预警，在接到指挥部要求立即启动应急响应机制。通过提前预防、加强巡查、协调组织应急处置等措施，最大限度地降低因台风暴雨袭击而带来的各种损失。

深圳市东部海堤管养（2016 年度）项目运行以来，深圳市广汇源环境水务有限公司均严格按照合同要求完成各项工作，认真接受各级主管部门检查，并积极配合各级水务部门开展相关工作。2017 年至 2018 年，连续两年获得管养工作评定“优良”。

3. 项目意义

东部海堤管养项目实施以来，保护了海堤堤防工程及防护区的安全，防止了灾害的发生，提高了水利工程的生态效益。通过管养充分发挥了工程综合效益，特别是东部海堤作为深圳大鹏生态旅游发展的重要窗口，实施科学化管养带动了旅游业及地方经济的发展，满足了国计民生需要。

树立深圳市海堤专业化管养标杆。海堤管养工作水平有所提升，通过多年的海堤管养工作，处置了多起海堤违规事件、工程抢险等事件，积累了丰富管养经验，摸索出了更专业、更规范、更标准的管养技术，培养了一批专业的管理团队和管养人员，为深圳市广汇源环境水务有限公司提升了管理人才和队伍，对后续管养服务运维项目打下坚实基础。

4. 项目实施过程关键人物

该项目自 2015 年以来，陈伟强一直参与其中，经历了从立项、投标、实施、竣工、结算审计等一系列工作，为项目发展做出了重要贡献。

东部海堤管养 2019 年度项目投标过程中，田守成提供了宝贵技术支持，曾多次召开投标工作会议，讨论标书编写方面存在问题、重点难点编写内容等，为顺利中标做出重要贡献。

5. 项目业绩

海堤景观发生较大变化。东部海堤重建工程经过深圳市广汇源环境水务有限公司近四年的市场化运营管理，东部海堤重建工程整体景观面貌取得了巨大的变化，海堤卫生状况得到了极大的改善、改变了海堤“脏、乱、差”现象，有效地控制了环境污染等问题，整体景观面貌得到了提升。

海堤堤防工程及附属设施得到较好的维护。现场管护人员平时在进行检查、巡视的基础上及时发现海堤堤防工程、附属设施等存在的问题及隐患情况，并进行管养维护，保障了海堤堤防工程的安全运行，海堤得到了专业的养护。

海堤违法违规事件及时发现、及时制止、及时上报、及时处置。在海堤管理过程中，每年深圳市广汇源环境水务有限公司组织工程技术人员对海堤堤防工程检查300余人次，为各海堤堤防工程安全运行提供了一道有力保障。

维护海堤公共秩序和治安环境。通过委托专业管理服务公司管理，改善了东部海堤的治安环境，制止了违建、偷排等事件的发生。

提升了海堤旅游效益。海堤管养工作对构建稳固的城区安全体系和打造生态之区具有非常重要的作用，海堤管养工作需全面化、规范化、体系化。

保障了海堤堤防工程的运行安全及人民生命财产安全。投入了大量的技术人员和水利专家参与海堤管养的技术服务，及时发现和协助处置了多起海堤堤防险情，保障了全市人民的生命财产安全。

二、观澜河及龙华河调蓄池运行维护

1. 项目来源

2015年5月14日，深圳市政府采购中心公开招标，通过参与竞争投标，最终由深圳市广汇源环境水务有限公司中标承担了深圳市观澜河及龙华河干流污染治理工程调蓄池运行维护项目。

2018年5月15日，深圳市广汇源环境水务有限公司继续中标该项目，合同期自2018年5月14日至2019年5月14日。本年度为第一次续签合同，合同期自2019年5月14日至2020年5月14日，合同结束后仍需续签1年。

2. 项目实施内容

主体结构维护检修。定期对调蓄池的下池道路、池内照明设施、通风采光口等进行了维护检修，排除故障。

设备设施日常管养。深圳市广汇源环境水务有限公司全面了解并掌握两座调蓄池所包含的设备设施运行操作原理，做好调蓄池设备设施的运行操作及日常管养维护工作，确保调蓄池正常运行。

池底清淤。选择在调蓄池旱季不运行时，采用推土设备、淤泥运输车等通过下池检修通道外运机械清淤方式进行了清理。

资料整理。深圳市广汇源环境水务有限公司按管理要求填写工作日志、巡逻检查签到表、编写周报、月报等资料并建档保存。

工作培训。深圳市广汇源环境水务有限公司项目部定期组织现场技术人员开展安全生产及技能培训和有限空间作业专题培训及演练。

公益宣传。深圳市广汇源环境水务有限公司工作人员定期通过宣传册、横幅、海报等形式对观澜及龙华河调蓄池周边的学校、社区开展公益宣传活动。

3. 项目意义

调蓄池运行管理国内外尚无成熟经验可借鉴，经过近几年调蓄池管养，深圳市广汇源环境水务有限公司积累了丰富经验，为公司后期相关项目运维服务打下深厚基础。

深圳市广汇源环境水务有限公司采取聘请专家集中授课以及现场实际操作讲解的方式对管护人员进行培训。通过多次培训，取得了比较好的效果，管养人员专业水平较往年有明显提升。

4. 项目实施过程关键人物

观澜及龙华河调蓄池运行维护项目由关旭负责，部门负责人曾振雄，项目负责人刘威，主要参与人员有库玉女、古国文、石焕金等。

5. 项目业绩

通过近几年来的日常管养工作，调蓄池垃圾得到了及时清理，调蓄池各设备设施维护管养为后续正常运行提供了重要保障，场区内环境卫生及绿化得到提升，安全事故和相关设施被盗事件发生率大大降低，为调蓄池发挥最大限度功能做出重要贡献。调蓄池良好的管养最大限度发挥了建设工程功能，为观澜河流域削减污染负荷做出重要贡献，建立健全调蓄池管养新机制，制定了管养标准、细则、考核办法等，形成了较为系统的管理考核体系。

观澜及龙华河调蓄池在管养中不但按合同要求对初期（小雨）雨水进行收集，还配合观澜河流域的整体调度，避免污水溢流，保证了观澜河流域水质的达标，龙华区直接受益人口约140.86万人。

三、大鹏新区社区城中村（大鹏、南澳）排水管网运营

1. 项目来源

2015年12月4日，深圳市大鹏新区公共资源交易中心公开招标大鹏新区社区城中村（城中村）排水管网运营项目。深圳市广汇源环境水务有限公司通过参与竞争投标，最终中标承担了大鹏新区社区城中村（大鹏、南澳）排水管网运营项目，合同期为2016年1月1日至2016年12月31日。后期通过两次续签合同，管理服务该项目至2018年12月31日。

2. 项目实施情况

2016年5月26日，南澳办事处新大社区龙仔坡山塘出现险情，深圳市广汇源环境水务有限公司接到消息后立即安排工作人员赴现场参与抢险，由于抢险及时，龙仔坡险情得到很快控制，保护了周边人民群众的生命财产安全。

2017年1月17日，深圳市广汇源环境水务有限公司工作人员排查南澳办事处南隆片区污水截流情况时发现污水井存在井座下陷的情况，立即做好围挡、警示牌、警示灯等措施并立即安排应急处理，消除了安全隐患，保障了周边居民人身安全。

2017年9月4日，大鹏办事处石角头街、岭吓新村等多处地方出现积水、内涝情况，公司立即出动抢险队伍及抽水设备等前往现场抢险应急，经过全体员工的努力，在半个小时内迅速排除积水，保障了周边居民的财产安全。

深圳市广汇源环境水务有限公司对大鹏新区社区城中村（大鹏、南澳）排水管网运营项目配齐相应专业及职称等级的技术人员。建立运行管理台账，并做好原始记录和统计报表的上报、内容准确、完整、真实。

建立起完善的投诉处理机制，及时处理委托运营服务地域范围内与排水设施运营有关的公众投诉。向社会公布接受公众投诉的电话，并设专人负责接听、记录与跟进处理，并做好相关记录。

3. 项目意义

学习到先进管养经验且积累了深厚基础。三年排水管网运营，城中村

排水管网吸取、学习同行及上级主管部门等先进管养经验，积累了大量的排水管网管养知识，同时为深圳市广汇源环境水务有限公司后期的相关运维业务工作打下深厚的基础，积累了丰富的经验。

管养工作人员素质有所提升，服务水平更上一个台阶。采取聘请专家集中授课以及现场实际操作讲解的方式对管养工作人员进行培训。通过多次培训，取得了较好效果，目前深圳市广汇源环境水务有限公司排水管网工作人员、技术人员专业水平较往年有明显提升。

4．项目实施过程关键人物

分管副总工程师邓平，项目负责人陈伟强，主要参与人员：严端鑫、江锦燕、李宇文、廖春燕、邱文康、裴航、丁波、朱晓文、胡文添、管世满。

5．项目业绩

保障了大鹏新区排水管网及人民生命财产安全。项目运营以来，投入了大量技术人员和水利专家参与技术服务、隐患排查、应急抢险等工作，城中村（大鹏、南澳）排水管网未发生一起重大安全事件，及时发现和协助处置了多起排水管网的险情，保障了大鹏新区人民的生命财产安全。

排水管网设施得到较好维护。深圳市广汇源环境水务有限公司现场排水工作人员通过加强检查、巡视，发现问题及时上报处理，排水管网得到及时较好的专业的养护。排水管网事故逐年下降，排水管网安全运行更有保障。

获得新区、办事处的认可和高度评价。深圳市广汇源环境水务有限公司承担大鹏新区社区城中村（大鹏、南澳）排水管网运营项目以来，积极配合新区水务主管部门及办事处农林水务管理中心协助处理各项排水事件，得到充分肯定和高度评价。

四、龙岗河干流综合治理二期工程湿地公园及水质改善工程管养

1．项目来源

2018 年 7 月，经深圳市政府采购中心公开招标，由深圳市广汇源环境水务有限公司中标，负责对龙岗河干流综合治理二期工程湿地公园及水质

改善工程进行管养。2018 年合同到期后，深圳市广汇源环境水务有限公司再次连续中标本项目，一直管理至今。

2. 项目实施内容

修复山坡裸露问题，对红火蚁及四害进行消杀。针对公园内临水防护设施及警示标识不足问题，及时投入人力物力整治园内安全隐患。及时投入人力物力大力整治水生植物池，保证了出水水质达标。

对湿地和加压泵站及配套管线进行安保巡查、水域陆域保洁、绿化养护及病虫害防治、泵站运行维护、湿地处理系统维护、管线及其配套设备维护、运行档案管理等。

积极开展安全管理活动。根据国家相关部门及上级安全工作要求，深圳市广汇源环境水务有限公司每月对湿地公园进行安全排查，发现安全隐患及时落实整改措施，实现全年安全生产零事故。

积极开展培训工作。为提升湿地公园及补水泵站管养人员的业务水平和操作技能，增强履行岗位职责的能力，提升各层次人员科学文化水平，增强员工队伍整体文化素质。

湿地公园进出水水质自检。深圳市广汇源环境水务有限公司安排专业技术人员每天在人工湿地进出水口检测一次，出水主要指标均达到地表水Ⅲ类水质标准。

防洪防汛演习。为增强防洪防汛意识，项目部组织全体员工进行了防洪抗灾应急预案学习和现场演练。

3. 项目意义

积累了相关项目经验。该项目是深圳市广汇源环境水务有限公司的第一个湿地公园及人工湿地社会化运营服务项目，为深圳市广汇源环境水务有限公司后期湿地公园及人工湿地项目运维服务打下深厚的基础，积累了丰富的经验。

管护人员业务水平有所提升。深圳市广汇源环境水务有限公司一直重视对现场管护人员的培训工作，采取聘请专家集中授课以及现场实际操作讲解的方式对管护人员进行培训。通过多次培训取得了比较好的效果，深圳市广汇源环境水务有限公司管护人员专业水平较往年有明显提升。

项目开展以来，龙岗河湿地公园管养工作成效显著，龙岗河湿地公园面积为26.3万平方米，受益人约50万，通过持续有效的管养工作，湿地公园整体面貌得到进一步提升，已经成为周边市民休闲娱乐的好去处。

4. 项目实施过程关键人物

2018年6月，在张敏、詹达美、关旭等领导的指导下及杨洁等人的共同努力下中标了该项目。

5. 项目业绩及荣誉

湿地公园的建设在很大程度上改善了由于环境、噪声、灰尘等物质造成的环境污染问题，为该区域可持续发展提供支持。湿地公园建设所提供的优美生态环境带动了周边的土地建设，提升了附近地块经济价值，发展以湿地经济为特色的地方产业，优化了本地经济结构。湿地公园的建设提高了城市影响力，也在很大程度上促进了城市的发展。

龙岗河湿地公园出水均达到地表Ⅲ类水。迄今为止，项目管理顺利，每个合同年度，深圳市广汇源环境水务有限公司均顺利完成了验收，得到业主及相关单位的一致好评。

项目实施期间，深圳市区及其他市单位领导曾多次对湿地公园现场考察，均对公园优美的自然及人文环境给予了较高评价。以下是项目实施期间，部分领导视察情况。

2018年11月16日，昆山市水务局相关人员到湿地公园参观考察。

2018年12月6日，深圳市龙岗区退休老干部参观龙岗河湿地公园。

2019年1月10日，南京市玄武区副区长及区水务局领导到龙岗河人工湿地考察。

2019年6月5日，深圳市市委常委杨洪、市水务罗宜兵调研员及区水务局等领导到龙岗河湿地公园进行现场考察。

2019年6月11日，深圳市龙岗区张勇书记等相关领导到湿地公园调研。

2019年7月23日，深圳市水务局赵彬斌副局长带队对湿地公园进行调研。

2019年10月11日，湖北水利水电院相关领导来龙岗河湿地公园调研。

五、公司完成的其他管养维护类项目

公司完成的其他管养维护类项目见表 4-5。

表 4-5　　公司完成的其他管养维护类项目

序号	项　目　名　称	执行时间
1	大鹏新区大鹏街道河道管养和保洁项目	2010—2013 年
2	龙西河、回龙河河道保洁清淤工程	2011 年
3	大鹏新区南澳街道河道管养和保洁项目	2011—2013 年
4	深圳市横岗街道大康河、四联河、梧桐河管养服务	2011—2012 年
5	碧岭水至马峦山河段管养	2012—2019 年
6	田坑水等六条支流河道管养	2012—2019 年
7	平湖街道河道管养服务	2013 年
8	深圳市宝安区观澜日技城制造二厂污水处理厂运行管养服务	2013 年
9	龙岗区河道管养承 A 包服务	2013 年
10	龙华新区观澜河支流河道管养项目 1 包	2013、2015—2017 年
11	布吉污水处理厂进水口维护管养	2013—2017 年
12	观澜河流域沉砂池等设施维护管养	2014—2015 年
13	龙岗区平湖街道办事处市政排水管网管养服务	2014—2015 年
14	深圳市清林径引水调蓄工程管理处水库水面保洁服务	2014—2015 年
15	金山河日常管养运行维护	2014—2016 年
16	污水泵站运营维护项目	2014 年
17	深圳市龙岗区布吉、南湾、坂田片区城中村排水管网委托运营项目	2014 年
18	大鹏新区社区（城中村）排水管网运营协议（大鹏片区）	2015—2018 年
19	大鹏新区社区（城中村）排水管网运营协议（南澳片区）	2015—2018 年
20	水政政管服务	2015 年
21	深圳市观澜河干流污染治理工程调蓄池运行维护管理 B 包	2015—2016 年
22	宝安区水务设施运行维护服务 A 包（西乡街道）	2015—2016 年
23	宝安区水务设施运行维护服务 B 包（松岗街道）	2015—2016 年
24	九围河泵站运行维护服务	2015—2018 年
25	宝安区雨水泵站管养维护服务项目	2015 年
26	小沙河出海口段截污泵闸设施运维	2015 年

续表

序号	项　目　名　称	执行时间
27	牛湖水补水泵站运营维护管养项目服务	2015—2019 年
28	白花河截污泵站运行维护管养服务	2015—2019 年
29	龙岗区河道管养一标段	2015—2016 年
30	龙华新区民治办事处河道管养（清淤）服务采购项目 B 包	2016 年
31	大鹏新区河道管养项目（B 包）	2016—2018 年
32	牛湖、1 号污水泵站运营维护服务项目	2017—2020 年
33	平湖街道鹅公岭等垃圾填麦场维护及管养服务	2017—2018 年
34	龙岗区河道管养二标段服务	2017—2018 年
35	大和水闸运行维护服务项目	2018 年
36	前海合作区河道日常管养维护项目	2018—2019 年
37	大沙河上游段运行管理维护	2018—2019 年
38	罗湖区小型河流及沟渠专业化管养服务项目	2018 年
39	观澜及龙华河调蓄池运行维护项目（2018 年度）服务	2018—2020 年
40	上下村排洪渠自排闸门运行维护服务项目	2018 年
41	福田河截污系统运维服务	2019 年
42	福田河黑臭河段水质提升工程运营管养服务	2019 年
43	莲塘河北岸日常管理维护	2019 年
44	坪山区小型沟渠管养项目	2019—2020 年
45	赤坳水库、沙湖泵站及大鹏支线管线（坪山段）日常维护	2020 年

第五章

组织建设、企业文化和人物

第一节 单位架构与组织建设

一、单位架构

总体为总经理负责制，组织架构见图5-1。

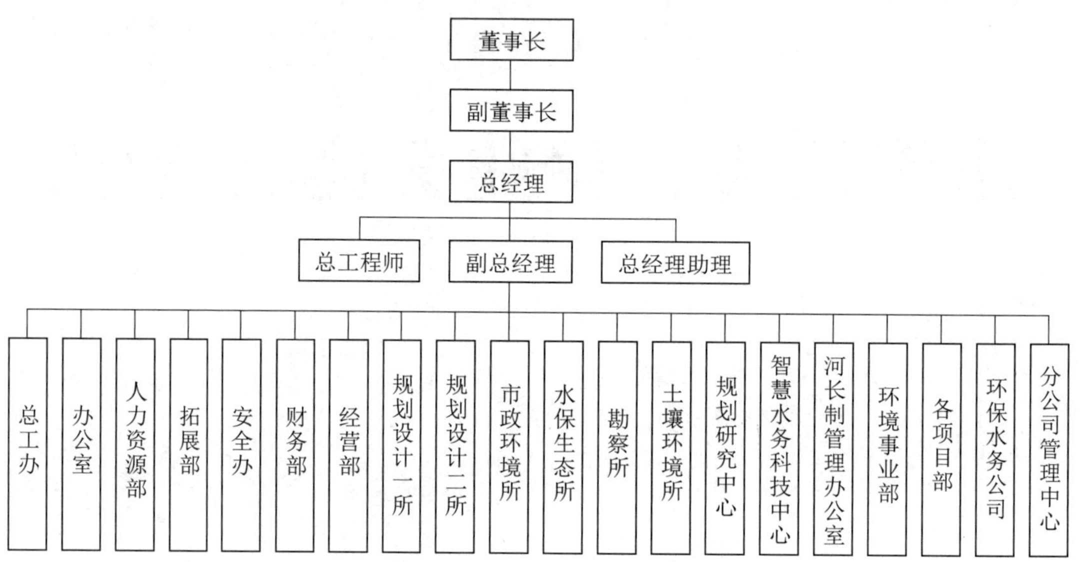

图5-1 广汇源组织架构

岗位和部门职责见表5-1。

表5-1 广汇源岗位和部门职责

岗位和部门	职　　责
总经理	组织实施董事会的各项决议；对各项决议的实施过程进行监控，发现问题及时纠正，确保决议的贯彻执行；实施公司的总体战略：组织实施公司的发展战略，发掘市场机会，领导创新与变革；根据董事会下达的年度经营目标组织制定、修改、实施公司年度经营计划；主持、推动关键管理流程和规章制度，及时进行组织和流程的优化调整、领导营造企业文化氛围、完善企业识别系统，塑造和强化公司价值观；主持公司日常经营工作；负责董事会安排的其他工作
副总经理	协助总经理制定公司发展战略规划、经营计划、业务发展计划；组织、监督公司各项规划和计划的实施；负责公司内部管理制度化、规范化工作；对各生产经营部门的工作负领导责任，协调生产经营部门的内部及外部业务；负责对企业文化的建设工作；负责董事会、总经理安排的其他工作

续表

岗位和部门	职　　责
总工及总工办	总工安排总工办副总工的工作，主持公司技术管理及科技发展工作，负责贯彻国家有关技术政策和技术标准，审定重点项目的技术原则和方案，解决重大难题；总工办主持工程项目设计评审、质量等级评审及设计更改的审批；总工办负责组织不合格品的评审、处置和验证；对重大不合格或质量通病制定纠正和预防措施，并对实施情况进行验证；总工办负责组织质量抽复查及工程回访，收集有关产品的质量信息，处理业主直接投诉及反馈意见；总工办负责会同办公室做好技术人员的培训
办公室	负责公司行政、总务、采购、后勤等的管理；负责全公司人力资源管理，建立员工培训档案；根据各部门年度培训要求，协助人力资源部组织员工培训；负责建立公司基础设施台账，保存基础设施维护保养记录，保障公司工作环境环保和职业健康安全；管理行政文书档案和外来文件，管理公司公章及印鉴
人力资源部	负责公司的人事管理，根据国家和地区人力资源管理的相关政策和法规，为公司人力资源管理政策的制定提供建议；负责开展公司、子公司人力资源年度需求的分析及计划；负责公司、子公司年度培训需求的分析与培训计划的制定；负责职称评审资料的审核、汇总、上报工作；建立与修订完善薪酬管理、绩效管体系和相关规章制度标准，并制定绩效考核计划
拓展部	结合公司战略发展规划及各行业发展动态，制定公司资质整体规划；资质维护、升级，以及积极依据公司现状扩展相关资质，新增资质；负责组织编制、修改和管理公司 QES 管理体系文件，并组织实施、监督管理与评审；负责公司科技创新、奖项申报及知识产权的统筹管理；负责公司、OA 系统、电脑设备、外网和档案管理
经营部	负责董事长、副董事长及总经理安排的经营任务和对外联络事宜；负责公司招投标、生产、进度的管理；全面负责公司合同管理工作
财务部	组织全公司、子公司全面预算管理工作，组织全公司、子公司年度、月度财务预算编制及调整；负责全公司及子公司财务管理、依法进行会计核算和会计监督工作，编制会计凭证、会计报告；负责全公司及子公司的出纳工作；负责编制和报送各类财务报表，准确提供各类财务信息，为公司经营决策提供财务依据；负责税收政策的研究，提出科学、合理的税收策划方案；负责往来账的核对与清理，往来科目及预收账款科目的动态管理
设计所	负责本部门工程规划、咨询、设计及科研类项目的经营管理工作；负责工程规划、咨询、设计类产品实现的全过程控制；提出本部门的人力资源年度需求、培训需求的分析及计划；负责本专业的项目创优、评优申报资料准备；负责制定本部门在职员工考核标准，并进行定期考核
勘察所	负责工程勘察、测绘类项目的经营管理工作；负责工程勘察、测绘类产品实现的全过程控制；提出本部门的人力资源年度需求、培训需求的分析及计划；负责对勘察、测绘设备进行维护保养管理和正确使用，负责编制本部门的仪器设备购置、保养、报废计划，并上报办公室；负责本专业的项目创优、评优申报资料准备；负责制定本部门在职员工考核标准，并进行定期考核

续表

岗位和部门	职　　责
环保水务公司	负责运行维护及管养类项目的经营管理工作；负责运行维护及管养类产品实现的全过程控制；提出本部门的人力资源年度需求、培训需求的分析及计划；负责对运行维护及管养设备进行维护保养管理和正确使用，负责编制本部门的仪器设备购置、保养、报废计划，并上报办公室；负责本专业的项目创优、评优申报资料准备；负责制定本部门在职员工考核标准，并进行定期考核
项目部	全面负责本部门的经营管理工作；负责本部门生产产品实现的全过程控制；提出本部门的人力资源年度需求、培训需求的分析及计划；负责本专业的项目创优、评优申报资料准备；负责制定本部门在职员工考核标准，并进行定期考核
河长制管理办公室	全面负责河长制相关项目的经营管理工作；负责本部门生产产品实现的全过程控制；提出本部门的人力资源年度需求、培训需求的分析及计划；负责本专业的项目创优、评优申报资料准备；负责制定本部门在职员工考核标准，并进行定期考核
土壤环境所	负责土壤调查、场地修复类项目规划、咨询、设计及科研的经营管理工作；负责土壤调查、场地修复类项目产品实现的全过程控制；提出本部门的人力资源年度需求、培训需求的分析及计划；负责本专业的项目创优、评优申报资料准备；负责制定本部门在职员工考核标准，并进行定期考核
规划研究中心	负责科研类项目的经营管理工作；负责科研类产品实现的全过程控制；协助拓展部开展科技创新、奖项申报及知识产权的管理工作；提出本部门的人力资源年度需求、培训需求的分析及计划；负责本专业的项目创优、评优申报资料准备；负责制定本部门在职员工考核标准，并进行定期考核
智慧水务科技中心	负责智慧水务类项目规划、咨询、设计及科研的经营管理工作；负责智慧水务类项目类产品实现的全过程控制；提出本部门的人力资源年度需求、培训需求的分析及计划；负责本专业的项目创优、评优申报资料准备；负责制定本部门在职员工考核标准，并进行定期考核
分公司管理中心	全面负责评价各分公司所在市场的发展前景及资源情况；根据 QES 管理体系文件精神，制定分公司管理规定以及运行管理流程；负责建立及维护总公司与分公司充分沟通的桥梁
工程管理中心	全面负责公司施工业务工作的开张；负责工程施工产品实现的全过程控制；负责对施工设备进行维护保养管理和正确使用，负责编制本部门的仪器设备购置、保养、报废计划，并上报办公室；负责本专业的项目创优、评优申报资料准备
环境事业部	负责 BO 类项目规划、咨询、设计及施工的经营管理工作；负责 BO 类项目类产品实现的全过程控制；提出本部门的人力资源年度需求、培训需求的分析及计划；负责对施工设备进行维护保养管理和正确使用，负责编制本部门的仪器设备购置、保养、报废计划，并上报办公室；负责本专业的项目创优、评优申报资料准备；负责制定本部门在职员工考核标准，并进行定期考核

二、组织建设

1979 年 3 月 5 日，经国务院同意，撤销宝安县建制，成立深圳市。宝安县水利电力局成体制升格为深圳市水利电力局。深圳市水利电力局工程科成立。

1980 年 11 月，深圳市水利电力勘测设计室成立。

1982 年 4 月，深圳市政府决定撤销深圳市水利电力局，并将其“原班人马”成建制划归宝安县（1981 年 10 月恢复县制），成立宝安县水利电力局。林辉煌任局长，陈宇宙、张学麟任副局长。

1991 年 7 月 31 日，深圳市机构编制委员会批复市水利局，同意在市水利工贸发展公司、宝安县水电综合发展公司 2 个设计组的基础上组建市水利电力勘测设计室。

1993 年 3 月 25 日，深圳市水利电力勘测设计室更名为深圳市水利电力勘测设计公司。

1994 年 4 月 12 日，收到深圳市龙岗区水利电力发展总公司批复（深龙水电〔1994〕08 号），明确深圳市水利电力勘测设计公司作为其二级公司，内设机构负责人均由其自行任命，并报总公司办公室备案。

2000 年 6 月 30 日，深圳市水利电力勘测设计公司更名为深圳市广汇源水利勘测设计有限公司，隶属于深圳市广汇源水利实业有限公司。

2007 年 9 月，深圳市广汇源水利实业有限公司国有控股全部退股改制为民营企业，深圳市广汇源水利勘测设计有限公司跟随深圳市广汇源水利实业有限公司改制。

2010 年，于广东省惠州市成立分公司，全名为深圳市广汇源水利勘测设计有限公司惠州分公司。

2014 年 10 月，对设计科室调整，原设计一室与原设计二室合并，命名为设计一室，原设计五室命名为设计二室，原设计六室命名为设计三室。

2016 年 7 月，成立深圳市广汇源环保水务服务有限公司。

2017 年 1 月，成立规划研究中心。

2017 年 8 月，深圳市广汇源水利勘测设计有限公司从深圳市广汇源水利实业有限公司独立出来，成为独立的一家公司。

2017 年 8 月，于广西南宁成立了广西分公司，全名为深圳市广汇源水利勘测设计有限公司广西分公司，负责人李景才。

2017 年 10 月，于广东省河源市成立了河源分公司，全名为深圳市广汇源水利勘测设计有限公司河源分公司，负责人江锦燕。

2017 年 10 月，于湖南省长沙市成立了长沙分公司，全名为深圳市广汇源水利勘测设计有限公司长沙分公司，负责人余汝林。

2018 年 2 月，于江西省九江市成立了九江分公司，全名为深圳市广汇源水利勘测设计有限公司九江分公司，负责人张文灿。

2018 年 3 月，对现有水工设计科室进行整合，撤销原设计二室，以原一室为新设计一室，设计三室调整为新设计二室，原二室人员分流到新的设计一室、设计二室。一室负责人为樊仕宝，二室负责人为何造胜。

2018 年 4 月，于广州市成立了广州分公司，全名为深圳市广汇源水利勘测设计有限公司广州分公司，负责人李艺德。

2018 年 5 月，广汇源名称由“深圳市广汇源水利勘测设计有限公司”变更为“深圳市广汇源环境水务有限公司”。

2018 年 7 月，对部分科室的名称进行变更，“设计一室”更名为“规划设计一所”；“设计二室”更名为“规划设计二所”；“给排水室”更名为“市政环境所”；“水保室”更名为“水保生态所”；“勘测室”更名为“勘察所”；“综合办公室”更名为“办公室”。

2018 年 12 月，成立深圳市广汇源环境水务有限公司深圳河湾流域管理指挥部。

2019 年 3 月，于吉林省长春市成立了长春分公司，全名为深圳市广汇源环境水务有限公司长春分公司，负责人孙光逊。

2019 年 7 月，成立土壤环境所，负责人卢观彬。

2019 年 10 月，于海南省海口市成立了海南分公司，全名为深圳市广汇源环境水务有限公司海南分公司。负责人李文珍。

第二节 单位队伍建设

一、职工队伍

1980年，原深圳市水利水电勘察设计室共有职工20人，专科以上学历人数占职工队伍总数的60%，其中本科8人，占40%，专科4人，占20%。职称为工程师的8人，占40%；高级工程师1人，占5%。

经过近40年的发展，2019年，广汇源共有职工660人，专科以上学历人数占职工队伍总数的97.57%，其中硕士95人，占14.30%；本科378人，占57.30%；专科171人，占25.90%。高级以上职称79人，占11.90%。60岁以上人员5人，占0.75%；50～60岁人员17人，占2.83%；41～50岁人员47人，占7.12%；31～40岁人员194人，占29.30%；21～30岁人员397人，占60.00%。

二、领导成员任免

• 1979年

宝安县水电局升格为深圳市水电局，属处级机构。林辉煌、叶武任副局长，局长暂缺。

• 1980年11月

深圳市水利水电勘测设计室成立。郭世芬为第一任主任。

• 1982年4月

撤销深圳市水电局，并将原市水电局成体制划归宝安县管辖。林辉煌任局长，陈宇宙、张学麟任副局长。

• 1986年6月

撤销宝安县水电局，成立宝安县水利水电综合发展公司（驻深圳的企业名称为深圳水利水电综合发展公司）。林辉煌任公司经理，张学麟任副经理。郭世芬任设计室主任，林兴谋任设计室副主任。

• 1993年

深圳市水利电力勘测设计室更名为深圳市水利电力勘测设计公司，刘灼华任经理，邓平、温润任副经理，廖秀珍、刘沅为总工程师，郭世芬为顾问总工程师。

- 2000 年

深圳市水利电力勘测设计公司更名为深圳市广汇源水利勘测设计有限公司，刘灼华任法人代表，邓平任总经理，温润任副总经理，刘沅为总工程师，郭世芬、廖秀珍为顾问总工程师。

- 2008 年

聘任刘灼华为深圳市广汇源勘测设计有限公司法人代表、总经理；

聘任邓平为深圳市广汇源勘测设计有限公司经理；

聘任温润为深圳市广汇源勘测设计有限公司副经理；

聘任张敏为深圳市广汇源勘测设计有限公司副经理；

聘任吴红军为深圳市广汇源勘测设计有限公司副经理、兼任水保室主任。

聘任詹达美为深圳市广汇源勘测设计有限公司经理助理、兼任勘察部主任；

聘任雒翠为深圳市广汇源勘测设计有限公司经理助理、兼任质量管理办公室主任；

聘任冯安为深圳市广汇源勘测设计有限公司经理助理；

聘任庄光钦为深圳市广汇源勘测设计有限公司总工程师；

聘任郭汉玲同志为深圳市广汇源勘测设计有限公司副总工程师。

- 2016 年，成立深圳市广汇源环保水务服务有限公司。

聘任关旭为深圳市广汇源勘测设计有限公司副经理，兼任深圳市广汇源环保水务服务有限公司经理；

聘任刘凤茹为深圳市广汇源勘测设计有限公司副经理；

聘任林佩斌为深圳市广汇源勘测设计有限公司副经理，兼任公司副总工；

聘任何造胜为深圳市广汇源勘测设计有限公司经理助理，兼任设计三室主任；

聘任雷保栋为深圳市广汇源勘测设计有限公司经理助理，兼任惠州分公司经理；

11月，聘任黄明华为深圳市广汇源勘测设计有限公司常务副总工程师。

• 2017年，进一步深化改革，深圳市广汇源水利勘测设计有限公司从深圳市广汇源水利实业有限公司独立出来，改革成为管理层持股的独立公司。经公司董事会选举通过：

张敏同志任公司董事长；

张德高同志任公司副董事长；

詹达美同志任公司总经理；

聘任雒翠同志为深圳市广汇源勘测设计有限公司副总经理；

聘任刘凤茹同志为深圳市广汇源勘测设计有限公司副总经理；

聘任关旭同志为深圳市广汇源勘测设计有限公司副总经理；

聘任林佩斌同志为深圳市广汇源勘测设计有限公司副总经理；

聘任冯安同志为深圳市广汇源勘测设计有限公司副总经理；

聘任黄明华同志为深圳市广汇源勘测设计有限公司总工程师；

聘任何造胜同志为深圳市广汇源勘测设计有限公司总经理助理，兼设计三室主任；

聘任雷保栋同志为深圳市广汇源勘测设计有限公司经理助理，兼惠州分公司负责人；

聘任马安同志为深圳市广汇源勘测设计有限公司经理助理，兼分公司管理中心主任；

聘任樊仕宝同志为深圳市广汇源勘测设计有限公司经理助理，兼设计一室主任；

聘任卢观彬同志为深圳市广汇源勘测设计有限公司经理助理。

三、企业文化建设

1. 各个年代背景情况

1993—2000年，深圳市水利电力勘测设计公司原隶属于“老宝安”水电发展公司（撤县后为龙岗区水电发展公司，1998年改称为深圳广汇源水利实业有限公司)。设计公司职工人数50多人，其中高级工程师有10人。设计公司内设水工一室、水工二室、测量队、全面质量管理室以及绘图微机室。水利设计公司拥有中华人民共和国成立以来宝安县长系列水利基本资料，搞起水利工程设计来“得心应手”，具有强劲的市场竞争能力。深圳水利电力勘测设计公司在深圳市水利水务工程的规划设计中发挥了重要作用。特别是乡镇的小型水利水务工程的规划设计经常听到“找‘老宝安’设计去”！深圳水利电力勘测设计公司在社会上赢得良好信誉。

2000—2020年，深圳市广汇源环境水务有限公司（原名深圳市广汇源水利勘测设计有限公司）随着深圳改革开放和经济体制改革，公司逐步完成了体制转变，不断发展壮大。随着深圳海绵城市建设和治水提质不断推进，公司不断采用先进技术，持续加大黑臭水体治理、海绵城市建设及土壤调查的投入，为深圳市水环境建设事业做出巨大贡献。公司近年来逐步扩展新业务——如海绵城市、水生态修复、黑臭水体、土壤修复、智慧水务等。致力于成为“中国南方具备完整能力综合解决环境水务领域系统问题的科技公司”。为更好地服务于深圳的环境水务事业，公司秉承“以人为本，安全环保；优质生产，高效运营；业主满意，精准服务；管控风险，持续创新”的理念，不断改革创新，逐步发展成一家水务、市政及环境行业集咨询、设计、施工和运维为一体的环境水务公司，矢志为市民提供美好的水环境。

2. 单位发展的理念、口号和企业精神

企业宗旨为治水治污·为城为民，深圳市广汇源环境水务有限公司在跨越两个世纪30多年的历程中，一代又一代水务人栉风沐雨、开拓进取，不断推动水务事业发展前行。

企业精神为精细·担当·激情·梦想，深圳市广汇源环境水务有限公司的改革离不开创新、发展离不开创新，而创新精神深刻植根于企业精神。在水务企业文化中“精细”是创新的积淀和基础，“担当”是创新的勇气和胆色，“激情”是创新的源泉与动力，“梦想”则是创新的灵魂和归宿，要以水务企业精神，培育发展。

企业核心价值观为智者乐水·仁者爱人。智者乐水，意指智慧而善良通达的人能够洞悉和传递水的真谛。水或灵动曼妙、或清澈纯净、或润物无声、或庞沛壮阔、或深刻博大，象征着智慧与道德。仁者爱人，仁者是充满博爱之心，满怀爱意与敬意的人，是具有大智慧，人格魅力，善良的人。爱人者，人恒爱之。

企业使命为集华夏之水·润百姓人家。水质清清、水情浓浓、水韵悠悠。“天堂之水”养育、滋润了“人间天堂”的“百姓人家”。而广汇源是这一方“天堂之水”的守望者：汇取天堂自然之水。

四、单位发展人物介绍

林辉煌：男，汉族，1933 年生，广东澄海人，1952 年参加工作，南方大学毕业，高级工程师。1953 年进入广东省水利厅，派至宝安县工作；1954 年起在宝安县人民政府农建科水利组工作；1959 年任宝安县水利局副局长；1972 年任恢复后的宝安县水利电力局副局长。1979 年任深圳市水电局副局长；1982 年任宝安县水电局局长；1986 年任新成立的宝安县水利水电综合发展公司经理；1990 年任新成立的深圳市水利局副局长，主持全面工作；1991 年任深圳市水利局党组副书记、副局长，分管水利规划、建设、科教、计划、财务方面的工作；1993 年任深圳市水务局党组成员；1996—2001 年任深圳市深水务监理公司董事长兼总经理。曾参与指挥铁岗水库溢洪道改建工程、洋冲河水闸工程、东江—深圳供水灌溉工程、广东大亚湾核电站大坑水库工程、铁岗水库—蛇口工业区供水工程、宝安县西海堤建设。曾当选深圳市第一届人民代表，中共深圳市第一届党代表，深圳市水利学会第一届、第二届学会理事长，广东省水利学会连任四届理事，中国水利学会第六届理事。

郭世芬：男，汉族，1932 年生，广东大埔人，武汉水利学院农田水利系毕业，1957 年参加工作，高级工程师。1957 年在广东省惠阳专署水利处工作；1959 年在宝安县水电局工作；1981 年晋升深圳市首批水利工程师；1982 年任深圳市水利电力勘测设计室主任；1993—2007 年任深圳市水利水电综合发展公司及深圳市水利电力勘测设计公司总工程师、顾问工程师。在深圳市从事水利技术工作 50 余年，主持和参与深圳市内众多中小型水利水电工程及主要中小河流的规划、设计、施工工作。参与了深圳市茜坑水库、龙口水库、径心水库、石岩水库、赤坳水库、铁岗水库、洋冲河水闸等水库、水闸工程；参与了深圳市的防洪（潮）规划、河流治理规划、水资源规划、境外引水东部水源规划等水利规划；参与了深、港联合治理深圳河工程的规划、设计工作。对深圳市地形地貌、水利建设情况十分熟悉，人称深圳市的"活地图"，专业技术全面，多次被评为市、县先进科技工作者，当选县、区人民代表大会代表，2000 年入选国家人事部《中国人才词典》。

廖秀珍：女，1933 年生，汉族，广东大埔人，武汉水利学院农田水利系毕业，1957 年参加工作，高级工程师。1959—2007 年均在深圳市从事水利水电建设工作，1981 年晋升深圳市首批水利工程师；1982 年参与深、港联合治理深圳河工程的规划、设计工作，为深圳河（深圳/香港）联合工作的防洪工作小组深圳方面组成人员，并担任"联合技术小组"组长；1988 年晋升为高级工程师。从事深圳市水利水电建设工作 50 年中，参与和负责了数百项中小项水利水电工程的规划、设计、施工工作。主持和参与设计深圳市小（1）型水库 66 宗，小（2）型 97 宗，总库容 5.8 亿 m^3，包括石岩水库、西丽水库、清林径水库、赤坳水库等。2005 年，72 岁高龄时全面负责西丽、石岩、罗田、茜坑、清林径、赤坳等全市 69 宗中小型水库安全鉴定工作。曾兼任深圳市农业技术人员中级专业技术职务资格评审委员会委员；曾获深圳市基建系统先进工作者、深圳市劳动模范、龙岗区先进工作者等荣誉；曾当选宝安县第七届人大代表，宝安县第五届政协委员。

林谭素：男，汉族，1948 年生，广东省东莞市清溪镇人。1966 年高中毕业，出任学校教师；1969 年参军入伍，1970 年 4 月入党，任测量班班长兼营部党支部委员，1973 年 3 月退伍回乡任东莞清溪镇大队党支部书记；1978 年元月就读华南工学院（华南理工大学前身）；1982 年毕业分配到深圳水电局，任宝安县水电局副局长；1985 年 5 月，任宝安县三防办主任、水利科科长；1989 年，出任龙岗区水利电力发展有限公司董事长；1991 年元月—2006 年 2 月任深圳市广汇源水利实业有限公司董事长、党委书记、总经理；2006—2017年5月担任广汇源水利实业有限公司党委书记、董事；期间，于1990年参与筹划宝安集团，出任一届监事、四届独立董事（每届三年）。2009年5月退休，2016年正式辞去宝安集团独立董事职务。1985年7月被评为深圳市“优秀共产党员”；1994年被推荐为龙岗区政协委员；1995年被龙岗区评为“劳动模范”；1995年被评为高级工程师；在任期间，所在企业1998年被水利部评为“全国水利先进企业”，曾多次被市区评为“先进企业”。

黄文强：男，汉族，1958年生，广东省兴宁市人，1975年10月参加工作，1983年8月加入中国共产党，大专学历，毕业于解放军工程兵技术学校，高级工程师职称。1975—1978年河源县顺天知青场，任副场长。1978—1979年在00221部队，任战士、班长。1979—1982年7月就读解放军工程兵技术学校。1982—1983年解放军00226部队，任技术员、排长。1983—1985年转业在中建八局四公司工作，任技术员。1985年5月在深圳市广汇源水利实业有限公司工作。1995—2003年任深圳市广汇源水利实业有限公司副总经理。2003—2006年任深圳市广汇源水利实业有限公司总经理。2006—2017年任深圳市广汇源水利实业有限公司党委书记，董事长。

刘灼华：男，1952年生，广东省兴宁人。1970年兴宁县水口中学高中毕业，当年参军入伍，在海军38322部队历任战士、文书、班长，1976年3月退出现役，回乡后担任下堡中学民办教师、光夏大队党支部委员民兵营长。1977年考入华南工学院建筑工程系水工建筑专业学习，1981年12月毕业后分配到宝安县水电局工作。1982—1992年在深圳市水利水电勘测设计室从事水利水电工程设计工作，历任助理工程师、工程师、室主任。1993—2000年在深圳市水利电力勘测设计公司从事水利工程设计工作，历任工程师、高级工程师、经理。2000—2013年在深圳市广汇源水利勘测设计有限公司从事水利工程设计、经营管理工作，历任高级工程师、教授级高工、总经理、法人代表。同时任深圳市广汇源水利实业有限公司董事、副总经理、常务副总经理等职。2013年11月至今在深圳市广汇源环境水务有限公司从事水利工程经营管理工作，任教授级高工、顾问总工。2006年，取得了河海大学硕士学位，当年被推选为龙岗区第三届政协委员。还取得了注册咨询工程师、注册土木工程师（水利水电工程）、二级注册建筑师等多项执业资格证书，作为第二作者编著有专业著作，先后在省部级技术刊物发表多篇论文。担任深港双方联合治理深圳河工程的第一期主要设计者，第二期参与者，深港双方联合治理深圳河技术小组成员。

邓平：男，1960 年生，汉族，海南省文昌市铺前镇人。1977 年考取华南工学院建筑工程系水工建筑专业，1982 年毕业后分配到深圳市水利水电勘测设计室工作。曾任深圳市广汇源水利水电勘测设计有限公司副经理、经理、总工程师，深圳市广汇源水利实业有限公司总经理助理、总工程师等职。先后取得高级工程师资格（1997 年）、注册土木工程师（水利水电工程）、二级注册建筑师、二级注册建造师等多项执业资格，先后在省部级技术刊物发表多篇论文。1982 年参与笋岗滞洪区施工（2 年）并在其后许多年的设代工作中积累了较多的施工经验。从 1982 年入职以来，独立完成、主持完成、参与和指导完成了茜坑水库扩建工程、龙口水库扩建工程、径心水库扩建工程、龙岗河防洪治河工程、深圳水库排洪河工程、南澳东山三高水产养殖基地海堤工程等多项水利工程、房屋建筑工程及市政工程的设计工作，是深港双方联合治理深圳河工程一、二期主要设计者之一。1997 年后开始承担技术审查工作，并指导中青年技术人员开展工作，是单位 ISO 质量体系首次贯标的负责人，同时积极参与水务运营管理项目及人员培训工作，积极推广电算、计算机辅助设计、管理并负责相关工作。工作涉及：水利水电工程、市政工程、工业与民用建筑工程、水土保持等土木类工程设计、施工、工程项目管理、项目论证和评价、计算机应用等领域。

张敏：女，1974 年生，汉族，广东兴宁人，1997 年毕业于贵州财经学院，同年参加工作，2006 年取得河海大学在职研究生学历，并取得经济资格中级职称。1998—2000 年在深圳市水利电力勘测设计公司从事水利工程概算编制工作。2000—2018 年在深圳市广汇源水利勘测设计有限公司从事工程概算编制、经营管理工作，历任经理助理、副经理、总经理、法人代表、董事长。2018 年至今在深圳市广汇源环境水务有限公司从事经营管理工作，任董事长。任职期间，带领公司完成包括龙岗河（龙岗大桥—油坑口段）防洪治河工程、西乡河综合整治工程、龙岗中心城龙潭水体生态修复与水质工程等水务工程，累计投资额超百亿元，为深圳市黑臭水体治理和和水务建设发展做出巨大贡献，并先后获得省级、部级和市级多个奖项，深受深圳市水务系统的好评。期间，曾担任中国水利水电勘测设计协会、中国工程咨询协会、广东省水利学会、深圳市水务学会、深圳市环境保护产业协会等多个理事会理事，2019 年当选深圳市罗湖区人大代表。

第六章

单位资质、荣誉和表彰

第一节 单位资质

2002—2019年，公司共获得各种证书60种。具体类型、行业、专业、级别和取得时间详见表6-1。

表6-1　　广汇源环境水务资质证书列表

序号	类　型	行业	专　业	级别	取得时间
1	工程设计证书	水利行业		乙级	2002-11-06
2	工程咨询资格证书	水利工程	河道整治	甲级	2003-07-18
3	编制开发建设项目水土保持方案资格证书			乙级	2003-12-23
4	工程勘察证书	工程勘察	岩土工程	乙级	2006-10-12
5	工程勘察证书	工程勘察	工程测量	乙级	2006-10-12
6	工程咨询单位资格证书		市政公用工程（给排水）	甲级	2008-10-23
7	工程咨询单位资格证书		水利工程（除河道整治以外）	甲级	2008-10-23
8	工程咨询单位资格证书		水文地质、工程测量、岩土工程	甲级	2008-10-23
9	质量管理体系认证证书				2009-12-15
10	工程设计资质证书	市政行业	给水工程	乙级	2010-04-16
11	工程设计资质证书	市政行业	排水工程	乙级	2010-04-16
12	工程设计资质证书	建筑行业	建筑工程	丙级	2010-04-16
13	建设项目水资源论证资质证书			乙级	2010-11-10
14	环境管理体系认证证书		水利和市政工程咨询、工程设计、工程测量、岩土工程勘察及相关管理活动		2011-01-24
15	职业健康安全管理体系认证证书		水利和市政工程咨询、工程设计、工程测量、岩土工程勘察及相关管理活动		2011-01-24

续表

序号	类　型	行业	专　业	级别	取得时间
16	生产建设项目水土保持监测资质证书			乙级	2012－12－12
17	测绘资质证书			丙级	2013－06－05
18	环境污染治理设施运营资质证书		生活污水	乙级	2013－10－08
19	工程设计资质证书	水利行业	河道整治	甲级	2015－05－28
20	深圳市白蚁防治服务资格等级证书		有害生物防治	丙级	2015－11－13
21	企业信用等级证书		水利水电勘察	AA	2016－03
22	企业信用等级证书		水利水电设计	AAA	2016－03
23	企业信用等级证书		水利水电咨询	AAA	2016－03
24	工程设计资质证书	市政行业	道路工程	乙级	2016－06－06
25	工程设计资质证书	市政行业	桥梁工程	乙级	2016－06－06
26	承装（修、试）电力设施许可证		承装类、承修类、承试类	五级	2016－11－01
27	水文、水资源调查评价资质证书			乙级	2016－11－15
28	企业信用等级证书		水资源论证	AAA	2017－01
29	企业信用等级证书		水土保持编制	AAA	2017－01
30	深圳市除虫灭鼠服务资格等级证书		有害生物防治	丙级	2017－01－23
31	污染治理设施运行服务能力评价证书		生活污水处理	一级	2017－04－17
32	深圳市环卫清洁服务企业环卫清洁服务行业资格等级证书			丁级	2017－05－09
33	建筑业企业资质证书	施工总承包	水利水电工程	叁级	2017－05－18
34	企业信用等级证书		环境保护产业企业	AAA	2017－08－21
35	信息系统集成及服务资质证书			肆级	2017－07－01

续表

序号	类　型	行业	专　业	级别	取得时间
36	高新技术企业证书				2017-10-30
37	测绘资质证书			乙级	2017-11-14
38	安全生产许可证		建筑施工		2017-11-24
39	广东省环境污染治理能力评价证书		废水、污染修复	乙级	2017-12-11
40	深圳市环境保护工程技术资格证书		废水、废气、固废、污染修复	丙级	2018-07-04
41	排水管道非开挖修复作业企业作业证书			Ⅲ级	2018-07-25
42	排水管道检测与评估作业企业作业证书			Ⅱ级	2018-07-25
43	建筑业企业资质证书	施工总承包	市政公用工程	叁级	2018-08-10
44	工程咨询甲级资信证书		水利水电，市政公共工程，水文地质，工程测量，岩土工程	甲级	2018-09-30
45	生产建设项目水土保持监测单位水平评价证书			3星	2018-10-01
46	生产建设项目水土保持方案编制单位水平评价证书			5星	2018-10-01
47	工程勘察资质证书	工程勘察	岩土工程（勘察）	甲级	2018-11-15
48	深圳市信息系统集成资质证书			叁级	2019-02
49	工程勘察资质证书	工程勘察	岩土工程（设计）	乙级	2019-04-08
50	建筑业企业资质证书	专业承包	环保工程	叁级	2019-04-13
51	工程勘察资质证书	工程勘察	岩土工程（设计）	乙级	2019-04-08
52	中国环境服务认证证书		城镇集中式污水处理设施运营服务	一级	2019-04-09

续表

序号	类型	行业	专业	级别	取得时间
53	广东省建设项目工程环境监理能力评价证书		冶金机电、建材火电、农林水利、交通运输、社会区域	甲级	2019-06-11
54	深圳市环卫清洁服务企业环卫清洁服务行业资格等级证书			丙级	2019-07-08
55	深圳市信息系统运维技术服务等级证书			壹级	2020-04
56	工程造价咨询企业资质证书			暂乙级	2020-04-16
57	水利安全生产标准化证书			Ⅱ级	2020-05-01
58	广东省环境污染治理能力评价证书（废水）			甲级	2020-06-10
59	广东省环境污染治理能力评价证书（固体废物）			乙级	2020-06-10
60	广东省环保技术咨询服务能力评价证书			临时	2020-06

第二节 单位荣誉

经过几十年的沉淀，公司发展取得了累累硕果，各类奖项共31项，获奖情况统计见表6-2；共获得专利12项，具体见表6-3；获得计算机软件著作权登记证书35项，具体见表6-4。

表6-2 广汇源环境水务获奖情况统计

序号	获奖时间	获奖工程名称	奖项等级	奖项级别	类型	颁奖单位
1	1999年7月	深圳市水利电力勘测设计公司防渗条件研究小组	水利系统部级优秀质量管理小组	部级	—	水利部经济调节司

续表

序号	获奖时间	获奖工程名称	奖项等级	奖项级别	类型	颁奖单位
2	2000年12月	深圳市龙岗区龙口水库工程	深圳市第九届优秀工程勘察设计奖市政设计奖三等奖	市级	市政设计	深圳市建设局
3	2004年12月	深圳市宝安区西海堤沙井段加高加固工程	深圳市第十一届优秀工程勘察设计和优秀规划设计市政（园林）设计表扬奖	市级	市政（园林）设计	深圳市规划局
4	2007年4月	深圳市大工业区河流水文特性及其水环境容量研究	2006年度广东省水利学会水利科学技术三等奖	省级	工程咨询	广东省水利学会
5	2007年4月	深圳市宝安区水资源决策支持系统	2006年度广东省水利学会水利科学技术二等奖	省级	工程咨询	广东省水利学会
6	2007年6月	龙岗河干流防洪整治工程（低山段）	2006年优质测绘产品（工程）三等奖	市级	测绘	深圳市测绘学会
7	2011年11月	深圳市长岭皮水库加固扩建工程	2011年中国设计行业优秀设计奖	行业	水利设计	中国建筑业联合会
8	2011年11月	深圳市宝安区公明片区（上下村泵站、马田河泵站、马山头泵站）排涝工程	2011年中国设计行业优秀设计奖	行业	水利设计	中国建筑业联合会
9	2014年12月	深圳市宝安区公明片区（上下村泵站、马田泵站、马山头泵站）排涝工程	深圳市第十六届优秀工程勘察设计评选中一荣获市政工程设计二等奖	市级	市政设计	深圳市勘察设计行业协会
10	2015年7月	惠州市金山河水清岸绿工程（惠州市金山河小流域和水环境综合整治工程）	荣获2015年广东省园林景观专项二等奖	省级	园林设计	广东省工程勘察设计行业协会
11	2015年11月	金龟河小流域综合整治	“中水万源”杯水土保持与景观设计三等奖	国家级	水保景观设计	中国水土保持协会

续表

序号	获奖时间	获奖工程名称	奖项等级	奖项级别	类型	颁奖单位
12	2016年2月	惠州金山河小流域和水环境综合整治	荣获2014—2015年度广东优秀水利工程奖设计奖二等奖	省级	水利设计	广东省水利水电行业协会
13	2016年2月	深圳市东部海堤重建工程（一期）	荣获2014—2015年度广东优秀水利工程奖设计奖三等奖	省级	水利设计	广东省水利水电行业协会
14	2016年2月	深圳市宝安区公明片区（上下村泵站、马田泵站、马山头泵站）排涝工程	荣获2014－2015年度广东优秀水利工程奖设计奖三等奖	省级	水利设计	广东省水利水电行业协会
15	2016年9月	惠州市金山河小流域和水环境综合整治工程可行性研究报告	2014—2015年度广东省优秀工程咨询成果三等奖	省级	工程咨询	广东省工程咨询协会
16	2016年9月	深圳市水务工程建设规划（2016—2020）	2014—2015年度广东省优秀工程咨询成果一等奖	省级	工程咨询	广东省工程咨询协会
17	2016年12月	西乡河综合整治工程（三期）	荣获市政工程设计三等奖	市级	市政设计	深圳市勘察设计行业协会
18	2017年10月	惠州市金山河小流域和水环境综合整治工程可行性研究报告	2016年度全国优秀工程咨询成果优秀奖	国家级	工程咨询	中国工程咨询协会
19	2017年12月	惠州市金山河小流域和水环境综合整治工程	2016—2017年度广东优秀水利工程勘测奖三等奖	省级	工程勘测	广东省水利水电行业协会
20	2017年12月	深圳市东部海堤重建工程	2016—2017年度广东优秀水利工程勘测奖	省级	工程勘测	广东省水利水电行业协会
21	2017年12月	长西引水渠改造一期工程	2016—2017年度广东优秀水利工程勘测奖	省级	工程勘测	广东省水利水电行业协会

续表

序号	获奖时间	获奖工程名称	奖项等级	奖项级别	类型	颁奖单位
22	2017年11月	惠州市金山河小流域和水环境综合整治工程	银质奖	国家级	水利设计	中国水利水电勘测设计协会
23	2018年8月31日	坪山水污染源调查项目	2016—2017年度广东省优秀工程咨询成果三等奖	省级	工程咨询	广东省工程咨询协会
24	2018年8月	罗湖区海绵城市建设规划及实施研究	2016—2017年度广东省优秀工程咨询成果三等奖	省级	工程咨询	广东省工程咨询协会
25	2018年6月	四联河地面坍塌隐患治理及水环境综合整治工程	2015—2016年度全国水利建设工程文明工地	国家级	施工	水利部精神文明建设指导委员会
26	2018年12月	深圳市广汇源环境水务有限公司	获得深圳市河道管理中心2018年应急演练优胜奖	—	应急演练	深圳市河道管理中心
27	2018年12月	观澜河流域（白花河）综合整治工程	深圳市第十八届优秀工程勘察设计奖市政设计奖二等奖	市级	水利设计	深圳市勘察设计行业协会
28	2019年9月	深圳市宝安区罗田水库除险加固工程	2018—2019年度广东优秀水利工程设计奖三等奖	省级	水利设计	广东省水利水电行业协会
29	2019年12月	深圳市东部海堤重建工程（一期）	2019年度全国优秀水利水电工程勘测设计奖铜质奖	国家级	水利设计	中国水利水电勘测设计协会
30	2019年12月	深圳市水务工程建设规划	2018年度全国优秀工程咨询成果奖优秀奖	国家级	工程咨询	中国工程咨询协会
31	2020年5月	龙岗中心城龙潭水体生态修复及水质提升工程	2019年度广东省环境保护优秀示范工程	省级	环保	广东省环境保护产业协会

表 6-3 广汇源专利获得表

序号	专利名称	发明人	授权公告日期（年-月-日）
1	一种用于建筑工程排水管道预留洞封堵的混凝土	关旭、雒翠、詹达美	2017-10-10
2	发明专利证——一种污水处理设备		2019-11-27
3	一种废水吸附处理装置	孙光逊；赵平文；黄明华；李小江；李芳	2017-04-12
4	一种富营养化水体修复装置	林佩斌；关旭；孙光逊；赵平文；宋希望	2017-09-29
5	一种节能环保污水处理装置	李方源；宋希望；卢观彬	2017-06-27
6	一种生活污水处理用隔油池	林佩斌；张新宇；郜银梁；詹达美	2017-04-05
7	一种水坝闸门用升降机构	李旭	2019-02-15
8	一种净水处理用防堵塞格栅	雒翠；张扬；张宏滨	2019-11-19
9	一种市政污水处理用的采样装置	林佩斌；卢观彬；陈新；崔海波	2019-11-01
10	一种市政污水高效处理装置	詹达美；郜银梁；何造胜	2019-11-29
11	一种水利工程闸门垃圾过滤收集装置	黄明华；龚玉峰；孙光逊	2020-01-31
12	一种闸门净水装置	刘凤茹；关旭；樊仕宝	2019-12-03

表 6-4 计算机软件著作权登记证书一览表

序号	软件名称	开发完成日期（年-月-日）
1	河道数据自动化监测系统	2016-08-16
2	河道数据自动化采集系统	2016-09-20
3	河道智慧管理系统	2016-10-11
4	河道实景漫游管理系统	2016-10-14
5	分布式污水处理系统	2016-10-18
6	废水吸附处理系统	2016-11-23
7	节能环保污水处理系统	2016-12-20
8	物联网生态环境监测管理系统	2016-12-30

续表

序号	软件名称	开发完成日期（年-月-日）
9	智慧河道管理移动平台	2017-06-19
10	智慧河道巡查移动平台	2017-06-16
11	智慧河道清淤管理移动平台	2017-06-25
12	智慧河道数据管理移动平台	2017-07-06
13	智慧水务应急管理系统	2017-07-19
14	智慧水务清淤管理系统	2017-07-29
15	智慧河道应急管理移动平台	2017-08-12
16	水务水利项目跟踪管理系统	2017-08-16
17	智慧水务巡查管理系统	2017-08-25
18	绿化保洁智慧管理平台	2017-09-11
19	智慧水务工作管理系统	2017-09-18
20	智慧河道绿化保洁移动平台	2017-09-23
21	水利大数据管理云平台	2017-09-23
22	河道数字化平台	2017-10-22
23	河道设施智慧管理平台	2017-10-30
24	坪山区水污染源管理平台	2018-06-20
25	广汇源智慧管理云平台	2018-06-20
26	基于地理信息系统排水设施综合管理平台	2018-12-18
27	广汇源水库智慧管理系统	2018-12-20
28	排水运营信息管理系统平台	2019-01-10
29	排水智能分析决策平台	2019-02-14
30	大坝安全监测预警分析系统	2019-03-06
31	基于排水管网模型的实时监测与预警系统	2019-03-26
32	测绘工程施工设计优化系统	2019-10-21
33	水质监测管理系统	2019-11-25
34	水土保持项目智慧管理系统	2019-10-25
35	管道检测与机器人控制系统	2019-10-21

第三节　单　位　表　彰

深圳市广汇源环境水务有限公司（原名深圳市广汇源水利勘测设计有限公司）自成立以来，逐步扩展新业务——如海绵城市、水生态修复、黑臭水体、土壤修复、智慧水务等。致力于成为“中国南方具备完整能力综合解决环境水务领域系统问题的科技公司”。为更好地服务于深圳的环境水务事业，在每年的总结表彰中，鼓励先进、树立典型，对表现突出的优秀员工予以通报表彰，表扬他们发扬主人翁的精神，以企业发展为前提，以提高经济效益为目标，在各自的岗位上勤奋工作、积极进取，为公司的发展做出贡献。

2010 年

优秀员工：黄华中、黄明炼、张莉佳、梁俊霞、苏敏贤、曾昭灼、颜寅杰、沈双宇、江锦燕、余汝林、古群涛、郭苑晖、陈仁举。

优秀管理干部：詹达美、黄立军、樊仕宝、郭丽莎、李娜。

优秀护管员为：孙平、肖畅群、陶冬来、林海兵、黄振荣、利兰贵、陈海龙、张新行、黄学华、罗平、刘庆宏、陈伟峰。

2011 年

（未表彰）

2012 年

优秀员工：龚艳光、邱树敏、黄慧锋、钟振亮、阳秀春、熊雄、陈新、黄晓华、张海晨、邹国胜、陈伟锋、王秀珍、陈仁举、朱百良、王帅、王晖文、蒋伟。

设计公司表彰的优秀员工：张雪、张新宏、赖亮、陈贞鹏、吴晓娟、张珏、卢斌、谢艳玲、薛志导、林青、杨洁、张高峰、涂晖、廖春燕、戴小霞、艾杏琦、蓝冬玲、杨丽、张柯、潘玉坤、谭绪丰、李建涛。

优秀管理干部：张敏、吴红军、江燕瑜、黄立军、樊仕宝、陈誉、雷保栋、关旭、何造胜、李可、李娜。

设计公司表彰的优秀护管员：蔡明文、林海兵、黄振荣、刘铁山、刘志光、黄学华、廖昌奎、罗平、李艳芳、孙平、陈忠强、肖畅群、徐各亮、王明山、刘炳林、刘创业、刘炳坤、刘胜利、谢仁辉、刘庆宏、邱景佳、姚留新。

2013 年

优秀员工：江燕瑜、徐涛、陈曦、郭苑晖、黄华中、刘金鹏、董鹏翔、陈文超、欧志兰、邓超联、邢伟强、刘华明、黄远深、赵煜钦、沈双宇、翁月嫦、陈晓翠、吴营水、朱思彬、刘威龙、黄燕、曹志、曾振雄、谭绪丰、赵瑞东、吴一航、杨秋萍、潘文婷、侯颖鑫、何志勋。

优秀护管员：孙平、陈忠强、肖畅群、利兰贵、徐英强、吴志江、林海兵、蔡明文、黄学华、黄振荣、古占祥、廖昌奎、刘秋阳、费长淮、孙弟、刘志光、谢仁辉、刘心荣、闵中秀、王可夫、刘丙坤、张标云、许保卫、欧国余、刘丙林。

2014 年

优秀员工：李艺德、江燕瑜、何伟琴、古群涛、张雪、陈贞鹏、王幼青、沈双宇、张茂林、张新宇、陈志勇、陈新、陈晓翠、郭松兴、刘伟明、黄强、黄晓华、陈曦、黄俊冬、潘玉坤、李灿、陈伟锋、胡文添、蒋伟、郜银梁、张柯、杨丽、杨佛送、符杰。

设计公司优秀新人：杨浩、李芳、曾林霞。

优秀护管员：刘秋阳、崔文龙、刘志光、黄振荣、吴育良、廖昌奎、费长怀、丘佐照、蔡明文、肖勇强、刘丙坤、刘丙林、刘锡芳、曾海荣、唐永雄。

2015 年

优秀员工：李娜、邓绮君、张海晨、刘威龙、樊仕宝、古群涛、梁江源、苏敏贤、钟振亮、彭玉萍、沈双宇、吴晓娟、刘思佳、杨洁、刘翔、余汝林、李灿、涂晖、邹国胜、蒋伟。

优秀护管员：费长淮、林海兵、钟建煌、刘志光、袁付勇、刘秋阳、黄仿良、邱左照、卢海波、蓝珍良、叶运通、韦省昌、石焕金、邓小飞、朱成采、蓝胜标、黄伟梅、邓学营、黄年庆、曾海荣、刘国铭、叶锦华。

2016 年

优秀员工：李艺德、肖聪、何伟琴、阳秀春、陈贞鹏、张茂林、何格、刘浩朋、薛志导、徐贵来、刘翔、李芳、赵平文、吴起源、黄慧锋、杨浩、邹国胜、张高峰、曹志、尹军、李瑜婷、许保卫、黄年庆、吴一航、邓嘉民、陈曦、张海晨、邓绮君、罗锋、刘远平、刘威龙、雍刚、方正国、蔡建军、刘欢、王迪、郭苑晖。

优秀护管员：林海兵、黄志远、古占祥、练小兵、刘振辉、刘秋阳、梁雄斌、崔文龙、吴艳文、刘志光、彭波、费长怀、张国进、刘庆宏、石焕金、谭智刚、刘炳坤、杨家才、庄李靖、刘远强、曾海荣、梅建军、叶锦华、古利红、林王庙、张新航、刘丙林、欧阳泉、李辉。

2017 年

优秀员工：吴镇中、邓超联、黄浩、张晶、陈敏、蓝冬玲、刘智、解培强、余胜男、陆文秀、曹笑逍、陈丽贵、吴晓娟、李小江、张新宇、崔海波、黄凯、徐贵来、刘亮水、刘怡清、管荣辉、黄强、刘威龙、黄燕、邹国胜、张高峰、曾振雄、戴小霞、温焕清、陈伟强、管怡、邓嘉民、戴晶、黄均娜、刘华明、宋杨、陈嘉宝、罗亚葵、许保卫、欧勇传、李璐、吴一航、肖成仕、罗志强、罗红保、茹兰兰、叶春强、黄娜媚、王若鸿、刘佳城、陈运能、曾昭灼、陈妙璇、饶庆琛、刘永静、温豪增、李煜炜。

优秀护管员：陈伟邦、龙保双、崔文龙、严永章、刘志光、梁仁旭、张需、石焕金、薛宇明、廖永洲、仵国学、张新行、田国强、李培栋、林王庙、操益、李洋、刘添云、刘炳林、袁付勇、刘远光、卢伟超、张远军、庄李靖、梅建军、张岳军、张永康、李建东、梁江峰、王玉山、廖尊源。

2018 年

优秀员工：林佩斌、魏荔、王正川、刘训平、谢钊、范楚航、黄翠媚、黄伟国、郭苑晖、黄荣榕、邱嘉文、王先昭、邹国胜、曹笑逍、邓超联、莫俊余、张哲、黄浩、李典鑫、王昊、邹城、庄晓洁、邹民、张焱、程肯、张国杰、徐贵来、杜谦、徐宝超、崔晓东、周文艺、邱文康、李宇文、张猛豪、陈嘉宝、郑映清、杨成宽、陈剑、刘威、蓝冬宇、梁培烟、李明、郑体建、李海勇、张磊、凌宇伟、谢佳伟、侯阳阳、张定飞、李建东、王秀珍、李维、赵梓宇、李若云、吴一航、李璐。

2019 年

年度最佳绿叶奖：张玉英、廖文苑、黄强、吴浩宇、黄燕、黄浩、赵梓宇、林碧波、张诗琪、刘亮水、艾侠、方郑琼、孟祥月、贺彪、涂胜、刘沛、林丹丹、孟嘉雨、古国文、张小龙、陈健、陈志勇、王若鸿、梁潭彬、刘鸿凯、吴起源、宋扬、郑武钦、王碧琳、刘吉澎、段留伟、方辉、曲珏辉。

最美广汇源人：陈敏、张茂林、沈双宇、邱嘉文、郑佳、刘万里、范楚航、谢钊、刘威、罗亚葵、王向超、王振钊、罗志强、丁乐。

年度热心雷锋奖：任威旭、解培强、程诚、罗锋、徐宝超、莫俊余、张忍和、刘莉、李宇文、崔晓冰、王铭生。

赤子之心新锐奖：马子栋、黄子英、康玉天、赵良威、欧阳梦雪、王素文、冯诚诚、刘泽、张田田、赖汇丰、彭湄燕、贾丰源。

广汇源好家属：黄晓华、黄伟。

年度神仙眷侣奖：李典鑫，庄晓洁；刘姗姗，吴浩宇；朱晓明，刘振举；梁培烟，黄健怡。

年度优秀共产党员：杨洁、李继民。

鞠躬尽瘁奉献奖：薛安萍、李亮、王秀珍、谢佳伟、柯友才、张哲。汇报达人奖庄晓洁。最佳搬砖人奖邓超联。

最硬核项目负责人：黄薇颖、邹城、李小江、陈丽贵。

广汇源年度之星：张扬。

第四节　院 士 工 作 站

深圳市广汇源环境水务有限公司院士工作站于2020年1月在深圳揭牌。院士工作站由王超院士负责。王超院士长期从事水环境保护与治理科技研究及工程实践工作，在全国水资源保护与水功能区划、城市水生态建设、河流综合治理、太湖水环境治理等方面作出了突出贡献，获得多项国家与省部级科技奖。王超院士工作站落户广汇源环境水务，将充分发挥院士专家团队技术优势，结合广汇源环境水务的创新平台及工程实践，科研、设计、创新与实践紧密结合，全力服务深圳水污染治理、水环境保护等领域，为深圳水环境治理工作创立新平台，为深圳环境水务工作做出新贡献。